学习技术系统的重识、应用与建构

郁晓华◎著

华东师范大学出版社
·上海·

图书在版编目(CIP)数据

学习技术系统的重识、应用与建构/郁晓华著. —上海：华东师范大学出版社，2023
ISBN 978-7-5760-4254-2

Ⅰ.①学… Ⅱ.①郁… Ⅲ.①学校教育—研究 Ⅳ.①G4

中国国家版本馆 CIP 数据核字(2023)第 195541 号

学习技术系统的重识、应用与建构

著　者　郁晓华
责任编辑　孙 婷　严佳琪
特约审读　陈雅慧
责任校对　樊 慧　时东明
装帧设计　卢晓红

出版发行　华东师范大学出版社
社　址　上海市中山北路 3663 号　邮编 200062
网　址　www.ecnupress.com.cn
电　话　021-60821666　行政传真 021-62572105
客服电话　021-62865537　门市(邮购)电话 021-62869887
地　址　上海市中山北路 3663 号华东师范大学校内先锋路口
网　店　http://hdsdcbs.tmall.com

印 刷 者　上海新华印刷有限公司
开　本　787 毫米×1092 毫米　1/16
印　张　22.25
字　数　479 千字
版　次　2023 年 11 月第 1 版
印　次　2023 年 11 月第 1 次
书　号　ISBN 978-7-5760-4254-2
定　价　69.80 元

出 版 人　王 焰

序　言

这是一本对接当前教育数字化转型以及未来智慧教育，有关学习技术系统的新理论与新实践的书。学习技术系统是信息化教与学开展的重要支撑，尤其是在线学习和混合学习得以实现必不可少的基础环境。线上教学被推上了常态教学的舞台，与线下教学进行有机融合。再加上教育数字化转型的必然之势以及智慧教育的未来发展，一时间，教育者的种种不适与不满意见扑面而来。其中，有的是平台的因素，因为平台所设计开发的功能与服务无法满足或不符合教学活动所需；有的则是人的因素，因为教育者对平台功能应用的不熟练和不到位。而这些，又都可以归结为教育者对学习技术系统设计理念和服务逻辑的认知缺乏。因此，整本书探索的核心问题是：作为在线教学和混合教学必不可少的基础环境，要怎样才能用好、建好学习技术系统以有力推动技术赋能的教学创新与变革呢？这需要理论和方法的系统性指导。为此，全书从搭建对学习技术系统的全新认知和素养开始，分别探讨了学习技术系统的应用策略和建构技术。

本书共计 10 章，分为三部分。

第一部分“重识”（第 1—3 章），在梳理数字时代的教与学理念转变后，对学习技术系统在教学活动中的角色进行了重新定位，并反思了当前教育者应具备的学习技术系统的相关素养。基于 IEEE 学习技术系统架构标准，著者提出了学习技术系统组成的五要素，以发展的视角分析了它们的内涵和相关服务设计，并探讨了关注不同要素、体现不同教学理念的学习技术系统的服务架构。接着，以此为框架，重新解读了当前主流学习技术系统的服务理念与核心业务逻辑。

第二部分“应用”（第 4—6 章），首先分析了不同类型学习技术系统的特征，然后探讨了不同数字化成熟度的教学活动在应用学习技术系统上的差异。接着，著者讨论了教学、技术、用户等因素对系统选取的影响，并归纳了学习技术系统应用选取的过程。最后，围绕学习技术系统支持下的信息化教与学活动变革与创新，著者提出了内容驱动、社区驱动、测评驱动和体验驱动四种变革策略，并分别分析了其核心技术抓手。

第三部分“建构”（第 7—10 章），从教育的视角切入，讨论了经典的、新兴的教与学理论以及学习科学对学习技术系统设计的指导思想，又从工程的视角切入，梳理了学习技术系统的一般建构过程。本书还重点剖析了学习技术系统的资源建设、讨论互动、测试评价等通用功能模块的业务逻辑设计和交互体验方案。

最后，本书以附录案例展示了学习技术系统新素养之应用能力和建构能力的实践范式。

本书的价值在于，从理论层面，虽然现在数字化教学成为主导，但还没有相关书籍对其支撑环境的学习技术系统进行系统性的研究。本书从最根本的人、资源、活动、数据与场景五个要素展开了对学习技术系统的服务理念和运作逻辑的洞悉式剖析和研究，并从教育者应具备的学习技术系统应用和建构素养入手，提出了可操作性很强的指导原则和程序方法。从实践层面，本书将相关理论与案例紧密结合，以当前各类主流代表平台作为分析对象，结合具体的教学应用情境加以深入剖析，不仅可以增强读者对理论和技术的理解，还可作为实践应用和开发的直接参考。

本书案例的整理和撰写集合了很多人的智慧，包括王津钰、李子健、潘越、吴诚薇、雷奕欣、田雨林、戴蕴秋、周泽坤等，在此表示感谢！

目 录

第一章

学习技术系统及其角色转变

一、数字时代的教与学

数字时代的教育形态正在不断演变，变得越来越广泛。如今，学习不仅仅发生在物理环境中，更多的虚拟环境正在不断被建构，并与物理环境加以整合，实现学习的无缝衔接；学习也不再局限于正规环境中，人们获取信息和知识的非正式性和非正规性正变得越来越重要。在技术与平台的支持下，学习空间不仅在数量上，也在品质上得以增强，而个人和专业发展的个性化和现代性也有了充分的保障。这些不仅有助于改善学习体验本身，更有助于实现终身学习。尤其是移动终端设备的使用，让学习者的学习活动能被清晰分析和解读的可能性加大，并且学习者在网络社会学习解决问题的技能这一方面发挥着关键的作用。

(一) 在线教与学的转变

1. 多样化的教学传递模式

根据研究与市场(Markets and Markets) 的一份报告①，全球学习技术系统市场的规模将从2021年的158亿美元增长到2026年的379亿美元。根据中国互联网络发展报告(CNNIC)的统计数据，我国2020年的在线教育用户达到3.42亿，手机在线教育用户规模也有3.41亿，占全国总人口的近1/4。虽然在2021年受政策趋严影响，尤其是K12(学前教育至高中教育)领域，在线教育用户规模稍有下降，为3.25亿人；但整体来看，随着线上教育认同加强，再加上未来5G、VR、AI、物联网等相关技术的发展成熟，线上教育渗透率必将逐步上升。由此带来的无处不在的学习、无形的学习、扩展的学习等隐喻都是对当下以及未来学习新特征的典型描述。图1-1展示的是教与学的多样化传递模式，纵轴为课程内容设计的主体，横轴展示了课程内容交付的途径，从面对面到完全在线的方式。

① 数据来源：https://www.marketsandmarkets.com/Market-Reports/learning-management-systems-market-1266.html.

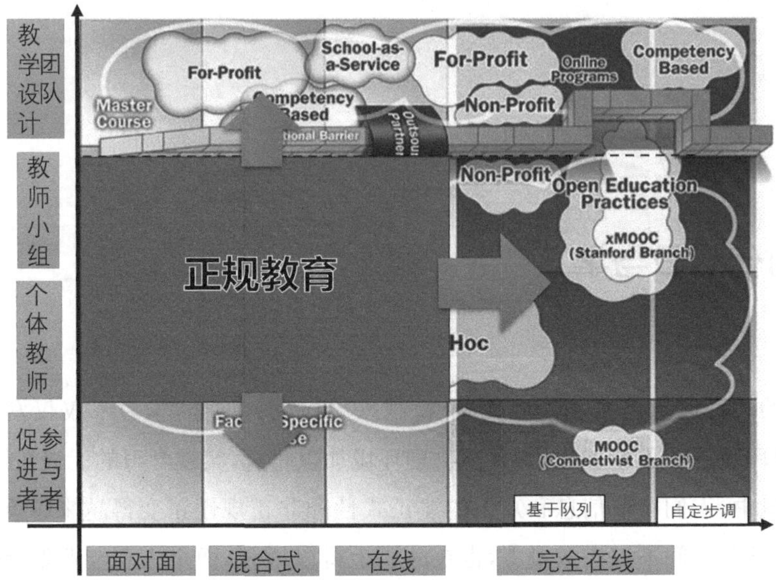

图 1－1　教与学的多样化传递模式(改自 Hill, 2012)

图 1－1 中矩形线框代表着我们传统意义上的正规教育，教育内容由教师或教师小组(也称教研组)创建，授课形式以面对面授课为主，混合学习和在线学习穿插其中，并且比例在逐渐加大。正规教育正借助大型开放式网络课程(MOOC)等形式将课程在线开放出去，让更多的人能有机会参与学习。在教育开放理念的影响以及信息技术的赋能下，除了学校的教师以外，企业或组织机构的教学设计团队，以及一部分教育促进者和参与者也积极参与到了课程内容的建设中。他们或营利或非营利，内容交付涵盖了从线下到线上的多种教学形态，在创造了更多学习机会的同时也更为灵活。这些虽然以非正式学习形式为主，但却极大丰富了整个教育系统生态。

其中，一些全新的传递模式也应运而生，打破了学校和教师一统天下的传统范式。

- 教育服务外包。基于营利性服务，学校将在线内容、课程或学生服务外包给外部公司或与之合作。公司进行在线课程的开发以及运营，通过学校提供课程，帮助学校实施相关操作。
- 教育伙伴关系。通常是作为一种非营利的教育项目，由外部组织提供部分在线课程和实践社区，学校将其纳入学位课程范围，允许学生获得行业相关证书。
- 教育播客。自媒体和社会媒体的广泛普及，使得个体也拥有权利和能力参与知识的传递，从而开辟了社会性自主学习的新方式。其便捷友好的互动交流机制(比如点赞、弹幕等)也可很好激励学习者的参与。目前主要涉及的领域有人文历史、科学技术、自我成长等。

2. 数字化学习生态

当前的学习者成长于由计算机和互联网所组成的世界中，各种数字技术已然成为他们学习的重要工具。各种多媒体工具为学习者展现了丰富而有趣的学习内容，社交媒体可支持学习者以不同的方式进行交流和协作，智能手机和平板电脑使得学习者随时随地进行移动学习成为现实，而虚拟世界和游戏化则促进了学习者开展真实的学习并进行角色扮演。为了突显新技术在促进学习的自我维持、兴趣驱动、领域跨越，提升终身和全方位学习方面的价值和作用，“数字化学习生态(Digital Learning Ecologies)”一词被提出，并受到越来越多的认可。尽管研究学习生态的视角很多，但大多数方法都可归结于社会文化和情境化的人类学习和发展方法，强调文化、社会互动以及实践和资源在个人学习和发展中的相互作用，还有工具和技术在其中的媒介与调节作用。巴伦(Barron, 2006)将学习生态定义为在物理或虚拟空间中提供学习机会的情境集合。情境体现出多样性，每个情境有着其独特的资源、关系、活动配置，并彼此相互作用。

以往的正规教育很容易忽略那些无处不在的教育互动新空间和新环境，它们往往是基于网络或社区构建，知识通过数字技术进行交流和共建。同时，随着课堂内外的打通、学校与社区、社会的融合，正式课程学习的边界也正变得越来越模糊。每个人都有了广泛学习的机会，并可以决定何时、何地、为何以及如何使用这些机会。如果我们把个体现有的数字化学习生态比喻为一辆汽车的话(图1-2)，那么信息技术毫无疑问就是前进的动能，要把各种教育资源加以整合，支持云端的学习同步与分享，并支持无线的网络漫游，这样就能满足学习者随时随地的学习，无论是在学校、在图书馆、在公交上、在博物馆还是在家中。在正式学习空间中有教学活动管理、学习对象浏览、学生信息管理和教学评价分析等方面的服务支持；在非正式学习空间中也有参与、搜索、创建和分享等方面的服务支持。我们也可将其称之为下一代的教与学。下一代的教与学应兼具个性化和社交性，不仅更加灵活，还能增强学生主动学习的意识和能力，其管理是建立在数据启发的基础上，教学环境是更具包容性的数字空间。

图1-2　数字化学习生态

(二) 从 e-Learning1.0 到 e-Learning3.0

人们在不断引入新技术,探索其在教学活动中的各种应用的同时,也改变和塑造着学习的形态与样貌。伴随 Web1.0、Web2.0、Web3.0 的发展,我们可以把对应的学习称为 e-Learning1.0、e-Learning2.0、e-Learning3.0,三者的区别如表 1-1 所示。

表 1-1 学习 1.0、学习 2.0 和学习 3.0 的区别(引自 Wheeler, 2012)

	学习 1.0	学习 2.0	学习 3.0
学习理论	行为主义、认知主义	社会建构主义	连通主义,根茎主义
学习模式	被动,个体的	主动,社会性、协作的	参与,社会性、社区的
内容组织	层级,自上而下	差异化结构,自底而上	网络化,多节点,多方向
分类模式	分类法	分众分类	根茎分类
内容来源	专家生成	用户生成	用户和机器生成
交互接口	键盘,鼠标	键盘/鼠标,触摸屏,声音/手势	声音/手势,直接植入,生物识别,情境感知
建构重点	内容为王	情境为王	社区即课程

1. e-Learning1.0

e-Learning1.0 代表了一种相对被动的个人学习模式,内容由专家或教师生成,被推送给学习者。学习过程呈现出一种自上而下的、分层的内容交付方式,要求学习者的行为过程具体且可观察,能被客观加以衡量和评估。在这种模式下,内容为王,主导的教育理论为行为主义和认知主义,而布鲁姆的分类法可用来支持和解释不同情境下学习活动的不同等级。其运作逻辑继承于 20 世纪 80 年代出现的计算机辅助学习模式,学习者坐在电脑前,通过键盘和鼠标,接收线性排列的内容,进行问题作答。当未达到所需要的理解标准时,他们会被要求进行补救或重学。

2. e-Learning2.0

e-Learning2.0 与 e-Learning1.0 之间最显著的差异在于与学习者互动方式的改变,以及对学习者创造、分享和组织他们自己学习的能力的提升。相比较于 e-Learning1.0,e-Learning2.0 被认为是更为主动、参与性更强的学习模式,学习者很少进行孤立的学习。受 Web2.0 思想的影响,学习内容除了可以由专家或教师生成外,还越来越多的由学习者自己生成。他们往往由社区发动,基于特定的情境,不存在等级制度,也不需要遵循自上而下的原则。生产出的内容由大众分类法加以组织，这是一种自下而上的异构的、松散化的组织。指导 Web2.0 情境下学习活动的最好的教育理论是社会建构主义，因为学习活动越来越依赖于社会互动，以及基于特定工具的媒体对话。维基网站(Wiki)和论坛是比较典型的在线协作和共享的学习空间，常常被用于内容的创建和共享。社区通常还会提供聚合、展示和标注等专业的服务和工具对生成的内容进行组织和管理。此外，交互接口还引入了触摸屏、声音和手势。

3. e-Learning3.0

比起 e-Learning1.0 与 e-Learning2.0，e-Learning3.0 对于技术的依赖性更强了，技术的应用也更为智能。它被定位于发生在一个基于语义的网络架构中，不断有各种智能过滤工具涌现。随着用户对社交网络中内容、链接和路径贡献的不断增加，社交网络变得更加智能，能够为用户推荐查找其所需要内容的最佳方案。它们还能根据用户以前的行为和选择来预测他们的需求。e-Learning3.0 的内容由用户和机器共同生成，以一种根茎的方式加以组织。根茎式的组织更加混杂、多维和多节点化，为学习者带来了无限的可能性和选择。当学习者选择内容并确定了自己的路径后，语义情境将发生变化，新的节点和连接将会创建，从而生成一个庞大的、动态的、合成的"蜂巢网络"。e-Learning3.0 环境下，每个学习者都是知识的纽带和内容产生的节点，充当了维持语义网增长的生产机制，又反过来受语义网的滋养。e-Learning3.0 除了更为关注移动学习之外，还为学习者提供了更为复杂的新工具，这些工具相互之间错综联系，能够情境感知，可通过直观自然的界面进行交互。与 e-Learning1.0 和 e-Learning2.0 主要借助于鼠标和键盘设备不同，e-Learning3.0 引入了语音和手势控制，并开始考虑生物识别系统，比如视网膜扫描、面部识别，甚至是直接植入的设备。

总体而言，如果以学习者最根本的学习行为作为隐喻，e-Learning1.0 主要是学习者的"读"，e-Learning2.0 就是学习者的"读/写"，而 e-Learning3.0 将是学习者的"读/写/协作"。但 e-Learning3.0 的协作与 e-Learning2.0 的协作又有所不同，这种协作不仅是指人与人之间更为紧密的协作，还指人与技术之间的共生关系。它使得学习者能够更为自然地"随时随地"学习，还能为学习者的网络搜索、文档管理以及内容组织提供智能的解决方案。因此，e-Learning3.0 的技术支持必须很好融合三种关系：学习、网络和参与文化。我们需要创建一个开放的学习环境，将个体的学习连通到网络世界中，这时个体的学习体现为一种实践社区参与的过程，学习者主动参与、积极传播，并拥有对自己学习的掌控权。

(三) 未来趋势

学习者的日常生活将与无处不在的应用和服务紧密结合，这些应用与服务不仅支持随时随地进行移动访问，提供高质量、友好的服务，还能根据需求和情境进行自适应，结合虚拟世界、3D

和增强现实的应用，给学习者带来身临其境的个性化体验。由于互动模式和沟通技能的改变，交流、协作、谈判和连通技能将成为所有学习者和教育者成功的关键。因此，他们需要提升元认知能力和各种高阶技能，如反思、创造力、解决问题、批判性思维、管理和组织能力、创业精神等。在由各种学习技术所创造的有趣的、动态的、适应性学习环境中，个性化终身学习的机会将会变得司空见惯。这种个性化智能的学习环境可提供一系列的学习途径，分别由虚拟学习网络、学习社区、小组和学习同伴加以支持。

1. 混合学习(blended-learning)主流化

随着技术的发展，尤其是有线、无线网络带宽的增加，光纤和移动网络的扩张，硬件和网络服务成本的降低，同步和异步通信与学习的机会显著增加，提供了更多互动和协作的可能性。混合学习并不是一个新的名称，而是由来已久，它关注于在面对面的教学过程中融入学习在线资料、开展线上活动的学习体验。图 1-3 展示了教学活动中不同程度的技术参与和支持。从没有技术参与的面对面教学到完全依靠技术支持才能实施的远程教学，中间是一个连续系统，包括了不同类型的混合学习。借助学习技术系统所搭建的线上平台/虚拟空间，混合学习将线下和线上两种模式的优势结合，安排不同的学习体验，以形成灵活且高效的学习。

图 1-3　教学活动中不同程度的技术参与和支持

在混合学习中，同步多种活动成分并容的混成学习(hybrid learning)正成为一种新趋势。教学活动的组织成分可以从场所和对象两个维度进行划分，场所可以分为学生亲临学习和学生远程学习两种形式，而对象可以指个体学生也可以指整个班级。我们常见的课堂组织，要么是全班统一面对面授课，要么都是远程学习。而混成学习所满足的是一种全新的教学需求，即同一时间段，一部分学生线下在教室里面对面地听老师授课，而另一部分学生则同时以个体形式远程连入班级参加学习。

混合学习更易融入现代互联的生活方式，增加了学习访问的便利性、个性化学习的机会；通过社会互动提高了学习参与；不同模式的组合能有利于教学设计和学习路径的改进，可在一定程度上降低教育成本。大量学者认为应将线下面对面的学习与在线远程学习结合起来，成为一种教学新常态。在线学习和工作模式重塑了我们的生活，也使得更具可持续性发展的混合学习模式主流化(Pelletier et al., 2022)。

灵活性和便利性是学生在在线学习和传统课堂教学之间进行选择时两个最重要的决定因素。混合学习方式优先考虑学生的偏好和限制,提供最大的可能性来保持课程进度并增加学生成功的机会。但这需要复杂的课程设计来制定课程内容、活动和路径,以确保所有学生能有平等的机会充分发挥其潜能。因此,混合学习的设计要点包括:合理编织同步和异步交互的序列、规划线上和线下的时间、选用正确的技术加以支持。

2. 非正式学习(informal learning)获得验证

非正式学习一向是教育教学活动的有力补充。但随着终身学习和学习型社会的发展,三方面的因素引发了人们对非正式学习更多的关注。一是学习被转移到职场中以提升工作绩效。描述个体学习活动全貌比较出名的公式为 70 ∶ 20 ∶ 10,即发生在工作中的经验学习占 70%,通过与他人一起或向他人学习而发生的社交或协作学习占 20%,而正式培训或学习仅占 10%。二是移动互联网的兴起。在这个时代,人们可以随时随地上网参与课程学习,与他人沟通。三是动态的、基于技能的学习的兴起。时代的快速发展和社会的快速变迁,一方面人们需要通过各种形式的学习获得应对的技能,另一方面人们对非学分和非传统教育的需求和期望正在上升。学生和终身学习者更加关注那些更加实用、一次性的技能和个性化的、基于兴趣的课程学习。于是,在 2009 年第六届成人教育国际会议上,通过了关于认可、验证和认证所有形式学习的需求的决议,尤其是非正式学习的成果(UNESCO, 2012)。

非正式学习更像是一种社会活动,并不总能获得学习效果,但对非正式学习成果的认证却是终身学习政策的核心(European Training Foundation, 2022)。借助认证,人们通过工作、爱好或社会参与所培养的技能可得以有效识别、记录和认可,这将有助于他们更好地了解自身能力,激励他们进一步学习的动机。借助认证,还可将更广泛的人群纳入开放和灵活的教育和培训体系,建立包容性社会。如何将非正式学习获得的知识、技能和能力可见化,索托-奥特罗(Souto-Otero, 2021)提出了四种在正规教育中验证的方式:(1)隐性且含蓄的,即知识、技能和能力假定在正规教育证书中,但证书中不明确说明;(2)隐性但嵌入的,即知识、技能和能力在正规教育证书中明确验证,被直接评估,是该资格的一个组成部分;(3)功能性显示,即通过认证获得正规教育课程,而不是正规教育证书;(4)制度性显示,即通过认证获得正规教育证书。

3. 移动学习和微学习(microlearning)赋予学习者权利

学习者所能接触并拥有的终端设备越发多样,个人终端设备已然发展成为个体的信息中心。移动学习就是一种在移动设备帮助下能够在任何时间、任何地点发生的学习,其便携性和可访问性可以真正满足现代学习者的学习需求和生活方式。基于不同地点的学习整合、移动设备被带入课堂、云端的社会性学习等,围绕移动学习有着丰富的探究和实践。同时,移动设备与桌面设备的无缝学习对接也已取得很好的进展,学习的流畅和连贯带给学习者良好的学习体验。

近年来，移动学习的一个重要发展就是微学习。微学习是一种将自主学习组织成多个小模块的学习方法。其内容可以采用图像、测验、文本、音频、视频和游戏等多种形式，可以是小型学习单元或短期学习活动。虽然简洁，但也涉及有教学计划，内容设计以小单元构成，学习过程也由小步骤组织，以更好地满足学习者特定的需求。整个概念依据艾宾浩斯的遗忘曲线理论，因此微学习课程一般不到十分钟。

微学习的好处是消化内容所需的时间更少，可支持随时随地学习，也可灵活支持学习者自主、个性化地学习，因此更具吸引力，更易提高学习者的参与度。但要达到较好的效果，需要使用更多的视觉效果，注重知识的重复和重现，还需要使用游戏化和协作机制提高参与度，以及使用微评估来评估进展。微学习适用于小型且相对狭窄的学习单元，不适合复杂的概念，也不适合深度培训。

4. 根茎学习（rhizomatic learning）更新社会性学习的理念

根茎学习来自生物学根茎的隐喻。根茎上的植株都可成长为一个独立的个体，但其根部相连，“肆意”发展和繁衍，没有明显的开始或结束，唯一的限制是其周围的栖息地。这体现了一种知识建构的新思想，根茎过程暗示思想之间的联系，从许多不同的点出发，可跨越多条线路，进行无限探索。根茎学习表达了一种“我和大家”一起学习的思想，既强调与群体的关联，但也突出个体的利益，体现了一种个性化与社会性的共生与进化。

在数字时代，由于技术的赋能，内容可以由用户和机器共同生成。一方面，杂生的、多源的、多节点的内容生成和组织为学习者带来了无限的可能和选择，另一方面，当学习者选择并确定好自己的发展路线时，学习情境将发生变化（这时，机器会参与内容的推送和合成），新的节点和连接将新建成为个性化的、动态的、合成的知识网络。这个时候，每个学习者都是一个内容生产节点（即草株），在巨大的且不断扩展的实践社区中参与构建和维持庞大的语义知识网络（即根茎系统），但反过来也受到它的滋养。

根茎学习要求从个体出发，将社会性学习、非正式学习和协作学习有机结合在一起，同时也强调了一个简单而深刻的概念，即任何组织都应拥有共享的知识和经验集合。组织的学习是实时进行的，对个体的影响也总是在变化并变得更有价值。由于涉及共建共享的过程，因此必须放弃“快速习得”的旧有学习范式，而这需要改变学习的文化和领导力（Bersin, 2021）。因此，学习环境中最好具有“内置”的协作和社交学习功能，以管理、跟踪和促进人们一同学习。

5. 人工智能提供个性化学习（personalized learning）的新途径

学生的知识、经验和学习偏好存在差异，需要提供相适应的学习资源和学习活动。个性化学习是很长一段时间教育持续追求的目标。但现有的教育无论从教师人数，还是考虑教师能力，都无法确保教师能为每一个学生都提供个性化的帮助，而这一及时反馈又有可能会对学生的学习成效起着至关重要的作用。人工智能和机器学习的兴起，带动了新一轮个性化学习的技术实现手段。通过对学习者各种过程性数据和结果性数据的收集和分析,从而获得关于学习者学习特征和学习问题的信息,然后以此为依据为学习者量身定制学习内容、规划学习路径。这其中,最核心的就是自适应技术。

自适应技术提供了一种适应学生在知识和经验背景上差异的技术,让学生能够按照自己的节奏学习,并将他们之间的差异可视化。自适应技术对学生的学习行为及推断出来的知识水平进行适应,据此来推送相关的学习内容,安排后续的学习活动,从而有效解决学生的知识缺陷,加速其学习的成功。应用自适应技术可以建立比以往更加快速的个性化反馈循环。最新的研究将学习数据拓展到了学习者认知数据之外,可对学习者的情绪和大脑活动做出反应。尽管取得了很大进展,但开发自适应学习系统还面临着一系列的障碍。第一,需要提高学习分析的效率和准确性;第二,需要能自动生成与不同学习者需求和兴趣相匹配的内容;第三,需要在恰当的时候介入学习过程,给出有效的提示和支持。

6. 5G 助推沉浸式学习(immersive learning)体验

5G 的兴起,使得"互联网+教育"的很多瓶颈被突破:5G 的高速率可支持快速的视频访问和数据分析;5G 的低延迟可实现更流畅的通信和更稳定的数据传输;5G 的大带宽带来了广泛的互联和海量的存储。5G 不仅促进了教学设备、教学形式的转变,还大幅度提升了教学场景的数智化水平,尤其是在沉浸式教学上的赋能,使学习体验更加生动有趣。

沉浸式学习通过引入视觉、声音、触觉、运动和空间等多种感知技术使得学习者的学习体感得以增强,同时给学习者营造出一种居于行动和世界的中心,并能操控接下来发生状况的感觉,因而更让人兴奋且难以忘怀。沉浸式学习通常涉及 VR、AR 和 MR 技术。借助支持 5G 的物联网设备,教育工作者可开发 VR、AR 和 MR 沉浸式课程,提供更加灵活开放的学习活动,实现更高效且自动化的学生反馈收集和分析。学生则借助如智能手机、3D 计算机屏幕、大型显示器、具有内置屏幕的头盔、配有传感器的手套等技术手段,获得身临其境的体验。学生可以在虚实结合的学习情境中,观看学习内容,进行实验操作;并可变成化身,与其他化身互动;还可以穿越时间和空间,探索各种无法在现实生活中进行设定的各种可能。沉浸式学习通常还会加入游戏性的元素。但沉浸式学习不应泛泛使用,它更适合特定环境或情境下的策略尝试和技能操练,比如外科手术、语言学习、野外实践等,模拟真实的场景,用以避免潜在的伤害,以及设备或财产的损坏等。

7. 游戏化学习(game-based learning)激发内生动力

现在所推崇的探究学习、合作学习、慕课、翻转课堂等学习模式,存在一个假定的前提条件,那就是学习者愿意积极主动地进行学习。而事实却不一定如此,这就为游戏化学习提供了很好的发展机会。游戏化学习利用了游戏设计的动机机制(例如竞争、好奇心、协作、个人挑战)和游戏的媒体(包括物理表征的棋盘游戏或视频游戏,借助虚拟形象和 3D 沉浸技术),并将它们应用到特定教学活动中,以吸引学习者,增强他们参与复杂活动或无聊任务的动机。其中所涉及的动机心理学使得学生能够产生出一种内生动力，克服游戏中的重重障碍，主动培养自己的知识和实践技能，达到最终目标。游戏化学习常被用于教育、培训、评估、招聘、知识管理、创新和科学研究等各种专业场合。

游戏化学习不只是创建学生游玩的游戏，更是学习活动的设计，常包含竞争、积分、奖励和反馈循环等要素。设计时需要考虑四个方面：第一个是获胜需要完成的挑战或目标，设计时，需要将学习目标融入游戏背景中，实现两者的有机结合；第二个是实现目标需要克服的障碍，也就是实现目标要完成的学习任务；第三个是克服障碍完成目标获得的奖励，最常引入的是积分奖励，针对学习者的努力程度和成就水平会设计不同类型的奖励，每种奖励有其量化指标和表现形式；第四个是用户与游戏交互的规则，在设计时，最主要的就是设计计分规则，围绕用户的不同交互行为和行为结果进行记录、评价并量化。

随着 VR、AR 和 MR 等新兴技术带来媒体的极大丰富，以及移动技术的广泛应用，游戏化学习的前景越发明朗且广阔。越来越多的大学和机构使用徽章和排行榜等游戏化策略来鼓励学生参与学校活动，激励他们探索课堂以外的学习，并帮助他们增加与同龄人的社交互动。然而，在将游戏技术整合到课堂课程中时需要注意几个问题：一是避免课程学习与游戏之间的巨大差距；二是不要让外在奖励挤压内在乐趣，即将积分、排行榜和徽章等游戏元素当作不可或缺的内容，使得竞争导向反而成为一种压力。

二、学习技术系统的发展历程和趋势

学习技术系统是信息化教与学开展的重要支撑，尤其是在线教学和混合学习得以实现必不可少的基础环境。当前，数字化学习、智慧教育、远程教学、翻转课堂、慕课、移动学习、协作学习等各类学习形态涌现，其背后都离不开学习技术系统的支持。无论是基于电子书包的未来课堂，还是智慧校园的数字学习环境，抑或是泛在学习型社会生态系统，其构成中都含有各类学习技术系统的身影。

（一）定义与范畴

关于学习技术系统的定义，当前并没有一个统一的说法。有的将其定义为一种软件应用程序，可帮助师生以数字方式进行学习计划各个方面的管理，包括培训活动的管理、跟踪和报告等（Ellis, 2009），也支持学习者和教师之间的内容共享和交流互动。有的人认为学习技术系统是一种基于网络的软件应用程序，用来传递学习内容，支持学生互动，提供学习评测，监控学生活动，并对学习进度进行报告。有的则认为学习技术系统是一个包含多个系统的平台，包括学习系统、课程管理系统、教学管理系统、门户等(Davis, 2009)。也有人认为学习技术系统是一个软件包，用于管理一个或多个学习者，一门或多门课程；并且通常为基于网络的系统，允许学习者注册课程、完成学习并进行效果评价(LSAL, 2004)。还有人认为学习技术系统是一种集成化的交互式在线服务平台，可以为教师、学生和其他参与人员提供在线教学活动所需的信息、工具和资源，用以支持教育的传递，加强教育的管理，等等。

其实，我们在描述教学中的技术支持系统时，经常会用到工具、平台、环境等词汇，它们的意思相近但又有所差异(图1-4)。称呼的变化一方面与技术的发展有关，另一方面也与应用的转变关联。从上面的定义描述，我们不难看出学习技术系统实质就是一种软件应用程序。早期出现的基于计算机的教学(Computer-based instruction, CBI)、计算机辅助教学(Computer-assisted instruction, CAI)、计算机辅助学习(Computer-assisted learning, CAL)等相关概念，其实也展现了计算机工具或程序被纳入教学活动提供特定服务支持的历史(Watson and Watson, 2012)。随着网络的引入，当学习技术系统具有了多种在线操作业务时，就能作为一个平台为教与学提供全方位的服务支持，比如教学材料的分发与监督、多层次的过程管理与跟踪、同步或异步的沟通交流等。而通过系统不同组件的有效整合，学习技术系统又为学习者创建了一个富有成效的学习环境，能有效促进他们的学习参与，达成他们的学习期望。因此，我们可以这么认为：当用“工具”一词时，学习技术系统所提供的功能业务相对单一集中；当用“平台”一词时，学习技术系统支持的是基于Internet的在线教学应用；当用“环境”一词时，则主要是从教学设计的视角切入，强调活动中借用学习技术系统对教学应用情境加以创设。

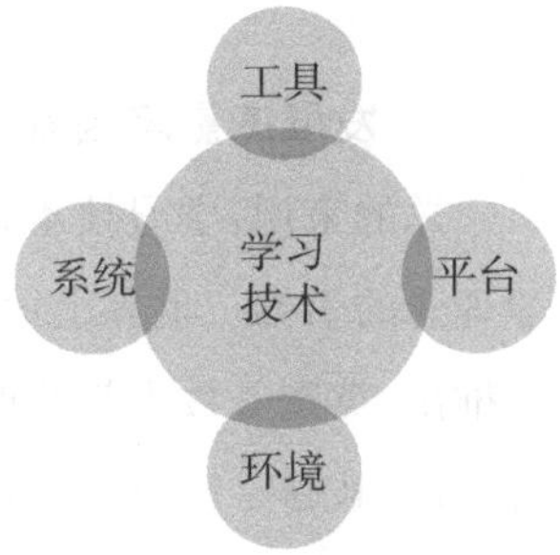

图1-4 学习技术系统的不同称呼

一般而言，学习技术系统通常为一个在线平台，在课堂内以及课堂外都可实现对学生进行资源、工具和活动的传递。通常会有一个学习资料和课程交付管理的中心，包括课程注册、课程安排、交流论坛、评分测试、学生成绩单等。另外，还会有许多用于展示学习资料，进行交流协作，管理作业成绩的工具，典型的如博客、题库和学习档案袋等，可以管理和传递多种类型的学习，尤其是异步学习。通常具有跟踪和管理学习者数据的能力，尤其是学习者表现的能力。它还允许教师设置定制化的教学，允许学生随时随地访问而不受地理约束。学习技术系统是学校最重要的企业级应用程序。用一句话简单概括，学习技术系统就是将学习内容存放在一处的网络平台，并提供不同的管理工具、交流工具、评价工具和监控工具，以实现对在线教学内容和教学活动的服务和管理，从而优化学习过程，这些活动通常包括教、学、评、练、测等。

常说的 LMS(learning management system),即学习管理系统,就是一种典型的学习技术系统。其他还有课程管理系统 CMS(course management system),学习内容管理系统 LCMS(learning content management system),学习活动管理系统 LAMS(learning activity management system)等。这些概念虽然体现了系统在特定功能业务上的不同聚焦,但彼此之间的界限越来越模糊,在本书中不做区分,其差异可在第二章查看。

(二) 发展历程

1. 发展的影响因素

总的来说,学习技术系统的发展受两大因素的影响,一是不同技术手段的加入,二是不同教学理念的引导。世界上第一个学习技术系统,叫做 FirstClass,是由软弧公司(Soft Arc)于 1990 年推出,英国开放大学当时由于一个叫杰纳斯(JANUS)项目的需求,用它来在欧洲开展在线学习。FirstClass 可以支持远程出席、作业提交、聊天等功能。现在,FirstClass 成为了 OpenText 开发的系统套件的一部分。随着教学的变化和技术的发展,FirstClass 的功能进行了极大的丰富,不仅能够提供随时随地的移动协作、社会协作,在服务个性化、一体化上的体验也进行了全面加强。

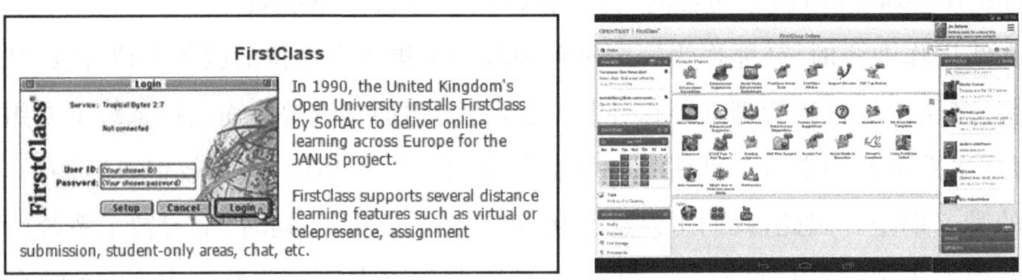

图 1-5　FirstClass 的变迁

(1) 不同技术的加入

图 1-6 例举了对学习技术系统发展起到比较大影响的一些技术。首先是因特网的出现,拉开了现代意义上学习技术系统的序幕,使得人类对学习生态系统的认识一下扩大了很多,从课堂走了出来,连接到全世界。接着是移动终端的引入,这一技术引发了系统对移动特性的考虑,要如何使学习更为灵活自由。后面出现的社交媒体又带来了系统对社会化特性的思考,如群体学习如何支持。再后面就是虚拟现实技术,这一技术引起了对学习情境以及环境创设的改变,它的进一步发展就成为了后面的混合现实技术。学习分析技术的加入,让系统对数据利用关注了起来,例如如何收集、如何分析、如何报告等。云计算、物联网技术出现后,联合移动终端技术的最新发展,让系统打造泛在学习空间成为可能。而人工智能、区块链等技术的引入,更是推动了系统在智能化、高效性、安全性方面特性的提升。随着教育数据需求的加剧和应用的深入,聚合和

治理跨域数据问题的数据中台技术被提出，将数据抽象封装成各种服务。紧接着，更进一步的数字孪生、元宇宙概念出现。数字孪生整合全量多源数据，对现实的学习个体或情境进行数字化建模并可视化呈现，元宇宙则打造与现实世界映射和交互的虚拟世界，构建具备新型社会体系的数字学习生活空间。

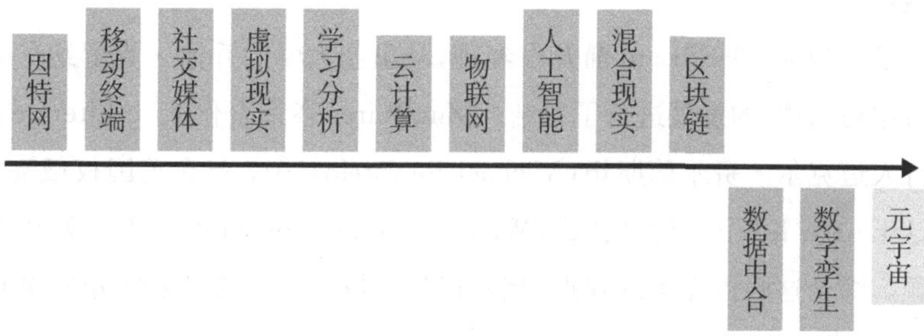

图 1-6　不同技术在学习技术系统中的引入

（2）不同理念的引导

图 1-7 例举了对学习技术系统发展起到比较大影响的一些教学理念。学习设计是从整体视角考虑如何有效且适当地在学习过程中利用技术和设计相关功能。游戏化试图利用游戏的动力作为激励学习者参与的手段，因此非常关注系统中游戏情境与游戏机制的设计。开放教育资源运动推广知识是一种公共物品的观念，成功地打开了系统资源访问的权限，在后面进一步发展成大规模开放式在线课程。在社交网络的引导下，系统出现的技术新特征包括同行评议、用户生成内容、多源聚合、社区化和数字角色等。泛在学习使得非正式学习的技术支持得到关注，比如野外、在博物馆等开展学习，且往往与智能手机和平板等移动终端相结合。个性化学习环境要求系统给予学习者充分的自主权，可通过创建自己的个人学习环境进行个性化学习。自适应学习要求在对学习行为和结果进行更深入了解的基础上，系统能支持更有效的学习过程设计，更有效

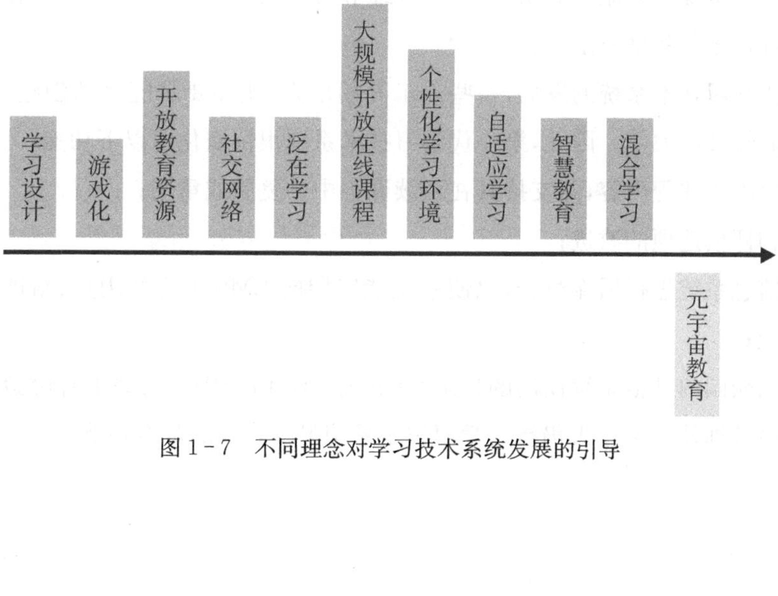

图 1-7　不同理念对学习技术系统发展的引导

地利用媒体资源和社交参与。进一步发展则出现了智慧教育，更加强调系统运作和决策的智慧属性。混合学习的发展更契合当前学习者真实的学习需求，对系统而言要求实现线下与线上的无缝衔接，给予学习者连贯的学习体验。近年来，随着元宇宙概念的发展，为打造更加沉浸式、无边界学习，元宇宙教育的思想也被提出，引发了相关的探讨和研究。

2. 三代发展

企业解决方案架构师、Blackboard前开发经理，马里兰大学的乔治·克罗纳(George Kroner)，2014年在其博客中对LMS的发展进行了总结。MindWires咨询合伙人、e-Literate教育技术分析网站的共同发行人迈克尔·费尔德斯坦(Michael Feldstein)2017年在美国权威高等教育信息化协会(EDUCAUSE)的评论“下一代是什么(What is the next generation)”一文也对LMS的发展阶段进行了回顾。综合这两位专家的观点，笔者将学习技术系统的发展划分为如下三代。

(1) 第一代：基础起步阶段

在1990年代后期，第一代商业化LMS开始用于高等教育领域。当时，现代网络的发展前景一片大好，高校从远程学习中发现了新的发展机会。一些学校开始使用FTP、Gopher和公告板之类的前互联网时代的工具进行文件共享并展开讨论，也有一些学校尝试了Lotus Notes之类的协同工具。乔治·克罗纳认为这一代LMS的应用主要出自一种类似于创建班级“网络展示(Web presences)”的基本需求。第一代学习技术系统所能提供的功能包括：

- 创建和上传静态内容的能力；
- 有限的交互沟通功能，主要通过论坛或信息传递工具；
- 基本的评估工具，比如问题类型有限的测验，可以上传作业；
- 简单的成绩册。

但从本质上讲，早期LMS最核心的两项特质为支持文件共享和讨论的能力，其工具实现都是对已有通用性工具的调整，使得它们能够支持师生简单完成各种基本的通信和文件共享任务。因此公告页面大多呈现信息流水的状态。当然，细节层面也会有些差异。比如，在文件共享的下拉框中允许设置特定的共享权限等。

随着第一代学习技术系统的发展，一些需求开始增强，比如要求能自动创建班级站点，要求能加强对内容的管理能力等。因此，第一代学习技术系统很快演化出以下功能：

- 能更好地组织课程内容，并支持其在后续课程中的复制或重用；
- 对评分和评估选项的改进；
- 与学习信息系统进行后端整合，以使系统能定期向LMS进行新用户、新课程和新注册的批量处理；
- 能够使用校园内其他系统使用的目录密码(主要使LDAP)进行集中身份验证。

这些功能服务即使到了今天仍然是学习技术系统最受欢迎的基本功能。

（2）第二代：专用晋级阶段

根据 EDUCAUSE 的数据，到 2003 年，美国有大约 90%的高校支持课程管理系统的使用。从这一年到 2010 年，LMS 的主要功能变化在于添加了更多复杂的教育专用工具，尤其是成绩册和测验工具。这两个应用工具的实现代码行几乎占据了每个 LMS 的一半以上。所以，第二代学习技术系统的架构其实就是在文件共享和讨论的基础上，增加了测验和分数功能，以及辅助一些教育边缘扩展性的插件，比如博客工具。为了增强用户的体验，第二代利用了新出现的 Web2.0 的思想和设计，加入了拖放、交互式和嵌入式的内容，并开始尝试合并新兴的移动和分析功能。

但总的来说，这一阶段的 LMS 通常被视为一种课程传递管理系统，为校园课程教学服务。教师在平台上发布教学大纲、公告通知和成绩。而学生在平台上上交作业和论文。他们可能会有讨论或测验，但很少。还有很多教师根本不会使用 LMS。但即使这样，每个机构都会部署一个。对 LMS 应用比较好的反倒是一些开展远程教育的社区学院和开展成人教育的营利机构，他们是第二代学习技术系统创新发展的驱动者。

第二代学习技术系统发展的一个典型代表就是 Moodle。Moodle 是一个基于模块化设计，采用面向对象方式开发的课程管理系统，中文通常也被称为魔灯平台。它由一位澳大利亚教师开发，不仅完全免费且开源，还操作简单、设计精巧，深受世界各地教育工作者的喜爱。平台提供了课程管理、作业管理、资源管理、聊天、投票、论坛、测验、问卷调查和互动评价等丰富的功能模块。使用者可以根据需要随时调整界面，对功能服务进行增减。

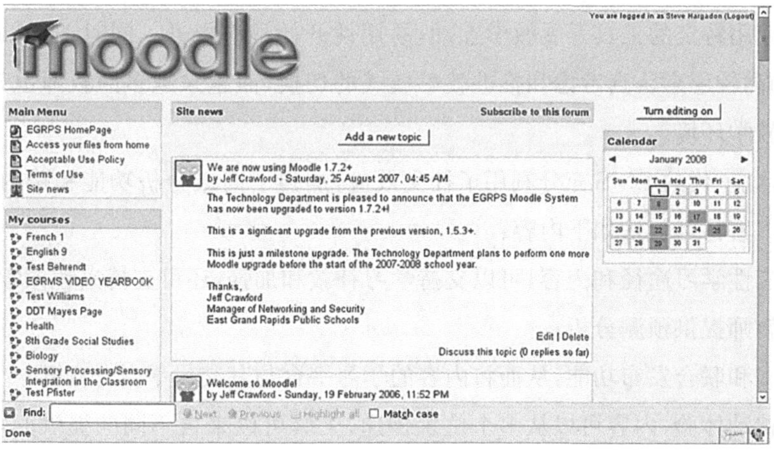

图 1－8　第二代学习技术系统的典型代表：Moodle

第二代学习技术系统的功能服务主要朝着两个方向进化：一个是采用 Web2.0 的方法发展社交互动、消息通知、数据分析和游戏化；另一个是利用现代方法加强 LMS 的自我交付能力。LMS 演进后出现了如下一些特点：

- 通过分析改进了 LMS 基本报告的能力，可以合并多个数据点，这些数据可能是来自 LMS 以外的来源；
- 根据基本配置的学习路径（比如测验成绩或活动完成情况）提供新的学习凭证方式（比如徽章等）；
- 在 LMS 中内置了不少新兴的社交档案和相关功能，而不再依赖脸书之类的工具；
- 通过订阅流、文本消息和其他模式联合警告与通知服务；
- 采用新的交付模型使得 LMS 可以减少甚至不用停机就实现自动更新。

在用户体验上，第二代学习技术系统继续增强移动能力，支持跨设备的响应式设计，同时开始具备在线呈现某些类型文档的能力，而不必依赖于 PDF 阅读器、文档或演示文稿。

(3) 第三代：个性创新阶段

在 2010 年左右，一些事件的出现推动了第三代学习技术系统的发展。其中包括：(1)IMS Global 推出了下一代学习信息服务标准(LIS)。LIS 的出台不仅减少了 LMS 的日常维护工作，还可在不增加整合成本的情况下将信息从一个 LMS 转换到另一个 LMS。(2)IMS Global 出台了学习工具互操作标准(LTI)。LTI 使将第三方开发的众多专用工具集成到任何一个 LMS 中成为可能。(3)Instructure Canvas 投放市场。这一款 LMS 产品拥有一些不同以往的重要特征，比如云架构，但最突出的是其对易用性的强调。同时，在新的教育理念影响下，第三代学习技术系统进一步在用户级别上加大了对于与内容和工具相关的选择授权，以支持用户“自带学习工具”或“创建自己的学习体验”。这样一来，LMS 从一个转移到另一个变得更加容易，LMS 中的班级空间也很容易使用特定的工具开展教学互动，易用性开始显著提升。同时，对待 LMS 的态度开始改变，更多的高校愿意认真考虑和推进教学模式的切换，而越来越多的教师也开始将 LMS 作为一种重要的教学环境。

总体来讲，这一代的 LMS 充分利用了社交效应，加强了高级分析功能和跨内容与设备的无缝式用户体验。其特点包括如下内容：

- 提供适应性学习途径和内容，可以支持学习补救和加强，还可支持兴趣探索；
- 主动为教师提供预测分析；
- 内容订阅和联合发布功能，从而将内容的学习平台与其交付平台分割开；
- 无缝的移动体验，内容可以从多个位置传递，工具可以来自不同的提供商，实现多个设备之间的导航；
- 提供学习内容和学习工具的商店集；
- 支持设备的离线功能，将内容同步到平板电脑或电子阅读器上。

超星泛雅就是第三代学习技术系统发展的一个典型代表。它基于云实现了在线课程的建设、在线课程的学习、在线教学的互动以及教学效果的分析，可轻松对接移动端、教室端和管理端的应用，从而灵活应对多种教学场景的需求，比如课堂签到抢答、课外沟通交流等。它还将教、学、管的环节打通，流程融为一体，盘活了彼此之间的信息与数据流通，并对这些信息和数据加以充分分析挖掘，形成教学闭环，为支持智能化的教与学提供可能。

图 1－9　第三代学习技术系统的典型代表：超星

对于第三代学习技术系统，最具挑战性的任务是跨供应商和设备实现学习内容和工具的展示，从而真正支持用户的无缝学习体验。可目前 LMS 的“应用”体系架构、操作系统和设备存在诸多的技术限制，使得单独的 LMS 生产商根本无法克服所有的兼容性和可用性问题。

3. 发展新趋势

思科(Cisco)曾在一段其产品推广视频中描述了未来教育的场景，其中很多内容在当前教育中已初见端倪。很显然，要支持 Cisco 所描绘的这些教育情境，学习技术系统应是在云端的，是移动的，能协作的，也是安全的，并且能在数据中心的支持下重塑数字化教育的模式。除了这些发展特征外，学习技术系统目前还朝着标准化、开放性、智能化、沉浸式的方向发展。

(1) 标准化

标准化是实现教育场景的无缝衔接，给予学生无缝学习体验的根本保障。学习技术系统的标准化发展要考虑三方面内容的规范。第一个是内容的标准，如何按照一定的格式要求描述学习资源的信息和内容，并进行有效的打包；第二个是接口的标准，学习工具是对学习技术系统功能的扩展，接口标准描述了学习工具如何与学习技术系统之间进行交互；第三个是学习行为的标准，学习行为描述了学习者在学习技术系统中的活动轨迹，是学习分析和教育挖掘的基础。图 1－10 展示了学习技术系统发展过程中所主要遵循的一些标准，越往下，标准

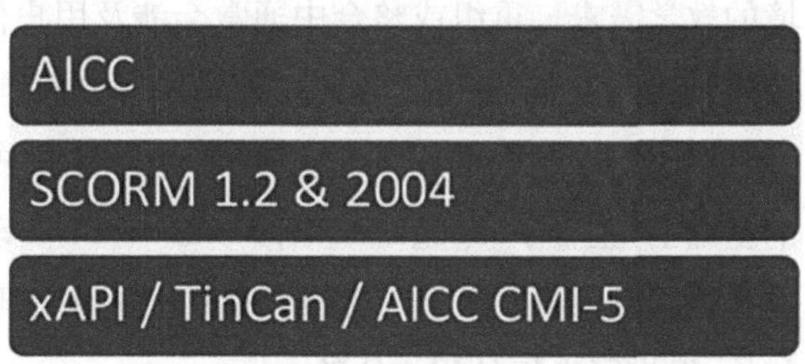

图 1－10　学习技术系统主要遵循的标准

的时代越新。

AICC是一个非常早期的在线学习标准。它是由航空工业计算机培训委员会(Aviation Industry Computer-Based Training Committee)于1988年创建的,支持学习内容和学习管理系统之间高度安全的HTTPS数据传输。但是AICC无法跟踪课程进度,而且它的跟踪和报告能力也远远无法满足当前的需要。目前这个标准已经过时。

SCORM就是共享内容对象参考模型(Sharable Content Object Reference Model),是在线学习内容的标准,由高级分布式学习组织(ADL)于2000年首次发布。目前最主流的两个版本是SCORM 1.2和SCORM 2004(又称SCORM1.3)。几乎所有的学习管理系统都支持SCORM内容,可以很轻易就实现课程内容在系统之间的迁移。但同样,SCORM只允许跟踪有限数量的指标,生成的报告数量也是有限的。

Experience API(简称xAPI,另一种叫法是Tin Can),是由ADL所提出的新一代的学习技术标准,它允许收集用户在线和离线的各种体验(行为)数据,还支持自定义扩展。由AICC所提出的CMI 5是SCORM和xAPI之间的一座桥梁,它通过限制某些功能和添加约束规则,简化并改进了xAPI的使用,目前仍在发展中。

我们可以通过访问一些标准化组织的网站以了解当前标准发展的最新进展。这些主流标准组织包括高级分布式学习组织ADL(Advanced Distributed Learning)、航空工业计算机辅助训练委员会AICC(Aviation Industry CBT Committee),美国电气及电子工程师学习技术标准委员会IEEE LTSC(IEEE Learning Technology Standards Committee)以及IMS全球学习联盟(IMS Global Learning Consortium)。

(2) 开放性

学习的复杂性,使得没有任何一个系统能满足所有的教学需求,而现实中,由于学习随时随地可以发生,学习者的学习轨迹也留在不止一个系统中。学习技术系统只有开放协作,才能为学习者架构起一个全方位支持的学习空间,并通过汇集学习者留下的学习记录对他们的学习全貌进行描述。一般而言,基于开放性原则,学习技术系统可通过快速重组与多元整合来应对不同情境的教学需求。重组或整合中通常会涉及用户信息的通讯与身份验证、业务流程的协同、资料文档的开放和发布、各种工具应用的集成等方面。

图1-11展示了Moodle平台在企业应用中的一种业务集成。Moodle在自己主要功能业务的基础上,整合了Google APP、Windows Live等平台的身份认证,打通了OpenOffice、CKEditor的文档服务,集成了Box、Flickr等多种应用工具,从而快速高效地建立起了符合特定需求的系统架构,提供了良好的用户体验。

学习者留下的学习数据,来源可能各种各样,比如来自于某一学习管理系统,某一移动设备,某些在线论坛,甚至某个模拟游戏,某次班级集训等。类型也可能丰富多样,比如评论、视频、网

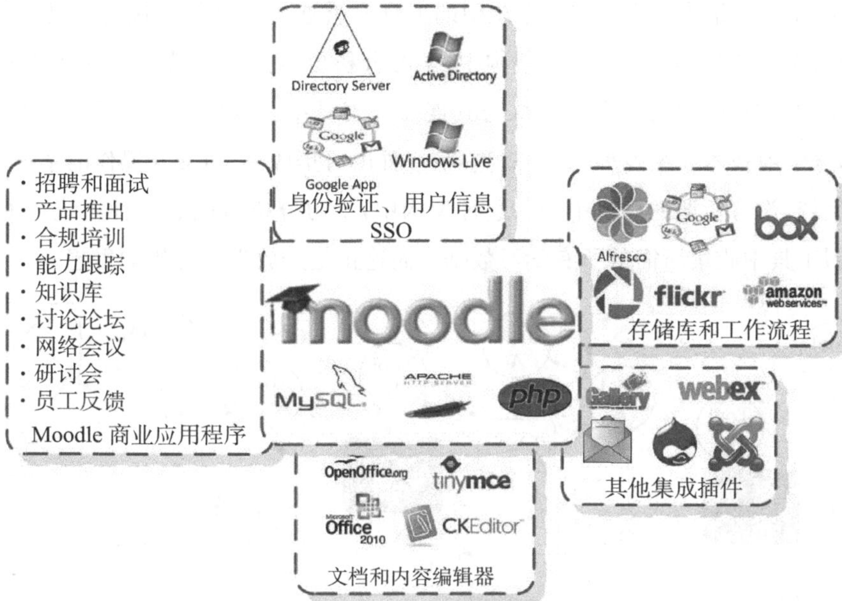

图 1－11　Moodle 的业务集成

页、绩效，甚至 AR/VR 中的操作、身体的动作等。它们都会被汇集到一处被称为“Learning Record Store”的数据服务器中。从数据的角度来看，这个服务器位于数字学习生态系统的中心，对其他所有系统和平台开放学习记录的存储、提取和检索，并提供教育评价和学习分析所需的数据来源。

（3）智能化

学习技术系统智能化方向的发展开始于学习分析技术。马尔科姆・布朗认为，学习分析是教育技术发展的第三次浪潮，前两次浪潮分别为整合企业架构、引入社会网络和云应用。学习分析萌发于“商业智能”，其本质就是对数据背后所隐藏的信息加以发现和理解，进而有效地加以利用，对教学过程或干预或预测，从而追求最大化的教育效益。基于学习分析的教育决策是一个不断增强的回路，通过学习分析对教与学行为中出现的问题及其原因加以诊断，然后以此为依据修改完善自己的教学计划和教学策略等，对下一轮教与学行为做出预测或者优化，而新一轮的教与学行为将再被收集加以分析，以此迭代，追求最大化的教学效果。

当前学习分析模块与学习技术系统结合的方式有三种类型，如图 1－12 所示。第一种是基于 LMS 的架构，即所有学习工具均以某种特定的插件方式被集成到学习技术系统中，学习分析发生在学习技术系统内，也可理解为学习分析是系统自身的一个功能。第二种是过渡型架构。在这种类型中，学习工具互操作标准（LTI）是最主要的学习工具集成方法。不同于第一种类型，学习工具各自都是独立单一的个体，第二种类型中的学习工具之间，更多实现了相互连接与交互。例如图 1 - 12 中，集成在学习技术系统中的工具 B 就通过与其相连接的工具 D 以获取更多信息，从而促进系统的整体运作。这种架构中，学习分析可以是学习技术系统外的一个工具，与学习技术系统的关系并不紧密，它可以从与其连接的工具中获取信息。最后一种是 NGDLE 式架构，也是未来学习技术系统发展的形态。它是一种由可集成的、可交互操作的学习工具集合所组成的生态系统，没有所谓的构成中心。这种架构中，学习分析可以是一种系统之外的存在，可以从不同学习工具中收集所需的所有学习数据。而这正是开放学习分析的思想。

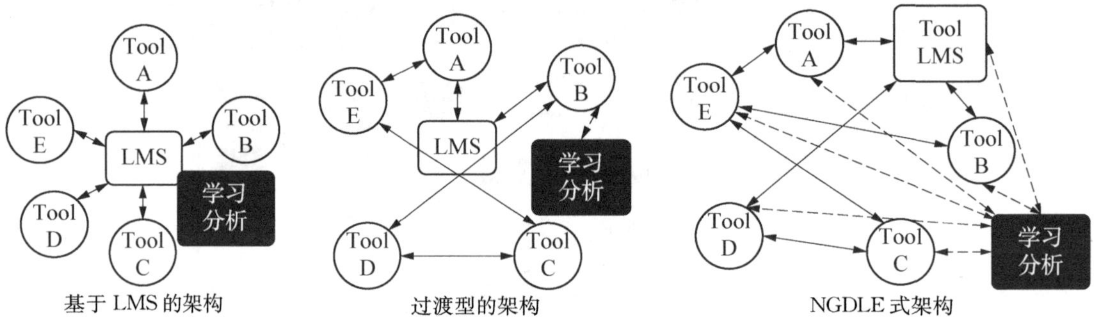

图 1 - 12　学习分析模块与学习技术系统结合的三种不同类型①

随着人工智能 AI 技术的新一轮发展，越来越多的 AI 开始被应用于教育的各个环节。从最外围的学习管理，到次外围的学习测评，到次核心的教学辅助，再到最核心的教学认知思考，不同环节所需服务内容不同，所应用到的技术也不尽相同。在学习管理环节，AI 技术主要被应用于拍照搜题、分层排课等；在学习测评环节，AI 技术主要被应用于口语测评、组卷阅卷等；在教学辅助环节，AI 技术主要被应用于作文批改、虚拟场景展现等；在教学认知思考环节，AI 技术主要被应用于规划学习路径、推送学习内容、侦测能力缺陷、预测学习进度等。学习技术系统的智能化可展现为多种发展水平。图 1 - 13 展示了系统中的智能驱动力及其相应的智能水平。当前大多数学习技术系统对学习场景中所发生事情的适应、感知和推断通常是由人类智慧实时处理的，基于以元数据本体、学习者模型和学习设计等形式的捕获机制。当系统能够在没有任何人工管理的情况下开始学习和预测行为，并能在学习场景中进行自我组织，以独立代理的形式运作，那么系统就倾向于建立

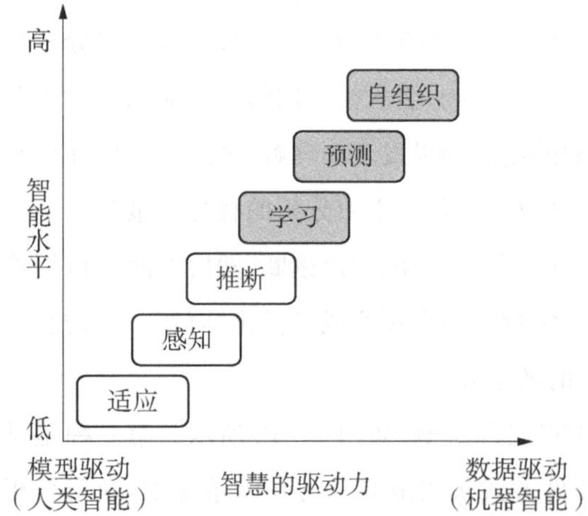

图 1 - 13　学习技术系统智能化的不同层级（引自 Hoel and Mason, 2018）

① 图示来自：https://wiki.geant.org/display/UP2U/Analysis+of+Network+Services+Requirements.

了机器智能，由大数据驱动。

(4) 沉浸式

学习技术系统的最后一种发展趋势是沉浸式，即集成各种技术的优势，比如视觉的、声音的、触觉的、运动的和空间的，甚至是社会性的，打造除文本以外全新的学习体验。

沉浸式体验的早期特征可简化为 SoLoMo，这一概念在 2011 年 2 月由著名风投公司 KPCB 合伙人约翰・杜尔(John Doerr)首先提出。SoLoMo 由“Social”(社交的)、“Local”(本地的)、“Mobile”(移动的)三个单词的开头两个字母组合而成，即社交化加本地化加移动化。社交化是指利用网络进行社会化交往、提供人与人之间的社会交互体验。本地化是指为用户提供基于地理位置的本地化服务，移动化是指各种移动终端(包括智能手机和平板电脑等)的移动应用。SoLoMo 三者集成，很好地体现了人们如今学习生活的需求特征。SoLoMo 是技术的一种综合运用和服务理念，而非一种全新的技术，其核心技术主要包括：位置感知技术、定位技术、知识发现技术、物联网以及数据挖掘等多种技术门类。

沉浸式体验新的发展由虚拟现实技术开始，慢慢向增强现实技术发展，再到近几年新出现的混合现实技术。虚拟现实技术下，学习者完全被封闭在虚拟的世界中，合成的体验与真实世界毫无关联；增强现实技术下，学习者在真实世界中的体验被叠加的虚拟细节所加强；混合现实技术下，物理环境和虚拟环境交织在一起，学习者同时与其进行交互和操作。这些技术不仅丰富了学习内容和学习情境的呈现形态，还大大提升了学习者的沉浸式交互体验的效果，使得愉悦的学习成为可能。

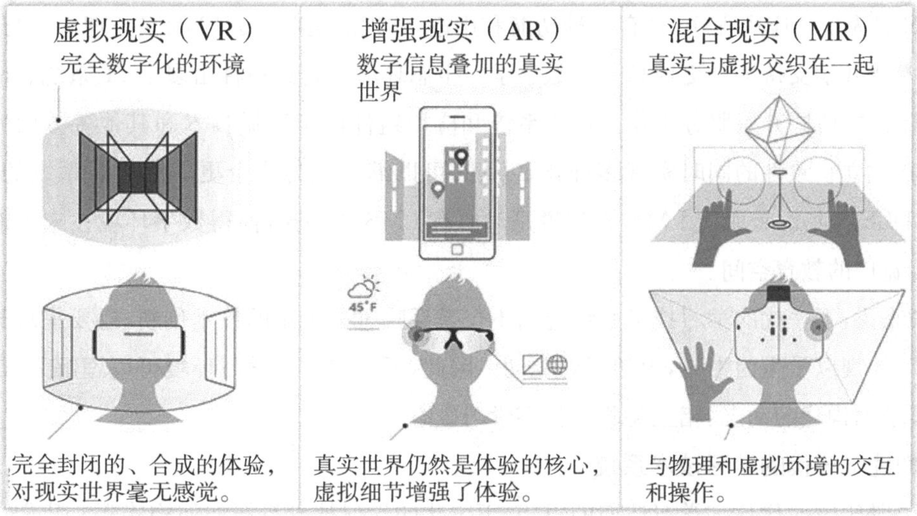

图 1-14　VR、AR 和 MR

(三) 下一代的构建理念

不断涌现的新技术在我们学习、工作和生活的各个领域均引发了巨大的裂变效应，同时也变革着我们的认知模式和行为惯性，重塑着我们对未来的期望和愿景。为了应对这些变化的发展，寻求塑造新学习环境的想法，比尔及梅琳达・盖茨基金邀请 EDUCAUSE 在 2015 年共同发起了一个有关下一代数字学习环境(Next Generation Digital Learning Environments，简称 NGDLE)的调查。调查汇集了相关领域 70 多位思想领袖的智慧和专业知识，并在同一年末发布了一份名为《下一代数字学习环境：研究报告》的白皮书，详细阐述了下一代数字学习环境的相关概念及其发展。

1. 下一代数字学习环境的理念

那么，如何理解 NGDLE 呢？我们可将其分解为 NG 和 DLE 两个部分，分别加以解释。

首先是 NG，NG 即为 Next Generation，下一代。下一代系统的学习支持要怎样做呢？我们认为要做到以下三个点。第一，要体现以学生为中心的思想，满足每个学生不同的学习需求；要支持学生的自主学习，赋予他们管理自己学习所需的技能、信息和工具。第二，要支持能力本位的学生培养目标，让学生能够按照自己最佳的步调学习，并通过能力水平的认证来获得相应的学分。第三，要支持混合式的教学模式，无论在小组还是个人的工作中，都能结合教师和技术两者的优势来促进学习。

DLE 即 Digital Learning Environments，跟我们现在常说的 LMS 学习管理系统有什么区别呢？LMS 多为单个应用程序，具有多种功能和用途，体现的是“一刀切”的服务理念。与 LMS 相比较，下一代教学支持平台更像是一个数字学习生态环境。它是一种由多个 IT 系统和应用组件构成的联合体，协同开展服务工作。这些系统和应用组件由于遵循技术和其他各方面的通用标准，可以在建立一致性的同时实现多样化。LMS 可以继续成为这个更广泛生态系统的一部分，因此 NGDLE 与其说是取代 LMS，不如说是对原有 LMS 的补充，使得数字环境在未来能够创造一个更为宽广的教育空间。

总的来讲，下一代的学习技术系统应当不仅是反映过去十年的技术创新，还要呈现教学方法上的变革，体现以学生为中心，由学习者驱动。因此，下一代数字学习环境可以理解为，是一个围绕学生需求而构建的动态、相互关联的数字学习生态。

2. 构建下一代的学习技术系统

那么，基于下一代数字学习环境的思想，下一代的学习技术系统如何构建呢？我们可以从互操作性与集成，个性化，分析、建议与学习评估，协作，可访问性和通用设计五个维度来加以把握。

第一个，互操作性与集成。这个是下一代学习技术系统建构的关键，为集成各类工具、实现内容与数据交换提供了可能性。首先是内容，为利于知识的共享与传播，平台的各部分必须都能够接受和交换通用格式的课程内容，以确保内容可以被交换、传输与利用。其次是工具，为便于用户能快速轻松地将工具添加到自己所构建的环境中，工具的集成要足够容易。然后是数据，环境中产生的学习数据要能够无阻碍地进行交换，进而可以被汇总、集成和分析。

第二个，个性化。个性化虽然对于用户而言很大程度上是不可见的，但却是实实在在可感触到的，是影响用户体验最重要的因素。下一代学习技术系统的个性化包含两个层面。第一种是学习环境的构建和配置，师生可以根据个人需求进行定制，以适合他们学习任务与目标，并反映他们的学习风格。配置可以发生在个体水平上，也可在部门、机构或组织水平上进行。第二种是适应性学习，系统可以根据学生的不同需求为其提供针对性的指导和建议，而学生则能从中获得动态、个性化的学习体验。这一机制中，自适应学习工具的集成以及它们对学习数据的支持将是关键所在。

第三个，分析、建议与学习评估。这一点是下一代学习技术系统的功能所在，能对各种反映学习方法和结果的数据进行分析并生成有效的学习评估。虽然目前大多数的在线教学平台均具备一定的学习评估功能，但分析的是来自于 LMS 和学生信息系统中的数据。未来应在此基础上不断扩大和加强，分析模块可以位于系统外部，然后基于学习工具互操作标准可以在系统或其他应用程序中查看其仪表盘显示的信息；而评估更多关注基于能力开展，将标准化形成性评价、自适应学习技术和学习分析结合在一起，支持学习者的持续性发展，提供完善科学的学习档案。

第四个，协作。现有系统会预设一种课程“围墙”，假定所有活动发生在课程的私密空间内；但真正有价值的学习往往发生在真实的社会环境中，超越课程空间，由课程以外的协作活动产生。因此协作式问题解决会是未来教学的主要形式。下一代学习技术系统需要超越这种限制，使学习社会可以部分公开，部分私有，支持多层次的协作。通过系统平台，师生能够在各种层次、规模上组织协作学习；协作也不仅仅局限于课程空间，可以跨机构、跨场景。

第五个，可访问性和通用设计。易获得性是下一代学习技术系统的主要目标。因此系统需要重新考虑所有的工具，基于通用设计最大限度地让尽可能多的人都可以使用到它们，实现无障碍访问。

3. 实现技术

为实现 NGDLE 的思想，EDUCAUSE 学习项目组（the EDUCAUSE Learning Initiative, ELI）提出了一种所谓“乐高积木式”的组建方法，即以一种整合的、可互操作的、“即插即用”的方式将各种方式的服务和学习机会加以配置和管理，从而可满足不同情境的教学所需。而在具体实现时，可能会涉及的技术包括：集成模型、内容工具、应用商店、推荐系统、互操作性标准和 API、可访问性标准、自适应技术等。

但在这种架构思想下，下一代学习技术系统也提出了一种使用者即设计者的主张。学习者和教师必须具有塑造和定制他们所需学习环境的能力，这一学习环境能够很好地支持他们的目标需求和学习情境。因此，通过基于标准和最佳实践的组件式体系架构，下一代学习技术系统应鼓励人们“探索各类新的方法，开发各种新的环境”(Moore, 2018)。受这一主张的启发，本书在后面也提出了关于学习技术系统新素养的相关主张。

三、对学习技术系统的思路转变

从前面的梳理分析中不难看出，一方面，教学变革的需求不断推动着学习技术系统的应用与创新，另一方面，系统中新技术服务的加入也不断创造着新的教学形态。受社会环境和国家政策影响，线上教学以迅雷不及掩耳之势被强行推上了常规教学形态的舞台，要与线下教学进行有机融合，再加上教育数字化转型的必然之势以及智慧教育的发展愿景，一时之间，教育者的种种不适与不满接踵而来。区别于以往的网络教育(比如开放大学)和在线学习(比如慕课)，学习技术系统首次要覆盖所有教育层次的全部学科，并应对全时空所发生的各种教学需求。这种改变使得我们不得不重新去思考数字化教与学活动中系统的角色演变以及人与系统之间关系的转变，为此我们提出应建构师生对于学习技术系统的新素养，以更好地应对未来教育的发展与挑战。

(一) 两轮在线教学问题的反思

2020年初，在教育部“停课不停学”的号召下，各类学校依托各种在线教学平台，开展了各种形式的在线教学活动。后来，随着课堂教学秩序逐渐恢复，在线教学被纳入常态活动，与线下教学融合发展。在此过程中，学习技术系统在应用中遭遇了各种各样的问题，但所面对的问题有什么不同？问题的发展和变化对未来学习技术系统的应用与建构有什么启发？为此，我们展开了反思。由于在线教学的开展主要涉及教师、学生以及学习技术系统三个主体，前两者又可归为人的因素，因此在线教学问题其实反映的就是人与系统的关系。基于这一视角，我们对普遍反映的教学问题，使用内容分析法加以解读和反思。

1. 数据收集与编码

研究将已发表文献中所谈论或总结的问题作为分析数据，纳入了如下几类：(1)教育领域权威专家或知名学者对于在线教学过程中存在问题的讨论，如余胜泉等(2020)；(2)通过问卷收集等方法进行统计和分析后所得出的研究结论，如王冬冬等(2020)；(3)一线教师或管理者通过亲身体验所获感悟等所得出的研究结论，如唐中林等(2020)。在中国知网上，以“在线教学平台”为检索主题，共发现文献 1 241 篇，按标准筛选后采纳了从 2020 年 1 月至 12 月的文献 86 篇，从 2021 年 1 月至 12 月的文献 93 篇。对文献中反映的问题进行整理、去重和归纳后，共得到有效数据 542 条，经编码（注：有的问题数据会同时反映好几类问题，则都计数）后的问题分布情况如表 1 - 2 所示。

表 1 - 2　在线教学问题分布表

2021 年（263 条） 2020 年（279 条）	基础教育	职业教育	高等教育	其他	总计（%）
人机交互问题	3\2	4\2	8\7	8\8	8%\5%
功能构建问题	13\6	28\27	63\85	24\18	43%\33%
使用者问题	19\16	23\36	51\135	12\9	35%\45%
其他问题	3\1	10\11	21\44	11\14	15%\17%
总计（%）	13%\5%	22%\20%	48%\63%	18%\12%	100%\100%

问题的编码参考《信息技术学习、教学和培训在线课程》标准（全国信息技术标准化技术委员会，2018）以及教师与学生信息素养评价标准指标体系（石映辉等，2018；王海燕等，2007）制定（表 1 - 3），两名研究人员的编码一致率为 0.960。

表 1 - 3　在线教学问题编码表

一级指标	二级指标	具体描述
人机交互	D1 平台交互设计问题	D1 - 1 界面是否有操作指南、帮助信息以及清晰的菜单等
		D1 - 2 界面功能链接是否可以正常跳转
		D1 - 3 用户在使用之初是否易于上手
	D2 界面外观设计问题	D2 - 1 界面是否有吸引力、是否有创意、是否能激起师生的浏览兴趣
		D2 - 2 界面信息或操作是否存在认知负载
	D3 平台适配问题	D3 - 1 是否支持各种客户端设备包含移动设备的访问
功能构建	F1 平台功能设计问题	F1 - 1 平台功能是否符合用户所需业务逻辑
		F1 - 2 平台功能是否支持线上与线下教学活动的联通
	F2 平台功能不足问题	F2 - 1 缺乏课程资源管理功能或课程资源不全面
		F2 - 2 缺乏对教学活动管理（如缺少对教学活动的监督、作业模块功能不足、缺少测验模块等）
		F2 - 3 缺乏对数据的管理（如缺少学情分析、学生评价等功能）

续表

一级指标	二级指标	具 体 描 述
使用者	T1 教师信息意识问题	T1－1 能否进行信息的有效获取与甄别
	T2 教师信息知识与能力问题	T2－1 是否能够熟练操作教学平台
		T2－2 是否同时利用多种教学平台开展教学
		T2－3 能否有效地选择和使用恰当的教学手段
		T2－4 能否有效地进行教学资源的利用与管理
	S1 学生信息意识问题	S1－1 是否有明确的信息需求
		S1－2 是否有自主学习意识
		S1－3 是否能够主动参与学习
	S2 学生信息知识与能力问题	S2－1 能否熟练操作各种平台
		S2－2 能否正确处理所获信息
	S3 家庭网络以及硬件设施条件不足	S3－1 是否有设备或网络支持在线学习
其他	O1 平台运营问题	O1－1 平台是否可以开放获取(是否收费)
		O1－2 平台是否面向所有用户
		O1－3 平台是否存在卡顿现象

2. 两轮在线教学问题的变化

将两轮在线教学问题的分布情况加以对比(图 1－15),我们不难发现使用者问题由 35%增

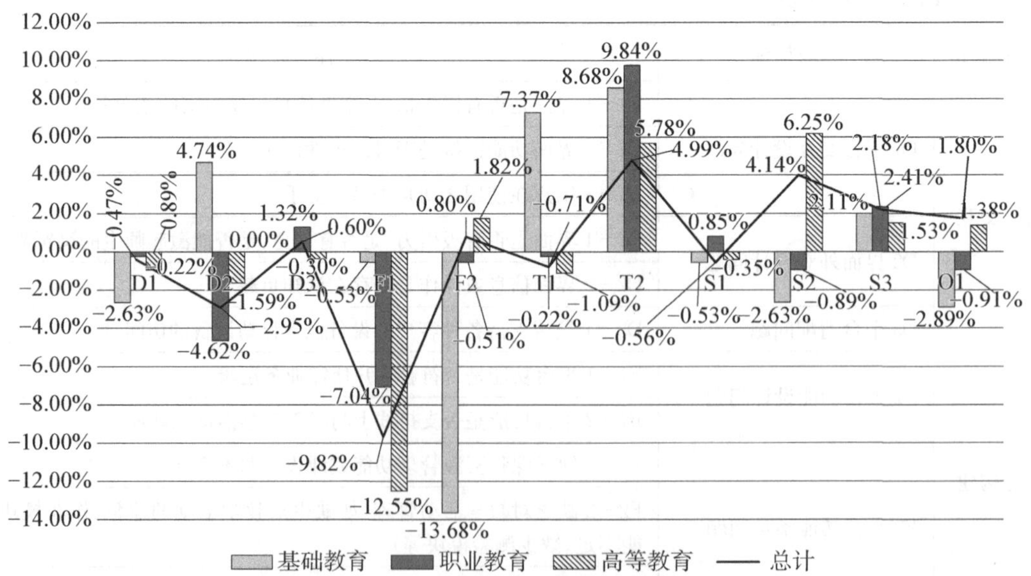

图 1－15 两轮在线教学的问题变化

注:数字为正,表示问题占比增加;为负,则问题占比减少。

至45%，超过平台的功能构建问题成为占比最高的因素。师生信息意识问题通过2020年的在线教学得到了很好的洗礼，都有所减少(T1：－0.71%，S1：－0.56%)；但师生的信息技能却在2021年的混合教学中遭遇新的考验，问题增加了(T2：4.99%，S2：4.14%)。平台问题中的界面设计问题和功能设计问题在平台的不断优化升级中都得到了较好地解决(D2：－2.95%，F1：－9.82%)，尤其是在业务逻辑的适配上。但功能不足的问题仍然比较显著，并随着混合学习的开展、新需求的不断产生，占比由24.58%上升到25.38%。在平台运营方面，平台的开放问题得到一定的解决，但卡顿问题却随着教室网络环境下的集体应用变得更严重了，由12.29%增加为15.23%。

如果将问题分解到不同教育层次上，可以很清晰地从问题减增的分布情况看出不同教育层次的应用转变(表1-4)。在高等教育和职业教育的师生看来较易接受的混合教学，对于基础教育的教师而言，信息意识上的挑战仍然较大(T1：7.37%)，这无疑与基础教育长期以线下课堂教学为重有关。混合学习对所有层次教师的信息技能都是不小的挑战，其中又以职业教育阶段最为严峻(T2：9.84%)，问题主要集中在多平台的利用以及资源的有效管理上。高等教育的学生信息技能问题不减反增(S2：6.25%)，与其开展丰富的混合教学模式有关。高等教育在2021年进行了丰富的线上线下融合创新，多样化平台多类型活动反而无形之中增加了学生的技术负担，同样也带来学生技术装备上的问题，但影响力度不如职业教育所开展的在线虚拟实验或实践教学(S3：2.41%)。各教育层次应用的各类在线教学平台问题总体是减少的，功能设计问题的优化在高等教育最为突出(F1：－12.55%)。但功能不足的问题却很值得商榷，这一问题在职业教育和高等教育是增加的，但在基础教育是减少的(F2：－13.86%)，尤其是教学活动的管理问题。分析其原因，可能与2021年基础教育回归线下课堂，教学活动的管理不再依赖于在线平台的支撑有关。可另一方面，基础教育如果想要推广在线的教学应用，平台界面的设计问题就需很好加以解决(D2：4.74%)，尤其是交互的吸引力方面。

表1-4　不同教育层次的两轮在线教学差异

层次	时期	典型教学活动组合	常用在线教学平台	存在的主要问题
基础教育	2020年	教师在课中进行直播教学或播放视频课程，在课后给学生布置作业任务	微信/QQ、钉钉、国家中小学网络云平台、空中课堂、作业帮、腾讯课堂等	教师的信息技能问题，学生在信息环境下自主学习意识的缺失
	2021年	教师在平台上分享资源，布置作业或练习，开展家校互通	微信/QQ、腾讯课堂、钉钉、国家中小学网络云平台等	教学重心回归线下课堂，线上教学未得到很好的延续

续表

层次	时期	典型教学活动组合	常用在线教学平台	存在的主要问题
职业教育	2020 年	教师在课中进行直播示范或播放演示视频,学生在课后进行自检自测	微信/QQ、钉钉、腾讯会议、智慧职教、蓝墨云班课、易班、高职联盟慕课平台、中国大学 MOOC、雨课堂、国家虚拟仿真实验教学项目共享平台(实验空间)等	对虚拟实验教学平台的需求,在线资源相对薄弱
	2021 年	教师在课堂内进行在线虚拟演示,让学生在平台上进行技能操练和自主探索	微信/QQ、智慧职教、职教云、中国大学 MOOC 等	平台教学难度较大,对教师技能有一定的要求
高等教育	2020 年	学生在课前进行资源学习,教师在课中或开展直播教学、或集中辅导解惑、或安排学生自主学习等,然后在课后布置作业任务	微信/QQ、腾讯会议、ZOOM、中国大学 MOOC、学堂在线、超星学习通、智慧树网、雨课堂、微助教、实验空间、高校一体化教学平台等	平台虽多样,但无法满足多元化的教学需求
	2021 年	在课堂上,利用平台增强面对面的师生互动,生生之间的协同操作;在课外,发布活动公告,分享课程资源,并开展线上交流;将平台记录的学生学习情况纳入教学评价	微信/QQ、雨课堂、中国大学 MOOC、Blackboard 等	教学平台种类繁杂,教师能力参差不齐且选择不一致,造成学生的技术负担

注:表中的在线教学平台排列顺序不代表选用优先级的先后次序。

3. 总结与反思

通过以上分析,不难发现在线教学推进了师生在线教与学意识以及相关信息技能的提升,但之后如何延续和发展,如何与线下教学有效整合,又给师生带来了新的挑战。各类在线学习技术系统虽然一直没有停止过完善升级,但随着在线教学应用的深入和教学需求的多元化衍生,更多新问题被激发。有的问题确实是系统的因素,而有的则是人的因素,比如多个平台功能的不当切换造成的学生技术负担问题。我们不禁会问,到底什么样的系统能比较好地契合我们的教学需求?怎样应用才能让系统真正有效支持我们的教与学?当然,我们也会反思,所有教学活动都能被学习技术系统所支持吗?哪些是系统能做的,哪些是系统怎么也做不到的?

以往对这些问题的解决讨论大多是基于系统使用者的角度,即一种被动满足的解决方案。但受下一代数字学习环境所提倡的“平台的使用者即是平台的设计者”主张的启发,我们提出应探索一种主动设计、参与建构的解决路径。这就要求教育者重新认知学习技术系统在教学活动中的角色，选择学习技术系统的发展走向，并建构必要的学习技术系统新素养。

(二) 学习技术系统在教学活动中的角色演变

教育需要变革和创新以适应21世纪发展的需要，这点已不容置疑，信息技术常被看作是一个非常重要的驱动力量。首先，借助技术系统，在信息获取、处理、适应、组织水平和速度急剧增加的同时，学习、创新以及知识创造和传播的速度也不断加快。其次，技术正越来越多地被嵌入到各种类型的生产、加工和处理过程中，从而产生出了各类智能产品，如实时过程控制系统、便利的交易系统、业务支持和后台事务处理系统等，另外也非常有助于组织管理上的创新。最后，技术促进了个人、非政府组织、企业和社区之间的各种交流与联系。它们彼此之间相互参与渗透、协调合作，开展各类社会型学习，建立实践共同体，并积极调动各种社会资本，引发全球性的社会关注。但即使这样，我们对学习技术系统的潜能认识还不充分，应用程度也还远远不够。

1. 从传统“教”的传递到现代“学”的支持

学习技术系统，尤其是LMS，在教学管理方面所获得的成功是显而易见的，但在支持学习本身方面却不那么显著。一些工具服务，比如小组合作、游戏积分等，对于课程管理的意义不大，但能间接对学习的成功产生重要影响。究其原因，与LMS最初以课程为中心、以教为中心的设计理念有关，而这也与上世纪90年代看待教学的方式相一致。当前教育的理念正逐步摆脱传统以教为中心、由教师主导的思想，取而代之以学为中心、由学生主动。由于世界和社会变化如此之快，21世纪要求人们成为终身学习者，从参与学校学习变为真正投入学习(Price, 2010)。为此，教学形式也开始逐渐摆脱以往单一标准化的课程形式，开始尝试各种新型的教学模式，教学服务提供的主体也愈发多样。这些发展变化，无一不对仍以教为中心，按照“一刀切”方式搭建的学习技术系统提出挑战。

学习技术系统的三代发展，体现了构建理念上逐渐从传统支持教师的“教”转变为现代支持学生的“学”。在新理念指导下的学习技术系统中，教学活动发生了如下改变：教学的内容，从静态预设转变为动态生成，以多种媒体手段呈现；教学的空间，让学生从固定的座位转变为可移动化的、虚拟化的，可以随意走动并灵活加以组织；教学的环境，从封闭式的教室转变为开放性的，可以延展到校外、社区，甚至全世界；教学的关系，从师生彼此的束缚转变为连通性的，可以自由创建和发展，角色也可灵活变动；教学的方法，从知识的消费型转变为创造型的，提倡知识的共建共享；教学的策略，也从通用的一刀切转变为个性化的，让每个人能得到最适合的发展。学习技术系统的价值不再只是实现课程的存放与传递，开始越来越多地关注于整合各种手段以带给学习者更好的学习体验，并充分利用分析技术对学习者的学习过程和学习成效进行深入的理解。

2. 从支撑的“工具和平台”到学习的“环境和生态”

学习技术系统是学生学习体验中不可或缺的幕后整合者，作为活动中心，提供课程的管理和监控、学习的交流与讨论、资料的创建和存储，以及成果的认证和评估等服务。随着学习技术系统的更加强大和先进，学习技术系统在支持教学活动的同时，也改造着我们对于教与学活动的设计要求。首先，是系统的互动性学习体验。学习技术系统的创建能力使得学习者可以在学习视频等内容时添加评论或自由拖放，这一体验比单纯阅读或观看内容能让学习者保留更多信息。游戏化是另一项重要的互动设计。积分和其他游戏元素的加入使得学习变得有趣，学习者更有动力去顺利完成课程，同时还能提升他们与其他成员互动的程度。而对社交学习的支持，可以说是学习技术系统互动体验的最大载体。其次，是系统的一贯性学习体验。课程模板以及内容标准的应用，使得学习内容在轻松快捷创建的同时还能保持高品质。与第三方系统内容和服务的无缝对接和有机整合，能提供学习者流畅无感的学习切换。自动化的信息沟通则能让学习者保持对系统中学习活动进展的了解并积极参与学习活动。第三，是系统的个性化学习体验。许多学习技术系统都会根据学习者的兴趣、学习经历、学习需求等信息来推荐学习的课程与内容，同时根据学习者的订阅情况发送新课程的上线通知供学习者选取。另一种定制体验就是绩效帮助。适应性评估和测验能反映学习者在学习中的表现和问题，可帮助他们聚焦于需要改进的地方，提升学习效率。最后是系统的灵活性学习体验。现有学习技术系统都配有移动终端应用程序，使得学习者可随时随地从任何终端设备访问到学习课程。而且与其他系统的集成整合，可让学习者一站式完成所有学习任务。

在这些改变中，学习技术系统与教学活动的关系也在悄然发生着变化。在充当协助工具（比如讨论工具、作业工具、资源工具等）和平台基础的角色时，学习技术系统自身是处在师生教与学传递流程的外围的，或只参与其中的部分环节（比如信息的发布、数据的汇总等）；而慢慢地，由于技术对学习的深入渗透，学习技术系统变成了教与学传递流程的一部分，从情境环境的创设（比如个人学习环境、探究学习空间、学习共同体等）到成为整个学习生态中不可或缺的组成部分。如果从生态观的视角来看待学习技术系统，它是一种服务于学习的特殊创设的虚拟空间。它强调要能提供不同格式各种类型的学习资源，并允许学习者全权决定所希望学习的内容和地点；要能加入积分、徽章、排行榜等机制支持学习的游戏化；要能提供聊天室和论坛等工具支持同伴协作互动，以支持社会化学习；要能在非正式学习环境下方便地进行移动学习，并能情境感知推送所需内容；可以报告和跟踪学习者的表现，分析教学成效，协助进行教育决策；能根据学习者的数据提供个性化的学习路径，自适应调整学习内容和方法等。这时的学习技术系统，不仅仅包含物质环境，如资源、数据等，还包含物质之外的其他要素，比如学习目标、人际关系、社会文化等，体现了学习生态的多样性。生态观下的学习技术系统是一个动态的概念，它与学习者的学习过程同步变化，并受其影响在学习需求的演变中不断进化，变得更加适合个体的成长与发展。

(三) 学习技术系统变革的两种取向

我国的教育信息化发展建设处处都离不开学习技术系统的建设与应用。2012 年 9 月"加快三通两平台工程建设"提出后,自此,三通两平台一直是十二五、十三五规划的重要建设内容。其中,管理信息系统平台就是一个信息化平台,支持办公、门户、教务等业务的整合,通过应用系统收集和汇总数据,以便为教育决策提供数据支持服务。而资源公共服务平台则是一个集合资源建设、共享与应用的云服务平台,是为了实现资源互通和优势互补。除此之外,教师和学生在"人人通"的网络学习空间中的教研、学习和交流也需要有系统提供对应支持的服务功能。2018 年 5 月,教育部印发了《教育信息化 2.0 行动计划》,正式宣布我国的教育信息化由以数字化、网络化技术主要领跑的 1.0 时代转段升级为以大数据、智能化领跑的 2.0 时代。这一发展带给信息化建设的转变是,从低阶建设的关注环境和资源转变为高阶建设的关注模式和生态,从关注量变到关注质变,从关注物到关注人。可以说,教育信息化 2.0 是对整个教育生态的重构,不仅是技术的跃升,更是人类学习的更深刻的革命。教育信息化 2.0 对平台的发展提出了构建一体化"互联网+教育"大平台的目标,要求实现各级各类资源平台、管理平台的互通、衔接与开放。2019 年 2 月,中共中央、国务院印发了《中国教育现代化 2035》,这是我国第一个以教育现代化为主题的中长期战略规划。规划中也明确提出要统筹建设一体化、智能化教学、管理与服务平台的工作任务。2021 年,我国的"十四五"规划启动,开局就唱响以数字化转型实现教育高质量发展,上海更是被列为首个教育数字化转型试点区。在上海的教育数字化转型实施方案中,新环境、新平台被列为重点发展目标,要以数字基座为核心,打造全面支撑教育数字化转型场景的新基建,构筑研、建、用协同的教育数字化新生态。

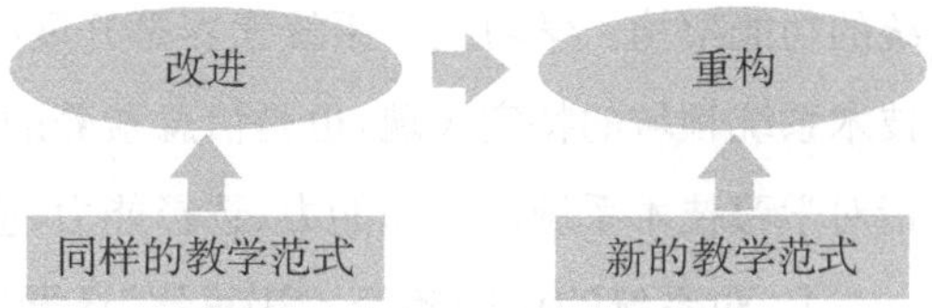

图 1－16　学习技术系统的两种不同发展取向

这些政策都明确强调了学习技术系统建设的重要价值,也指出了未来建设的思路和方向。因此面对未来,现有的学习技术系统可以有两种不同的发展取向(图 1－16)。一是改进。由于大多数系统是基于"教"的教学范式而建,因此需要改进或拓展自己的属性和服务以应对未来的教与学变革,提升可用性。二是重构。虽然现有学习技术系统持续不断进行着各种改进和拓展,但它们的构建依然是基于传统的教学范式,即以教为中心,强调教师对教学的管理。这一教学范式已存在很长时间,与现有学习者所生活学习的社会环境非常不符,也与未来的发展思路不匹配。为了接轨现有不断变化创新的教学情境,比如主动学习、混合学习、个性化学习、沉浸式学习、游戏化学习等,同时也为学习者在数字世界的发展做好准备，对于学习技术系统的构建，仅仅改进已不足够，需要全新思考，需要基于新的“学”的教学范式重构自身。新的重构思路应该是（祝智庭等，2018）：(1)搭建无缝连通的学习空间，能够基于移动、物联、泛在、无缝接入等技术，提供学习者随时、随地、按需获取的学习机会；(2)能够敏捷感知学习情境，可以感知学习者所处的学习情境、地理方位及其社会关系并给予相应的适配的反馈；(3)具备自然交互学习体验，能够基于自然、简单、愉悦的交互界面和接口，最大限度地减轻学习者的认知负荷，提升其学习兴趣和参与度；(4)提供精准适配的学习服务，能够基于学习者的个体差异（如能力、风格、偏好、需求等）提供个性化的学习诊断、学习建议和学习帮扶；(5)能够全程记录学习过程，将多种数字化工具中的数据加以整合，进行多模态的数据挖掘和深入分析，从而提供具有说服力的过程性评价和总结性评价；(6)拥有开放整合的工具资源，能够提供多样的、优质的数字化学习资源供学习者选择，还能够提供支持协作会话、远程会议、知识建构等多种学习工具，促进学习者的社会协作、深度参与和知识建构。

(四) 学习技术系统新素养的提出

面向复杂多变的教育未来，下一代数字学习环境（NGDLE）倡导人们要探索各类新的应用场景，开发各种新的技术工具，这对于未来教育者的相关能力和素养提出了更高的要求。传统对于学习技术系统的应用，主要是从教学活动需求出发来进行功能选择，很少厘清系统与教学活动之间的关系，更不用说明晰系统的设计原理与技术逻辑。因此，我们主张要重塑教育者的学习技术系统素养。新的素养要求教育者在面对各类学习技术系统时，能主动去理解系统的服务核心与适用域，在明确其特征的基础上将系统和功能进行优势组合，设计应用到适合的教学情境中，从而真正发挥系统的教育潜能；甚至还能针对不同问题需求，主动思考系统的服务逻辑，并参与系统的功能架构。学习技术系统素养是开展线上教学和混合教学的基本条件，是信息素养在学习技术系统领域的特定表现，也是信息素养的重要组成部分。在本书中，学习技术系统素养主要是指对学习技术系统的认知能力、选择能力、应用能力和建构能力。

1. 对系统的认知转变：“知其然”还要“知其所以然”

在线教学中的很多问题其实都可以归结为使用者对系统设计理念和服务逻辑的认知缺乏，只满足于“知其然”的状态。近年来，随着云计算、5G、大数据和人工智能等技术的快速发展和大力支持，学习技术系统在服务于人的发展的建设理念上越发深入，功能支持上也越发细致。以往应用时，系统被视为从外部引入的技术变量，但随着技术嵌入到整个学习过程系统中，外生的技术变量转化为了内生的影响因素。因此，在新的发展形势下，教师除了“知其然”学会基本的系统功能操作外，还应具备对系统“知其所以然”的素养，即能明晰系统运作背后的设计原理与技术逻辑，衡量系统的业务内涵与自身教学情境的适切度，从而使系统的服务能用到刀刃上；在此基础上，再厘清怎么教学、用什么工具教、怎样才能教得好等问题，真正做到有效的设计，将学习技术系统融入课堂教学活动中恰当的位置，发挥其作用和价值，还能在遇到问题时积极寻找应对方案；同时作为引导者，还能潜移默化地带领学生提升相关意识、能力和素养。

2. 对系统的选择取向："大而全"还是"专而精"

不同类型的学习技术系统均有其设计的服务核心和教学适用域。现有系统功能架构界域可简单划分为"大而全"和"专而精"两类。"大而全"意味着系统提供尽可能多的功能满足大部分的教学需求，但因为太多，不可能把每一项功能做到非常细致。"专而精"刚好相反，系统专注于某些特定的教学需求，能将服务设计到非常细微之处。在还没有实现下一代数字学习环境的愿景之前，任何想以个别的学习技术系统满足所有情境的教学需求的想法都是不现实的。虽然系统的多样性提供了丰富多彩的服务功能，但也带来了选择上的困扰。因此，学校以及教师在选择学习技术系统时，应做好充分的调研和分析，明确自身需求在精细化程度上的要求，然后检索并对比相关系统在这些需求上所能提供服务的优势与不足，以相对最佳的策略方式做出抉择，有时可能需要选取两个以上的系统加以配合。当然，选择的同时还需考虑学生的认知水平，教学环境的技术条件，平台的可用性、标准化和安全性等因素。

3. 对系统的应用策略：正确的"线上线下"观

虽然借助学习技术系统开展教学活动能充分摆脱时空的限制，给予师生充分的个性自由，但是不必要的甚至错误的线上活动，不仅不能发挥出技术的优势，反而徒增师生的负担，削弱教学的效果。在基于互联网的大资源观、智慧教育和开放学习生态下，除了知识之间的关联，人与人之间的关系、人与技术之间的关系也是影响教育成效的重要因素。我们需要根据认知特点和行为规律因地制宜，重塑教学评价和管理模式，探索人与技术的协同共生。因此，教育者有必要树立正确的"线上线下"观，明确线上线下教学活动最佳的应用视角；同时，还应清晰变革这些教学活动模式的技术抓手所在。以翻转课堂教学模式为例，课前学生在线上观看教学视频是必不可少的。而为了获知学生翻转学习的效果，教师可适当安排一些线上测试或讨论任务，但如果学生又要测试又要讨论还要完成作业，那么就变成一种学习负担了。在课中真实的课堂教室内，教师如果要组织学生的小组讨论，这种情况下显然线下面对面的沟通要比在线上用论坛文字输入的效果更好。但如果想保证学习数据的连贯性，教师可以布置学生课后提交相关讨论报告或借助技术手段将学生讨论的语言音频转换为文字导入系统。因此，要创新教育教学，教师可以根据不同教学模式的特征，结合具体教学场景的核心目标，规划好线上线下教学活动的最佳分配策略和衔接方式，再选取有力的技术服务加以支持。

4. 对系统的建构能力："被动满足"到"主动建构"

学习技术系统作为支撑平台在当前在线学习和混合学习中发挥着至关重要的作用，更是未来数字学习生态建构的基础。下一代数字学习环境（NGDLE）"鼓励人们探索各类新的方法，开发各种新的环境”，提倡一种人人都是建造者的理念。因此我们要基于学习技术系统实现教育教学创新与变革，与其被动地满足，不如主动地建构。这要求未来教育者从简单的使用者角色转变为具有评价者、设计者甚至开发者等身份的多重角色，而相应能力和素养的发展能否适应新角色的转变将是教育发展中的一大挑战。从“被动满足”转为“主动建构”后，教师在面对各类教学情境时，要会主动去理解需求范畴，提炼其核心问题；要会用系统化的思想去分析和解释这些复杂的问题，用计算的方法探索问题的解决方案；要会运用教与学原理和思想，架构符合教育规律的学习技术系统的功能业务和技术逻辑；要在有效满足当前教与学需求的同时，还能对接教育的未来发展趋势；要在探究学习技术系统项目落地方案的过程中，认识人与科技之间的共生关系。

本章参考文献

[1] Barron B. Interest and self-sustained learning as catalysts of development: A learning ecology perspective [J]. Human development, 2006,49(4): 193 - 224.

[2] Bersin J. From E-Learning to We-Learning [EB/OL]. (2021 - 6 - 18)[2022 - 12 - 30]. https://joshbersin.com/2009/09/from-e-learning-to-we-learning/.

[3] Brown M, Dehoney J, Millichap N. The next generation digital learning environment[J]. A Report on Research. ELI Paper. Louisville, CO: Educause April, 2015, 5(1): 1 - 13.

[4] Davis B, Carmean C, Wagner E D. The evolution of the LMS: From management to learning [R]. Santa Rosa, CA: e-Learning Guild, 2009.

[5] Ellis R K. Learning management systems [R]. Alexandria, VI: American Society for Training and Development (ASTD), 2009.

[6] European Training Foundation. Trends in validation of non formal and informal learning in the EU and neighbourhood [EB/OL]. (2022 - 3 - 29)[2022 - 12 - 30]. https://www.etf.europa.eu/en/news-and-events/events/trends-validation-non-formal-and-informal-learning-eu-and-neighbourhood.

[7] Feldstein M. What Is the Next Generation? [EB/OL]. (2017 - 7 - 3)[2022 - 12 - 30]. https://er.educause.edu/articles/2017/7/what-is-the-next-generation.

[8] Hill P. Online Educational Delivery Models: A Descriptive View [EB/OL]. (2012 - 11 - 1)[2022 - 12 - 30]. https://er.educause.edu/articles/2012/11/online-educational-delivery-models-a-descriptive-view.

[9] Hoel T, Mason J. Standards for smart education-towards a development framework [J]. Smart Learning Environments, 2018,5(1):1 - 25.

[10] Kroner G. Does your LMS do this? [EB/OL]. (2014 - 1 - 7)[2022 - 12 - 30]. http://edutechnica.com/2014/01/07/a-model-for-lms-evolution/.

[11] Learning Systems Architecture Lab [LSAL]. SCORM Best practices guide for content developers[M]. Pittsburgh: Carnegie Mellon University, 2004.

[12] Moore S. Breaking Down the Digital Learning Environment and NGDLE [EB/OL]. (2018 - 7 - 11)[2022 - 12 - 30]. https://blog.extensionengine.com/next-generation-digital-learning-environment.

[13] Pelletier K, McCormack M, Reeves J, et al. 2022 EDUCAUSE Horizon Report Teaching and Learning Edition [R]. EDUC22, 2022.

[14] Peters M, Catasús M G, Carbonell M R. A Digital Learning Ecologies Conceptual Framework in the Microsystem of Online Higher Education [C]//EDEN Conference Proceedings. 2018(1):295 - 303.

[15] Price D. Learning Futures: Engaging Students [J]. Paul Hamlyn Foundation, 2010:1 - 13.

[16] Souto-Otero M. Validation of non-formal and informal learning in formal education: Covert and overt [J]. European Journal of Education, 2021,56(3):365 - 379.

[17] UNESCO Institute for Lifelong Learning (UIL)(Germany). UNESCO guidelines for the recognition, validation and accreditation of the outcomes of non-formal and informal learning [M]. ERIC Clearinghouse, 2012.

[18] Watson R and Watson S. An argument for clarity: What are learning management systems, what are they not, & what should they become? [J]. TechTrends, 2012,51(2):28 - 34.

[19] Wheeler, S. Next generation learning [EB/OL]. (2012a - 11 - 17)[2022 - 12 - 30]. http://steve-wheeler.blogspot.com/2012/11/next-generation-learning.html.

[20] Wheeler S. The architecture of learning [EB/OL]. (2012b - 11 - 14)[2022 - 12 - 30]. https://steve-wheeler.blogspot.com/2012/11/the-architecture-of-learning.html

[21] 唐中林,付敏.高校在线教学的个人实践与思考[J].品位经典,2020,(8):70 - 71.

[22] 全国信息技术标准化技术委员会. GB/T36642 - 2018 信息技术学习、教育和培训在线课程[S]. https://std.samr.gov.cn/gb/search/gbDetailed?id=7643B2F2516A267CE05397BE0A0AAF6A.

[23] 石映辉,彭常玲,吴砥,杨浩.中小学生信息素养评价指标体系研究[J].中国电化教育,2018,(8):73 - 77,93.

[24] 王冬冬,王怀波,张伟,王海荣,沈晓萍."停课不停学"时期的在线教学研究——基于全国范围内的33240 份网络问卷调研[J].现代教育技术,2020,30(3):12 - 18.

[25] 王海燕,杜卓明.中小学教师信息素养评价体系探索[J].中国教育信息化,2007,(2):72 - 74.

[26] 祝智庭,彭红超,雷云鹤.智能教育:智慧教育的实践路径[J].开放教育研究,2018,24(4):13 - 24,42.

第二章 学习技术系统组成要素及服务架构

一、学习技术系统的组成要素

学习技术系统对教与学活动的赋能潜力决定于其功能架构的逻辑和范畴，而功能架构的设计又与系统服务的教育场景以及不同教育理念的指导有关。为了能洞悉学习技术系统的业务内涵和技术逻辑，需要对学习技术系统的组成进行一般性解构和高度提炼抽象。为此，我们梳理了国际上几个比较具有代表性的平台架构标准。通过对比，本书的架构模型主要借鉴了美国电气与电子工程师协会(Institute of Electrical and Electronics Engineers, IEEE)在 2003 年出台的学习技术系统架构标准，并以此标准为基础加以拓展，形成了学习技术系统的五个组成要素。

(一) 几个重要的平台架构标准

1. IEEE 的学习技术系统架构

2003 年出台的 IEEE 学习技术系统架构(Learning Technology Systems Architecture, LTSA)标准是第一个为学习技术系统专门构建的标准。虽然由于该标准无法对不断发展的复杂系统进行充分表示，现在已被弃用，但其所提炼和抽象出的核心要素和组件仍然能为大多数以教为中心，强调信息和资源传递的学习技术系统提供简明的参考模型。

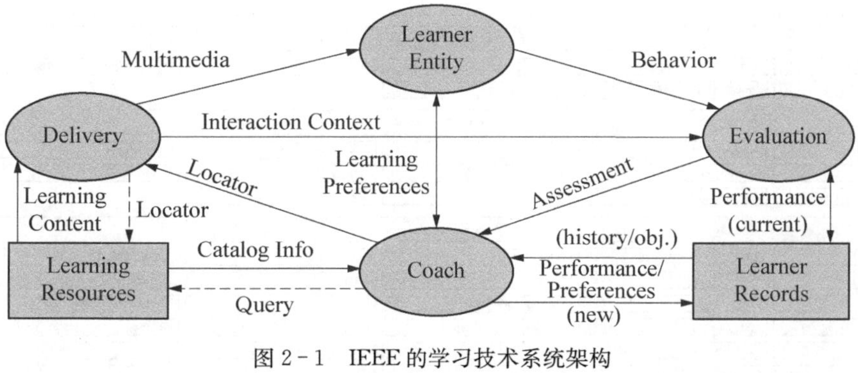

图 2-1　IEEE 的学习技术系统架构

LTSA 规定了信息技术支持下的学习、教育和培训系统的抽象架构，描述了这些系统的高层设计和组件构成。其所涉及的系统非常广泛,包括计算机支持的教学、计算机辅助培训、智能辅导等。标准的规定与教学和内容无关,与平台和实现也无关,文化上是中立的,代表的是一种通用的设计。LTSA 所给出的体系架构不是针对单个系统的设计蓝图,也不包含实现细节,而是服务于一系列系统的框架,可用于对这些系统以及它们的子系统进行分析和比较。

LTSA 由两类系统组件和它们之间传递的信息流组成。功能过程类组件是一种主动性的系统组件,用作学习技术系统功能业务的高度抽象,分为四种,分别针对于学习者实体、教学评价、教导活动和内容传递。不同类型的功能过程使用边界、输入、功能流程和输出等术语加以描述。数据存储类组件是一种非主动性的系统组件,用作学习技术系统中的信息存储,主要包括学习者记录和学习资源两大类。组件不仅描述了系统内存储的不同类型信息,还描述了搜索、提取以及更新它们的方法。信息流代表了从一个系统或子系统到另一个系统或子系统的信息传递,使用信息的连通情况信息(比如单向、双向、静态连接、动态连接等)和跨越其信息类型的信息进行描述。常见的有控制流和数据流两大类,包括学习参数、行为信息、评估信息、学习者信息、查询参数、目录信息、定位器、学习内容、多媒体内容、交互语境等多种类型。

通过这些系统组件和它们之间的信息流,LTSA 可用于从"概念"系统到"实际"系统的映射,一方面增强系统的分析、理解和交流,另一方面还可促进系统设计和应用的可重用性、适用性,并且降低成本。

2. JISC 的面向服务的数字学习技术框架

受面向服务体系结构思想的影响,英国联合信息系统委员会(Joint Information Systems Committee, JISC)在 2005 年推出了一种面向服务的数字学习技术框架(E-learning framework),旨在为学习、研究和教育管理领域的计算机系统开发和集成提供一种全新的方法。这个框架对支持数字学习的应用程序、门户和代理所需的核心服务业务进行了分解和界定,提出了一组可供参考的服务定义,服务通过约定的行为和接口提供功能和内容。

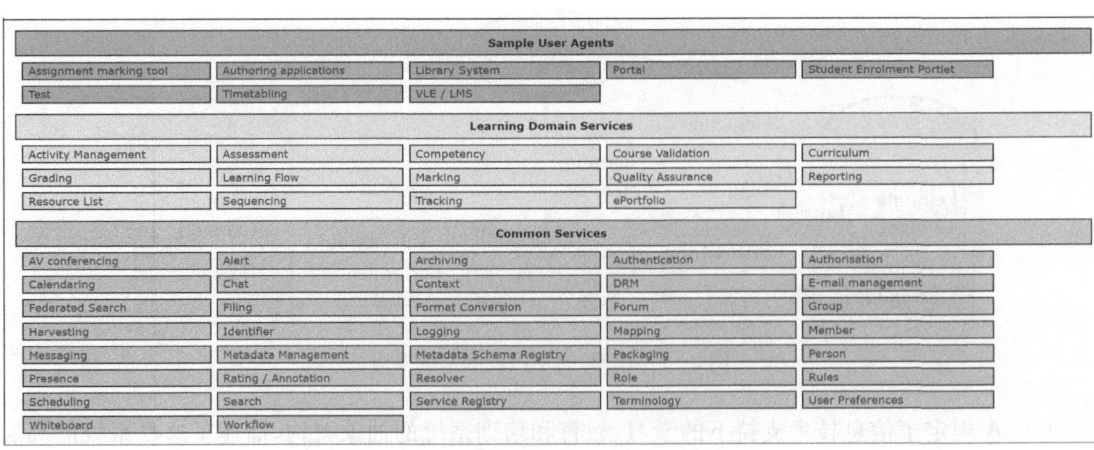

图 2-2 JISC 的面向服务的数字学习技术框架

这些服务被划分在三种不同的层级上，从底层往上分别是公共类服务、学习领域类服务和用户代理，上层服务依赖于下层服务的支持，逐层实现功能的集成和业务的整合。公共类服务所提供的功能与教学活动领域无关，主要包括信息传递、身份验证、授权、归档、搜索、论坛、聊天、分组、日程安排、预警、视频会议、工作流等服务。它们可以实现具有某种类型的用户界面，但其关键要求是公开其功能以供任意数量的上层服务重用，并且需要提供一个标准的接口来支持这种重用。学习领域类服务所提供的是由下一层公共类服务集成后得到的教育领域特需的功能应用，包括活动管理、评估、课程、成绩、学习流、评分、报告、资源列表、跟踪、电子学档等。用户代理是学习领域类服务更高一级的集成，直接与用户交互。基于此框架的用户代理可以非常小且集中，比如著作工具、时间表、作业批改工具等，也可以横跨多个流程从而提供一个连贯的工作流，比如门户、学习管理系统、图书馆系统等。

基于所定义的支持教育教学活动业务的广泛服务集，JISC 的这一框架旨在"创建一个支持共享和教学实验的开放编程环境来增强学习"。

3. ADL 的全方位学习架构

高级分布式学习组织（Advanced Distributed Learning, ADL）在 2016 年提出的全方位学习架构（the Total Learning Architecture, TLA），表达了一种学习服务生态系统的概念。该框架包括一系列的技术规范、标准和政策指南，定义了将当前和新兴的学习技术集成起来的统一方法。在这个生态系统内，各种方式的服务和学习机会以一种整合、可互操作的"即插即用"的方式被加以应用和管理，以支持个性化、数据驱动和技术使能的终身学习。

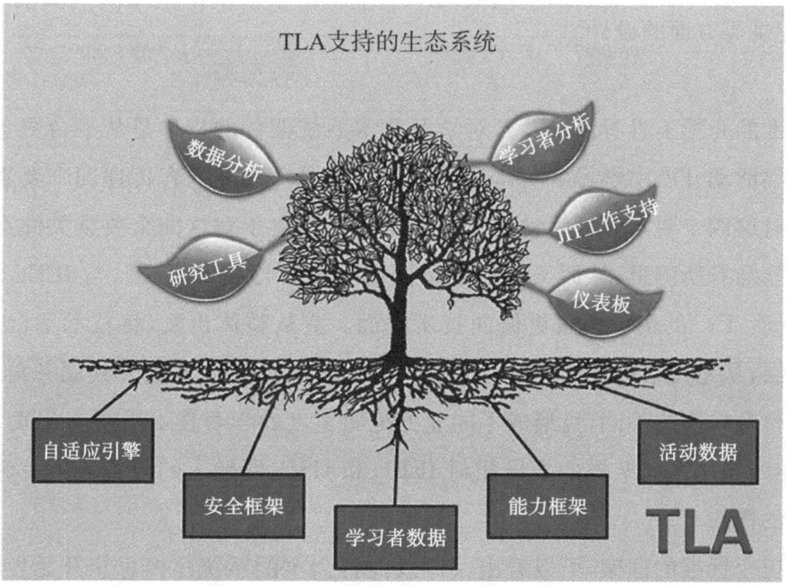

图 2-3　ADL 的全方位学习架构

TLA 关注到学习经常发生在正式教育和培训之外，我们周边的数字世界为我们创造了更多的来自各种非正式和非工作场所的学习资源和学习机会。学习可以发生在家里，通过社交活动或其他类型的结构化学习体验获得。在此认知下，TLA 的核心就是连通与学习者相关的政策和技术标准，跟踪所有教育和培训经验，从而构建贯穿整个学习过程所需的能力。

为支持这一设想，框架强调了平台建构的以下服务特征。

(1) 持续性(continuous)：以贯穿职业生涯的持续性的学习取代现状的烟囱式、间断式的学习。

(2) 混合式(blended)：将正规的教育和培训与及时性支持和非正式学习相结合。

(3) 企业级聚焦(enterprise focused)：将教育、培训和人才管理统筹起来加以考虑，在整体上协调一致。

(4) 多样性(diverse)：不同的学习技术与方法在联合的生态系统中能够互操作。

(5) 以学习者为中心(learner centric)：系统中的学习能够适应个人或团队的需要、情境和特点。

(6) 数据驱动(data driven)：能将来自多个来源的学习者数据进行汇总和分析，以推动决策。

(7) 基于能力(competency based)：提供能力框架以支持评估，并指导学习者的发展轨迹。

(8) 按需(on demand)：可在需要时提供模块化的教育和培训服务。

(9) 基于云(cloud based)：软件服务和基于网络的存储库可支持灵活性和可发现式的应用等。

同时，围绕以上服务目标，TLA 明确指出学习技术系统应包括自适应引擎、安全架构、能力框架、学习者记录等方面的设计。

4. 小结

从以上标准的介绍不难看出，IEEE 对学习技术系统架构的指导是从平台服务的范畴出发，明确提炼出教学活动开展中学习者实体、教学评价、教导活动和内容传递四个要素，平台所要设计的服务就是对这四个要素业务活动的实现和支持。又由于对这四个要素关注点的不同，相应提供的服务功能会有所侧重，从而又会形成不同类型的学习技术系统。与 IEEE 相对微观的教育指导视角不同，JISC 的指导视角更偏向技术层面。它从整体出发，将技术平台所能提供的服务功能分成三层，从基础层级往上，一层层集成和整合，从通用技术到公共服务再到具体教育情境。不同层次整合粒度的不同，可形成不同业务范畴宽度的学习技术系统。ADL 出现的时间较晚，因此其对学习技术系统架构的指导相对 IEEE 和 JISC，所融入的教育场景更为丰富，是基于学习服务生态的概念。

总结上述三个标准的框架，可以看出：(1)以内容为主的系统建模思想开始发展为以学习者为中心，促进活动与交互的生态系统架构理念；(2)数据的重要性益发凸显，来自学习者和其他实体(教师和平台)的活动数据正成为推动模块、流程和系统互通的关键;(3)服务标准与规范的发展从宏观广泛性的描述转移为重点针对特定需求的针对性解决方案的定义,并为代表生态系统的关键组成部分指定特定的组件或服务组。

(二) 从 IEEE 学习技术系统架构到五要素

由于本书探讨的是学习技术系统对教学活动的赋能作用,很明显从教学活动切入探讨系统服务设计的 IEEE 的学习技术系统架构模型更符合我们的研究视角。因此基于 LTSA 的学习者实体、内容传递、教导活动和教学评价四个要素,本书重新加以解读,结合新的时代背景和未来发展趋势,丰富其内涵并拓展其范畴,分别对应提炼为人、资源、活动和评价四个学习技术系统的服务要素。随着数字学习生态的深入,学习者所能接触并拥有的终端设备越发多样,智能手机、平板已经不足为奇,智能手环、虚拟眼镜等可穿戴设备正不断涌现。这些设备的传感技术还在不断加强,通过地理定位、光线感应、声音控制、运动传感、脑波控制等手段,将真实世界和虚拟世界完全融合在一起,给予学习者一种新颖的、无缝的场景体验。因此,我们认为还需要在学习技术系统的架构中引入"场景"的要素。这样一来,基于 LTSA 框架所提取的人、资源、活动和数据四要素,再加上场景要素,就形成了本书关于学习技术系统架构的五要素(图 2-4)。

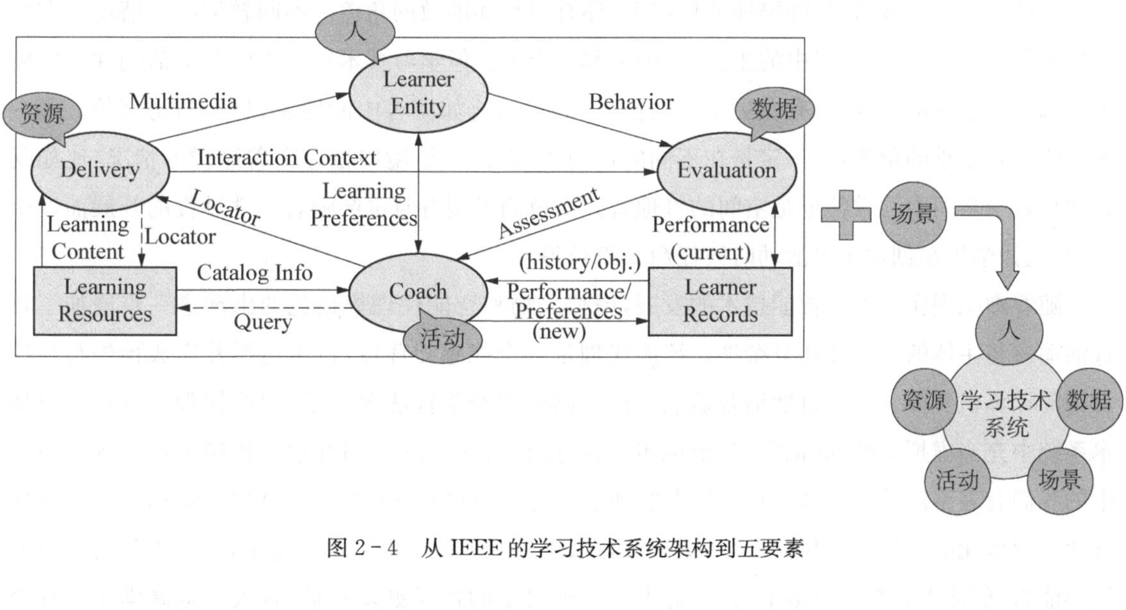

图 2-4　从 IEEE 的学习技术系统架构到五要素

(三) 学习技术系统各组成要素的含义

如果从软件系统"输入—输出"的视角来理解学习技术系统的内部运作逻辑,那么学习技术系统的功能服务架构实质就是对人、资源、活动、数据和场景五个要素对象以及它们之间关系的组织与管理。基于数字化学习生态的发展理念，这五个要素有着丰富的内涵和外延。

1. 人

人是教学活动开展的主体，是对学习技术系统用户的一个笼统抽象。在数字化学习生态的视野下，在线教学是一个开放的、多维的、连通的大系统，参与教学活动的主体是多种多样的。因此“人”既可以是真实的人，包括教学活动的不同参与者以及教育事务的利益相关者，也可以是虚拟的数字角色或通过技术模拟的智能代理。可以代表单个的个体学习者，也可以代表基于一定规则结构或组织关系建立的社会群体，比如小组、班级、社区等。

为了在未来更具竞争力，各个国家对教育都越来越重视。教育不只是学校学习阶段的任务，也是学校之外，在工作实践和社会生活中的任务。为了助力每一个孩子的卓越成长，专家们号召发动全社会的力量来参与教育，并依托网络和平台联通学校与家庭、企业和社区，构建一个融合育人的新型数字化教育大环境。因此，参与教育活动的主体，除了传统意义上的师生、学校外，还包括参与监管与沟通的家长，提供服务和资源的企业和社会，以及管理和协调各方力量的机构和部门等等。

学习技术系统中的教学活动一般是对真实世界教学活动的一种映射，不同教育主体在真实世界中的角色也反映在了教学活动的角色设置上。常设的角色除了学生和教师之外，还有管理员和家长，在学生群体和教师群体的情况下，还有组长和助教的角色。不同教学活动情境也有其独特的角色分类，比如会议中的主持人、副手和与会者。但学习技术系统中的教学活动并不仅限于对真实教学活动的反映，有着更丰富的衍生和发展，比如博客中的博主、粉丝与访客等。同一人可能有着多重的角色，不一定是在不同的情境下，在同一情境中也存在着这样的情况，比如既是课程教学空间中的教师也是空间的管理者。角色的类型有时也会随着教学过程的开展而发生变化，比如学生在创建小组活动时被任命为组长等。

随着虚拟现实和人工智能技术的发展，虚拟人物和智能代理等角色的出现进一步增加了教育活动参与主体的多样性和复杂性。智能代理是一个能感知环境，自主运行并完成预先写好的目标的计算机实体。基于自然语音识别、对话理解、神经学算法等技术，智能代理可以在学习技术系统中充当虚拟导师、虚拟学伴、虚拟团队、虚拟教练、虚拟班友等角色。虚拟人物和现实空间中的我们有着不同的优势和特点。机器智能的优势在于它能够在简单的环境下快速完成一些标准化和规模化的工作，可以将教师从烦琐、机械、重复的脑力工作中解脱出来，但它不具备人类的情感能力、创造力和复杂决策能力，因此人类教师肩上的责任更多的是“育人”，提高学生的社会价值、心理价值和利用全球化资源的能力。那么在教学活动中，何时用人类的智能，何时用机器的智能呢？一般而言，我们建议辅助教学、限定对话、文本批改、简单答疑、作业练习、测评批改等活动可以考虑充分利用机器智能，搭建虚拟角色，而教学设计、复杂决策、团队管理、情感激励、批判训练、引领创新等活动则需要人类教师发挥价值。机器智能能为未来教师赋能，但两者协作，才能更好助力学生的成长，有效培养学生。

2. 资源

资源是教学活动开展的基础保障。随着技术的发展，资源的表现形式由传统的多媒体类型（如文本、图形、动画、音频、视频等）向 AR/VR/MR 发展，更加丰富了我们的认知方式。在现代教育思想的影响下，一些体现新型理念的资源类型开始涌现，比如生成性资源（如直播录制）、学生资源（如电子学档）和社区资源（如 Wiki）等。按照对资源编制的不同粒度，资源可以体现为素材、资料、专题和课程等不同层次的结构体，分别服务于不同类型教学活动的需要。

学习技术系统中的资源可以按照不同维度加以组织和管理。媒体维度是最传统的资源分类维度，可以分为文字文档、图形图片、音视频、网站和链接等。制作维度体现了资源参与教学活动的作用，可以分为内容类、工具类和生成类三大类。内容类资源承载了教学活动需要传递的课程和知识；工具类资源提供了教学活动中思维加工和技能操练的工具；生成类资源，如课堂实录、学生作业，它们是伴随教学活动而创建，生成后需要进一步加工和归类。按结构维度，资源可以分为结构化和非结构化两大类。结构化的资源通常具有系统性的知识结构和逻辑体系，比如网络课程，而非结构化的资源则不具备，比如媒体素材。

资源类型在不断丰富的同时，资源的组织和管理方式也在创新和变革。首先，资源不再是静态化资源，一经生成就不再发生变化，而是可动态式生成，以支持个性化教学、自适应学习的发展需求。其次，资源也不再像原来完全依靠人工来组织和建设，而是引入了人工智能技术（比如知识图谱、学生画像等），由两者协同完成。最后，资源的提供也不再像传统仅由教师提供，而是提倡多种来源的共建共享。一方面，大教育观的理念鼓励全社会力量共同参与教育事业，包括家庭、社区、企业等，因此包括学生在内，其他教育主体均可参与到资源的建设与评估中；另一方面，开放教育运动推动了资源的可重复使用、修改、重新混合和重新分发，优质资源得到了更好的辐射与推广。社区资源就是这样一类新兴的教育资源，是一种体现集体智慧的资源。社区建构主义学习理论认为学习者在与社区学习互动的同时也留下了自己的印记，并以永久的形式为公共知识做出贡献，这种公共知识就是社区资源。社区资源强调以学习者为中心，有机融合了内容、活动、工具以及人际关系，所以内涵也非常丰富。

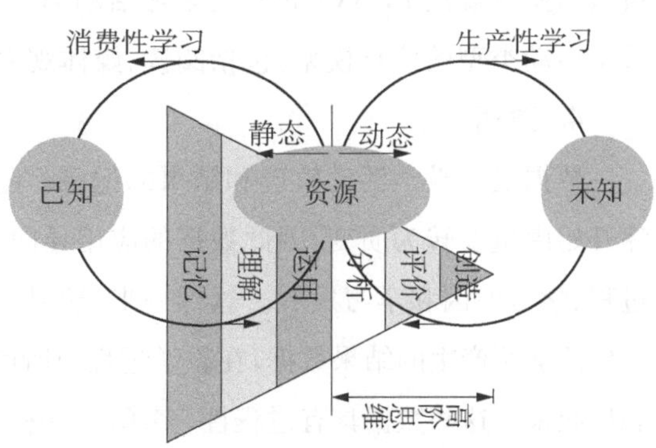

图 2－5　消费性学习和生产性学习

不同学习活动对于资源的需求和应用也不同（图 2－5）。在消费性学习中，学习者通过对静态资源的学习，获得已知的知识，仅仅涉及记忆、理解、运用等思维活动。例如,我们学习英语单词、背诵古诗词时,就是在进行消费性学习。而生产性学习中,学习者在对资源的学习过程中,通过分析、评价、创造等高阶思维活动,促使了资源的内容动态化生成,进而产出以往未知的知识成果。

3. 活动

活动这一要素表示,平台教与学交互活动是教师的教与学生的学得以实现的载体。我们很容易就能想到的活动类型有讨论、测试、作业等。这些活动如果放在学习技术系统上开展,可以简单地划分为同步和异步两大类。同步的活动要求师生同时在线,而异步则没有这方面的要求。依据不同的教学理念,活动可分为教师主导的教学活动、学生自主的探究活动和小组参与的协作活动三大类。这些教学活动可被应用于不同的教学情境中,前者强调以教师为中心,后两者强调以学生为中心。以教师为中心,意味着教师掌握着绝对的控制权,学生的行为基于教师的设置而展开,通常为预先设置好的;而以学生为中心,意味着需要在活动的创建和组织上给予学生比较多的操作权限,比如允许学生创设论坛主题,允许学生发起视频会议等。随着学生在教学活动中主体意识和主观能动性的增强,对于在线活动提出了游戏化、社群化和个性化方面的最新需求,要求能更好地调动学生参与的兴趣和交互的积极性。现在将线上活动与线下活动有机融合的呼声也益发强烈,我们可以通过情境感知技术和云端数据的支持,实现线上线下环节的无缝对接。

学习技术系统能支持的活动类型非常丰富,有效的分类会增强活动组织和管理的效率。在学习活动管理系统(Learning Activity Management System, LAMS)中,活动被划分为四类进行选择和配置。第一类是信息类,包括任务列表、公告栏、共享资源等;第二类是评估类,包括文档提交、测评工具等;第三类是反思类,包括笔记本、调查工具、概念图、问答区等;第四类是协作类,包括论坛、讨论、Wiki 等。活动创建的主要内容就是对活动属性的设置,而活动监控则是实现对各种活动数据的统计与分析。在创建活动时,我们除了对活动的基本信息进行描述外,还需要设置活动发布的时间、执行的对象、完成的时限等。如果该活动比较重要,我们还会将其设置为任务点,用以检测学生的完成情况。但除了完成情况,不同类型活动还有哪些关键数据呢? 学习分析数据操作规范 IMS Caliper 的学习活动标准可为我们提供一定的参考。它定义了常见的在线教学活动类型的信息模型,包括阅读、媒体观看、测试、作业、评价、合作等(图 2-6)。

4. 数据

数据是对教学活动轨迹和结果的记录。随着信息化教学思路的转变升级,我们对教学的关注开始由量变转为质变,因此数据的应用导向不再只看结果,而是愈发关注数据所能揭示的学习过程、学习原因和学习发展。这样一来,学习技术系统所搜集的教育数据不能仅仅依赖于测试与评价活动所产生的结果数据,在教学过程中所产生的大量学习行为数据也应被伴随式收集并有效利用起来。这些数据具有过程性、多源性、多模态、多样性的特点,有助于揭示学生的学习习惯、学习特点、学习问题等隐藏信息。数据可以由人工录入,也可以是系统自动采集;可以来自于平台内

图 2-6　IMS Caliper 的学习活动标准

部，也可以来自于平台以外的其他系统或数据来源，而由此引发的数据标准化问题也益发突显。

在大数据时代，可利用的数据来源非常丰富，除了常规的结构化、显性化的数据外，比如学生平时作业和考试成绩，还存在着大量非结构化、隐性化的数据，比如学生在平台上的活动过程（登录次数、在线时间、资源上传下载次数等）和交互过程（发言、评价、标注、点赞等）。这些数据蕴含了学生丰富的学习信息。不过，学生在单个学习技术系统中所留下的学习轨迹，也只能描述学生整个数字学习生态全貌的一部分故事。

随着平台的更新换代以及各种生物识别和传感设备的涌现，以往由人工输入的数据开始越来越多被系统自动采集的数据所替代。这样带来的不仅是量的增加，更是质的改变。请试想一幅各种数据被采集的画面：在装备齐全的教室里，学生的面部表情、情绪波动、社会互动每时每刻都可被加以记录，甚至可以持续数年；校园中，学生接触的每件物体，说过的每个文字，都可被隐藏的红外线摄像头以及麦克风所捕捉；在终端设备支持下，学生学习的每次点击和按键可被跟踪记录；在可穿戴设备支持下，学生的心率、脑电波、皮肤电等也可被记录下来。基于这些多模态数据，我们能更深入地感知和理解真实的学习者以及其所处的学习场景。当然，这些过程性、生理性数据被记录和应用的同时，还需要考虑数据安全和伦理规范的问题，尤其是面向未成年人时。

此外，还有日益加剧的对数据格式化和标准化的需求。目前学习数据收集和存储的主要国际规范有 ADL xAPI 和 IMS Caliper。IMS Caliper 隐含了对学习事件的结构定义和预设配置，因此比较封闭，且主要针对的是正式学习情境。相对而言，ADL xAPI 就开放很多，允许根据不同应用情境进行自定义，因此可以涵盖丰富的非正式学习情境。

5. 场景

场景是教学活动发生的环境，可以是真实的，也可以是虚拟的。在虚拟现实、5G 等技术的支持下，当前的教学活动已逐步能打通物理世界与虚拟空间之间的通道，不仅能轻松实现无缝切换，还能虚实融合增强学生在学习过程中的体验感和沉浸感。平台对场景的识别层次可以从最基本的识别学习设备的硬件情况，到识别虚或实的环境位置，再到识别学习过程的情境状态。师生可通过场景的设置构建适合自己的个性化学习空间，而最简单的场景设置就是人机交互界面上偏好的设置，比如背景、字体、布局等。

混合现实技术支持下的教学场景不仅提供了新的观看方式，还提供新的输入方法，在现实世界、虚拟世界和用户之间搭起一个交互反馈的信息回路。借助可穿戴式移动交互终端，利用简单的手势动作，学习者可以在真实环境中与全息影像进行互动，增强了用户体验的真实感。

二、学习技术系统的服务模型

（一）基于五要素的服务模型

在 IEEE 的学习技术系统架构 LTSA 中，过程、数据库以及它们之间的信息流入流出，展现的其实就是系统的服务内容。以学习者实体过程为例，学习者实体过程代表的是与人相关的过程业务，它从内容传递过程中接收多媒体信息，其实就是学习者浏览内容的服务，它往教学评价过程传递行为数据，也即学习者行为的跟踪和记录服务，它与教导活动过程之间的学习参数协商，代表的是学习者对教学活动的设置服务。

由于 LTSA 框架只是提出了两类数据存储类组件，即学习资源和学习者记录数据库，分别用于存储跟资源和学习者相关的信息。但随着人工智能和大数据技术的进步，在数据驱动的教育决策、数据循证的学习评价等教育需求下，为了响应个性化学习、自适应学习、精准教学等教学创新和变革，学习者在学习技术系统中留下的学习记录也变得非常重要。因此，在学习技术系统的架构中还需要引入“学习记录”这一数据库类型。为了更鲜明地区分这几类数据库的差异，我们对它们重新进行了命名。“学习资源”改为“媒体资源”，可以更广泛地反映数字学习生态中资源的多元化和多源化；“学习者记录”改为“用户信息”，以便与后面加入的学习记录加以区分。“用户信息”侧重存储用户的基本属性和相互关系，而用户在系统中的学习行为和学习结果信息都归到“学习记录”中。

这样，基于 LTSA 框架，结合引入的“场景”要素和“学习记录“数据库，我们重构了要素和数据库之间的关联，提出了学习技术系统服务架构的新模型(图 2－7)。在新的模型中，我们对系统的服务内容进行了高度提炼，只呈现了最具典型性和最主要的服务业务，作为理解和设计学习技术系统服务内容的基本参考。

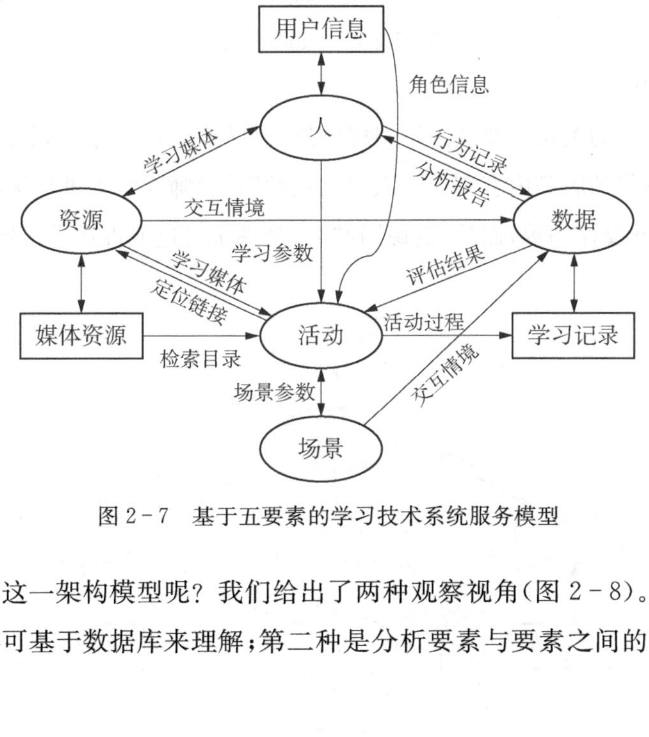

图 2－7　基于五要素的学习技术系统服务模型

那么，如何理解这一架构模型呢？我们给出了两种观察视角(图 2－8)。第一种是对单个要素的分析，服务内容可基于数据库来理解；第二种是分析要素与要素之间的关系，服务内容可基于信息流来理解。

图 2－8　学习技术系统服务模型的观察视角

(二) 围绕不同要素的服务内容设计

1. 围绕"人"的服务内容设计

学习技术系统中，围绕"人"的服务内容设计，主要是实现对用户的组织以及对他们之间沟通的支持，其他还包括支持人与资源的互动、支持人参与教学活动等。

(1) 单个"人"要素

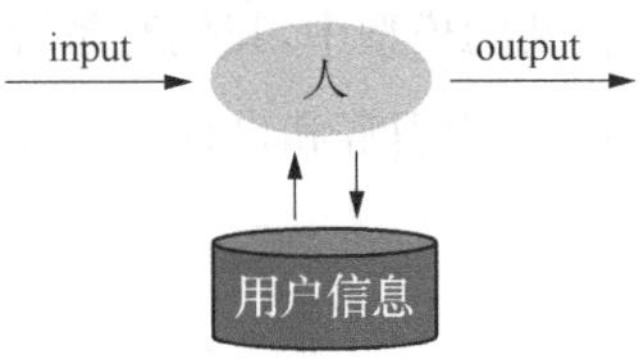

图 2-9 单个"人"要素

对于"人"这一单个要素的服务内容设计，主要是基于用户信息数据库展开(图 2-9)。在学习技术系统中，围绕"人"的组织与管理功能业务，主要有登录注册，班级和小组的组建，师生配对、家长与孩子的配对，用户查找，用户身份管理(比如角色权限设置)，好友关注，个人档案等。

(2) "人"与"资源"的关系

"人"与"资源"之间的关系主要基于学习媒体展开(图 2-10)。学习媒体是一种双向数据流。学习技术系统对此提供的服务内容有：从"人"到"资源"是教师或学生进行学习媒体的创建，比如教师创建课程，学生开发作品等；而从"资源"到"人"是系统传递或推送学习媒体给学生观看。

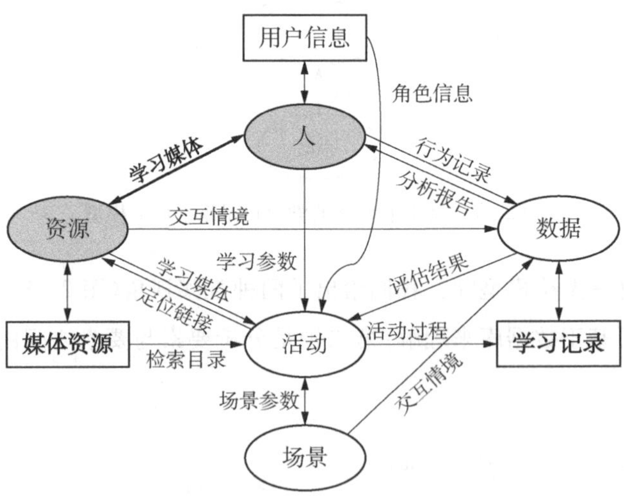

图 2-10 "人"与"资源"的关系

(3) "人"与"活动"的关系

"人"与"活动"之间的关系主要基于学习参数展开(图 2-11)。学习参数属于一种控制流。学习技术系统对此提供的最主要的服务内容为：教师或学生参与教学活动，并对活动的要求做出

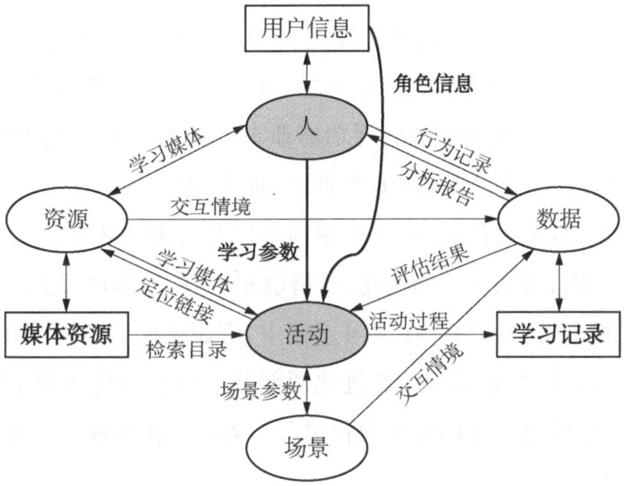

图 2-11　“人”与“活动”的关系

选择与反馈，同时角色信息会控制活动中用户所具备的功能权限。

(4)“人”与“数据”的关系

“人”与“数据”之间的关系主要基于行为记录展开(图 2-12)。行为记录是一种数据流。学习技术系统对此提供的服务内容就是对用户学习行为的传递与收集。

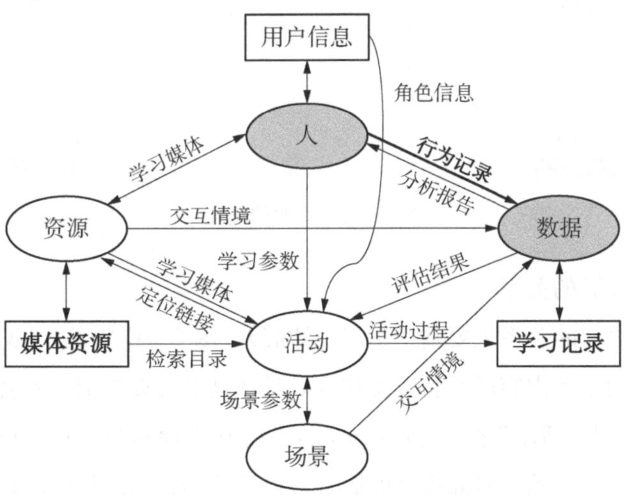

图 2-12　“人”与“数据”的关系

2. 围绕“资源”的服务内容设计

围绕“资源”的服务内容设计，主要是实现对资源的加工与组织，管理与评估，其他还需支持资源与活动的关联、资源与数据的关联等。

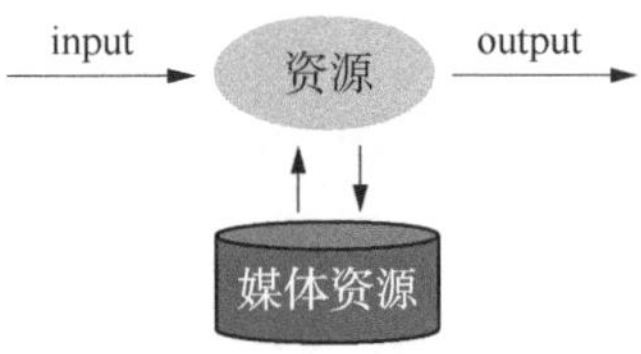

图 2 - 13　单个“资源”要素

(1) 单个“资源”要素

对于“资源”这一单个要素的服务内容设计，主要是基于媒体资源数据库展开的(图 2 - 13)。在学习技术系统中，围绕“资源”的组织与管理功能业务有资源的检索与管理，资源的编制，资源的互动学习(如评论、批注)等。

受泛在学习以及社会性学习的影响，资源在网络以及智能技术的支持下，不再固化不变，而是通过学习者的不同操作行为实现不断进化，与情境相适应，并体现社会性的连接。这一理念的典型代表为学习元(余胜泉等，2009)。在学习过程中，资源会随着学习者的操作和贡献，以及新资源的引入产生变化，包括内容进化和关联进化两部分。内容进化体现了资源使用过程中学习者对资源的增加、修订、删除等操作的版本演化过程。关联进化体现了具有相似含义的资源聚合成知识群、知识云的过程。

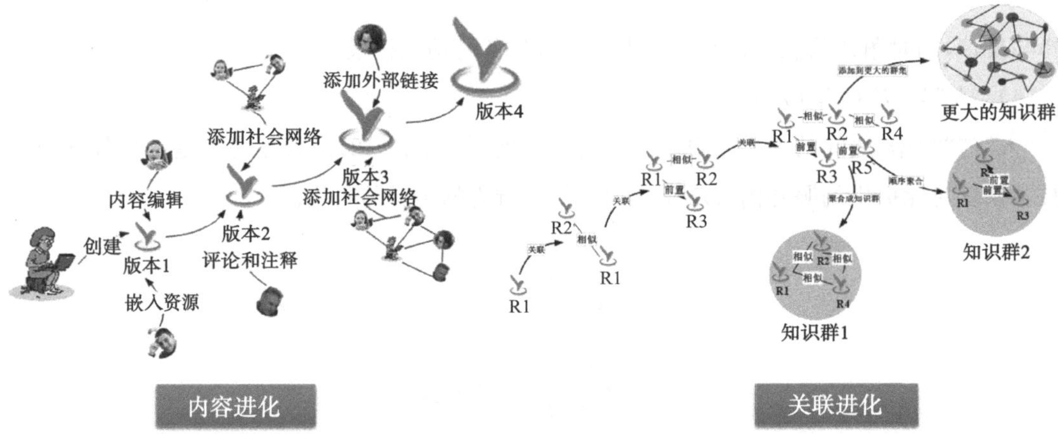

图 2 - 14　资源的进化

(2) “资源”与“活动”的关系

“资源”与“活动”之间的关系主要基于学习媒体展开(图 2 - 15)。学习媒体是一种数据流。学习技术系统对此提供的服务内容就是将资源作为教学活动的必要构成，参与活动的创建和实施。

“媒体资源”数据库与“活动”之间也存在关联，主要基于检索目录展开(图 2 - 15)。检索目录也是一种数据流。学习技术系统对此提供的服务内容体现为：在教学活动过程中提供资源的检索。

(3) “资源”与“数据”的关系

“资源”与“数据”之间的关系主要基于交互情境展开(图 2 - 16)。交互情境是一种数据流。“资源”含有知识内容信息以及学习情境信息，学习技术系统需要提供此类信息才能确保数据分析与评价的完整性和准确性，比如测试题目的正确答案、点击动作发生时正观看的视频信息等。

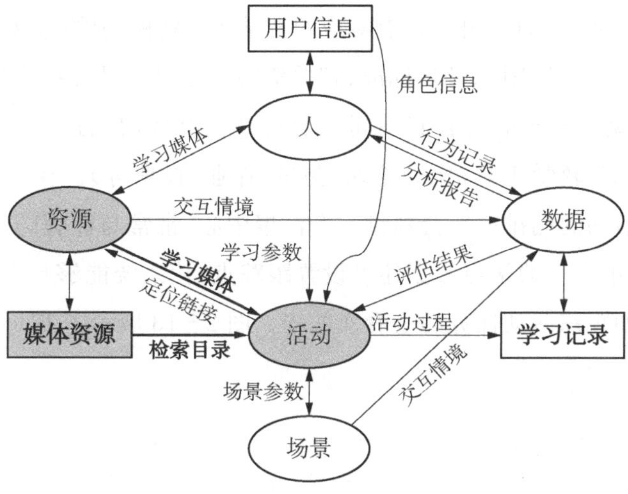

图 2 - 15　“资源”与“活动”的关系

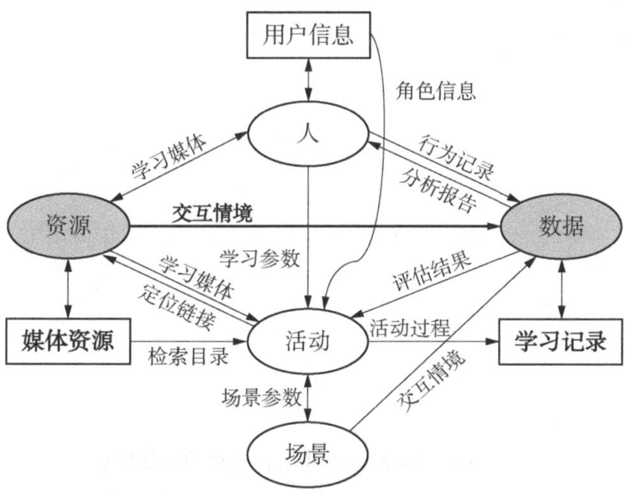

图 2 - 16　“资源”与“数据”的关系

3. 围绕“活动”的服务内容设计

围绕“活动”的服务内容设计，主要是实现对教与学活动的组织、安排和监控，其他还需支持活动与资源的关联、活动与场景的交互等。

(1) 单个“活动”要素

“活动”这个要素是五个要素中最为复杂的一个，针对它的服务内容设计，需要同时基于用户信息数据库、媒体资源数据库和学习记录数据库展开(图 2 - 17)。在学习技术系统中，围绕“资源”的组织与管理功能业务主要有活动的编排与设置，活动的组织与监控，活动的评价与报告等。

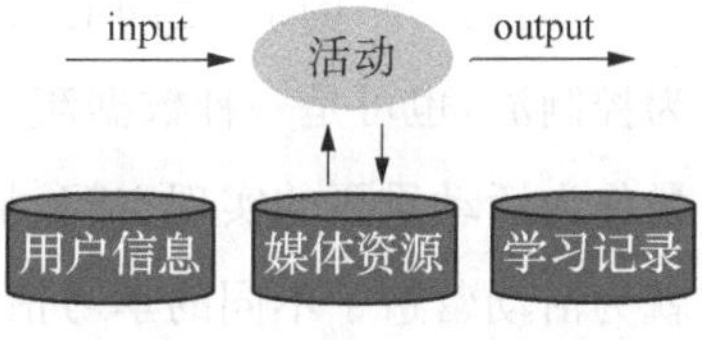

图 2 - 17　单个“活动”要素

一般而言，教学活动的设计与开发都有对应的教学活动模板，模板包含了关于活动参与的对象、任务主题、交互过程、行为规则、评价标准、相关资源和工具以及最终成果提交形式和时间等属性的设置。不同类型的教学活动有着不同的活动设置模板，有的活动还会有其特定的交互界面（这时也被专门称为教学工具，比如论坛、测试、作业、投票等）。在“一体化、一站式服务”用户体验的原则下，活动的编排一般会提供一个汇聚中心，常常与课程的内容结构或教学环节相挂钩。在活动过程中产生的学习数据还可设置跟踪点，让系统能够自动捕获并记录分析，便于教师进行监控，比如跟踪活动任务的查看次数等。图 2－18 展示了 Blackboard 中的作业活动创建模板。

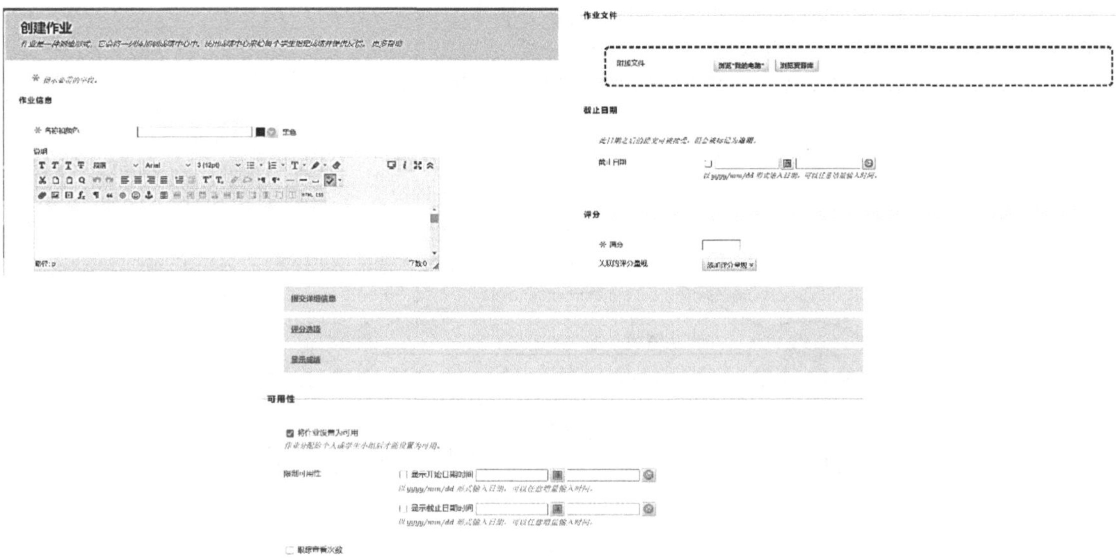

图 2－18　Blackboard 中的作业活动创建模板

（2）“活动”与“资源”的关系

“活动”与“资源”之间的关系主要基于定位链接展开（图 2－19）。定位链接是一种数据流。学习技术系统对此提供的服务内容为：将活动本身作为一种资源类型，点击链接可打开对应的活动工具或进入对应的活动空间。

（3）“活动”与“场景”的关系

“活动”与“场景”之间的关系主要是基于“场景参数”展开的（图 2－20）。“场景参数”既可作为控制流，也可是一种数据流。学习技术系统对此提供的服务内容为：从“场景”到“活动”是将场景作为活动重要的实现空间，从“活动”到“场景”则是实现对场景的选择和调整，两者的交互结果就为活动营造了不同的学习情境。

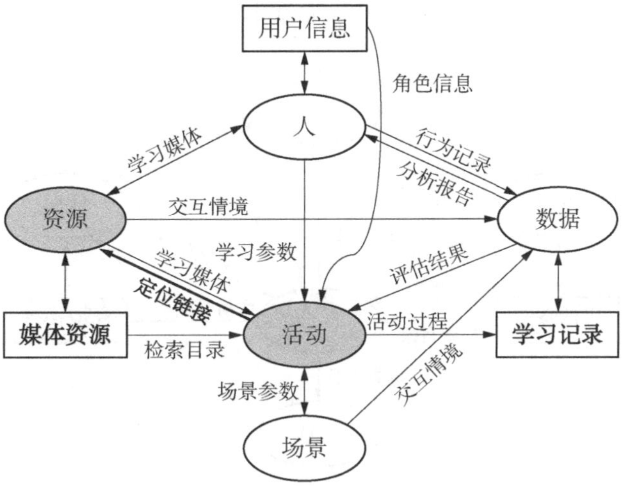

图 2-19　“活动”与“资源”的关系

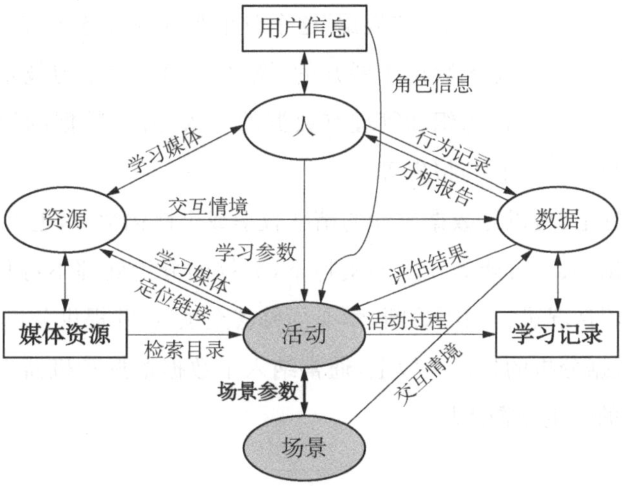

图 2-20　“活动”与“场景”的关系

(4)“活动”与“学习记录”的关系

“活动”与“学习记录”数据库之间的关系主要是基于活动过程展开的(图 2-21)。活动过程是一种数据流。学习技术系统对此提供的服务内容为跟踪和收集教学活动中的各种过程性和结果性数据。

4. 围绕“数据”的服务内容设计

围绕“数据”的服务内容设计，主要是实现对数据的汇聚、检索、管理和分析，其他还要支持数据对人的报告、数据对活动的决策支撑等。

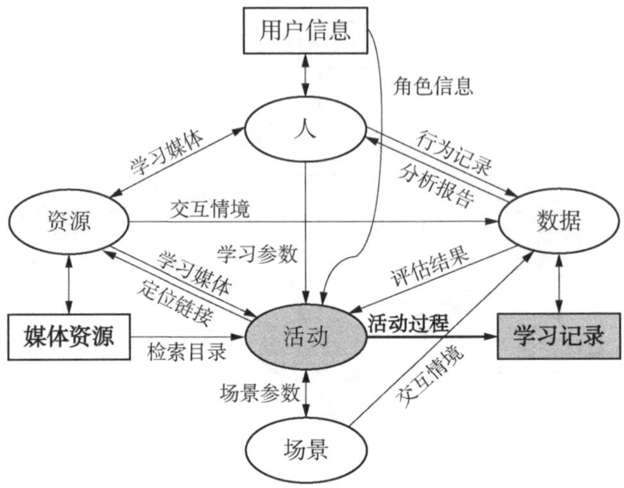

图 2-21 “活动”与“学习记录”的关系

(1) 单个“数据”要素

对于“数据”这个单个要素的服务内容设计，主要是基于学习记录数据库展开的(图 2-22)。在学习技术系统中，围绕“数据”的组织和管理有数据的导入导出，数据的检索与管理，数据的分析与报告等。

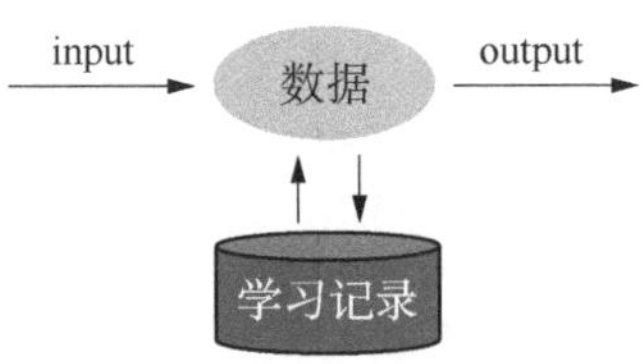

图 2-22 单个“数据”要素

在数据服务的目标上，可以是数据驱动的精准教学或个性化学习，也可以是数据循证的学业评价与认证。在大数据、人工智能等技术的支持下，数据的分析处理不再只是简单的统计报告，还需要能对学生的学习情况进行归因诊断，学业预警甚至预测，并提供分析结果的实时加工与反馈，实现自测量。在数据分析的技术手段上，通常纳入了数据挖掘和机器学习的方法。图 2-23 展示了 Blackboard 中的学生预警版块。

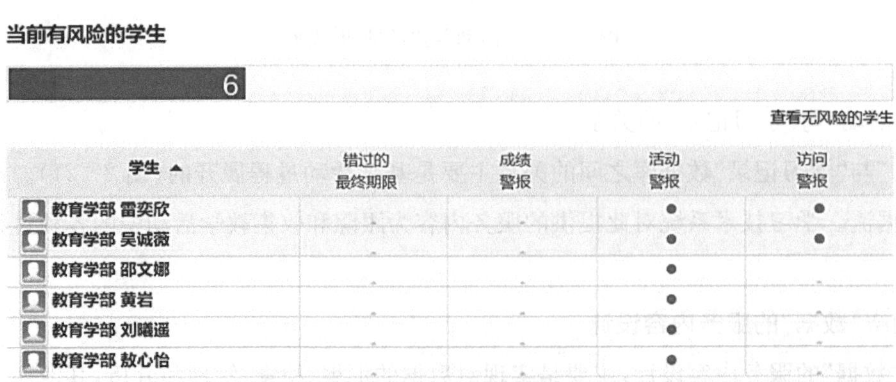

图 2-23 Blackboard 中的学生预警

数据可以应用于不同的需求情境，揭示不同的信息与内容(表 2 - 1)：①当需求是报告/了解/评估/反馈时，学习技术系统提供描述性数据并给出报告，即展示过去发生了什么；②当需求是警告/识别时，学习技术系统对现状加以解读并给出提醒，即展示现在正在发生什么；③当需求是推断/预测时，学习技术系统判断未来趋势并提供走向预测，即告知未来将会发生什么；④当需求是建模/探究/诊断时，学习技术系统通过建模对结果加以剖析和阐释，即试图解释这些为什么发生，又如何发生的；⑤当需求是干预/推荐/个性化/自适应时，学习技术系统为干预提供依据或操作意见，即给出当前可以采取的最好措施是什么；⑥当需求是模拟/优化时，学习技术系统结合不同干预措施的假设预测未来的发展，即判断未来最好或最坏会发生什么。

表 2 - 1　数据应用的不同需求情境

报告|了解|评估|反馈	提供描述性数据并给出报告，即过去发生了什么？
警告|识别	对现状加以解读并给出提醒，即现在正在发生什么？
推断|预测	判断未来趋势并提供走向预测，即未来将会发生什么？
建模|探究|诊断	通过建模对结果加以剖析和阐释，即这些为什么发生，又如何发生的？
干预|推荐|个性化|自适应	为干预提供依据或操作意见，即当前可以采取的最好措施是什么？
模拟|优化	结合不同干预措施的假设预测未来的发展，即未来最好或最坏会发生什么？

此外，根据数据服务对象的不同，评估和报告还可分为多种层次：①在学习层面，为学生提供个性化的学习和策略；②在教学层面，为教师因材施教提供决策依据；③在研究层面，助力揭示学习者的学习问题与规律；④在管理层面，协助进行更为高效和精准的管理；⑤在政策层面，赋能优质政策机制的设计与实施。

比如，南京理工大学利用数据来发现贫困生。学校教育基金会在分析大数据后，得到受资助对象认定的规则为每月在食堂吃饭超过 60 顿，月总消费不足 420 元。这样学校就可以直接将贴补款打入学生饭卡，而无需学生填表申请。另一个案例是电子科技大学利用学生在校园各地方留下的行为数据，来分析学生是不是一个比较孤独的人。使用的数据类型有学生的选课记录、进出图书馆的情况、食堂用餐等，然后对比一前一后的刷卡记录来看学生的行为是否有同伴陪同，进而诊断其是否经常孤独一人。由案例不难发现，数据应用真正的难点在分析的建模，也就是让哪些数据开口说话，说什么的问题。

(2)“数据”与“人”的关系

“数据”与“人”之间的关系主要基于分析报告展开(图 2 - 24)。分析报告为一种数据流。学习技术系统对此提供的服务内容就是生成教学与管理的分析和报告。

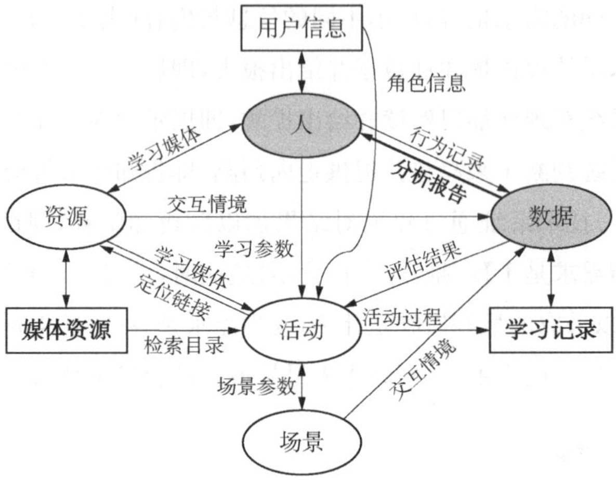

图 2-24 “数据”与“人”的关系

(3) “数据”与“活动”的关系

“数据”与“活动”之间的关系主要基于评价结果展开(图 2-25)。评价结果可以是控制信息，也可以是数据信息。学习技术系统可以基于评价结果，或创建或推荐最优的活动方案给学习者，以提供较好的学习体验。

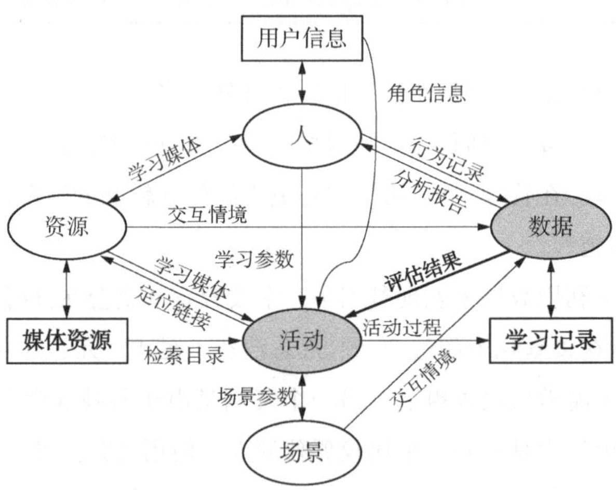

图 2-25 “数据”与“活动”的关系

5. 围绕“场景”的服务内容设计

围绕“场景”的服务内容设计，主要是实现对场景的设置与管理，其他还需支持场景与数据的关联等。

(1) 单个“场景”要素

对于“场景”这个单个要素的服务内容设计，比较简单，不太涉及三大基本数据库。在学习技术系统中，围绕“场景”的组织和管理有场景的设置，场景与设备的管理等。

(2)“场景”与“数据”的关系

“场景”与“数据”之间的关系主要基于交互情境展开(图 2－26)。交互情境为一种数据流。由于数据分析需要引入学习场景中的情境信息，因此学习技术系统需要提供评价与分析功能所需的场景信息。

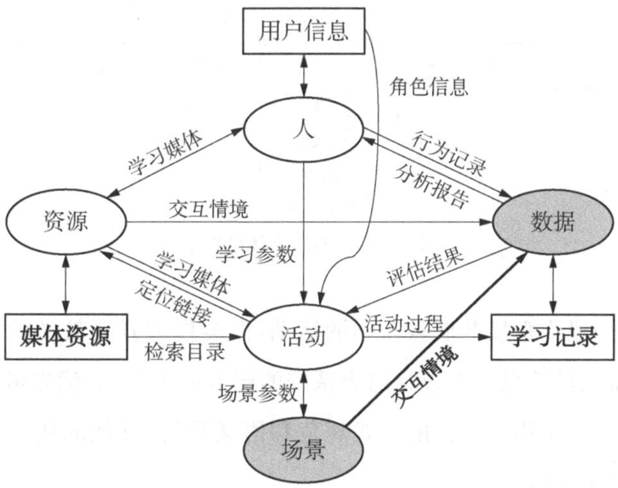

图 2－26　“场景”与“数据”的关系

三、不同类型学习技术系统的服务架构

不同类型学习技术系统因其解决的问题情境和服务目标不同，关注的主体要素会有差异，因此会围绕此主体要素设计和构建出不同的核心业务。当然，学习技术系统的架构还会受不同教育理念的指导。由于不同教育理念所关注的要素会有所不同，对要素之间的关系也会有不同理解，因此在其影响下，系统会搭建出不同的功能业务及其组织逻辑，从而形成不同类型特征的支持平台。

(一) 关注不同要素的系统服务架构

1. 关注个体的“人”——学生管理系统

关注个体的“人”的学习技术系统的典型代表是学生管理系统。如图 2－27 所示，系统构架核心涉及的服务要素是“人”，涉及的数据库为用户信息数据库。

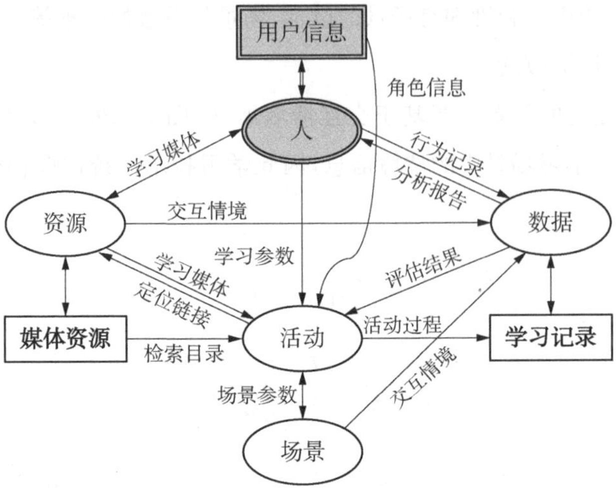

图 2 - 27　关注个体的“人”

学生管理系统中一般不直接开展教与学的活动，但会作为开展教学活动的系统的后台系统或相关系统，提供所需人员信息。在设计这类系统的服务内容时，会优先考虑对用户及其记录信息的检索、存储和报告，强调用户数据的格式规范和语义理解，其他的还会考虑与正式系统之间的协同与沟通（如图书馆系统）。

2. 关注群体的“人”——协作学习系统

关注群体的“人”的学习技术系统的典型代表是协作学习系统，支持学生以团队形式开展学习活动。如图 2 - 28 所示，系统构架核心涉及的主要服务要素是“人”，次要服务要素是“活动”和“资源”，涉及的数据库为用户信息数据库，系统内流通的主要信息是角色信息，次要信息是学习媒体和学习参数。

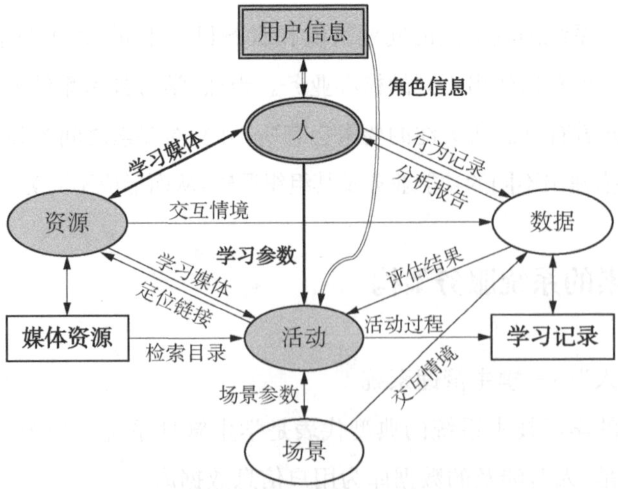

图 2 - 28　关注群体的“人”

协作学习系统特别强调学习者团队的建立以及他们之间的沟通交流，并围绕此提供相关工具以展现团队的合作空间和共享资源。在设计这类系统的服务内容时，会优先考虑用户间的组织与沟通，谁可以参加、谁来主持、谁讲谁听等。不同角色行为需要有明确的规定和原则。此外还需考虑组织与沟通的方式和方法，并要提供一定程度的资源分享。其他的还会考虑交流过程的记录和呈现，共笔协同编辑等。

3. 关注非结构化的“资源”——资源库系统

非结构化“资源”的学习技术系统的典型代表是资源库平台，支持对学习资源进行编目、搜索和管理。如图 2－29 所示，系统构架核心涉及的服务要素是“资源”，涉及的数据库为媒体资源数据库。

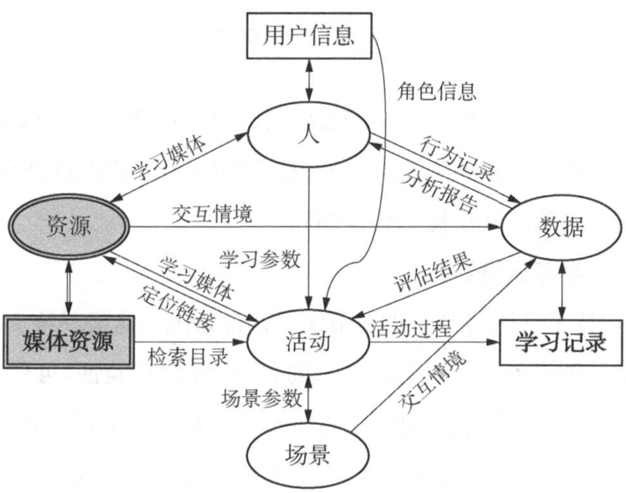

图 2－29 关注非结构化的“资源”

资源库平台关注对资源的收集与管理。这类系统架构简单一点的就只关注学习资源的组织结构和快速检索，复杂一点的则可支持从学习资源生成学习内容的相关服务，但需要考虑学习内容的格式与标准。在设计这类系统的服务内容时，会优先考虑资源的规范、分类信息；资源标签和属性的设置；按不同方式对资源进行组织；资源的检索、导入导出等。其他的还会考虑资源的开放共建，资源的跳转链接等。

4. 关注结构化的“资源”——基于资源的学习系统

关注结构化“资源”的学习技术系统的典型代表是基于资源的学习系统。如图 2－30 所示，系统构架核心涉及的数据库为媒体资源数据库，涉及的次要要素是“资源”和“活动”，系统内流通的主要信息是检索目录，次要信息是学习媒体和定位链接。

基于资源的学习系统强调围绕知识点进行资源的应用和重构（如专题资源、课程）。在设计

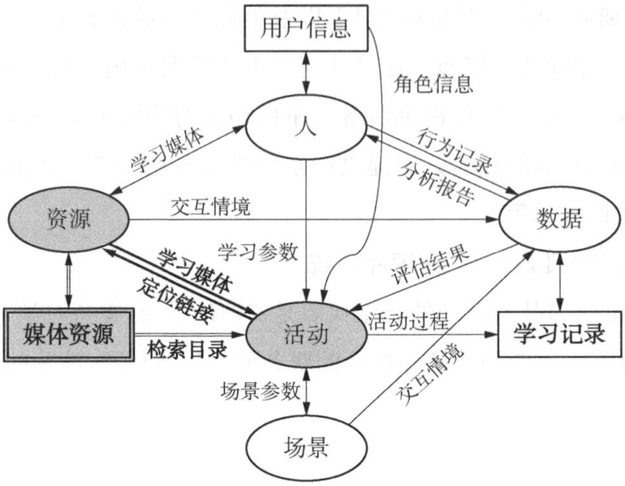

图 2-30　关注结构化的“资源”

这类系统的服务内容时，会优先考虑针对不同教学目标进行的资源的结构化组织及其打包格式，资源的有效检索与推荐，资源在活动中的呈现和交互界面，对于资源的评价等；其他的还会考虑资源组织的框架和流程，资源的共享性与版权问题。

5. 关注“数据”——学习认证系统

关注“数据”的学习技术系统的典型代表是学习认证系统。这类系统支持学习成果和学习记录的保存，并在此基础上再服务于相关学习证书的创建、维护和验证，可作为一种学习者学档的通用报告工具。如图 2-31 所示，系统构架核心涉及的数据库为学习记录数据库，涉及的次要要素是“人”“数据”和“活动”。围绕学习认证流程，系统内流通的主要信息有行为记录、活动过程、分析报告和评估结果。

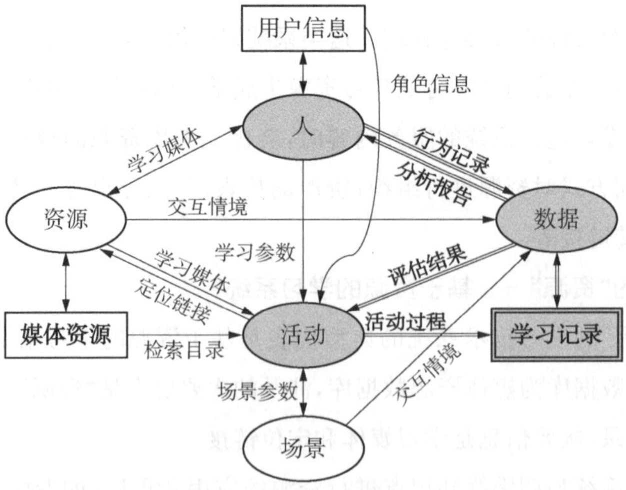

图 2-31　关注“数据”

学习认证系统专注于学习记录的管理与认证。在设计这类系统的服务内容时，会优先考虑对于学习者信息的许可协议以及格式规范问题，需支持对学习者记录的索引、存储和检索。此外，还要考虑评估报告或证书生成的格式和语义。其他的还会考虑学习记录的多种来源，不同用户对学习记录的管理与维护权限等。

6. 小结与思考

以上梳理了五类关注不同要素的学习技术系统的服务架构。从中不难发现，这些系统的功能都比较专而精，因为服务于个别特定的要素，因此很容易设计深入细致，突显出自己的特质。相对而言，就是宽而泛的学习技术系统，它们会提供丰富庞大的功能体系，以便覆盖大多数的要素。而要素多了之后，一方面系统功能很难面面做精，也很难做出自己的特色，另一方面要素之间的关系也会跟着复杂起来，增加系统服务内容设计的难度，也会增加用户理解系统的困难。那么由此引发的一个问题就是，面向繁杂多样的教学情境，究竟是设计几个专而精的小系统来分别精准地满足各类需求呢？还是用一个宽而泛的大系统来一次性满足所有基本但不复杂的需求呢？在本书第一章中讨论学习技术系统新素养时，我们也提及过这一话题，很明显这个问题需要具体情况具体分析。在本书第五章，我们将进一步研究。

（二）体现不同教学理念的系统服务架构

1. 以学为中心

以学为中心是近年来教育改革与创新的主导思想。在这一教学理念指导下的学习技术系统，非常看重学习者的动机和兴趣，强调学习者要主动学习，并管理好自己的学习记录。由于教与学活动的开展要围绕学习者的学习需求和目标，因此在设计这类系统的服务内容时，会优先考虑学习者对学习活动参数的沟通与设置（如偏好），也特别注意学习者维护其学习记录的能力，学习者学习记录的格式以及学习历史的报告，学习者学习结果的反馈与报告呈现等，还强调用户交互界面可用性的设计。其他的还会考虑用户分布式学习记录的管理与报告，学习资源的自由访问等。

因此，如图 2－32 所示，以学为中心的学习技术系统，系统构架核心涉及的主要要素是“人”和“活动”，次要要素是“资源”和“数据”，涉及的数据库为学习记录数据库，系统内流通的主要信息是学习参数，次要信息是学习媒体、行为记录、活动过程、分析报告、评估结果等。

2. 以教为中心

以教为中心是 K12 和高等教育机构或组织中最主要的教育思想之一，以教为中心的学习技术系统也就成为了最常见的教学平台类型。这类系统强调以课程为中心、以教为主，反映的是常规的教与学活动形式，教师对这些活动具有绝对的控制权；系统运作往往会涉及大量、丰富的学生和教师的活动组织。

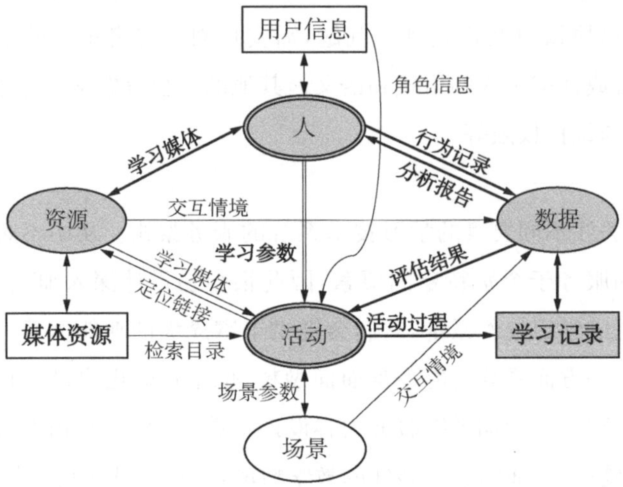

图 2-32　以学为中心的学习技术系统服务架构

在设计这类系统的服务内容时，教学活动的开展需优先考虑学习参数，角色信息的调控；活动的组织和交互界面；学习过程和行为的观察；评价的方式和交互，结果的类型和报告；资源的不同类型与形式等。为了实现有效教学，此类系统还会将教学内容和教学行为关联起来纳入评估过程来指导教学设计。其他的还会考虑教学过程记录的标准、程序和方法，以及报告的不同类型，学生的学习风格和兴趣等。由于通常服务于特定的机构和组织，此类系统还需要考虑安全机制问题，以保证信息的机密性和完整性。

因此，如图 2-33 所示，以教为中心的学习技术系统，系统构架核心内容涉及的主要要素为活动，次要要素有人、资源、数据、场景，涉及的数据库有用户信息数据库和学习记录数据库，系统

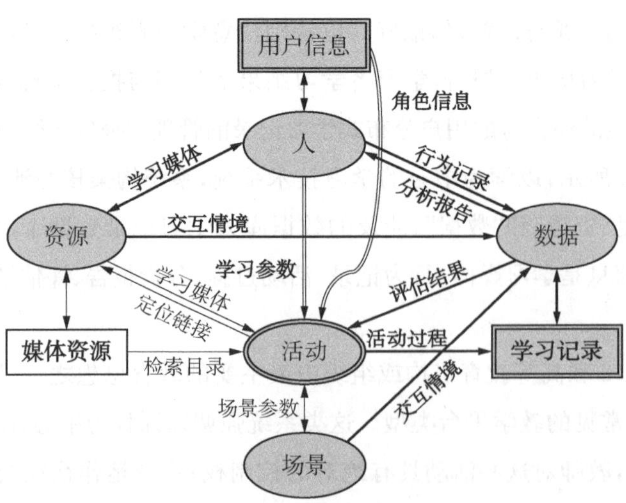

图 2-33　以教为中心的学习技术系统服务架构

内流通的主要信息是学习参数和角色信息，次要信息有学习媒体、行为记录、活动过程、分析报告、评估结果、交互情境。

3. 以内容为中心

以内容为中心的学习技术系统主张以内容为王，强调资源的创建、组织与学习，系统内支持学习内容从媒体资源中生成。在设计这类系统的服务内容时，会优先考虑围绕特定活动情境和目标，对于资源的组织与传递；面向教学活动的服务范围、定位和接口；资源编排的交互界面和输入输出控制，分布式资源的链接和访问；多媒体资源的展示与呈现，以及与用户的互动；考虑知识产权的管理，包括副本保护、安全和使用计费等。其他的还会考虑将资源的呈现与用户行为反馈关联等，实现和教学与评估活动的紧密耦合，以提供响应式、互动式的学习体验。

因此，如图 2－34 所示，以内容为中心的学习技术系统，系统构架核心内容涉及的主要要素是资源和活动，次要要素是人；涉及的数据库为媒体资源数据库；系统内流通的信息有学习媒体、定位链接、检索目录。

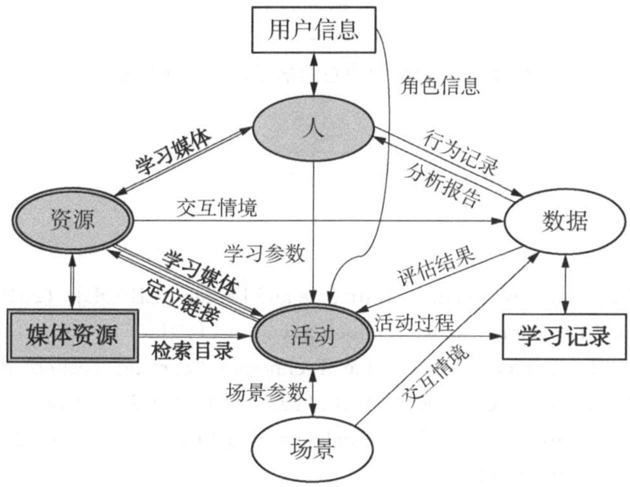

图 2－34　以内容为中心的学习技术系统服务架构

4. 以评价为中心

以评价为中心的学习技术系统，主旨是服务于教育的标准和评估。这类系统非常关注对学习记录的维护，并强调要依据一定的教育标准开展评价。因此，评价所用的重要数据来源之一，即行为观察数据，其搜集途径和传递格式就是关键。在设计这类系统的服务内容时，会优先考虑行为数据的标准和格式，记录的方法和过程；关注评价的类型和交互过程，评价报告的描述规范。评价结果要能满足不同服务对象的需求，要能支持可视化呈现，并利于解读。学习者的学习记录应能方便快捷地实现分类、检索、存取和整合。其他的还会考虑与其他来源学习记录的整合等。

因此，如图 3－35 所示，以评价为中心的学习技术系统，系统构架核心内容涉及的主要要素是数据，次要要素是人和活动；涉及的数据库主要为学习记录数据库，次要为用户信息数据库。系统内流通的主要信息是行为记录、活动过程、分析报告、评估结果，次要信息是学习参数。

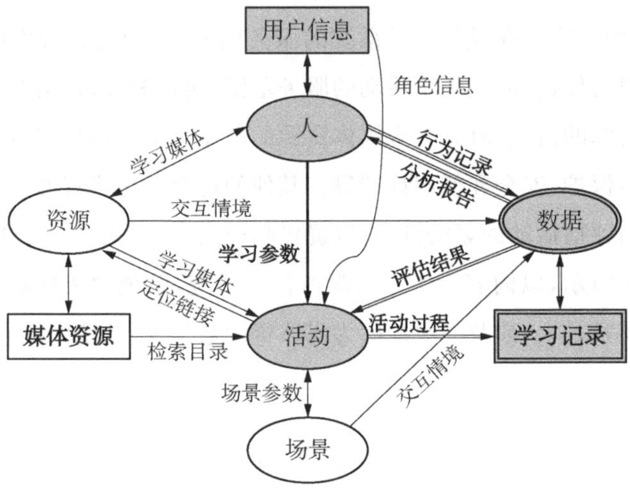

图 2－35　以评价为中心的学习技术系统服务架构

本章参考文献

［1］ADL. The Total Learning Architecture. Rationale and Design [EB/OL]. (2016－12)[2022－12－30]. Advanced Distributed Learning. https://adlnet.gov/projects/tla/.

［2］IEEE. 1－2003 IEEE Standard for Learning Technology-Learning Technology Systems Architecture (LTSA) [S]. IEEE 1484. https://doi.org/10.1109/IEEESTD.2003.94410.

［3］IMS Global Learning Consortium. Caliper Analytics [EB/OL]. (2017－5)[2022－12－30]. https://www.imsglobal.org/activity/caliper.

［4］JISC. The E-Learning Framework. Joint Information Systems Council [EB/OL]. (2017－5)[2022－12－30]. http://www.elframework.org/framework.html.

［5］余胜泉，杨现民，程罡. 泛在学习环境中的学习资源设计与共享——"学习元"的理念与结构[J]. 开放教育研究，2009，15(1)：47－53.

第三章 主流学习技术系统的服务理念与核心业务逻辑

基于上一章所提出的学习技术系统架构要素，我们尝试对现有不同类型的主流学习技术系统的关注点加以识别，重新解读其服务理念与核心业务逻辑，从而回溯剖析出这些平台背后的问题情境和教学需求。基于应用情境的不同，我们将这些系统分为服务于正式学习情境和非正式学习情境两大类。由于这些学习技术系统处在不断地建设更新中，因此本章所讨论的功能业务范畴仅限于研究开展时的系统版本。

一、服务于正式学习情境的学习技术系统

（一）课程教学类系统——Blackboard

Blackboard是目前全球最为流行的在线教学管理平台之一，它提供了以课程为中心、集成的网络“教”与“学”环境。教师可以在平台上开设课程，学习者加入课程便可以进入相应的活动板块进行学习。Blackboard拥有丰富的应用工具来辅助教学，其功能覆盖整个教学过程，包括资源建设、教学互动、测验评价、小组协作、数据统计等。通过简单易用的功能操作，教师就可以有效地管理课程、设计教学、布置作业等，使教学活动丰富生动。同时，不同的学习者之间以及教师和学习者之间可以根据教学的需要在平台上进行讨论与交流。Blackboard为教师、学生提供了施教和学习的网上虚拟空间，是师生之间沟通的桥梁。

1. 针对“人”这一要素，Blackboard支持对用户进行角色设置、组织管理等，还支持用户之间的沟通交流。Blackboard对用户的管理是以课程班级为单位进行的。在“用户模块”，授课教师可以对学生进行批量或个别添加（图3-2）。添加完成后，便可以在此查看该课程班级中所有修读的学生。教师还可以更改用户的角色、改变用户的可用性或者从班级中删除特定用户等。

在“小组模块”，Blackboard支持对小组的创建和管理。用户可以按需选择不同的小组组建方式，包括自行注册、手动注册以及随机注册三种（图3-3）。组建完成后，教师便可在此查看各个小组的互动情况以及任务完成情况等。

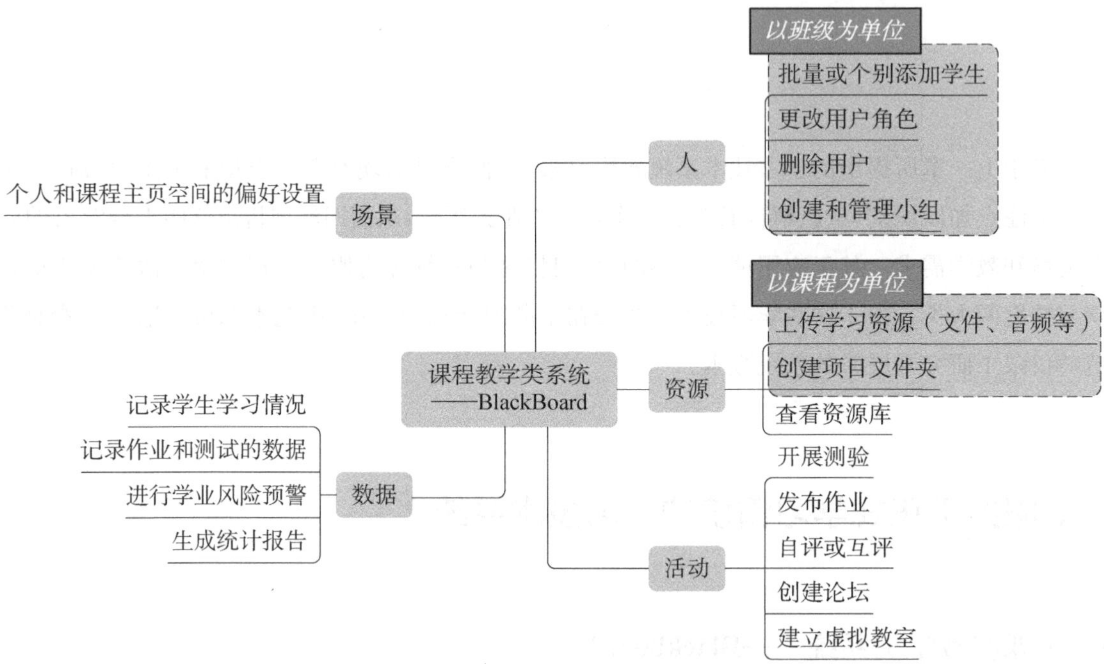

图 3 - 1　Blackboard 的五要素

图 3 - 2　Blackboard 中的用户管理

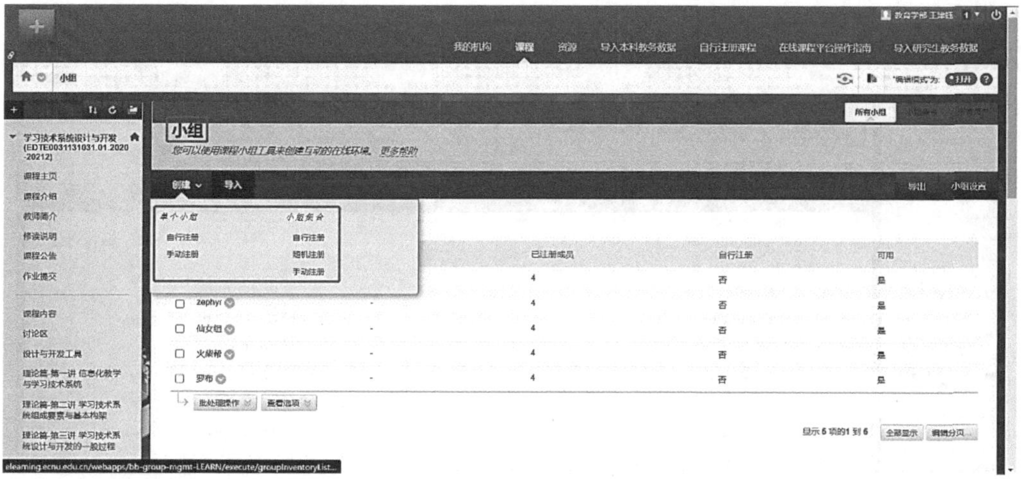

图 3－3　Blackboard 中的小组创建

2．对于“资源”要素，Blackboard 支持以课程为单位进行资源建设，也支持在个人空间的资源存储与管理。Blackboard 对课程目录的建设可按章节内容，也可按课时安排的方式进行。对于具体的课程内容，Blackboard 支持图文网页的创建，文件、音视频等的上传，外部资源的链接（图 3－4）。用户还可通过创建项目文件夹来进一步编排相关的课程内容。

图 3－4　Blackboard 的课程创建

除了以课程为单位进行的资源建设外，Blackboard 还设置有“资源”模块（图 3－5），支持不同范畴资源的查看与检索，以及对资源的统一管理。

图 3-5　Blackboard 的资源模块

3. 对于“活动”要素，Blackboard 可支持大多数常规教学活动的在线开展，比如测试、讨论、作业等。Blackboard 支持将活动链入到课程内容中。在课程内容模块，通过“测验”功能，教师可以创建测试、作业、自评或互评等来检测学生的学习效果(图 3-6)。平台支持多种题型的设置，如单选、多选、填空和论述等，还可设置自动计分，按照指定的日期和时间自动开放或关闭测验等。测试的结果以及作业的批改则在“评分中心”完成。

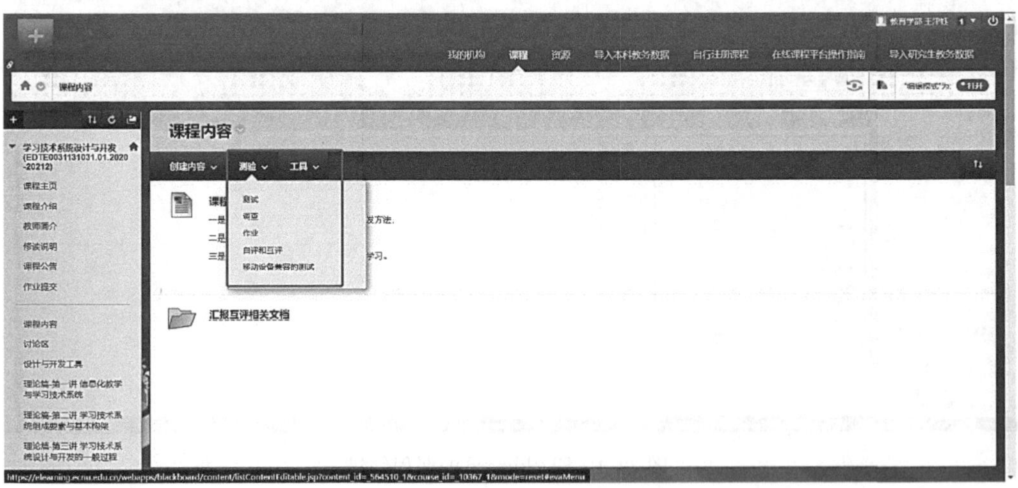

图 3-6　Blackboard 中的创建测试活动

Blackboard 还为用户提供了多样的交流工具。教师可以创建论坛实现异步互动，也可创建 Wiki，实现协同共笔。

4. 关于“数据”这一要素，Blackboard 可以全面记录学生的学习情况以及作业和测试的数据，并提供一定程度的分析报告与学习预警服务。在“评估”模块，Blackboard 提供的功能业务包含有“学习行为管理中心”“成绩指示”“课程报告”。如图 3－7 所示，教师可以查看学生的风险预警，还可查看他们的测验成绩、互动数据等，将学生的学习情况生成统计报告。

图 3－7　Blackboard 的学习行为管理中心

5. 对于“场景”要素，Blackboard 支持对个人和课程主页空间的偏好设置，主要包括主题和布局。点击“添加模块”，便可将想要的模块显示在个人或课程页面，还可通过拖动改变其排版位置(图 3－8)。

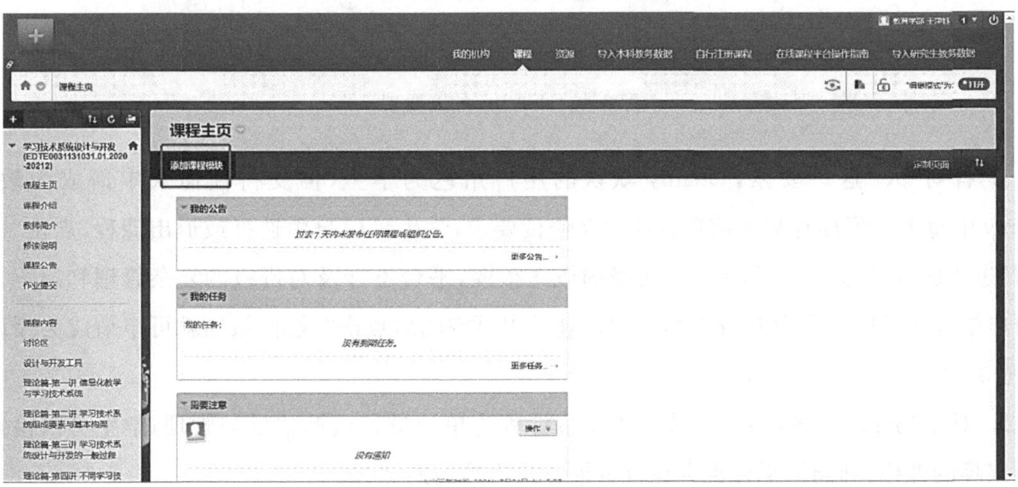

图 3－8　Blackboard 课程主页的模块添加

作为代表性的课程教学类系统，Blackboard解决的是线下课程教学与班级授课在线上的迁移或衔接问题。系统总体体现的是以教为中心的教学理念，可映射大多数的常规教学活动，但在一定程度上对教学服务进行了线上拓展，比如“数据”要素中的学生预警。Blackboard可较好地满足混合教学或在线教学的需求情境。

（二）开放学习类系统——Udemy

Udemy是一款大规模在线开放课程平台，即MOOC平台。来自世界各地的学习者都可在此平台上自主选取课程，通过观看在线视频课程学习各领域的知识。教师也可以在线创建课程并上传视频等文件资源到Udemy上，还可以通过在线讨论板与学生进行互动交流。与大多数依靠高校合作来引进课程的MOOC平台不同，Udemy允许任何人在平台上开课，但需通过平台严格的课程审核，教师也可选择是否要对自己在Udemy上开设的课程进行收费。

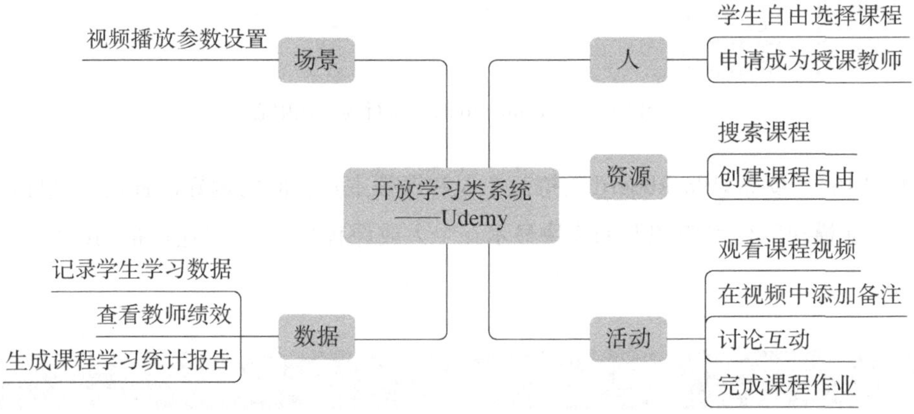

图3-9　Udemy的五要素

1. 针对“人”这一要素，Udemy默认的用户角色为学生，但支持任何人申请成为教师。Udemy中每个课程都有基本信息介绍以及修读要求，学生可以自由选择或退出课程，点击“我的学习”进入课程学习。在Udemy中班级的概念很弱，平台不涉及对班级的复杂管理和组织。用户可申请成为教师并自由开设课程。用户登录主页空间后点击“教师”按钮就可申请成为授课教师（图3-10）。

2. 对于“资源”要素，Udemy支持教师以课程为单位进行资源建设与管理，学生可以检索自己感兴趣的课程。同时，平台也会在首页推荐较为热门的课程。

图 3-10　在 Udemy 中申请成为讲师

Udemy 课程创建的开放性使得该平台可以为学生提供来源非常广泛的课程资源，而严格的课程审核机制在保持来源广泛的同时，也可以最大程度地保证课程的品质。如图 3-11 所示，围绕课程的建设，课程创建者可以提供包括视频、幻灯片、文本、小测验、编码练习、作业和练习测试在内的多种资源。这些课程资源一般会根据课程知识结构以章节形式加以组织和管理。其中，课程视频通常只持续几分钟到十几分钟不等，这使得学生能够利用碎片化时间进行学习。Udemy 还允许学生在观看课程视频的时候创建备注，并使用排序功能对创建的备注进行查看。

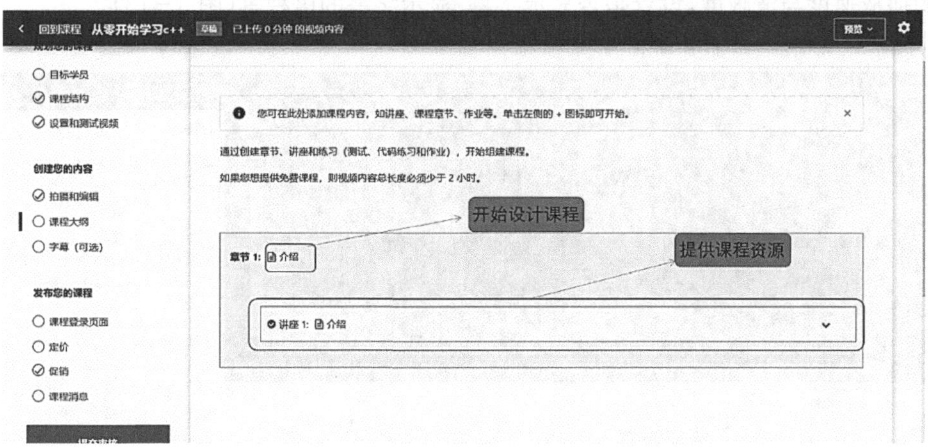

图 3-11　在 Udemy 中创建课程

3. 对于“活动“要素，Udemy 主要提供观看课程视频、互动交流、测试发布以及作业管理等功能。学生与教师可以在课程的讨论区内发言，交流课程学习问题，实现异步互动（图 3-12）。一般来说，教师需要在 24 小时内回答完 90%以上的问题以保证较高的学生好评率。Udemy 鼓励教师提供除作业以外的多种练习活动来提高学生的实践体验。

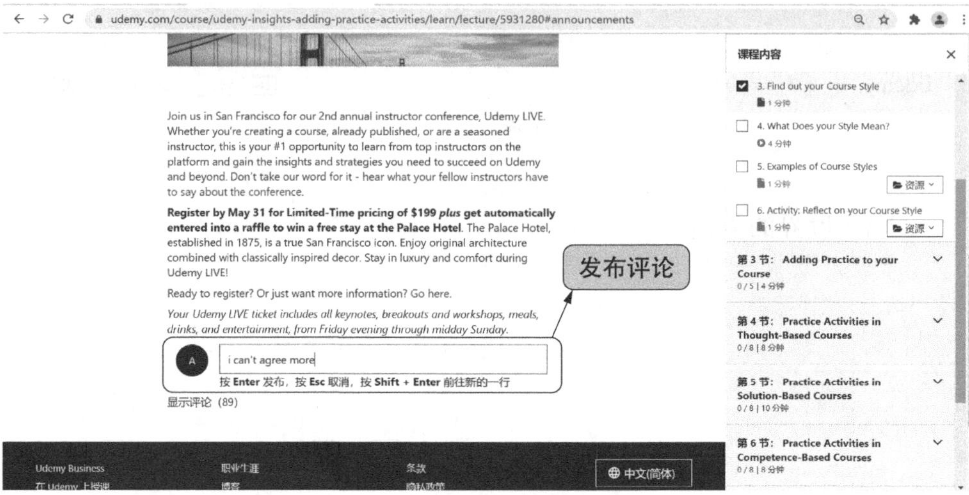

图 3－12　Udemy 课程的讨论区

4. 关于“数据”这一要素，Udemy 可记录学生的课程学习以及教师的绩效等数据。Udemy 可对课程的参与情况做出统计，比如课程的参与人数、学生的学习时长等，也提供对学生评论的查看等。Udemy 还为课程的盈利情况提供流量和转换以及绩效等数据的查看功能。通过“绩效”一栏，教师可以查看总收入、注册人数以及学生评教数据的变化曲线图。

5. 对于”场景”要素，Udemy 主要提供的是对视频播放参数的设置。在 Udemy，用户可以设置视频的播放速度与清晰度，设置是否显示字幕、显示字幕的语种等(图 3－13)。

图 3－13　Udemy 中的视频播放设置

作为代表性的开放学习类系统，Udemy 虽然体现的也是以课程为中心的教学理念，但课程的短视频形式比较适合碎片化的课程学习，能较好解决职业教育和高等教育领域自主学习的发展需求。同时在 Udemy 开设课程的群体范围没有限制，使得人人均可成为教师参与到在线教育事业中，为在线学习提供了更为宽广、灵活的发展空间。

（三）视频会议系统——腾讯会议

作为目前应用较广的视频会议平台之一，腾讯会议可用于视频会议授课、师生在线沟通讨论等教育教学场景，实现优质教育资源的实时传播与共享。腾讯会议所具有的音视频交流、屏幕共享、录制回放、电子白板、分组管理等功能，为教学活动的开展提供了多方面的支持。除了以上基础功能，腾讯会议还拥有管理会议文档、在线投票、个人笔记、聊天等功能，使教学活动更加丰富。

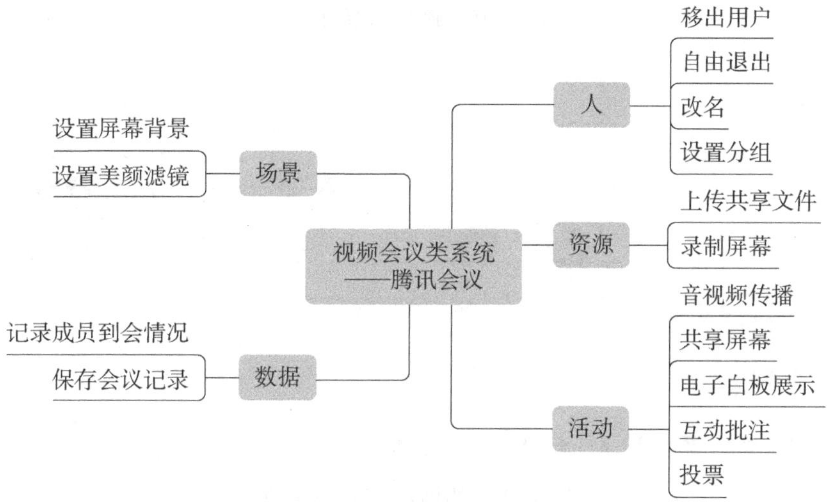

图 3－14　腾讯会议的五要素

在开始会议之前，如图 3－15 所示，会议发起人一般需要预定会议，并将会议号和会议链接发布出去，其他参会者就可通过相应的会议号和会议链接在指定时间加入会议。此外，腾讯会议也可支持不通过预定而实时快速地发起会议。

1. 对于“人”这一要素，腾讯会议具有人员管理功能，还支持分组讨论。腾讯会议的成员由会议发起者和参会者组成，是一种松散的组织关系，不涉及复杂的人员管理，会议发起者默认为会议主持人。如图 3－16 所示，在会议过程中，参会者可以进行改名操作，也可以自由退出会议。腾讯会议支持会议主持人对会议人员的权限进行管理控制，例如禁止或允许新成员的加入等。除此之外，主持人也可以对参会者进行改名、移出、设置为主持人等操作。

会议主持人还可通过“分组讨论”将参会人员划分为若干小组并分配各组的成员，参会者也可自由选择愿意加入的小组。

图 3－15　腾讯会议的预定

图 3－16　腾讯会议的人员管理

2. 对于“资源”要素，腾讯会议支持文档分享，允许会议录制回访，但不提供进一步的组织和管理功能。如图 3－17 所示，在会议过程中，腾讯会议支持参会者在“文档”中上传多种格式的文档进行共享。对于资源的下载保存，参会者可在“文档”中查看并导出会议共享文档。同时，腾讯会议还提供“录制”功能，可将会议过程录制为视频文件，进行自动化的资源建设。“录制”分为云录制和本地录制，区别在于生成资源的不同存储位置。会议结束后，都可在“历史会议”中找到所要的会议，通过“查看详情”找到录制好的视频文件。

3. 针对“活动”要素，腾讯会议主要是提供在线音视频的直播，同时辅助以投票、批注、聊天等功能。在会议过程中，平台为参会者提供屏幕共享以及电子白板展示功能，教师可以借此有效开展教学。如图 3－18 所示，在讲话人进行屏幕共享和电子白板展示时，其余参会者可以同时在画面上进行互动批注，也可在聊天区域讨论交流，个体还可使用笔记记录下讲授的要点或自己的想法。腾讯会议的“投票”功能可用于进行简单的测试。

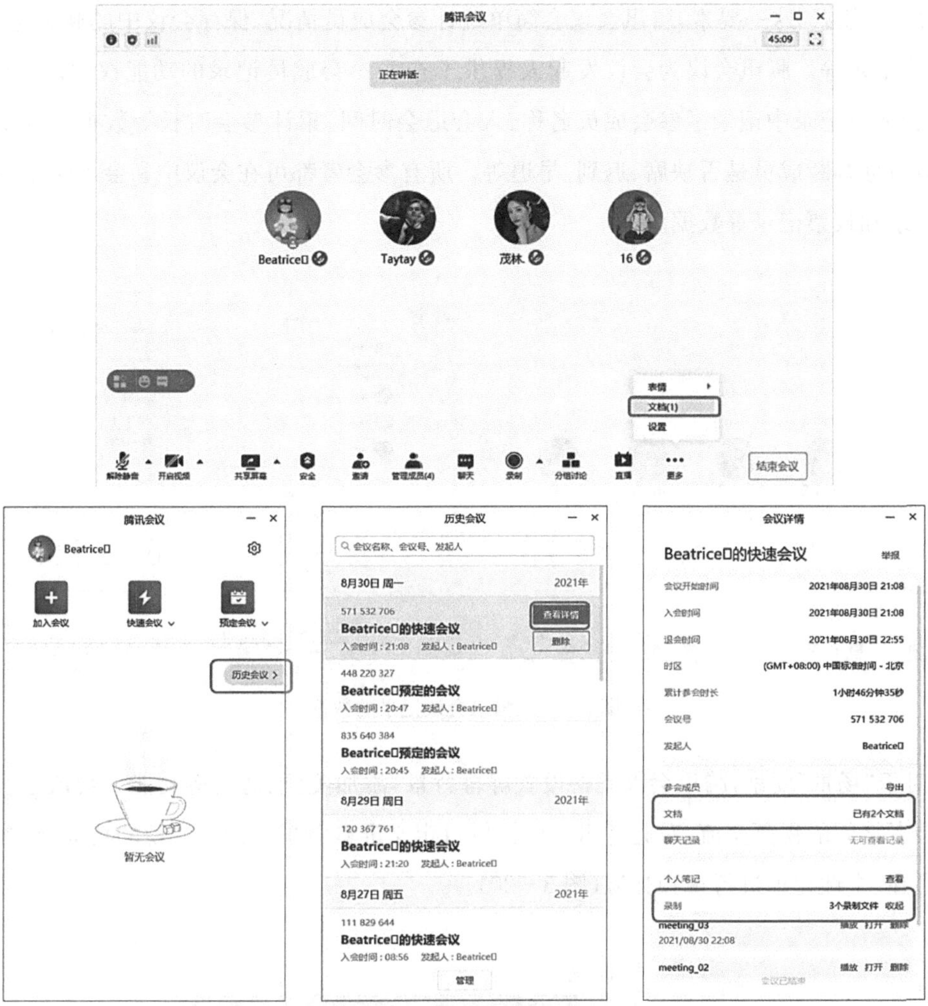

图 3 - 17　腾讯会议中的资源(上:文档共享;下:录制回放)

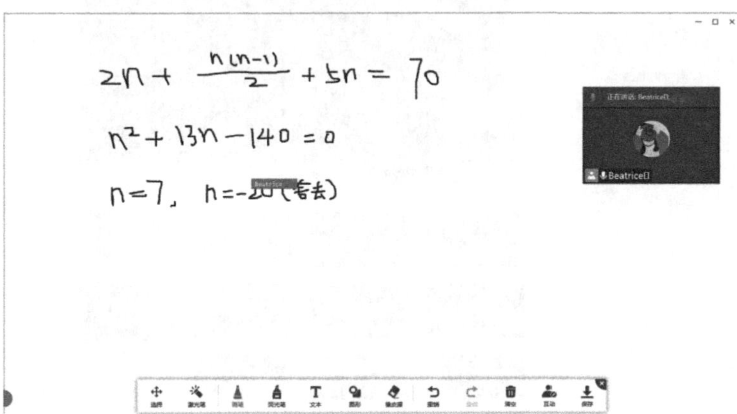

图 3 - 18　腾讯会议中的互动批注

4. 关于“数据”这一要素，腾讯会议会简单统计参会成员情况，保存会议中的聊天记录、个人笔记、投票记录等。腾讯会议为会议发起人提供了查看参会成员记录的功能权限。如图 3－19 所示，参会成员记录中记录了参会成员名称、入会退会时间、累计参会时长等数据。会议发起人可通过该数据判断成员是否缺席、迟到、早退等。所有参会者都可在会议中和会议结束后查看会议聊天记录和投票记录等数据。

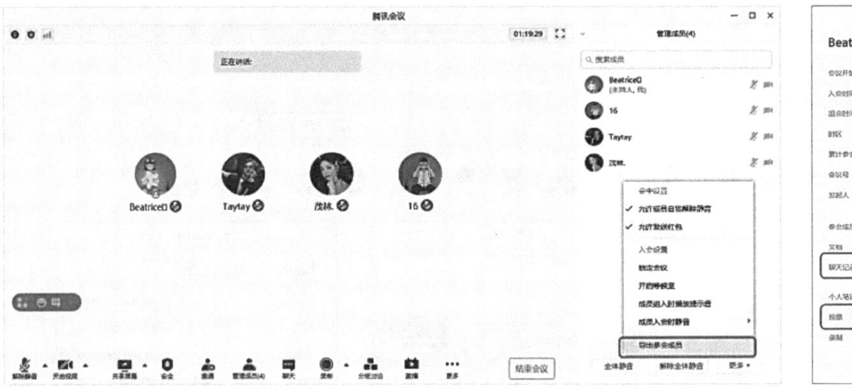

图 3－19　腾讯会议记录的数据

5. 对于“场景”要素，腾讯会议支持设置屏幕背景，添加美颜、滤镜等功能。会议过程中往往会有参会者之间的视频交流，对此腾讯会议提供自定义屏幕背景、美颜、滤镜的功能，让参会者可以更加自在、个性化地进行视频交流（图 3－20）。

图 3－20　腾讯会议的虚拟背景

作为典型的视频会议类系统，腾讯会议的功能业务很好地解决了远程会议与沟通的问题。借助视频会议功能，系统可实现线下面授在线上的异地迁移，并通过音视频交流、屏幕共享、聊天投票、文档共享等功能有效支持师生之间的实时交流与资源共享等。腾讯会议非常适合在线视频教学/示范、会议沟通等教学场景。

(四) 课堂互动类系统——雨课堂

雨课堂是一种以课堂互动为中心集成的网络辅助教学环境，它提供了丰富的教学活动来支持师生的课堂实时互动。雨课堂的教师端需要安装相应的 PPT 插件，而学生只需要借助微信小程序即可使用。教师可以在平台上开设课程、创建班级，学生通过二维码扫描就可加入班级，然后在个人手机端上同步看到教师授课的课件，参与教师实时发起的互动活动，比如投票、弹幕等。

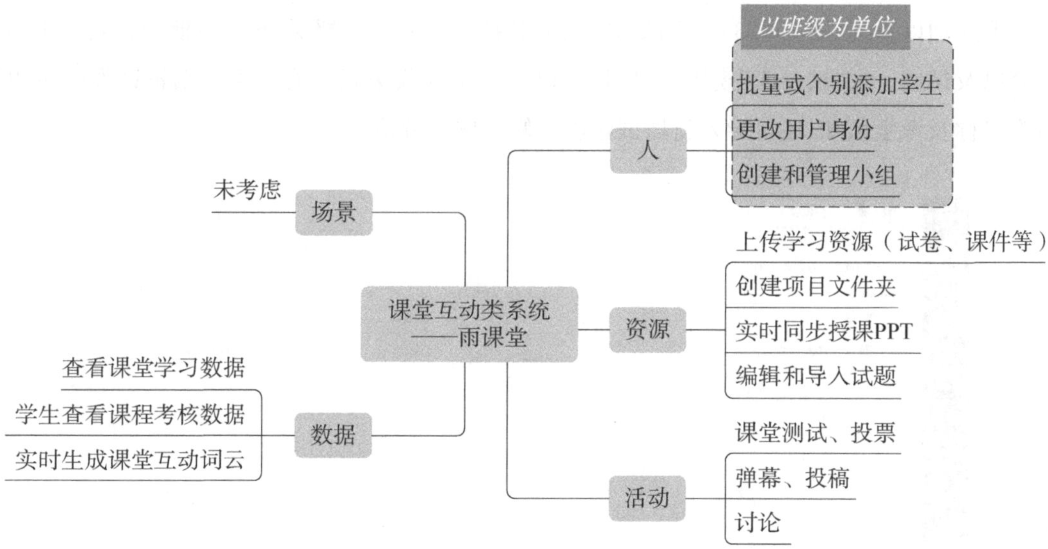

图 3－21　雨课堂的五要素

1. 针对“人”这一要素，雨课堂支持教师以班级为单位对成员进行管理。在“成员管理”模块，教师可以查看课程的所有修读学生，平台支持教师以扫码或邀请等方式添加学生。教师还可以添加协同教师或设立黑名单等。在“分组”模块，雨课堂支持对小组的创建和管理。分组方式包括系统随机分组、学生自由分组和老师制定分组三种(图 3－22)。教师还可对小组进行管理，包括添加组员、删除组员、修改组名、删除小组等。

图 3－22　雨课堂中的分组

2．对于“资源“要素，雨课堂提供了对课件与试卷的管理，支持教师实时分享授课 PPT，并动态转变为教学内容资源进行回访。雨课堂对资源的建设包括课件库和试卷库两部分，都是通过文件夹形式加以管理(图 3－23)。雨课堂需要安装插件来实现在授课 PPT 中批量导入库中的课件内容以及试题。在“试卷库”模块中，教师可以新建试卷或编辑已有试卷。编辑试卷时可以设置试卷名称及考生须知，还可导入新增试题以及修改题目分值。

图 3－23　雨课堂中的资源

雨课堂的另外一种资源创建方式依托于教师的课堂实时授课。教师课堂授课的 PPT 会自动生成资源同步给学生，还可支持学生进行课后访问。

3．对于“活动”要素，雨课堂支持课堂测试、弹幕、投票、投稿、反馈等互动功能。雨课堂为师生提供了同步和异步两种交流工具。师生可以在讨论区发言，实现异步沟通；也可由教师开启弹幕、投稿等功能，实现课堂的实时互动。对于测试的发布，平台支持设置发送班级、发布时间、考试时长、题目顺序和试卷查看权限等属性。

4. 关于“数据“这一要素，雨课堂可以记录学生的学习情况以及作业和测试数据，还可实时处理报告课堂互动数据结果并提供课后查看。如图 3-24 所示，雨课堂允许教师查看学生的课程考核，以及他们的测验数据、课堂互动数据等，能跟踪统计学生的学习进度、分数，并生成统计报告。雨课堂还提供了实时词云生成功能，协助教师及时掌握课堂内大部分学生的主要观点。

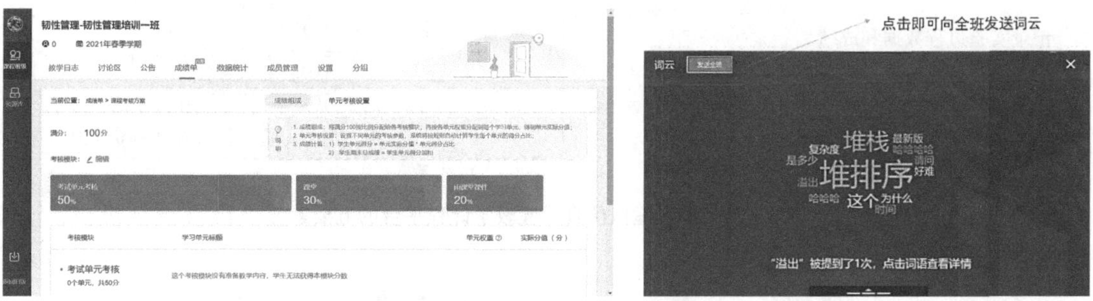

图 3-24　雨课堂中的数据

5. 对于“场景”要素，雨课堂较少考虑。

作为代表性的课堂互动类系统，雨课堂聚焦于解决线下班级授课中师生课堂教学的及时互动与反馈问题。系统体现的仍然是以教为中心的教学理念，以技术丰富教师课堂互动的手段，以技术赋能课堂学生学习数据的收集、统计和实时反馈。

(五) 实验类系统——国家虚拟仿真实验教学课程共享平台

国家虚拟仿真实验教学课程共享平台(以下简称实验空间)是目前国内较为成熟的虚拟仿真实验教学课程平台，相当于实验类的 MOOC 平台。平台以资源为中心，旨在实现优质虚拟仿真实验课程资源的互通共享。平台可支持学生在线进行丰富的虚拟仿真实验。

1. 针对“人”这一要素，平台设有个人中心模块，教师在此可进行班级管理和实验管理。在班级管理中，教师可添加或删除班级，可对已有班级编码和名称进行修改(图 3-26)。教师可借助平台生成的二维码邀请学生加入班级，也可点击学生管理进行学生的添加或删除。在实验管理中，教师可选择实验，然后将个别学生或整个班级添加至该实验活动中或从实验中移除。总体而言，实验空间强调学生自主进行实验，教师提供支持，因此班级概念还是比较淡薄的。

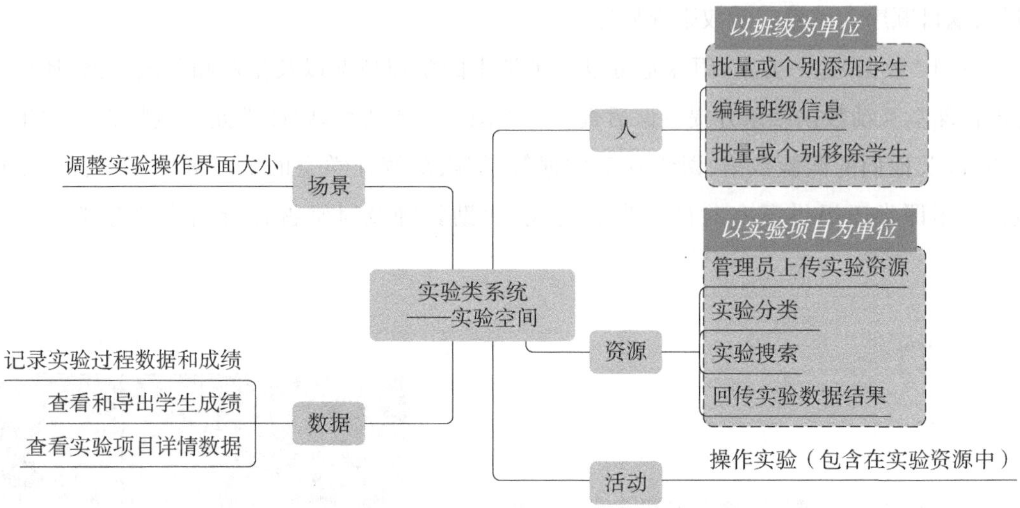

图 3－25　国家虚拟仿真实验教学课程平台的五要素

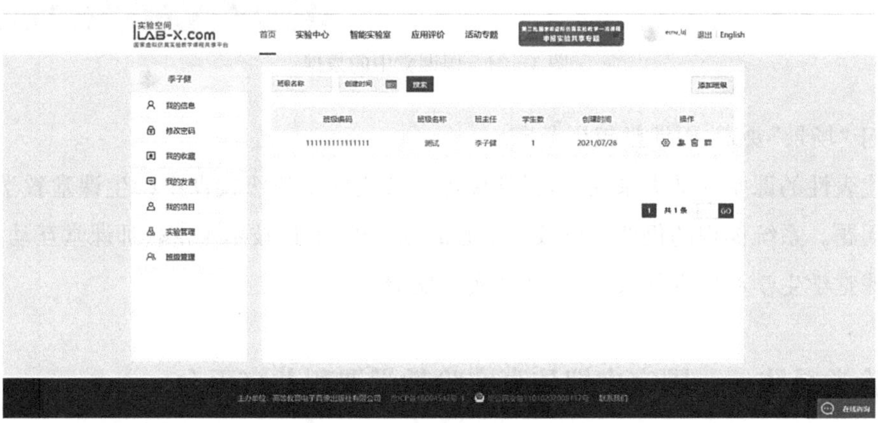

图 3－26　实验空间的班级管理

2. 对于“资源”要素，平台主要支持用户对资源的选择和使用，资源建设权不开放。实验空间本质上是一个资源共享平台，其资源建设主要以实验项目为单位，各类实验课程通过申报才能进行上传接入空间，接入需要符合接口规范。实验平台目前仅支持 PC 端而且某些实验还存在浏览器兼容问题，需要用户根据自身情况进行调整。

实验中心展示了平台所有的虚拟仿真实验项目资源，并根据专业大类进行了分类，包括法学类、建筑类、物理学类、历史学类等(图 3－27)。用户可输入实验名称、学校名称、负责人姓名等关键词进行资源搜索，也可按照发布时间、评分、点赞和收藏等方式排序进行查找。其中，被认定为“国一流”“省一流”的课程还被特殊标识出来。

图 3-27　实验中心的项目资源分类

3. 对于“活动”要素，平台没有过多涉及。因为实验相关的教学活动不由平台提供，而是包含在每个实验课程资源内部，即每个实验资源内部有一套完整的教学体系，包括视频观看、实验操作、报告填写以及讨论交流等(图 3-28)。但实验数据结果会通过与空间的技术接口传回平台。

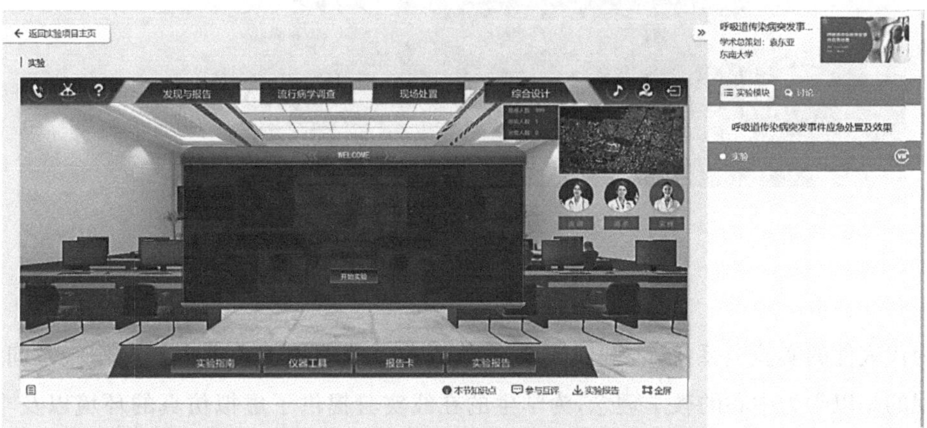

图 3-28　实验空间的课程资源内部

4. 关于“数据“这一要素，实验空间可以支持用户查询实验学习的相关数据。点击实验进入项目详情，用户可查看实验的实验人次、平均用时、完成率、通过率等数据(图 3-29)。在个人中心的“我的项目”模块，还可查看自己已选实验项目的实验评价和实验成绩。教师则可以在实验管理模块中通过成绩管理功能查看班级学生成绩的详情，并导出学生的成绩，导出的成绩以 Excel 格式下载到本地。

5. 对于“场景“要素，实验空间主要支持的是对模拟仿真实验界面窗口大小的调整等简单功能。用户点击全屏按钮可实现实验操作界面的全屏呈现(图 3-30)。

图 3－29　实验空间的实验项目数据

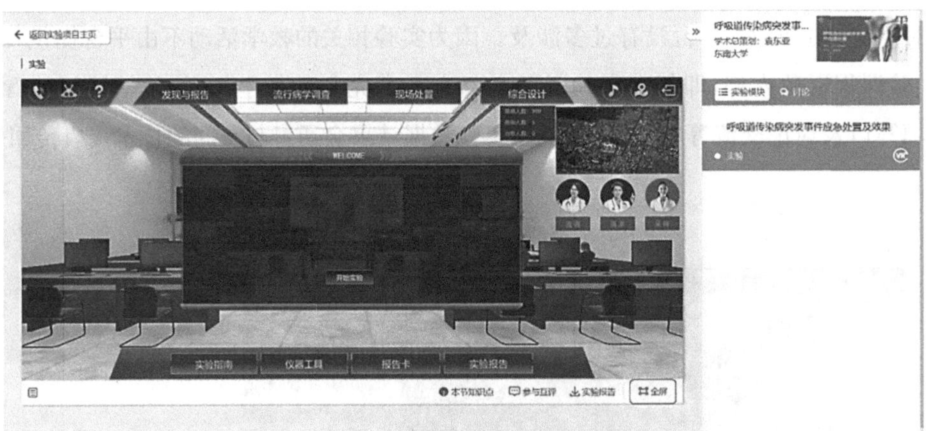

图 3－30　实验操作界面

作为代表性的实验类系统，实验空间面向的是实验教学的展示讲解和操作联系问题需求。系统体现的是以学为中心的教学理念，为学生的在线实验提供了虚拟仿真的环境以及丰富的课程资源，学生可在线实践操作实现“做中学”，但需要学生具有较强的自主学习能力。

（六）电子学档类系统——mahara

马哈拉（mahara）是一个开源的全功能电子档案袋系统，为学习者提供了记录个人自我学习及成长发展的工具及环境。mahara 将个人电子学习档案的建立与社交网络进行了结合。学习者可以在个人电子档案内上传任何与学习相关的内容，如报告、作业、心得或其他学习资源。社交网络则为学习者提供了一种与朋友互动并创建自己的在线社区的方式。学习者可将自己的电子档案建立作品集，并分享给朋友或老师。

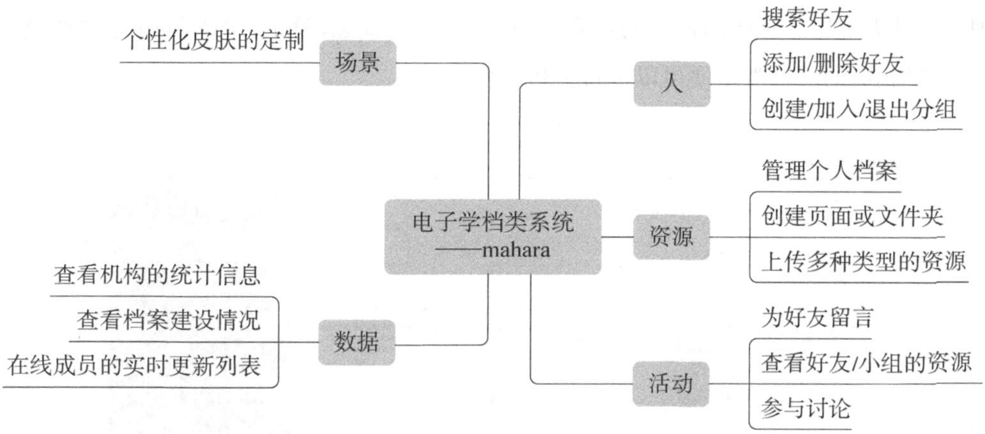

图 3－31　mahara 的五要素

1. 针对“人”这一要素，mahara 支持添加/删除好友，支持小组组建以及组内的沟通与交流。用户通过选定好友范围，可以搜索相关用户，并进入其档案主页查看其公开的内容，了解其基本信息，点击添加好友便可发送好友申请。用户还可收到其他用户发来的添加好友申请，添加成功后便可分享个人的电子档案内容、发送信息等。

在“小组”模块，用户可以查看已经加入的小组，并与小组成员进行讨论交流，分享资源等(图 3－32)。通过为小组贴标签可轻松实现对小组的管理。用户还可自己创建小组，选择加入某小组或退出某小组。

图 3－32　mahara 的分组管理

2. 对于“资源”要素，mahara 中电子学习档案的建设可以以个人或小组为单位进行，同时还支持对档案资源的分类管理。在主页点击“创建”按钮就可进入“页面与文件夹”界面，此处就是电子档案的管理空间(图 3－33)。用户可以为自己的档案创建单独的页面或通过文件夹进行统一管理。文件夹可以进行访问权限的设置。mahara 支持日志、笔记、个人简历等多种类型资源的创建，选择相应的文件类型便可以进行上传操作。

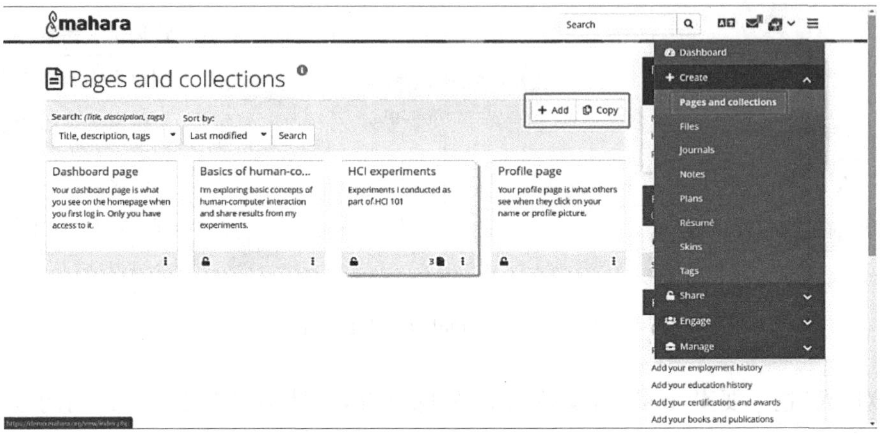

图 3－33　mahara 中的档案创建

3. 对于“活动”要素，mahara 支持查看好友或小组上传的资料，用户可在好友的留言墙上进行留言，或在小组论坛进行沟通与交流（图 3－34）。点击进入好友的个人主页，可以查看好友的

图 3－34　mahara 中的档案互动

电子档案、所加入的群组、添加的好友等信息，还可在其留言墙留言，设置留言的可见属性。

点击进入小组主页，同样可查看小组的电子档案，还可查看小组的成员、日志等信息。在小组的论坛模块，用户可查看到该小组所发布的话题以及成员的回复，点击“报告”还可参与评论。如果是小组创建者，还可开设新的讨论话题。

4. 关于“数据”这一要素，平台主要提供的是数据统计功能。对于机构管理员、工作人员等角色，mahara 提供了如人员类型分布、页面类型分布、增长趋势等统计信息。

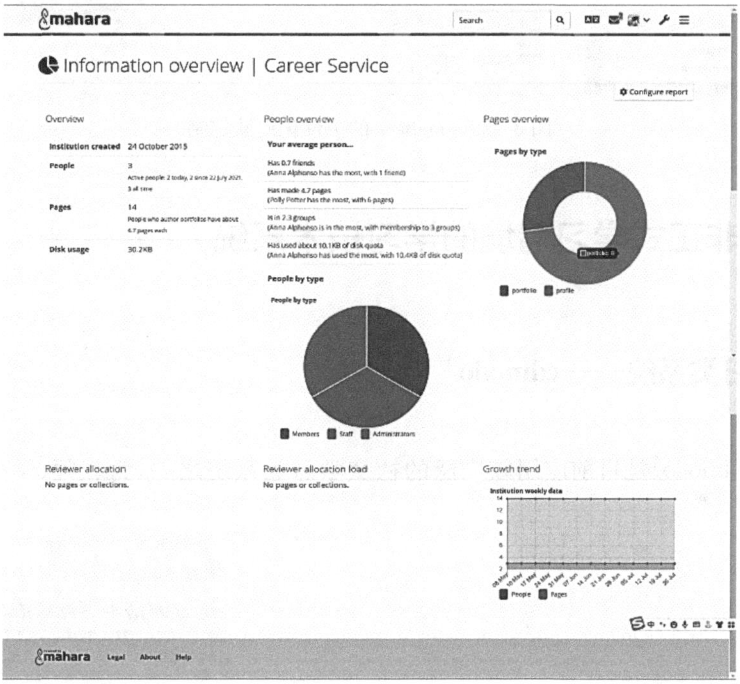

图 3 - 35　mahara 中的数据统计

对于普通用户，则可了解个人或小组档案的更新情况，还可掌握档案的建设进度、好友的动态变化等。

5. 对于“场景”要素，mahara 支持用户进行个性化皮肤的定制。在“皮肤”模块，用户可设置想要的皮肤风格。此外，mahara 还支持对个人主界面功能模块的自由组合。用户点击“编辑面板”，便可以根据个人喜好对面板呈现的功能模块进行添加或删除。

作为代表性的电子学档类系统，mahara 很好地解决了学生学习经历和学习成果的记录及其应用的问题。基于以人为中心的教学理念，mahara 为学习者的数字档案管理提供了灵活便捷的工具和服务，能很好地支持形成性评价的开展，同时引入的社交网络机制极大地丰富了电子学档的应用情境。

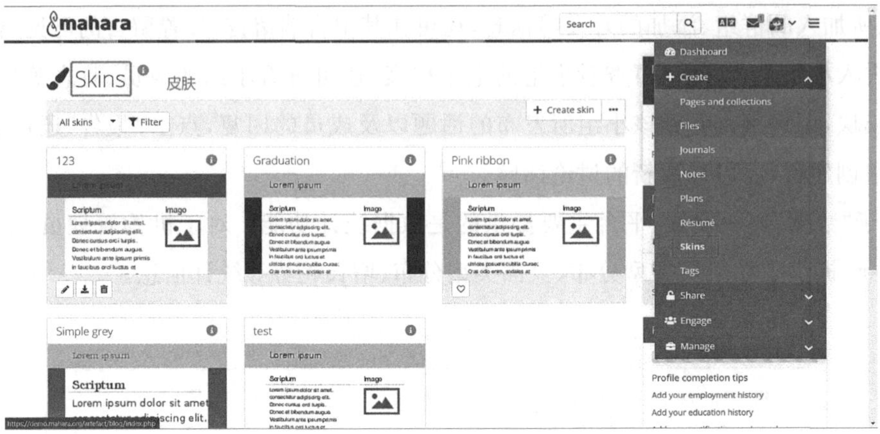

图 3－36　mahara 的个性化皮肤定制

二、服务于非正式学习情境的学习技术系统

(一) 社交学习类系统——edmodo①

埃德莫多(edmodo)是目前应用较广泛的社交学习类系统之一，为教师、学生和家长提供了

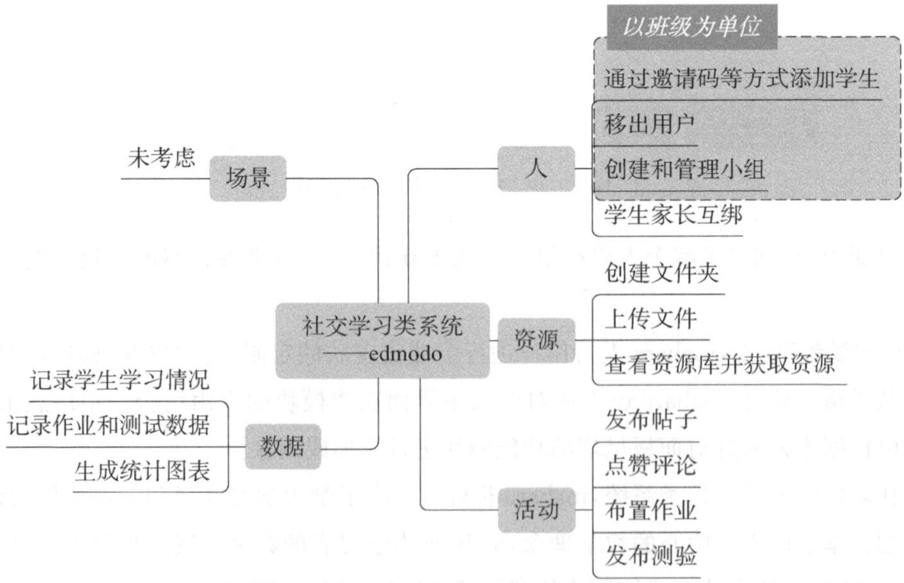

图 3－37　edmodo 的五要素

① 2023 年更名为 edmodoworld，由免费使用改为付费使用。

进行线上交流协作的平台。平台以班级为基本单位，构建起三种用户之间的社交圈，以加强他们之间的联系。edmodo 为教师和学生提供了发帖、点赞、评论、私信等社交功能，还可支持教师上传资源、布置作业、发布测试、管理班级等。

1. 对于“人”这一要素来讲，edmodo 支持班级管理、小组管理、学生家长互绑等功能。edmodo 支持教师创建若干个班级，并且通过邀请码或邮箱等方式邀请学生或其他教师加入，也可以提前创建学生账号并将其添加至班级中。班级中的成员包括教师、学生和家长。教师作为管理者可以对班级中的成员进行管理，包括移除、权限设置等(图 3－38)。教师还可在班级中自由创建小组并对小组成员进行管理，包括添加、移出等。

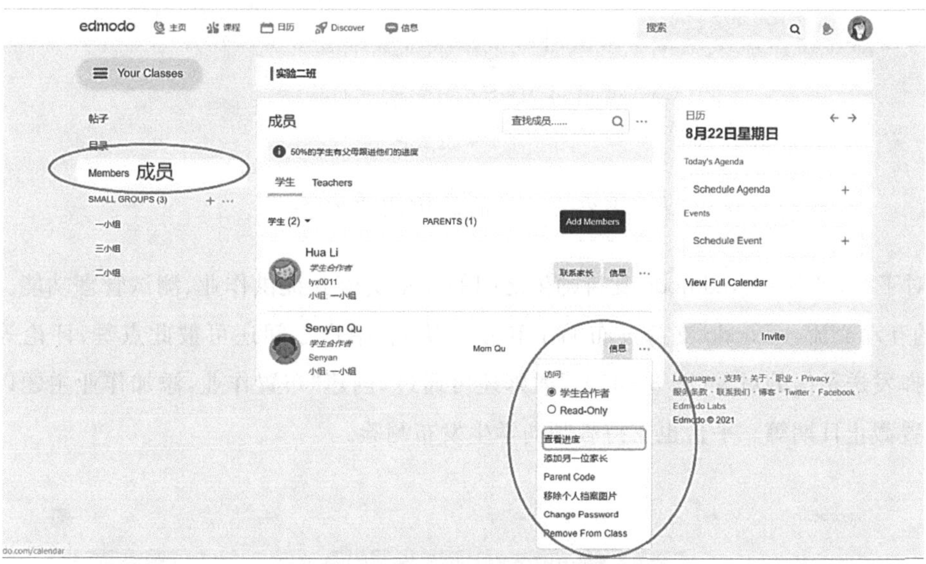

图 3－38　edmodo 中班级成员管理

学生可通过家长的手机号码或者邮箱绑定家长，也可以分享绑定码给家长，家长通过输入学生绑定码进行绑定。在绑定后，家长可以查看学生班级情况、作业情况、修改学生密码和解绑学生等。

2. 对于“资源”要素，平台支持教师建立、管理资源库，支持学生查看并获取资源。在班级目录中，教师可以设置文件夹的名称、年级、科目等信息并上传资源，文件类型包括文档、音视频等，也支持教师创建作业、测验、外部链接等(图 3－39)。教师还可对文件设置查看权限。对于班级和小组中设置共享的资源，学生可进行查看和下载，也可以添加至“背包”进行保存。

除了班级中的资源外，点击“发现”，教师和学生还可获得平台上其他教师分享的免费、优质的教育教学资源。

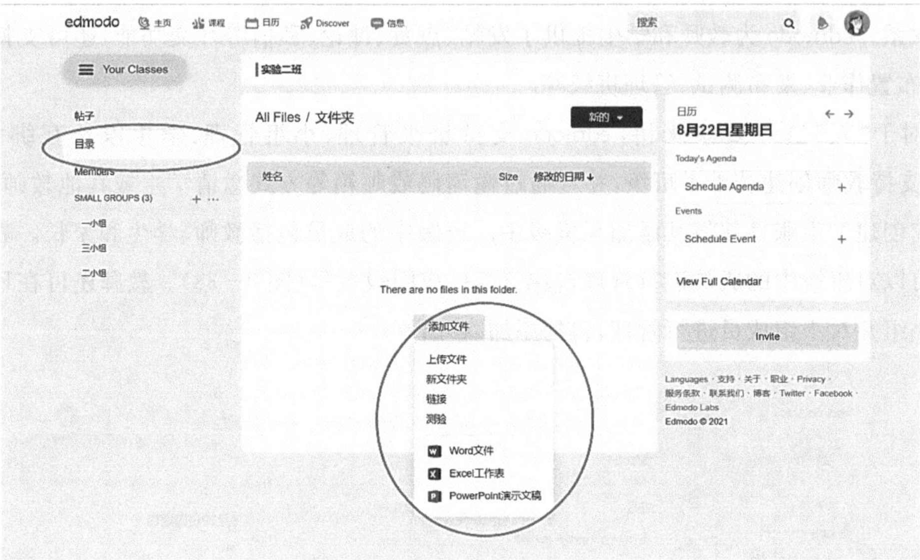

图 3 - 39　edmodo 中的资源创建

3. 对于“活动”要素，edmodo 支持师生之间的互动交流并提供作业、测试管理功能。围绕师生之间的互动交流，edmodo 支持发布帖子和私信功能，用户之间还可彼此点赞、评论等，在“消息”中选择发送私信的对象(图 3 - 40)。教师还可通过“创建“布置作业，添加作业主题以及作业要求，设置截止日期等。平台也支持教师向学生发布测验。

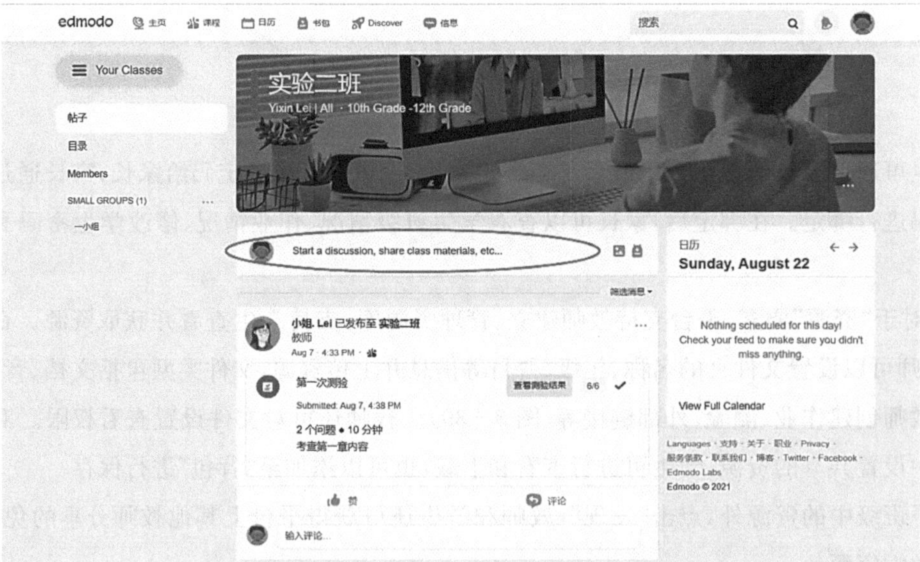

图 3 - 40　edmodo 中的帖子功能

4. 关于“数据”这一要素，edmodo 可以全面记录学生学习情况，并且提供详细的数据报告。对于每一次的作业和测验，平台都会将分数和教师反馈保存到“学习进展”中，学生可以在此查看。教师也可在“学习进展”中查看各班级、各小组中学生每次作业和测验的成绩记录统计，比如平均分、最高分、各题目完成情况和分数段分布等，还可生成统计结果单并打印出来(图 3-41)。家长则可在“到期任务”中查看孩子作业、测验等的完成情况，及时掌握孩子的学习进展。

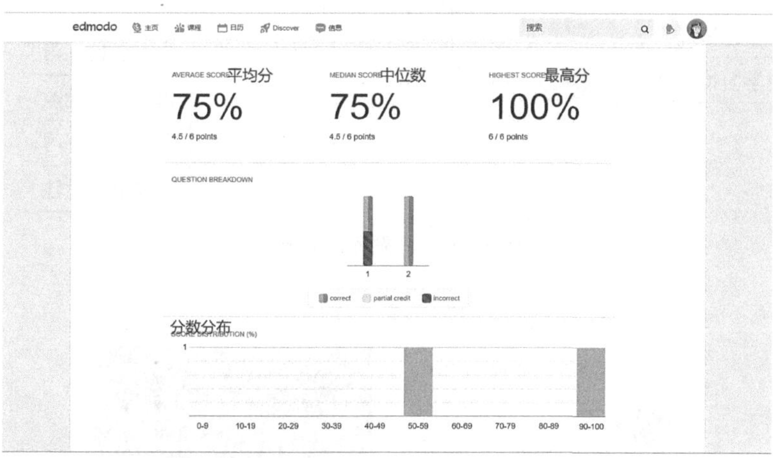

图 3-41　edmodo 中的成绩统计报告

5. 对于“场景”要素，edmodo 无此方面的设计与考虑。

家校社协同育人是当前教育发展的大趋势，edmodo 在此方面进行了一定的尝试，侧重于资源的分享、用户互动交流以及师生协作，主要服务于非正式学习的情景。系统兼具社交平台与学习平台的优势，加强了教师、学生和家长三种用户之间的联系；同时其较为完善的班级管理、交流互动、资源分享等功能，使其成为有效的教学辅助工具，为线上教学活动的开展提供了大力支持。

(二) 资源题库类系统——猿题库

猿题库是目前一款应用比较广泛的题库类系统，为用户提供了各学科不同教材体系下较为全面的题目资料和相关解析资源。猿题库分为学生版和教师版，既可支持学生的自主学习，又可辅助教师在课堂外进行的题目练习。猿题库打破了传统纸质学习资源的局限性，将大量题目收集、整理、分类后呈现，为开展基于题目的教学提供极大的便捷。

1. 对于“人”这一要素，平台主要支持建立作业群这一功能。教师可在教师版猿题库中选择创建作业群，在确定群名和简介后，可产生群链接并分享出去(图 3-43)。学生则通过外部链接加入教师建立的作业群，或自发产生链接邀请教师建群。

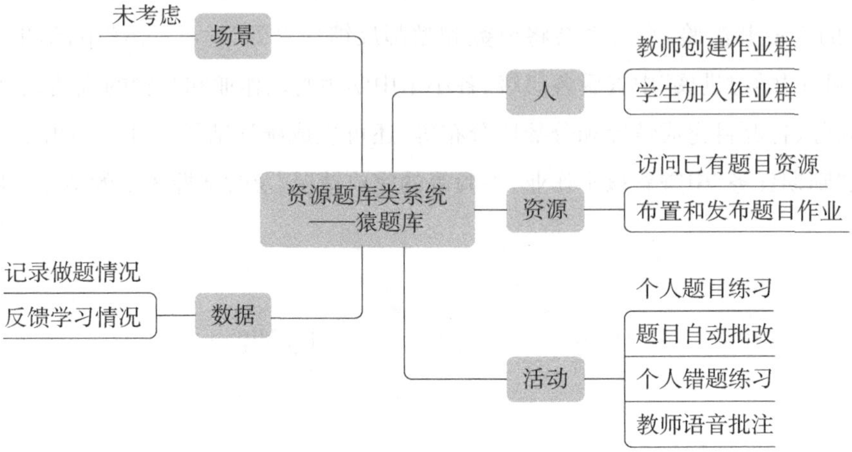

图 3-42　猿题库的五要素

图 3-43　猿题库中创建作业群

2. 针对“资源”要素，猿题库不支持普通用户上传资源，仅支持用户对平台已有资源的访问和使用。平台为用户提供了语文、数学、英语、历史、地理等九大基础学科的题目资源。学生在确定年级、教材后，便可看到不同知识板块的划分，从而有选择性地挑选题目进行练习。此外，平台对教师提供了每道题目的难度等级和来源，便于教师进行筛选(图 3-44)。教师可以在作业群进行题目作业的布置和发布，也可以对学生单独出题。

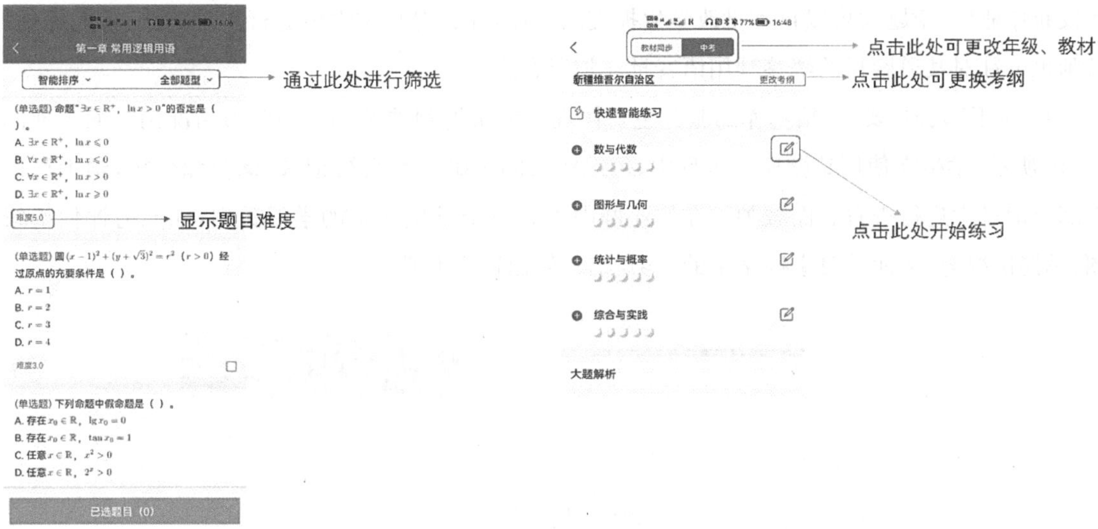

图 3-44 猿题库中的题目

3. 针对“活动”要素，猿题库仍然围绕题目展开，提供学生题目练习和错题操练，支持题目的自动批改和教师的语音批注。对于学生用户，首先需要设定好所学的教材以及对应的地区考纲，接着可选择快速练习或者有针对性地选择自己的薄弱板块进行练习。在做题过程中，平台提供了收藏、草稿纸、答题纸和计时器等辅助小功能。在练习完成后，猿题库会自动批改题目并将分数进行反馈。学生点击查看详情后，便可以看见每道小题的详细解析、考点以及题目来源。错题会自动加入错题本，用户也可手动添加进错题本（图 3-45）。对于教师用户，建立作业群布

图 3-45 猿题库中的错题本

置发布作业后，猿题库可以自动批改学生提交的作业，并针对每位学生进行实时统计、智能评估。教师也可针对某道题目的解答利用语音批注加以补充。

4. 对于"数据"要素，猿题库的服务主要体现在记录做题情况和反馈学习情况两方面。如图3-46所示，学生在使用猿题库的过程中，每组题目的正确率都会被记录、储存和分析，学生可以在练习记录中进行查看。而教师可在作业群中查看每个学生详细的学习数据，如能力评估折线图、掌握情况等，从而及时掌握学生的学习状态，做出适当调整。

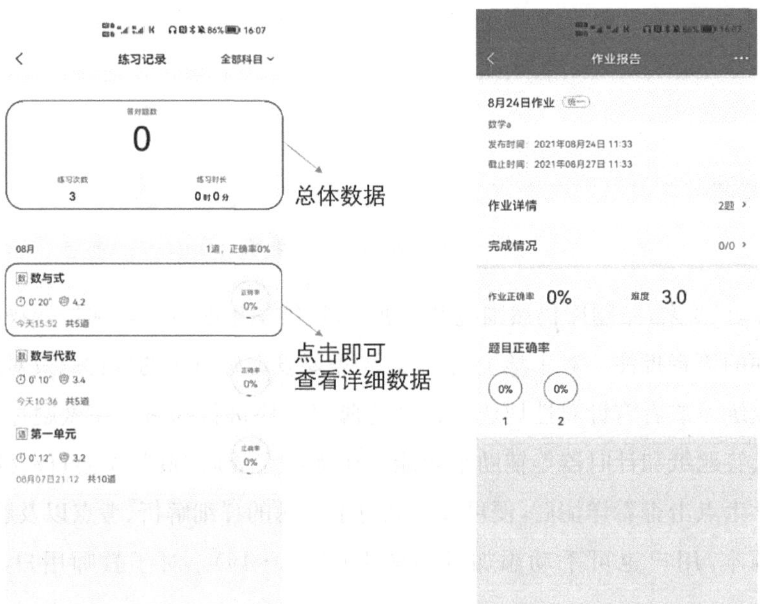

图3-46　猿题库中的作业报告

5. 对于"场景"要素，猿题库对此没有过多考虑。

作为资源题库类平台，猿题库打破了纸质练习的局限，为学生自主操练提供了丰富的题目资源，同时也能很好辅助教师在课堂外进行题目练习。其自动批改功能不仅能让学生获得及时反馈，掌控自身学习节奏，还能减轻教师批改题目作业的压力，有效协助教师及时了解学生的学习情况。

(三) 辅导工具类系统——作业帮

作为正式课堂外题目的学习辅导工具，作业帮基于精准的人工智能图像识别技术，为学生提供了自动的作业辅导服务，学生可以从系统所推荐的问题解析中寻求适合自己的解决方法。此外，平台内还有大量优秀直播课程资源和问题解答课程。对于用户来说，作业帮的功能大致可分为"学"和"问"两个板块，不仅打造了线上搜题解答的环境，也在一定程度上提供了线上学习的环境。

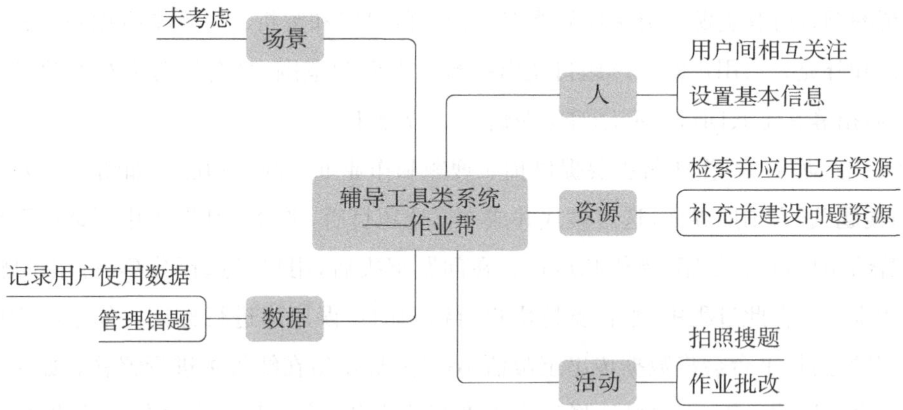

图 3－47　作业帮的五要素

1. 针对“人”这一要素，平台支持用户基本信息的设置和彼此之间的相互关注。注册作业帮后，用户身份将默认为学生，用户可以在个人中心进行所在年级、目标大学等信息的设置(图 3－48)。平台之后对于题目的反馈和推送将参考用户的基本信息，从而更具有针对性。用户之间可以相互关注，成为彼此的粉丝。

2. 对于“资源”要素，作业帮支持用户对已有资源的检索和应用，还支持用户对问题资源的补充建设。平台提供了中小学各个学科大量的题目解答资源，用户可通过“拍照搜题”搜索题目的解答或者“作业批改”进行题目的自动匹配反馈。为了协助用户题目的解答，平台还提供了一系列辅助功能资源，如作文素材、单词查询、计算器等，用户可根据需要自行搜索使用(图 3－49)。

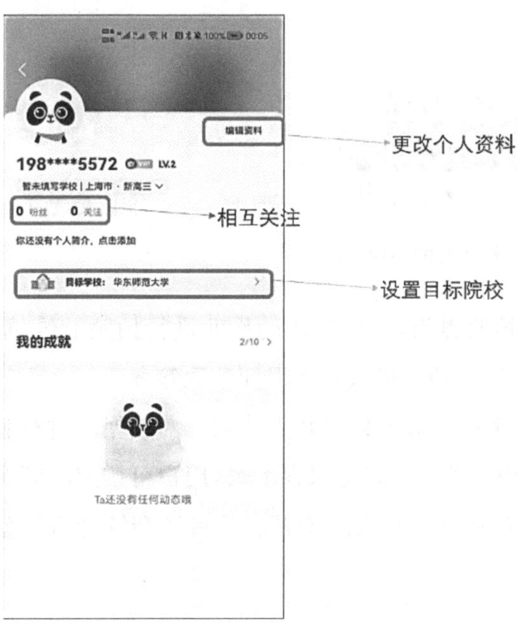

图 3－48　作业帮的个人资料

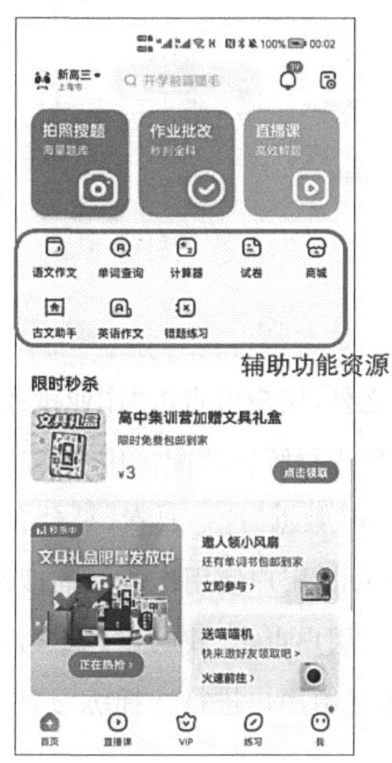

图 3－49　作业帮的辅助功能资源

作业帮的题目解答资源可分为问题本身及问题的答案和解析。平台支持用户对题目解答资源进行丰富和补充。当用户的求解题目超出平台已有资源范围，平台管理人员会将其记录到问题库中，然后招募答主共同进行问题答案及解析的资源建设。

3. 对于“活动”要素，作业帮主要提供拍照搜题和作业批改两大功能。如图 3－50 所示，用户点击“拍照搜题”进入拍照界面，选定模式并成功框选题目后，平台会从题库中反馈匹配度排前五的题目解答给用户，包含答案、解析和点评。在问题解决后，用户可选择分享、打印试题，或将试题加入错题本中。在此过程中，平台支持用户对错题的错误原因进行标记。如果题库中未检索到用户的问题题目，平台会将数据传出至微信小程序，提供给在线答主进行解答。如果对检索到的题目解答存有疑惑，VIP 用户可选择答主深度解答服务，拍照上传并发布自己的疑问，接着可在会员中心的问答板块查询回复的情况。

图 3－50　作业帮的拍照搜题

除此之外，用户可点击“作业批改”进入拍照界面，将已完成的作业进行拍照上传，平台将自动识别题目进行解答匹配。用户点击相应的题目便可进入解析界面获取答案。

4. 对于“数据”这一要素，平台会记录下用户的访问数据并支持用户对其错题进行管理。如图 3－51 所示，用户使用作业帮的搜题过程均会被平台跟踪保存下来，用户可按照时间顺序进行浏览查看。用户点击“我的错题本”，可以查看到自己收集的错题。平台还会统计每周最易错的前五题，推送给用户进行选择练习。

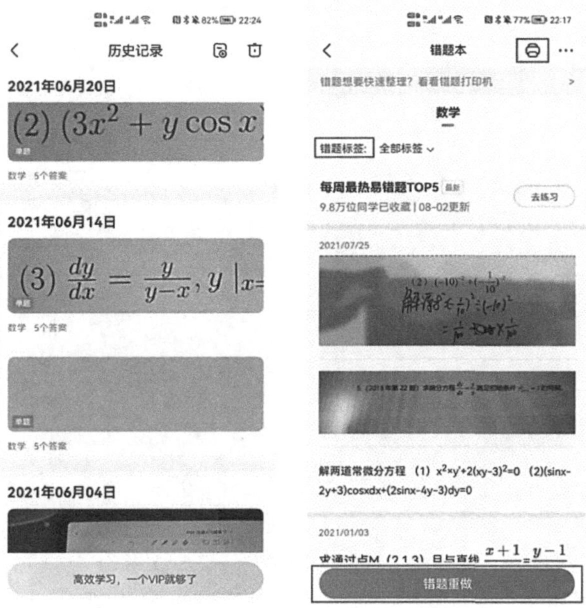

图 3-51 作业帮中的用户访问数据

5. 对于“场景”要素，作业帮并未进行特殊的考虑。

作为代表性的辅导工具类系统，作业帮总体呈现出以资源为中心的服务特征，基于其图像识别技术，能够很好地满足学生在线上的问与学，及时解决学生在正式课堂外的非正式自主学习时所产生的题目疑问。

三、小结

综上所述，我们不难看出，服务于正式学习情境的学习技术系统强调班级授课，在“人”的要素上往往会体现班级组织的逻辑。其功能业务以教为主，大多以教师为中心，由教师设置学习内容并控制学习流程，因此会比较关注“资源”和“活动”的要素，系统会强调资源的不同类型与组织形式，会大力支持教师对教学活动的组织和交互过程。另外在“数据”要素的服务设计上，偏好提供不同的教学评价方式、多元的结果类型和不同层次的报告等。

服务于非正式学习情境的学习技术系统关注于学生的主动学习，因此会在“资源”和“活动”的要素上提供丰富的选择和个性化的推荐，给予学生灵活的自主权，增强他们对内容或活动偏好的设置主动权。为了能有效支持学生主体性的发挥，系统在“人”的要素上允许学生灵活构建自己的学习社交圈，并在“数据”要素上支持他们自主管理自己的学习记录。

第四章
学习技术系统的不同分类及其特点

一、多样的学习技术系统

随着教育的数字化转型和智能化升级，以及教育理念的更新和转变，不同类型的学习技术系统不断涌现，以满足学习者随时随地的、多样化的学习需求——无论是在学校、在图书馆还是在公交上，无论是在博物馆还是在家中。作为“资深”的数字学习者，不少人从初中或者小学开始，还有的人甚至从幼儿园开始，就在各种各样的学习技术系统中穿梭学习。有的系统是学校要求使用的，有的系统是自己找来补充知识的，有的系统是用来看视频课程的，还有的系统是用来刷题的……面对当前繁荣的数字学习生态环境，作为重要支撑的学习技术系统到底可以分为几类？

在第三章，我们简单地将学习技术系统划分为两大类，一类服务于正式学习的情境，一类则服务于非正式学习的情境。前者因为多用于学校和课堂上，要求对教师的教学和管理活动的支持较多，因此学习技术系统要能提供学习者在正式学习空间中所需的教学活动管理、学习对象浏览、学生信息管理和教学评价分析等服务。而后者多用于课堂以外，一般由学习者自主发起，要求对学习者的学习和社交活动的支持较多，因此学习技术系统要能提供学习者在非正式学习空间中所需的参与、搜索、创建和分享等服务。如图 4－1 所示，在上世纪 90 年代后期，也就是学习

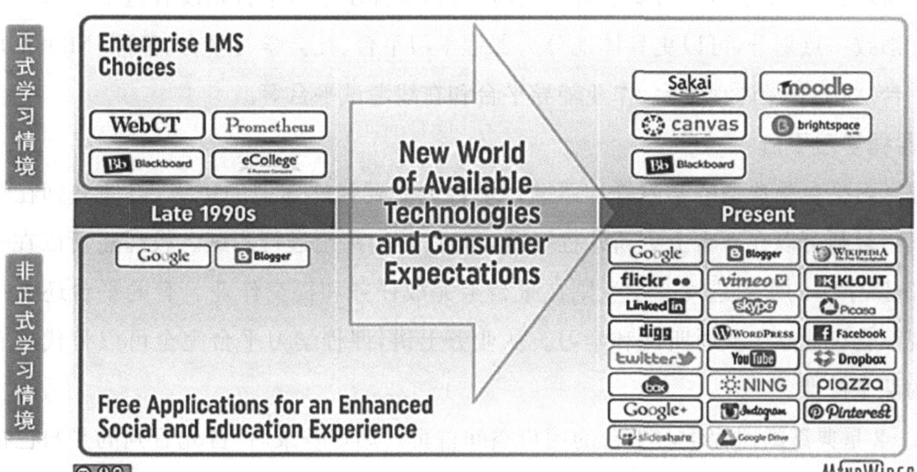

图 4－1　服务于正式学习情境和非正式学习情境的学习技术系统类型变化

技术系统发展的早期，能够支持非正式学习的学习技术系统类型还非常稀少，主要集中于搜索和博客两类。但进入21世纪后，在对学习和知识有了更为科学地认识和理解后，我们知道一个人的知识超过70%是通过非正式学习渠道获得的。这时，能够服务于非正式学习情境的学习技术系统开始大量涌现，类型也由原来简单的搜索和博客功能扩展到更多的应用服务，比如网络社交、即时通讯、Wiki、社会标签、图片分享等。

除了正式和非正式学习维度的划分外，我们还可从教学的角度、技术的角度和商业的角度更细致地对学习技术系统的类型加以梳理和归纳，以帮助我们识别和理清当前繁杂的学习技术系统类型。

二、从教学角度的分类

从教学角度的分类，主要考虑的是学习技术系统平台支持开展学习的不同形式。当然，还有一部分其他类型的平台，本身并不是专门为教学应用而设计，但也可在教学情境中使用，即由其他类型平台充当教学平台。

(一) 按平台开展学习的不同形态

按照平台开展学习的不同形态，最简单地划分，可以分为同步学习平台和异步学习平台两类。很容易理解，同步学习平台要求师生同时在线，而异步学习平台则没有这个要求。

但更细致一点划分，可以更具体地分为课程学习平台、社会学习平台、慕课(MOOC)平台、直播教学平台、线上视频课程平台、作业辅导平台和在线考试平台等。

1. 课程学习平台

课程学习平台是典型的学习管理系统。平台上需要构建虚拟的班级，以便老师在线跟学生保持联系。教师可以在平台上更新课程资源，布置作业，甚至进行测试。教师还可以在平台上发布公告，跟踪学生的学习进度。学生则在平台上完成任务和提交作业。有的平台还支持教师通过在线视频会议让学生实时听课和学习。从业务上讲，课程学习平台完全可以替代现有的线下面对面的课堂授课。

图4-2是典型的课程学习平台的用户空间首页。用户登录后，首先看到的是自己的学习任务清单和课程班级进入链接，还有自己的日程安排以及收到的各种通知信息。

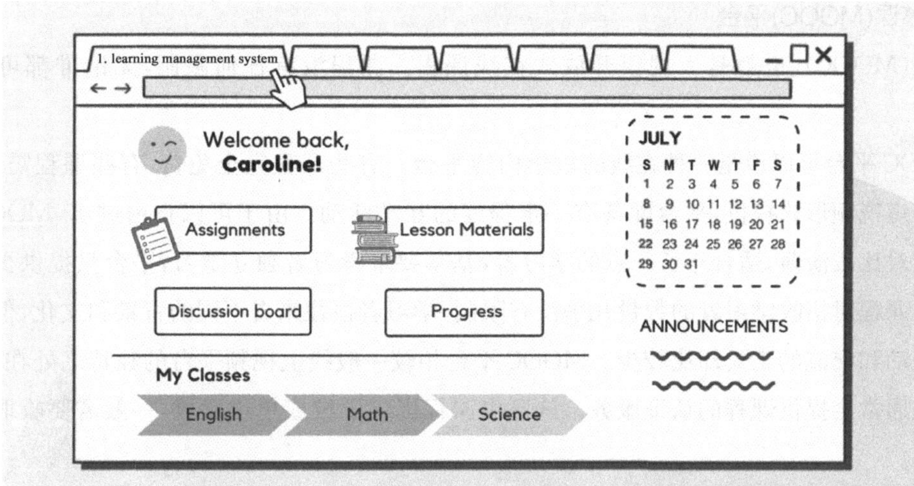

图 4－2　课程学习平台的用户空间首页

2. 社会学习平台

社会学习平台是一类特殊的、面向教学的社交互动平台。通过这类平台，教师能够共享教学内容、管理课程项目与作业、分发测验等，还能与学生、同事和家长进行沟通。基于其社交特性，平台侧重于资源的分享和信息的交流，增强师生的合作，主要起到一种教学辅助的作用。这类平台的典型案例就是 edmodo（在第三章已有详细介绍），它被称为教育界的脸书（Facebook），是一类面向教师和学生的微博系统。

图 4－3 是典型的社会学习平台的用户交流页面。中间是师生、生生的互动学习交流区，两旁分别显示了用户的班级或者朋友群列表以及最新的活动信息。

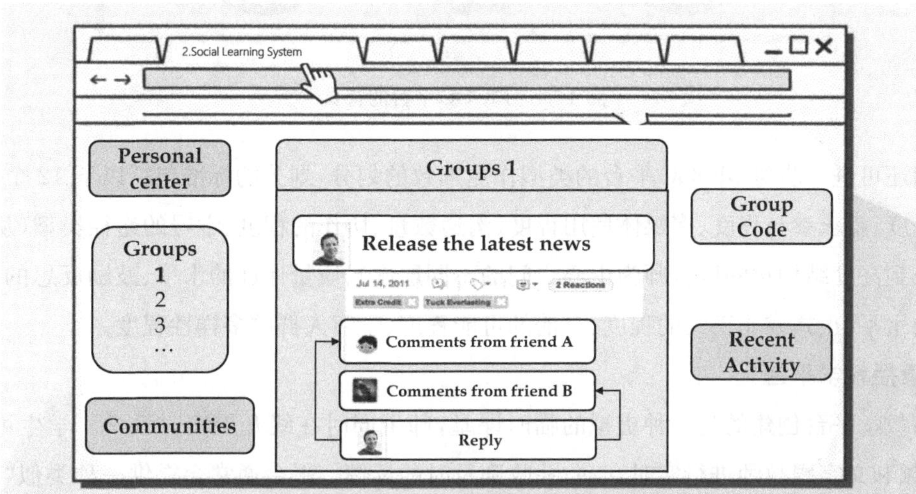

图 4－3　社会学习平台的用户交流页面

3. 慕课(MOOC)平台

慕课(MOOC),也就是大规模开放式在线课程。课程没有任何限制,无论谁都可以选择参加。

MOOC 平台可以说是一种在线的教学内容平台。有些课程完全免费,有些课程需要收费。内容多以短视频形式提供,平台配备有一定程度的互动活动。由于可以自由进出,MOOC 的班级概念相对比较淡薄,适合年长一点的学习者,基本要求学习者独立学习,平台只提供少量的学习支持。课程对招收学习者的数量几乎没有限制,学习者往往来自不同的背景和文化,但支持他们之间互动和交流的工具却比较少。MOOC 平台相较一般线上视频平台的独特之处在于,平台上的课程通常会提供课程的认证服务。认证由课程提供学校或单位发放,一般需要收取一定的服务费用。

因此,MOOC 平台的首页总是展示大量优秀的课程,以便学习者快速查找并加入到自己所喜爱的课程中(图 4-4)。

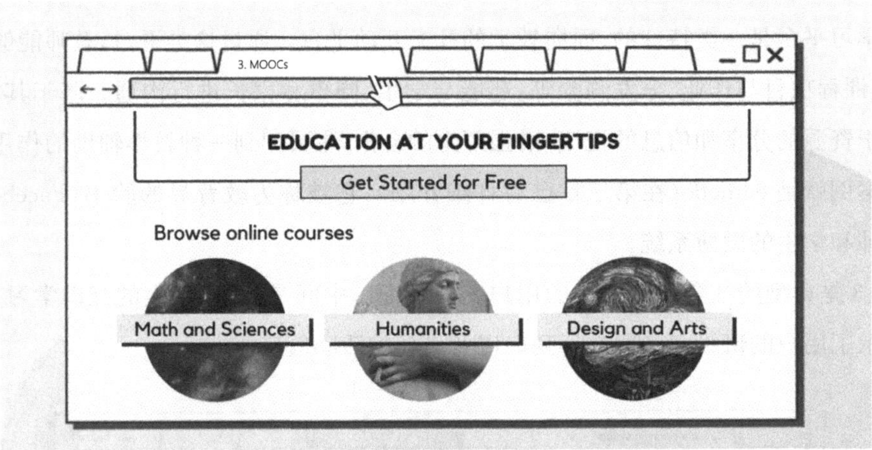

图 4-4　MOOC 平台的首页

我们还可进一步对 MOOC 平台的类型作更细致的划分,划分的标准包括以下 12 个维度:学习开放程度、要求参与程度、多媒体使用程度、沟通数量、协作的程度、学习的途径类型(从以学习者为中心到高度结构化的以教师为中心之间的不同层次)、质量保证的水平、鼓励反思的程度、进行评估的水平、正式或非正式的程度、自治的可能程度、学习人群的多样性程度。

4. 直播教学平台

直播教学平台创建的是一种虚拟的临时课堂,师生同时在线开展实时教学。学生可以通过音频、视频和文字跟教师进行实时互动,并收到及时的反馈。平台通常会提供一种类似“白板”的功能以支持演示与合作,允许屏幕分享、课程资料上传以及当场测试等。和真实课堂一样,直播虚拟课堂需要排课，有固定的日期和时间。直播教学平台的使用对技术的要求（尤其是网络带宽）比较高。

图 4－5 是典型的直播教学平台的直播主界面。教师在线直播自己的授课，分享自己的画面或屏幕，界面会显示实时收听的学生的列表。师生可借助平台上提供的聊天工具同时进行问答互动。

图 4－5　直播教学平台的直播主界面

5. 线上视频课程平台

线上视频课程平台与直播课程相反，平台上的视频是事先录制好的。虽然视频课程经过了结构化的组织，但学生可以灵活访问，可以随时随地学习、跳转或快进。对学生而言，这是一种异步、被动的学习，学生无法与授课教师沟通，也无法及时得到解惑答疑。但平台新技术的发展允许授课教师在预先录制的视频中整合进一些互动元素以改善学生的学习体验，比如在视频中一些关键知识点处弹出小测验，用来检测学生是否掌握了当前教学的知识，进而调控后续的学习步调。网易视频公开课就是典型的线上视频课程平台案例。

图 4－6 展现了典型的线上视频课程平台的视频观看界面，提供给学生的操作非常简单。学生可自由控制课程视频的播放速度，亦可进行前一个视频或后一个视频的跳转。

6. 作业辅导平台

作业辅导平台是对传统论坛或留言板（即从陌生人那里寻求问题答案）的机制改进和服务升级。学生输入或拍摄作业中的问题上传到平台，由专门的导师接收并进行一对一的帮助。师生之间的辅导通常通过一个实时聊天界面完成，界面会提供多种沟通媒介，包括文字、语音、视频等。导师的报酬一般由其回答问题的数量决定。学生提问可以非常灵活，并随时可以从在线导师那里获得及时反馈。平台上专业导师选择的流程非常关键，如何匹配到最合适的辅导老师，往

图 4－6　线上视频课程平台的视频观看界面

往会影响学生对平台服务的评价。

图 4－7 展示了典型的作业辅导平台的师生沟通界面。教师在此处对学生作业中的问题进行解答和辅导。一般结束会话后，辅导过程可导出查看。

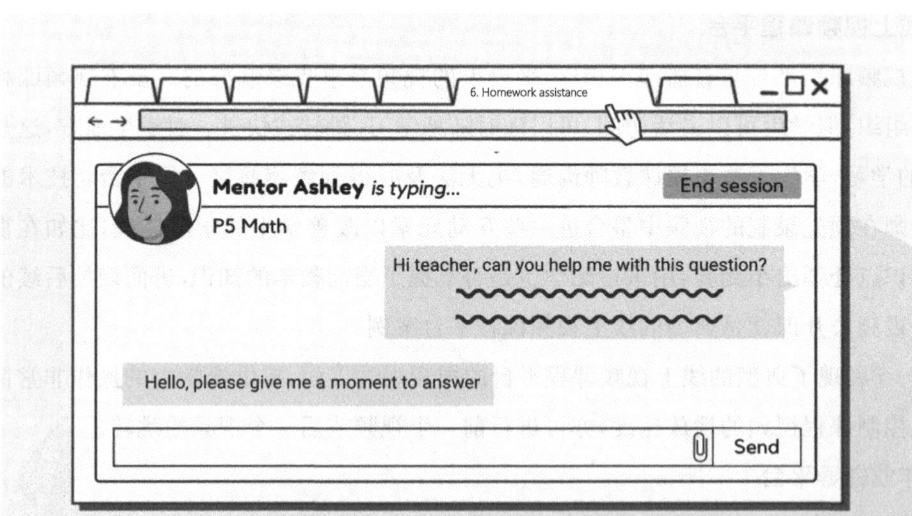

图 4－7　作业辅导平台的师生沟通界面

7. 在线考试平台

在线考试平台会提供不同主题、不同难度的考试，一方面帮助学生加强对知识的学习和理解，另一方面也让他们熟悉考试氛围与环境。试题通常来自过去的各类考试，考试结果的分析与报告可提供一定程度的决策参考。当前，人工智能技术的融入还可协助诊断学生的知识短板，从而自适应生成更加个性化的问题。在线考试平台一般不会涉及太多的教学元素，也不会提供针对知识点的专门教学。

图 4－8 展示了典型的在线考试平台的做题界面。题目的界面呈现，有的系统是一道题目一页，有的系统是一张试卷全部呈现在一页上。在答案提交之前一般都会寻求用户的确认。

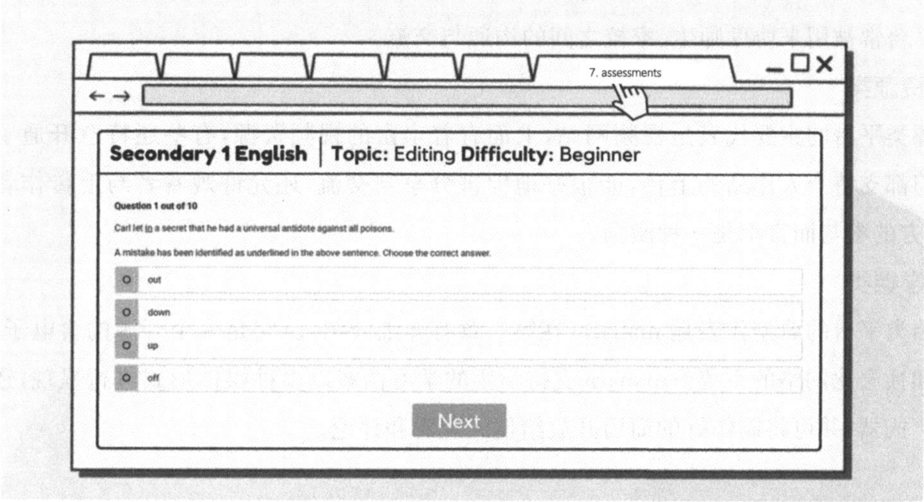

图 4－8　在线考试平台的做题界面

(二) 由其他类型平台充当

除了上面专门为教学应用目的而开发的系统以外，还有一些现有的网络工具(尤其是一些社会性软件)也被用来实施在线教学。虽然它们设计的本意并不是用作教学服务，但有时也作为常规课堂活动或资源的补充与拓展，实现创新的教育应用。这一类平台主要可分为搜索类、博客类、通信类、资源类和学档类等。

1. 搜索类

搜索类的平台，国外的主要代表是谷歌，国内的主要代表则是百度。通过关键词和搜索语法的运用，用户可进行信息和资源的检索。搜索类平台常作为探究式、项目式教学中学生重要的学习工具，协助学生进行资料的收集和问题的整理。

2. 博客类

博客也被称为个人的网络日记，是一种在网上出版个人文章和传播个人思想的方式。博客结合了文字、图片、视频、网络链接等媒体，涉及各种主题，可支持与读者的互动。Elgg 就是典型的教育用博客，除博客外还提供了微博、文件共享、网络、群组和许多其他的功能。它是第一个将商业社交网络平台的思想引入教育应用的平台。博客类平台常被用于学生项目进程记录、教师发展个人反思等情境。

3. 通信类

国内典型的通信类平台有微信和 QQ。这类平台的主旨功能是信息沟通与传递，支持灵活的群组创建和分类，并提供用户间多样媒介形式的互动交流（包括文字、图片、语音、视频等），以及多种类型资源的传递与分享，还可链入一些小工具或小程序拓展活动类型，比如截屏、投票等。通信类平台常被用来协助师生、家校之间的沟通与交流。

4. 资源类

资源类平台的主要代表是视频网站，上面有着丰富的视频资源，有些还特意开通了教育频道。它们都支持个人作品的上传，能很好地促进分享与交流，还允许观看者与上传作者展开互动，对双方的参与而言都是一种激励。

5. 学档类

学档类平台的典型代表是 mahara（在第三章有详细介绍）。它是一个开源的含电子档案、网络日志和社会化网络的系统。mahara 支持学生的学习档案以多种媒体形式进行呈现，还可定制履历表生成器，并可将制作好的简历开放给他人观看和评论。

三、从技术角度的分类

从技术角度的分类，主要考虑的是学习技术系统的技术实现，进一步又可分为三种情况。一是按平台的先进程度分类，二是按平台代码的开放程度分类，三是按平台嵌入的方式分类。

（一）按平台的先进程度

按平台指导理念的先进程度，学习技术系统可以分为传统教学支持系统、现代教学支持系统和学习支持生态系统三类。

1. 传统教学支持系统

这一类系统基于以教为中心的传统教学理念而设计，主要提供开发和运作在线课程所需的基本功能和服务。它能够支持课程设计者对课程的编写与存储，教师对教学活动的组织和发布，管理者对用户和学习档案的管理，还可以报告学生的成绩和进度等。这一类系统在目前市场上品种数量最多，大多数服务于学校、企业或机构内的学习与发展，课程内容多为内部人员开发。

但在一些“企业扩展”功能的支持下，产品内容可被重新调整为外部人员所用。

虽然这类系统持续不断地进行着各种改进和拓展，增添各种属性和服务以应对不断变化的教学变革需求，提升其可用性，但由于它们的构建本质上是基于旧的教学范式，即以教为中心，强调对教学的管理，与现有学习者生活学习的社会环境越来越不相符。

2. 现代教学支持系统

学习者对于传统学习技术系统的种种不满越来越多，新一轮现代化的解决方案应运而生。这一类系统专注于学习者的体验，强调以学生为中心，因此会给予学习者对自己学习的主控权，还会提供丰富的资源和工具以支持学习者个性化的学习与交流。有时还会专注于一些传统教学支持系统中没能得到很好支持的教学法，比如协作学习、探究学习、项目学习等。

WISE(Web-based Inquiry Science Environment)平台就是这类系统的典型代表，它搭建了一种基于 Web 的科学探究环境。平台提供了一系列免费的针对新一代科学教育标准(NGSS)的探究型学习课程，还提供有各种工具、活动模式和教学支架以满足不同学生个体在经验、兴趣和能力上的差异化需求，也允许老师对学生开展个性化和定制化的学习评分和管理。

3. 学习支持生态系统

这类系统搭建了一个学习管理的生态环境，体现的是下一代数字学习环境理念。基于这一目标，所有相关的服务都以最佳的形式结合到一个平台中。包括课程创作软件、评估工具、自适应学习引擎、学习分析中心和学习内容管理系统等，所有功能和服务整合成一个解决方案呈现给终端用户。这类系统通常又以一站式、定制化的前端方式允许用户构建，造成好像是在访问单一系统的假象。现在已有不少企业和机构在研究和尝试这种先进的系统架构理念，比如美国圣母大学的 Nexus 平台。该平台的核心是 edX(一种 MOOC 平台)，但集成了其他十多个工具系统，并提供一个可定制的前端供用户访问。

(二) 按平台代码的开放程度

按平台代码的开放程度，学习技术系统可分为商业平台、开源平台和定制平台三类。

1. 商业平台

商业平台，毫无疑问，代码是不开放的。商业平台的通用性一般都比较强，以一种大而全的方案满足尽量多的需求场景，有时还可根据客户的需求进行一定程度上的服务功能定制。商业平台是收费的，会提供售后服务，价格与提供的服务功能和性能相关。典型的商业平台如 Blackboard、超星泛雅等。

2. 开源平台

开源平台可供用户免费使用，用户可在上面搭建所需的教学支持平台。平台的代码开放，可由定制机构进行个性化的打造，从而增强平台的人性化和互动性，更符合自己的业务所需。开源平台通常都会有自发组织的供应社区，在那里可以获得免费配置、托管或定制服务方面的支持。Moodle 和 Sakai 就是业内最为出名的两款开源平台。

3. 定制平台

定制平台就是完全根据用户的需求打造的平台。这类平台专注于机构或组织独特的业务逻辑，为满足某类特质的学习者或某一特定教学法的需要，因而从头开始构建所需的全部或大部分的功能和服务。在大多数情况下，这种方式构建的平台成本昂贵，且移植性和拓展性都相对较弱。

（三）按平台嵌入的方式

平台运作方式是指平台运行是否需要软、硬件支持的条件和环境。从某种程度上讲，也就是平台服务的物理环境和技术条件约束。按平台运作的方式，学习技术系统可分为独立平台类、插件嵌入类和软硬配合类三类。这三类中，主要是后面两类会涉及软、硬件条件方面的要求。

1. 独立平台类

大多数的学习技术系统都属于独立平台类，不依赖于外界的教学应用软、硬件环境，自成体系，有着独立的功能服务逻辑。

2. 插件嵌入类

插件嵌入类的学习技术系统一般以插件的形式嵌入到已有的教学应用环境，从而增强或拓展被嵌入平台或系统的教学服务功能。它自身虽不能脱离指定的平台或系统独立运作，但会配套有自己的资源与数据管理后台，以协助相关服务应用的开展。由清华大学和学堂在线共同推出的雨课堂就是一种典型的插件嵌入类系统。雨课堂以插件形式将其服务融入课堂教学常用的 PowerPoint 中，将教师的课外预习与课堂教学联通一体，再配合学生微信小程序的应用，使得课堂互动形式丰富多彩，可以签到点名、实时答题、弹幕互动、发言投稿等，还能跟踪记录课前、课上、课后每个环节的数据并同步到后台提供相关报告和分析。

3. 软硬配合类

软硬配合类的学习技术系统，其服务的开展需要借助一定的硬件配合才能完成。对教与学过程的支持往往涉及多端数据的交换与沟通，以及对教学场景（设备）的识别和理解。

青鹿智慧教室就是一款典型的软硬配合类学习技术系统。该产品的核心是一个名为“青鹿盒子”的专业视频处理主机，为课堂中不同终端设备进行投屏互动、屏幕分享等提供保障，还可对小组的音视频、板书讨论等整个互动过程进行无感知记录。

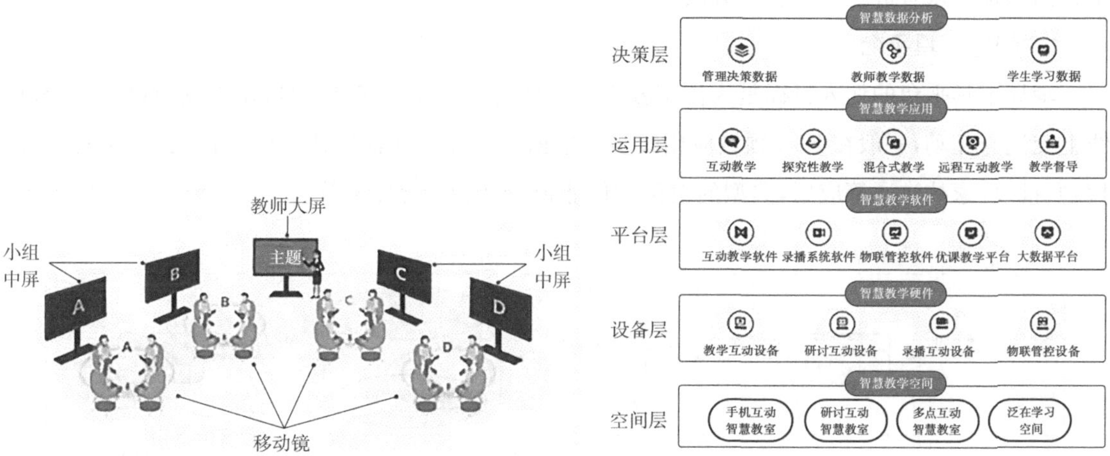

图 4－9　青鹿智慧教室

四、从商业角度的分类

商业角度参考的是商业报告的行业观点，让我们可以借鉴不同领域的看法，扩展我们看待问题的视野。从商业角度的分类，主要依据的是平台拥有资源的情况及其商业运作的机制。据此可以把学习技术系统分为课程站点平台、辅导工具平台和供需搭建平台。

1. 课程站点平台

课程站点平台就像在线货物的零售店面，不同的内容提供者罗列其课程和教学材料，并借助平台的功能进行学习管理。用户选择所需课程并访问它，这些课程可以有重定向链接(到别的系统中)，也可形成综合性课程系列(由多门课程组成)。平台通常允许用户使用创作工具或内容管理系统编写课程，然后将课程上传或链接到平台上。因此，平台拥有课程资源，还会处理课程学习者的注册和电子商务方面的事务。这类平台在高等或职业教育覆盖较多，面向的大多是语言或职业考试培训，比如很多 MOOC 平台，包括 Udacity、Coursera 和 edX 等。

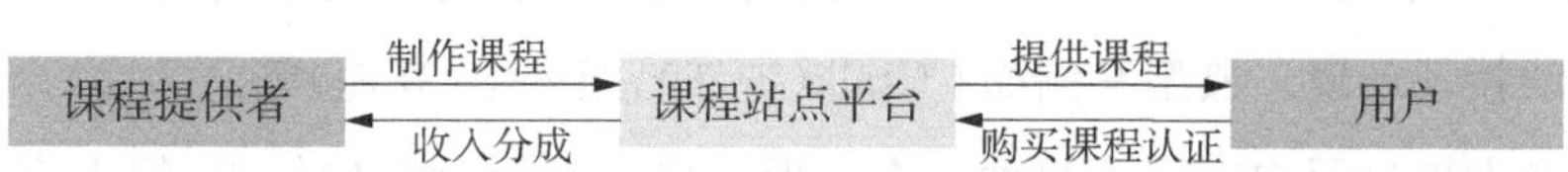

图 4－10　课程站点平台

课程站点平台上的教学与传统的线下教学模式相近。平台的商业运作是课程提供者制作课程，放到课程站点平台上，比较多的形式是录播课程。用户购买课程学习，进而付费申请认证。

平台给课程提供者进行课程收入分成。

2. 辅导工具平台

辅导工具平台的切入目标是为传统教学课堂外的活动提供辅导工具，用以支持师生、家校的线上交流与互动，一般在K12领域应用较多。根据参与环节和辅导任务的不同类型，涵盖题库、搜题、批改、家校沟通等应用，典型的案例如作业帮、猿题库、晓黑板等。

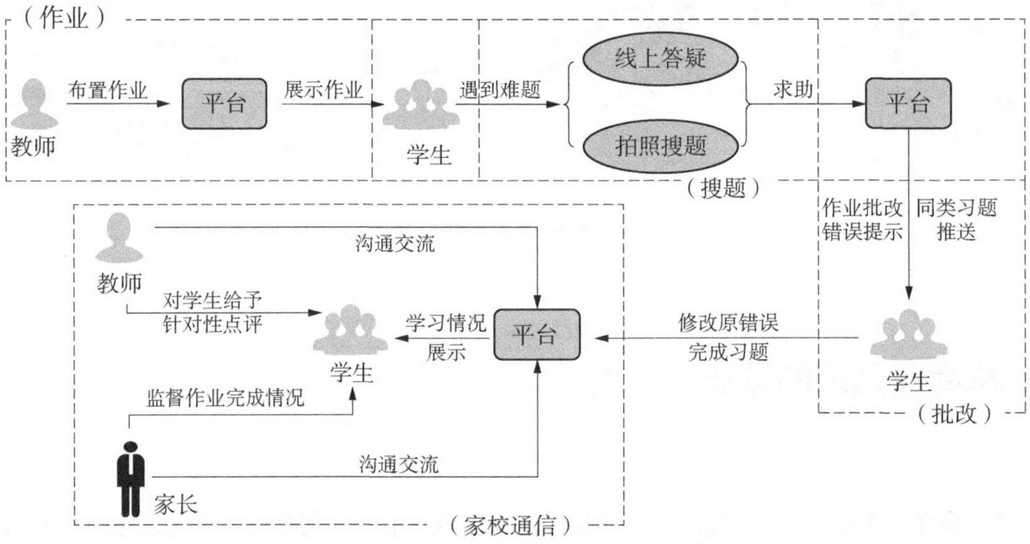

图4－11　辅导工具平台的不同切入环节

以上(图4－11)是一个典型的课外学习场景。教师通过网络布置作业，学生在完成作业的过程中碰到问题后，通过线上答疑或拍照搜题寻求帮助；平台批改作业、提示错误，并推送同类习题供学生练习巩固；学生的整个作业完成过程，教师和家长可以通过平台查看，并进行沟通交流。不同类型产品可以从不同维度切入，为课堂外的教学活动提供线上辅助。

3. 供需搭建平台

供需搭建平台旨在连接教育内容提供和需求的用户双方，发挥互联网的优势搭建供需桥梁。平台一般不直接提供课程内容，但通常会为教学过程各个环节提供全方位的支持和服务。为保证服务质量，平台还会对教师素质和课程质量进行严格审核，要求能准确高效完成供需的匹配，提供良好的在线授课环境。典型案例如CCtalk(沪江)、跟谁学(高途)等。

这类平台在发展过程中出现了两种形态。形态之一是线上搭建供需，线下完成教学。商业运作模式就和打车、外卖一样，学生在平台上寻找老师，老师线下上门教学。形态之二是在搭建供需的基础上增加了内容建设和服务传递，即教师在平台上建课建班级，学生不仅在平台上寻找老师，也在平台上听老师上课。平台通过专业的资质审核和课程监管机制，筛选优质的网络教师

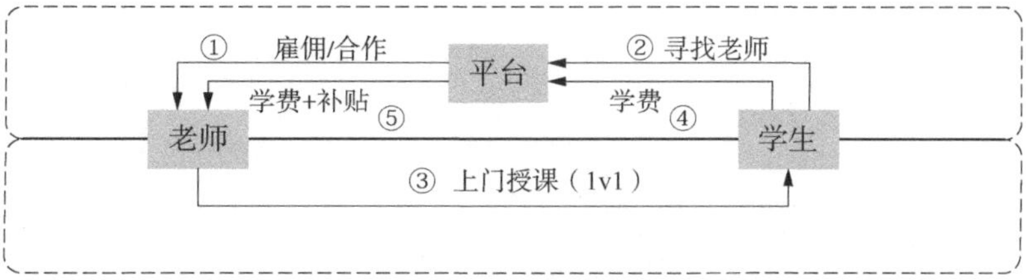

图 4－12　线上搭建供需，线下完成教学

入驻平台，提供高质量的各种内容产品（录播、直播皆有）供学生选择。在整个在线教学过程当中，平台为教学双方提供全方位的支持和服务。这种商业运作模式有点类似教育性质的淘宝。

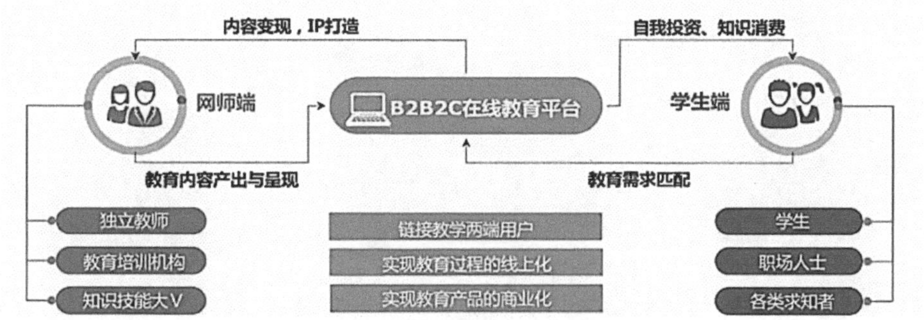

图 4－13　线上搭建供需并完成教学①

① 图片引自：艾瑞：B2B2C 在线教育平台，为网师赋能，为学生充电[EB/OL].（2018－1－3）[2022－12－30]. https://report.iresearch.cn/content/2018/01/272446.shtml.

第五章 学习技术系统的应用分析与选取

一、数字化学习成熟度模型与系统应用差异

评估学校、组织或机构持续开展、部署和支持信息化教学的能力，尤其是基于学习技术系统开展在线学习或混合学习的能力，我们常用到电子学习成熟度模型（E-Learning Maturity Model）。在该模型中，高等教育信息化协会（Educause）（2015）将电子学习的成熟度从低到高划分为五个等级，分别是：（1）缺失，即几乎没有实现或纳入计划；（2）初始，即轻微加以应用，有一定早期的规划或讨论；（3）发展中，即很大程度上或完全实现了高优先级的应用，并能主动计划和战略性加以关注；（4）已建立，即应用全面展开，但还未融入组织文化和实践中，还没投入精力以提升可持续和可拓展性；（5）优化，开展的应用具有较好的可持续性、可适应性和可拓展性，已与组织文化和实践相辅相成。然后，再分别从分析（Analytics）、投入（Engagement）、治理/安全/可访问性（Governance/security/accessibility）、运营效率（Operational effectiveness）和优先事项（Priority）五个维度加以考量，从而体现出不同的系统应用程度差异。

对于现有的大多数学校、组织或机构而言，系统对学习传递的功能业务仍是最普遍、最共同的需求，接下来主流的需求就是对学生的评价、合作工具的提供以及剽窃的检测。作为成长中的应用需求，网络视频会议正在急剧发展中。至于面向未来教育的应用，支持多种媒体的创建、提供对课程的分析、能录制讲座、可运用电子学档、使用电子书或电子课本，以及对数字资产进行管理等功能的需求正在不断增加。此外，还有一些创新性功能，比如虚拟计算机实验室、电子出版平台以及远程测验监考等，目前也受需求驱动，有少量应用在进行着探索性的研究。

二、系统选取的影响因素

随着教育信息化的深入，现有的学习技术系统品种繁多、数量巨大，人们选取时如果没有相关的原则或程序加以指导，很容易被淹没在各式各样的系统海洋中。但众所周知，教育是一项长期持续的事业，系统一旦投入使用，随着资源的引入、活动的开展、数据的记录，再次更换系统的

成本会非常高，因此如果选用了不合适的系统，将会是时间和金钱的浪费。决定系统选取的影响因素有很多，总的来讲，可以归为教学的因素、用户的因素、技术的因素和其他因素四大类。

(一) 教学的因素

教学的因素立足于解决教学活动的问题，提升教学活动的成效，或实现教学活动的创新，实质就是应用学习技术系统对现有的教学活动进行不同程度的转变，支持未来的发展愿景。

1. 目标与理念

转变目标的定位可用教育创新网格(Education Innovation Grid)加以展示(图 5－1)，转变程度由低到高分别是改进、补充、重塑和新范式(Hannon et al.，2011)。但是每种目标都需要重新考虑正规教育与校外世界之间的互动方式，从而提供两者之间相应的关联、参与和动力。学习不再仅仅发生在诸如学校之类的正式学习环境中，而是越来越多地发生在家庭、社区以及其他非正式学习环境中。技术的参与和支持加快了这一转变，提供了将非正式环境中的学习与现有正规学校环境中的学习关联起来的机会。对学习最有意义的影响则发生在网格的两轴相交处，也就是说，通过技术的支持在传统正式学习环境与非传统学习环境之间建立桥梁，从而让学习者深入参与到各种正式和非正式资源的学习中，积极建构他们的知识体系。当技术将正式与非正式的学习结构相结合并对学习进行改进和补充时，它们对教学的影响最大。而当技术将新旧教学设计融合起来，重新思考学习者的角色和权力时，学习将被重塑，还将创建出新的学习范式。

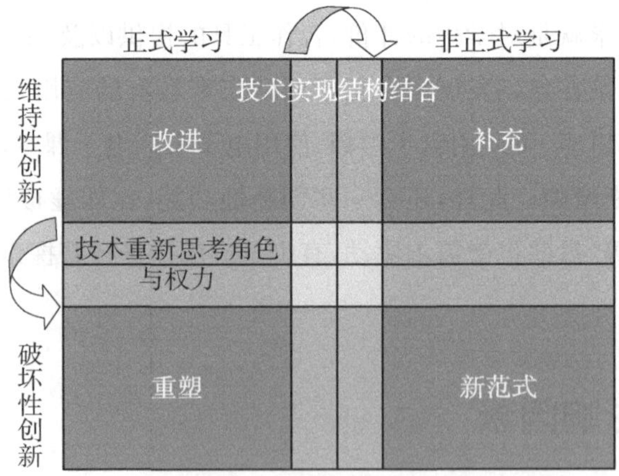

图 5－1　教育创新网格

因此从教学的视角，影响学习技术系统选取的最根本的问题就是为什么需要。基于维持性创新，就是弥补现有手段或方法的不足，而基于破坏性创新，就是引入全新的方式和途径。比如：增强交流，可以借用异步的论坛、通告，或者实时消息、同步视频会议等；增强学习的可获得性，可利用平台打破时空限制，提供更为开放、灵活的学习空间；增强学习的灵活性，可提供多样化的学习活动形式以满足不同的学习需求，给予学生更多的学习自控权；丰富的学习模式，可通过音视频、图片、文章或互动仿真等多种媒体进行学习；开展合作学习，可为项目合作提供工具和空间，以支持知识共享和协同创作。

接下来的问题就是想支持的学习理念和教学模式是什么。如果提倡学习者主导的学习体验和用户生成的内容，那么许多相关的系统功能权限需要相应下放。此外，针对不同的教学模式，教学的业务流程也要相应加以配合。是纯线上？还是混合学习？如果是后者，还需要考虑线上与线下活动的衔接以及数据的整合。虽然目前大多数学习技术系统仍是基于正式学习，学习者都采用规定的学习路径。但在新理念的引导下，越来越多的系统允许上传和显示用户生成的内容，还支持用户对内容进行评级、评论、标签等，同时这些行为也将被检测和跟踪以用于评价用户的协作水平。在进行正式学习与非正式学习的融合设计时，需要考虑如下因素：

- 时间的分配。会安排多少时间用于社会化活动？
- 学习的过程。引入社会化学习和协作学习的目的是什么？大致包括六种：(1)信息传递，即同伴之间直接知识共享；(2)情境化，即同伴分享知识应用的背景故事；(3)协作，即同伴教学或互评建议；(4)补救，即同伴帮助“摆脱困境”；(5)评估，即同伴提供测试和评价；(6)转化，即同步支持工作场中知识的应用。

此外，非正式学习又分为非正式自主学习和非正式定向学习，不同类型对学习技术系统的支持服务要求也不太一样。前者的学习需求和目标由学习者自己决定，学习手段和学习路径也由学习者自己选择或创造。后者的学习需求和目标由外部机构或组织指定，但实现目标的方法由学习者决定(或在预定选项或建议范围中选择)。两者的学习内容都可以来自于权威渠道，也可由用户自己生成。介于两者之间还有一种非正规学习。非正规学习中，学习需求和目标由学习者自己决定，但学习手段和路径要受外部权威控制，内容也要求来源于权威，被评估后以确保符合学习标准。

2. 具体要素

对应学习技术系统的五个具体要素，对如下问题的考虑也对学习技术系统的选取起着重要的影响。

- 人的问题。谁将使用？个体学习者、学校组织或公司机构？面向未来的受众，系统是否有相匹配的角色和关系组织对应以支撑其教育运作。当前常见的基于教学的人员组织形式有：指导、教练、群组、项目、在职培训、跟读与学徒、轮岗分配、职业计划、会议、论坛、研讨会、工作坊等。
- 内容的问题。要放什么内容在上面？课程的层次结构一般为：课程目录—学习路径—课程—学习对象—学习材料。那么，围绕这一内容架构，系统能为内容提供不同粒度组织的程度和方式，能支持的媒体类型如何？教师要能够非常顺畅地进行在线课程资源的管理，资源应能够非常容易地被组织成有意义的学习路径，并能够轻松实现跨课程或多个学习路径之间的资源共享。平台还要能有效支持不同情境下各种类型的内容呈现，从Word文档到PDF，从XML到PPT演示文稿，从视频到纯音频转录版本等。系统是否要支持在线创建，如果系统自身能提供编制功能，那么将有利于相关学习行为的数据跟踪。如果要开展在线测评或自测，系统平台还要能支持题目的编制并提供题库管理工具。对于内容导入与配置，系统能否与第三方内容互操作？导入的课程包大小有无限制？诸如此类。基于标准化能很好支持课程的重用以及跨平台迁移，现有的课程和资源也能平稳而可靠地被上传到平台中。此外，如果开设的是同步课程，系统平台还要能支持课程的录制、存档和回访。

● 活动问题。线上需要开展哪些活动？(1)教学类，支持在线虚拟课堂活动。一般有一套强大的白板工具来展示教学内容，并支持实时的课堂互动，比如制图、标注等。此外，要允许将分组内容拉入主课堂白板显示；允许显示多个白板；允许实时动态创建学习对象或者事先预存储好；允许多个授课讲师在场(通过对话摄像头和屏幕控制)；允许暂停直播视频画面以节省带宽；允许仅显示演示者的摄像头，或仅显示共享内容，或者两者都显示；能实时录制视频画面，并创建为异步学习内容。(2)交流类，支持师生、生生之间的沟通互动。那么，只是实现简单的信息交流，还是要创建在线社区？需要进行文档共享吗？希望有哪些同步或异步工具(包括论坛、实时消息、视频会议、电子邮件、公告帖等)加以支持？如果是协作，是否能开设专用的团队空间，提供协同创作工具等。信息动态要能进行订阅吗？(3)考评类，支持对教学成效的评估。要开展哪种形式的在线测验或考试？需要能自动从试题库中生成试卷吗？测试中需要反剽窃服务吗？要跟踪和记录学生的作答行为吗？分数自动评定还是主客观结合？成绩可以灵活导入导出吗？是否能灵活设置分析报告的类型和方式？是否支持将评估结果与系统的学习目标和路径联系起来？支持将考评结果和报告纳入学习者档案袋中吗？

● 数据问题。需要哪些报告功能？系统能够按个人、群组或班级以不同方式跟踪、报告和存储学习者的学习数据。系统可支持不同类型数据的定制选择，还可整合来自外部系统的数据，通过一定的方法生成报告和分析。常见正式学习中会跟踪学习者如下行为：参与聊天、回答问题数量、与其他学习者的互动、状态更新。非正式学习中则跟踪如下数据：对学习对象的评论量、学习对象共享数量、对学习对象点赞数量等。数据的跟踪要符合相关标准，能支持灵活的交互操作，可使用标准化数据交换格式(如XML、JSON、CSV)导入和导出学习者和课程的跟踪数据。分析和报告可以提供有关学习者表现以及课程有效性的诊断，此外也是管理员进行后台监控的工具，以帮助评估用户的学习趋势。通过数据要能展现包括培训和教育、资格和认证、教育生涯、奖项等在内的教育信息。一般而言，如果是以内容为中心的报告，至少包括：用户访问内容的平均时间；对内容的第一次和最后一次访问；访问过或未访问的内容，以及每次访问的持续时间；对内容的下载次数或访问次数；尝试通过的次数等。系统需要提供包含图形、图表和可视化选项的分析引擎，能支持多种预定义报告，也可创建自定义格式，还要提供不同类型报告的访问权限级别。常见的分析模型有：(1)被动报告，表现为预设报告和仪表板；(2)主动报告，表现为 KPI 报告和仪表板；(3)孤立分析，表现为特定领域的关系分析；(4)集成分析，表现为跨人力资源、人才领域和业务的一致性或关联分析；(5)预测分析，表现为对未来情境的动态建模；(6)机器智能自动化，表现为动态自动化数据驱动决策和机器操作。

● 场景问题。能在哪些教学情境中应用？场景模板包含了一组可快速应用于任何内容或功能对象的预先保存的参数集，可以控制工作流程、课程配置、学习轨迹跟踪和服务权限等。场景模板指向学习技术系统可支持的典型教学情境，可以基于以下一些主要教学方式对学习对象和活动进行组织和管理，包括非正式学习、建构主义学习(以问题为中心、基于发现、基于游戏、归纳式等)、协作学习、社会性学习、混合学习、游戏化学习等。

(二) 技术的因素

技术的因素主要指向学习技术系统的可用性、配置安全以及技术支持等服务性能问题，它们决定了系统能否快速融入教育教学活动，并提供持续运行的保障动力。

1. 可用性

关于系统可用性的最简单问题就是系统是否好用。影响好用与否主要有两方面的因素。一是人机交互是否直观，我们可用最小阻力路径问题来加以解答，即让用户以最便捷的方式就能使用最常用的功能服务。因此用户一进入系统后，就应该用易于用户看到、理解且最简单、最明显的路径指引所需的功能，展现给用户特定的路径用例场景。二是如何展现教育教学的状况与全貌。我们可用"一站式"的门户空间来加以解决，即通过扁平化设计，将学习者关心的信息和功能在一处空间加以汇集，使得用户能够一次性了解当前的信息或状况，并链接进入所要完成的任务空间或功能模块，同时还允许进行个性化的组织和管理。对于教师而言，应能够轻松找到需要设置的各种教学元素，其中包括可定制的标识、图形图像甚至导航菜单等。教师还要能轻松访问日常报告，读取仪表板上的分析数据。对于学习者而言，应能够看到他们的学习表现和进步过程。平台所展现的个人学习路径要包括学习者的学习目标、完成的课程以及后续的教学安排等，这对于学习者未来的学习行为是一种很好的动力。另外，社交已深入日常，平台上的社交元素考虑需要与现有的社交学习和协作工具进行无缝整合。

此外，系统应支持移动设备，提供跨设备、优化的学习体验，能根据设备屏幕大小自适应设备检测和交付；支持从一台设备到另一台设备的无缝迁移，比如离开智能手机时能在桌面电脑上提取剩余内容；能基于位置和情境感知进行内容交付；实现基于移动设备上拍摄功能(照片、视频等)的用户内容创建及其管理；具备针对移动应用的社交媒体工具以及移动协作平台等。在内容供应上,当用户免费无线上网时,不会产生蜂窝数据下载成本,并能灵活应对突然失去连接的情况。系统还应具备离线内容供应和播放功能,即系统要允许在没有、间歇或有限带宽连接的环境中播放内容的功能。这通常指使用移动设备,或用户端网络访问不稳定和收费较高的情况下,用户可以提前下载内容并存储于本地。

2. 配置与安全

在配置上,系统对于硬件、软件和网络的最低要求是什么?系统及相关资源对存储容量的最低要求是怎样的?系统对本地或云端托管的配置要求是什么?系统托管目前主要有三种选择:自身搭建、供应商托管、公共云托管。第一种需要自己购买和维护服务器的基础设施,但可对系统进行完全配置和管理控制;第二种和第三种则不用,但安全问题必须考虑,有时供应商托管实际也是放在公共云上。一般而言,系统主机的位置决定了可能适用的安全和隐私法。此外,还需考虑系统运营需要的人员数量和类型。这些人应该具备什么资格?现有人员能否满足,如果不行的话,所需的培训途径有哪些?

在维护上,系统可扩展情况如何?能轻松扩展容纳更多的师生吗?处理并发以及并发用户的能力如何?提供了哪些备份功能?备份可以自动完成吗?机构技术人员通过系统开放的应用程序编程接口,可以访问和更改系统的哪些方面?如果系统是开源的,源代码是否可用?可以在多大程度上进行修改?系统升级后,以前版本能支持多长时间?版本之间的迁移是否容易?如果更改其他系统,从当前系统可以提取什么内容和数据?是否方便?

在这当中,系统的集成和数据的迁移问题最为重要。随着数字学习生态的深入发展,以单个系统之力满足所有教育需求的难度越来越大,因此系统集成外部系统或应用进行通信交互的能力越来越重要。系统要能实时或批量模式导入、导出数据到外部系统;具有开放式体系结构,能实现组件的加载和集成,比如评测创建器、虚拟教室或社交网络等;可支持使用第三方数据库等。另外,虽然从旧系统到新系统可能不需要迁移所有数据,只需对一些内容进行归档和访问。但不管怎样,都不能丢失或损坏数据。通常需要迁移的数据有四类:(1)课程内容,其所有权和可移植性是很重要的问题;(2)逻辑实体,比如学习路径和学习认证,数据库定义、规则和依赖关系不同,映射会比较复杂;(3)教学记录,包括成绩单;(4)用户生成内容,比如论坛、聊天室等用户生成的文档和媒体。如果这些数据事先遵循一定的标准,那么迁移工作将顺利一些,数据也会更灵活。

安全上,确保内容的机密性以及保护用户的个人数据是非常重要的。涉及的内容包括:防止恶意渗透攻击和软件攻击导致的数据丢失、被盗或损坏;防止未经授权的登录;隐私政策和个人信息的访问安全;将用户锁定在用户配置文件中不允许的功能外,即防止用户在系统中执行未经授权的特定任务。

3. 技术支持

如果系统有问题,支持的技术资源和服务有哪些?质量如何?怎样联系?公司对于提供友好、快速、有用和准确的支持的投入如何？是否有活跃的用户社区？一般而言，系统应该对各类用户提供充分的培训支持，比如学习者、系统管理员、内容管理员等；且培训选项要足够丰富，比如在线学习、视频教程、网络研讨等。系统提供的支持文档应该有多种形式，包括教程、帮助、示范案例、参考和用户手册等，支持的方式也应多样化，包括 email、聊天、电话、现场等。对于请求保证的响应时间是多少？技术咨询的服务内容要包括定制、实施、配置、架构设计、需求分析、变更管理等。

（三）用户的因素

用户的因素主要考虑学习技术系统给予的用户体验和归属感。很多时候还会参照真实世界中的人员角色与组织管理，看系统能否支持设置相应的权限和服务。

1. 个性化和社会性

现在以及未来的学习者都是伴随着科技成长起来的一代，有着其独特的学习特征和技术需求，选择与他们的特征和需求相呼应的工具和应用，对于保持他们的学习热情和参与积极性非常重要。以积极的态度参加在线学习的学习者通常会比消极的学习者学到更多。因此要使在线学习具有吸引力、互动性和相关性，体现个人的学习偏好和发展目标，才能激励学习者参加，并最终完成课程。通常考察学习者参与度的指标有：(1)最近更新(recency)，即用户最近登入系统情况；(2)频次(frequency)，即一个典型用户多久访问一次系统；(3)时长(duration)，即用户平均停留多长时间；(4)活力(virility)，即用户之间的信息或行为扩散；(5)用户评价(rating)，即用户对于系统的评判。

系统对社会性参与的强力支持，可以促进社区发展，提高吸引和留住用户的能力，加速内容的生产和管理，增强知识共享，加强协作并降低维护成本。常用的提升参与度的方法有：(1)内容评分和评论，即低成本的内容管理机制，同时提升用户的主人翁意识；(2)社交论坛，即用户可分享彼此的知识和思想，并谈论共同关心的事情；(3)朋友圈，即用户发布动态来表达观点、成就和问题，展示自我的空间，并获得他人的关注与评论；(4)游戏徽章，即以游戏化方式展现学习旅程的里程碑；(5)推荐，即系统以相似的兴趣和学习体验，引发用户之间的社会认同和彼此共鸣等。

在个性化的支持方面，系统是否能够支持个性化风格设置、布局设计等？是否为学习者提供了个人学习空间？如果有，有多大？是否可以扩展？是否允许学习者开放自己的空间给他人访问？学习者可否在空间中管理自己的学档？学档应支持多种媒体格式，多种类型。学习者要有权自由向公众发布自己的学档，并可根据需要选择适合的模板导出自己的学档，比如求职。此外，平台对于学习者的活动任务进展以及行为表现，应提供即时和直接的反馈，以便于学习者把握自己的进度，明确下一步的目标方向。

2. 角色与权限

系统应定义丰富的权限和角色级别，以适用广泛的组织结构和用例场景。一般而言，系统的许可级别可分为如下9级：1级，对整个系统总体负责；2级，对系统特定的子系统或模块负总体责任；3级，数据库管理；4级，系统维护管理；5级，课程管理；6级，用户管理；7级，内容管理，可进一步分段，划分用户在特定课程上能执行的任务；8级，创作能力（如果系统具有此功能）；9级，学习者。

系统中的角色不用局限于一一反映现实世界中的人物身份，可根据不同应用情境的需求进行演变或扩展，以提升教学活动的效率。以Canvas为例，围绕课程教学，除了常规的学生和教师外，Canvas还提供了助教、助管、观察员等角色。作为教师辅助的助教与教师的权限基本相同，只在一些小细节上有所区分；设计者主要提供教学设计支持，权限集中于课程内容的创建，比如通知、作业、讨论和考试等；登分员只围绕成绩服务，可以查看和编辑分数；测试助管一般指向考试中心的工作人员，协助创建和管理考试；资源助管指向图书馆之类的工作人员，协助创建课程内容，并可与学生开展有限的交互；观察员一般只给予很少的权限，他们只能查看，不能做任何提交行为。Canvas中不同角色和对应的具体权限如下表5-1所示①。

表5-1 Canvas中的角色和权限

权限	学生	教师	助教	登分员	测试助管	资源助管	设计者	观察员
分析—查看页面	×	√	√	×	×	×	×	×
通知—浏览	√	√	√	×	√	√	√	√
沟通—发送消息给全班	×	√	√	×	√	√	√	×
沟通—发送消息给个别成员	√	√	√	×	√	√	√	×
课程日历—添加/修改/删除	×	√	√	×	×	×	√	×
课程内容—添加/修改/删除	×	√	√	×	×	√	√	×
课程—更改可见性	×	√	√	×	×	×	√	×
课程—查看使用报告	×	√	√	×	×	×	√	×
讨论—创建	√	√	√	×	×	√	√	×
讨论—主持	×	√	√	×	×	×	√	×
讨论—发言	√	√	√	×	×	√	√	×
讨论—浏览	√	√	√	×	×	√	√	√

① 参考：https://community.canvaslms.com/t5/Canvas-Resource-Documents/Canvas-Course-Role-Permissions/ta-p/387080.

续 表

权限	学生	教师	助教	登分员	测试助管	资源助管	设计者	观察员
成绩—编辑	×	√	√	√	×	×	×	×
成绩—对最终成绩进行审核	×	√	×	×	×	×	×	×
成绩—查看所有成绩	×	√	√	√	√	×	×	×
小组—查看所有学生小组	×	√	√	×	×	×	√	×
学习成果—添加/修改/删除	×	√	×	×	×	×	√	×
学习成果—导入	×	√	×	×	×	×	√	×
作业和考试管理—添加	×	√	√	×	√	×	√	×
作业和考试管理—删除	×	√	√	×	√	×	√	×
作业和考试管理—修改	×	√	√	×	√	×	√	×
课程文件管理—添加	×	√	√	×	×	√	√	×
课程文件管理—删除	×	√	√	×	×	√	√	×
课程文件管理—修改	×	√	√	×	×	√	√	×
课程管理—发布	×	√	×	×	×	×	√	×
课程管理—重置	×	√	×	×	×	×	√	×
小组管理—添加	×	√	√	×	×	×	√	×
小组管理—删除	×	√	√	×	×	×	√	×
小组管理—管理	×	√	√	×	×	×	√	×
页面管理—创建	×	√	√	×	×	√	√	×
页面管理—删除	×	√	√	×	×	√	√	×
页面管理—更新	×	√	√	×	×	√	√	×
问题库—浏览与链接	×	√	√	×	√	×	√	×
量规—添加/修改/删除	×	√	√	×	√	×	√	×
学生合作—创建	√	√	√	×	×	×	√	×
用户—设计者—添加	×	√	×	×	×	×	×	×
用户—设计者—移除	×	√	×	×	×	×	×	×
用户—观察员—添加	×	√	√	×	×	×	√	×
用户—观察员—移除	×	√	√	×	×	×	√	×
用户—学生—添加	×	√	√	×	×	×	√	×
用户—学生—移除	×	√	√	×	×	×	√	×

续 表

权限	学生	教师	助教	登分员	测试助管	资源助管	设计者	观察员
用户—助教—添加	×	√	×	×	×	×	×	×
用户—助教—移除	×	√	×	×	×	×	×	×
用户—教师—添加	×	√	×	×	×	×	×	×
用户—教师—移除	×	√	×	×	×	×	×	×
用户—允许在课程中执行管理操作	×	√	×	×	×	×	×	×
用户—管理参与课程的学生	×	√	√	×	×	×	√	×
用户—查看列表	√	√	√	×	√	√	√	×
用户—查看登录 ID	×	√	√	×	×	×	×	×
用户—查看初始信箱	×	√	√	×	×	×	×	×
网络会议—创建	√	√	√	×	×	×	√	×

(四) 其他因素

影响系统选取的其他因素包括预算以及未来趋势等。

1. 预算

引入系统的预算是多少？预算是否可持续？比如：系统的购买或租赁费用(许可费)是多少？随着学生和课程数量的增加，增加的成本是多少？定价是基于注册总人数还是特定时间内的活跃用户数量？一般而言，系统的定价包括如下几类模式：(1)永久许可，即一次性支付费用就"拥有"了系统，但这种模式越来越少；(2)基于订购的许可，即根据用户数量、使用情况、存储容量等收取费用(通常每月或每年一次)，这种情况系统一般托管在供应商处，他们可以监控使用情况从而确定收费价格。平台的价格模式相差可能很大，需要识别隐藏的费用以满足预算。要搭建系统，配置软、硬件需要额外承担的成本怎样？如果换新系统，现有系统上的课程转移到新系统上的费用是多少？不同方式的人员培训成本分别是多少？如果定制培训，涉及哪些费用？除培训外，还有哪些"软"运营成本必须考虑？运营系统如果需要额外的技术人员，这种增加的专业知识成本是多少？有时候，开源系统或免费软件的解决方案很有吸引力，因为没有任何许可成本。而且由于开源方案的定制只关注自己特定的需求，与商业系统基于最广泛需求的构建模式相比，会更适合应用。但需要考虑在系统的整个生命周期内，功能定制和技术支持带来的成本或许会超过商业系统。

2. 未来趋势

学习技术系统正在演变中的一些趋势，也应作为系统选取考虑的因素，以便能更好地应对未来的发展需要。

（1）开放架构

开放架构（open architecture）指学习技术系统推出 API，允许将外部应用程序或系统集成进来，包括在某些情况下，实现内外功能服务的交换。这种开放式体系结构可推动大量第三方应用程序的创建，某些可作为模块集成到核心系统中，而某些可能仅与特定内容片段关联，而非添加全局能力，从而最大化定制用户参加特定课程的学习体验。

（2）xAPI 的采用

基于以下一些考虑：(1)比起标准化的学习，越来越多的学习体验类型需要被跟踪记录，比如移动学习、模拟学习和游戏化学习等；(2)需要跟踪不同类型的数据，而不仅仅是 SCORM 等标准的数据。比如尝试情况、达到的水平或者是其他形式的里程碑式的成就，而不只是简单的完成与否以及考试分数，还有一些没有纳入正式评估范畴的复杂学习行为，以及学习者群体开展的学习活动数据等；(3)还需要对学习者除学习表现之外的更广泛的各种管理数据进行跟踪、分析和报告，比如内容的使用方式等。这三点在非正式学习领域尤为明显（而正式学习中通过预先定义就能很好控制学习者在学习空间的学习体验）。虽然学习技术系统可以通过 xAPI 来接收这些尚未知晓的数据，但在区分和评价它们的价值和意义上仍存在比较大的难度，另外可能还需要激励学习者在系统之外手动报告其非正式的学习经历。

（3）视频会议的集成

视频会议功能通常与屏幕共享和语音通话组合支持实时远程教学，且同步的互动功能（如分组、投票、标注等）和情境创设服务（屏幕背景、美颜等）日趋丰富。虽然学习技术系统无法在技术上集成视频会议（因为需要依赖外部的专有服务，且具有特定的软件或硬件要求），但可以将视频会议以插件形式作为课程中的一种学习活动，将其纳入教学设计，与其他异步学习对象混合。

（4）情感计算

系统需要动态响应学习者的困惑、焦虑、无聊等对学习有着重大影响的情绪。借助网络摄像头检测眼睛聚焦的位置和面部表情，再加上语音分析功能，可以对学习者的情感现状做出诊断，但同时需要解决隐私和检测准确性的问题。

（5）数据分析

传统的 LMS 报告虽提供了良好的服务，但数据驱动的决策需要提供比预设报告更广泛的信息范围和深度。比如：(1)情绪分析——人们用的词反映了他们怎样的学习倾向？(2)参与度分析——学习内容的活动水平如何？(3)队列分析——出于什么原因组成了现在的小组？(4)关键词分析——人们如何寻找信息以及他们找到了什么？(5)转化率——有多少人回应(即发表评论)？(6)放大率——共享了多少次？(7)掌声率——有多少人添加喜欢、收藏、标签？(8)经济价值——短期或长期收入如何？节约成本方面？此外，数据可视化是数据分析的一项重要功能，能够通过图形、图表轻松得出结论或趋势。

(6) 支持和优化虚拟沉浸式环境(Virtual Immersive Environment, VIE)

一种方式是VIE提供web浏览器功能，既可以在VIE自身内部，也可通过应用程序子窗口。学习者登录学习技术系统，在VIE平台上学习在线课程。另一种方式是教师在VIE中创建评估节点，学习者要完成这些任务就需要连接到学习技术系统中，同时系统传递跟踪的数据。还有一种方式就是在学习技术系统中启动VIE作为学习对象，但这种缺乏中间件和相关文件的标准，难度比较大(Moodle和第二人生的虚拟世界曾尝试过这种方式)。此外，两者的学习理念和模式也不尽相同，学习技术系统旨在提供个人学习体验，设计用于线性学习路径，VIE则旨在提供共享学习体验(可能有大量参与者)，设计用于非线性学习路径。这种差异对两者的集成方法提出了挑战。

(7) 支持和优化非正式/社会化/协作学习

基于社交媒体的非正式学习特别适合用于培养学习者的高阶思维技能，而社交媒体功能也成为现在很多学习技术系统提供的学习工具包的重要组成部分。由社交媒体工具支持的非正式学习活动中，学习者与教师以及其他学习者合作执行活动任务，并进行产品开发。活动中的信息来源可能不是传统的“权威”来源，而是由学习者及其同伴确定的有价值的来源，寻求并评估这些来源的过程也是学习者的探索研究过程。支持非正式学习的社交媒体应用有：文档共享、图片共享、应用共享、论坛、博客、聊天、微博、社会书签、百科、视频会议、创意风暴板、实践社区等。但面临的一个巨大挑战是，现有许多社交媒体工具本身并不包含任何学习跟踪机制，也缺乏将学习者的协作与学习目标联系起来的方法。而这种学习，协作交流的质量应比数量更重要，也更难评估。目前一般采用的方法有：(1)通过单个成员的发帖评价知识或技能的增长；(2)通过同伴评价学习者在团队中的贡献；(3)评价电子学档；(4)自我反思评价；(5)通过话语分析学习者的协作能力等。

(8) 数字徽章

数字徽章是对教育和培训结果(能力、证书等)的一种新关注，被视为是对这些结果一种强大而有效的表达方式，能够远远超越传统成绩单所代表的含义。徽章通常由一组图像文件表示，代表着拥有者的学习成就。这些学习成就分不同级别，在较高级别可以是成功完成了整个课程，也可以是获得了某项高级技能，以及在微观级别的一些学习要素。一般而言，学习者的徽章彼此可见，因此可以促进他们相互之间的交流与互动。在学习技术系统中引入数字徽章的机制，需要能够提供徽章的导入和发放功能，并将徽章信息整合进学习者的电子学档。

(9) 自适应学习系统

自适应是指系统可以根据学习者的需求、目标和表现呈现不同的表现方式，从而提供更好的学习体验。这种适应变化的能力需与精心设计的分析引擎相结合，从而驱动向学习者提供哪些变化选择。变化的方面包括学习路径、问题响应、屏幕显示等，还包括内容生成。大多数自适应学习系统的自适应依赖于学习者的评估数据，包括：(1)嵌入式的知识检查和测验等，学习过程中在学生不知情的情况下评估；(2)学生在其他内容中的学习成绩历史记录；(3)学生的自我评估，比如选择进一步的强化练习；(4)教师对学生的需求评估；(5)通过其他因素对学生最有可能成功道路的评估，比如其他成功学生采取的途径、学生们对内容的评分等；(6)位置、情境和环境信息。对于自适应学习系统，还有一个关键问题是，系统在确定学生当前的学习或知识状况，并预测通过当前学习内容所提供的最佳学习路径方面，到底有多“智能”。一般而言，有两种方式，一种是基于明确的、预编程的规则，一种是基于人工智能、认知学习科学原理等的推论推理，后者正成为未来的发展趋势。

三、系统的选取过程

在明确了上述需考虑的因素后，我们推荐如下系统选取步骤。

(一) 应用需求细化，确定基本要求和高级要求

联合国教科文组织(UNESCO)统计研究所曾在2005年的一份报告中列出信息技术可以应用并改进教育的各种方式，其中大部分都需要借助学习技术系统的支持。其一，通过提供一个泛机构级的IT基础架构来管理学习、教学和科研的各个方面，从而提高管理效率。其二，通过虚拟学习环境(VLE)或者学习管理系统(LMS)向教师和学生分发学习相关资料。其三，允许师生获取来自全世界各地的信息来源。其四，为学生和研究者提供在合作项目中进行网上协作的空间。最后，实现远距离的课程传递，支持远程学习，无论同步或异步。但概括来讲，我们可以从宏观和微观两个层面把握对应用需求的细化。宏观层面主要是从育人目标出发，以课程的粒度进行思考，而微观层面主要是从情境目标出发，以活动的粒度思考较多。本章主要介绍前者，后者将在下一章中讨论。

要选取适合的系统，我们首先要对需求情境有全面的认识，对应用目标有清晰的愿景。虽然很多系统平台都具有一些相似的功能，但它们也提供一些独特的业务属性和交互界面，可能更贴

合所需的应用情境。以下是一些有利于理清对平台要求的问题：

- 系统平台需要服务的最主要目标是什么？是支持讨论？提交作业？还是培育课外的小组合作？
- 为实现上述目标，哪些系统功能或工具需要提供？
- 已有了哪些资源？比如课程资源、学生信息等。尤其是学校所在区域是否有对相关资源使用的要求，比如成绩上传等。
- 师生使用系统平台的最大障碍是什么？能力问题？设备问题？网络问题？

为了获得全面的系统应用需求，最好能结合学校和机构的教育规划和环境条件加以分析，比如：学校（或机构）接下来三到五年的教育发展规划或战略是什么？提倡怎样的教育思想或理念？现在使用的系统平台中，用户喜欢的功能和特征是什么？挑战比较大的问题有哪些？新系统平台是否需要对接其他系统（如区级教育管理系统、师生信息系统，学校的图书馆系统等）？面向智慧教育，对教育教学数据的应用有什么规划，等等。这一步，需要理清哪些是系统必须具备的特征，哪些是可选的特征。很多时候我们可能会设想出一个非常完美的系统，但理想需要与现实的可行性条件（预算、人员等）博弈取得一个均衡点。所以，可以采用一个针对各项特征重要程度认定的加权系统，协助对需求和愿望进行区分。

当然，学习技术系统的选取不是一个人的工作，最好能组织一个团队聚集所有未来可能的用户，他们从不同视角提出的教学需求都非常重要。从管理层，他们会比较关注课程的创建与开展是否容易，系统的灵活性和可配置程度如何，系统能提供的报告类型有哪些；从技术层，他们会比较关注系统是内部部署还是云部署，有多少需要定制，哪些需要持续维护和管理等；从教学层，他们关注系统是否好用，可用于哪些场景，如果使用这个系统需要些什么技能。不同的人群会关注系统的不同功能服务区（表 5 - 2）。这样就能较为准确地规划出系统需要做什么以及需要什么服务和工具。

表 5 - 2　不同人群关注的系统功能服务区

功能区域	内容开发者	教学管理者	课程管理者	系统管理者	教师	学生
学习路径和课程大纲	/	定义学习路径、课程大纲和目标群体	确保课程定位符合学习路径和课程大纲	维护系统内的学习路径、课程大纲和目标群体	根据教学需求安排学习路径和课程大纲	选择课程，查看布置的课程大纲
课程交付	测试开发好的课程以确保能正常运作	查看课程是否存在内容错误并监控课程按教学计划提供	监控课程的交付过程，确保不存在内容和交付问题	导入并配置课程，根据带宽和服务器限制进行交付	准备课程教学支持	检索、注册和参加课程

续　表

功能区域	内容开发者	教学管理者	课程管理者	系统管理者	教师	学生
课程执行进度与完成	/	审查课程执行，报告课程进度和使用情况	审查课程执行，报告和分析课程进度、课程使用情况	配置系统以确保课程的正常执行，维护跟踪数据并生成报告	提供课程教学支持，监控学生的进度和完成情况，并根据需要安排额外的课程内容	参加学习，判断学习进度
评价	项目评价	对评价进行审查以确保符合教学计划	审核课程的评价	配置系统以确保评价的执行	审查评价结果，并采取适当的补救措施	参加评价
学习成效	/	评价、记录和分析	分析课程使用情况和学习者的学习成效以评价教学效果	根据教学和课程管理员的需求生成统计信息和分析报告	监控学习者的学习成效，在必要时安排额外的课程内容	查看学习成效
能力认证	/	定义能力标准	确保将能力认证整合进课程中	从外部系统导入能力认证，或导出能力认证到外部系统	根据学习者的能力认证报告采取进一步的措施	获取能力认证

（二）根据教学业务逻辑，确定系统类型

接下来，可以通过用例的方式展示系统需要解决的需求，而不仅仅是分散的功能列表。比如公司组织员工进行新编程语言基本培训的用例。那么开展教学就需要具备用户注册、课程浏览、课程进度显示、测验考核、提供认证等功能。这种培训可能不需要提供太多的个人互动。但如果是开设服装设计或动画制作方面的课程，那么师生之间就需要比较多的互动。在这种情境下，还要能够支持草图交换、作业上传和共享注释等功能。有了这些案例，就可以对照现有或希望开设的教学活动和管理业务，为它们添加优先级，从而确定什么是关键的、什么是重要的、什么是最好有的。常见的教学业务板块包括：招生和注册，通知和消息，内容导入与配置，系统访问与安全，课程目录数据库，学习对象管理，评估认证和交付，监督与指导，合作与交流，绩效管理与学习规划，学习跟踪，资源管理，用户档案，分析与报告等。其中最为重要的业务逻辑就是教学的传递，围绕不同的教学理念和环境条件，我们可以把教学的传递模式归为以下几种：

- 由学习者主导的模式。这种模式提倡以学为中心、以学生为主体的教学理念，通常体现为学习者异步、按需式学习。
- 由教师主导的模式。这种模式展现的是以教为中心，通常由教师现场演示内容并监督学

习者的学习过程。根据教学环境的不同，又可分为：(1)物理同地，即师生同地，通常发生在教室环境；(2)虚拟空间，即教师借助视频会议系统，远程向学习者提供教学内容，学习者也可远程同处在一个教室内(这时教师是位于远端的)。

- 混合模式。这种模式结合了学习者主导和教师主导两者的特点，常用于解决师资不足以及部分内容通过异步教学效率更高或效果更好的情况。
- 嵌入模式。这种模式不直接传递教学内容，而是通过及时帮助和绩效支持系统来提供工作和任务上的支持。

针对不同类型的教与学活动传递和管理模式，市场上有着丰富多样的学习技术系统。有些系统并不只服务于某一特定的教学传递模式，而是有着广泛的应用。比如通用型的 LMS，它被优化用于提供学习者主导和嵌入式的学习，传递和管理异步在线学习，涵盖了最普遍适用于各种用例和用户的功能集，能满足所有学习环境的大多数共同需求。与此相对，就是专用型的 LMS，明确针对于特定用例、学习范式或用户类型。不同类型学习技术系统的详细阐述可结合本书第三章、第四章的内容深入了解。平台所传递的学习体验应符合目标用户的特征，满足需求情境的传递模式，达成组织机构的期望。

要确定与教学业务逻辑相匹配的系统类型。类别有可能会重叠，那么就要将多种系统类型同时加以考虑。同样，通过系统识别矩阵，列出每个系统类别的独特参数和典型功能集，评估是采用一个系统实现，还是多个系统集成。当无法匹配到候选系统时，还可考虑开发自己的产品。现有学习技术系统的定制多是从基础工具包开始，然后再包括外部工具以及机构自己的工具扩展。工具包的部署通常是通过一个定制界面实现，围绕特定的需求和目标，选取上会考虑如下因素：机构的主要差别、采取的教学方法和策略以及期望的学习者体验。

(三) 检索候选，比较与分析

到达这一步，我们已经整理好了自己的需求清单，也清楚了什么是最重要的，对候选系统类型也有了初步的认定。检索候选系统可以通过如下几种途径进行：(1)从流行的 LMS 选项中筛选；(2)采用来自相同需求背景同行的建议或做法；(3)领域专家的推荐清单；(4)上级部门的采购列表；(5)评估 LMS 产品网站的检索结果；等等。

由于很多系统平台都会提供相似的功能清单，因此我们需要基于用例场景的具体服务来衡量不同系统是如何解决这些问题的，即考察他们设计这些业务逻辑背后的教与学思想与我们自身情况的吻合程度。我们可以使用系统功能评级矩阵，评价候选系统在所需功能上的支持程度。同时，根据每个功能的重要性分配权重，通过加权求和得出候选系统的最终得分。

在课程设计维度上，建议比较和分析的功能应包括下面这些：

- 提供了哪些课程创作工具？是否可以使用第三方工具来设计课程？
- 是否提供课程模板？模板可定制吗？进一步，可以自己创建课程模板吗？
- 课程的组织是否可以按目标、资源、活动和评价等分为不同的模块？
- 课程内容支持上传哪些常见的文件类型（比如 Word 等）或媒体类型？是否可以链接外部内容？
- 课程内容是否可以标记？如果可以，可以使用哪些标记方案？
- 课程内容的呈现是否可以通过简单的拖放轻松排列布置？
- 不同课程之间能否共享内容资源？
- 是否提供课程内容的检查工具（比如拼写、违规等）？
- 是否为课程更新提供版本控制或其他管理功能？
- 课程内容建设可访问、互操作和可重用方面的标准遵循情况如何？

在教与学活动维度，建议比较和分析的功能应包括下面这些：

- 提供了哪些常用的通讯和协作工具？比如公告、日历、聊天、论坛、消息传递、分组、调查、视频会议、Wiki 等。
- 是否可容纳第三方插件？是否可集成各种社交媒体（比如微信、QQ 等）？
- 这些工具使用时可设置哪些属性（比如隐私、分组发放、起止时间、角色权限等）？
- 参与这些活动的人员是否可检索、可组织和可管理？
- 这些活动中所产生的内容是否可检索、可组织和可管理？
- 活动的人员与内容如果有更新或变化，能否自动通知学习者？同样的，活动的进展呢？这些信息是否也可在手持移动设备被方便接收？
- 活动中的个性化支持服务有哪些（比如对个人空间的管理与布局，个人成果的管理与发布等）？
- 学生参与这些活动的行为轨迹能被自动跟踪吗？
- 是否支持学生多种方式的分组（包括系统随机、教师指定、自由参与）？
- 可否支持文档在教师之间、学生之间、师生之间的共建共享，尤其对实时共笔的支持？
- 学习内容或信息可否根据学生的学习特征或活动记录实现自动推送？同样，教师的评价和提醒除人工发送外，是否也可支持自动推送，比如在特定时间，或者在学生执行了某一学习活动时？

在测试与评价支持维度，建议比较和分析的功能应包括下面这些：

- 测试题目能否被灵活地导入、导出？如果可以，支持怎样的格式？
- 支持在线编辑的题目类型是否丰富？有哪些？音视频片段能否添加进题目中？能使用第三方的制题工具吗？

- 学生作答要用的数学公式、科学符号如何输入?
- 是否有题库系统支持?题库中的题目是如何被标签化的?能否自定义标签?
- 题目只能用于期中或期末测试吗?
- 试卷或测试可以根据各种标准发布吗,比如按时间、按以往成绩、按特定活动完成情况、按学生分类等。
- 题库题目是开放给所有老师的吗?
- 在线测试的安全问题是如何保证的?比如只允许在特定时间访问,在特定物理地点访问等。
- 是否允许学生多次提交作业或测试?一旦提交,是否还允许进行修改或撤销?
- 教师怎样提供反馈或评价?是否允许组织机构以外的人(比如家长)浏览学生的工作并提供建议等?
- 学生提交的作业有剽窃工具检查吗?
- 系统支持哪些题型的自动评分?
- 能否提供不同类型的量规帮助教师进行不同学生项目作业的评价?比如论坛参与、调查论文等。
- 学生参与在线测试后是立刻获知他们的分数,还是等教师开放后才能查询?
- 学生如果重测,系统支持生成等价试卷的能力如何?
- 系统是否提供集中式成绩簿?能支持哪些视角的成绩查询和报告服务?比如基于个体,基于班级等。结果的呈现能否可视化?
- 教师能否设置自己的成绩分析规则?
- 是否提供问题学生(比如无法完成课程学习的学生)的预警?
- 成绩及其分析报告能否被导出?或直接对接学生信息系统?

需要注意一点的是,这种评分机制应确保大量“只需拥有”的功能不会掩盖“必须拥有”的、相对较少的核心功能,还要避免一些目前不熟悉但在将来某个时候可能会变得很有用的功能被低估甚至忽略。此外在比较与分析中,还有可能添加未发现的功能服务,从而调整前期对教学需求的设想。

除了对候选系统的功能进行比较和分析外,我们还应该将平台自身的历史和声誉纳入评价范畴。以下是建议考虑的项目:

- 系统平台是由知名机构或公司生产的吗?该机构或公司是否稳定?
- 系统平台的更新情况如何?是否具有清晰的技术路线规划,能够为新版本和新增功能提供合理的时间框架?
- 有什么证据能说明它能跟上未来的发展?比如愿意公开讨论学习环境的变化,以及他们适应这些变化的路线图。

- 机构或公司是否熟悉相关教育领域业务模式和内容类型，提供经验咨询，并为咨询做出特定的安排，尤其是在数据迁移和管理变更等复杂问题上？
- 目前有哪些教育机构使用了这款系统平台？他们的评价如何？
- 是否有对这款系统平台的第三方对立审查？如果有，系统平台的评级情况如何？

（四）系统试用，判断与决策

评价产品的方式通常有三种，这也是评价不断聚焦深入的过程。(1)基于产品资料的评价：依据自己的需求清单，对照产品的资料，对候选系统满足需求的程度进行评分。(2)基于产品演示的评价：产品资料无法直观展现系统功能执行的细节，因此可以让产品提供商基于给定的用例场景演示系统的实现过程，同时记录额外的问题进行追问，以获得对系统更为直观的认识。(3)基于产品试用的评价：动手探索能更好地了解系统用户界面的设计、交互的特性以及功能逻辑是否符合自己的需求。可以在提供商的指导下进行一定的试用体验，进一步加深对系统的认识。

很明显，前面环节对于系统的评价主要属于第一种类型。因此，在对候选系统进行最后决策时，我们最好联系系统供应商进行演示，若有可能一定要进行试用。演示时，使用我们的应用场景，让供应商执行满足需求所用到的功能和步骤，以评估系统能否有效运作和顺利迁移。如果系统提供有免费或低成本的试用期，则要求进行试用，从而在“真实”的情境下观察管理员、教师和学生的接受反应和使用程度，以做出全面且准确的判断。但有一点需要明确，那就是不存在一个万能的系统，在作出决定前，我们需要对系统可以做什么和不能做什么有一个清晰的认知。利用平台的最大功能实现教学目标是工作的重点。具有预见性功能以适应未来需求虽然很好，但如果自身的教育应用在扩展之后也不会预见使用所提供的高端功能，将浪费不必要的精力和金钱。过于复杂的平台会给用户带来负面印象，而多余繁琐的功能会增加教学的困惑和分心，也需要更多的动手经验或专业开发人员，且增加平台创建和维护的成本。总的来说，最好避免复杂化并保持简单。

以下一些调查报告也可作为最后的决策判断参考。一项关于学习技术系统“必须具备的特征”的调查，学习受众反馈结果为：课程跟踪和完成率、网络会议和虚拟教室、测试和评价、综合报告、移动创作和部署、课程营销和电子邮件、虚拟学习环境、调查管理、社交网络工具等(Roche and Upton, 2013)。而布兰登·霍尔集团(Brandon-Hall Group, 2015)关于学习技术系统最受欢迎的特征调查结果显示，系统应具有易用性、适应能力、与其他系统的集成能力、个性化内容、成本因素、强大的报告功能、移动学习功能、社会学习特征、云部署等特征。

本章参考文献

[1] Berking P, Gallagher S. Choosing a learning management system [J]. Advanced Distributed Learning (ADL) Co-Laboratories, 2013,14:40 - 62.

[2] Bradley V M. Learning Management System (LMS) use with online instruction [J]. International Journal of Technology in Education (IJTE), 2021,4(1):68 - 92.

[3] Brandon-Hall Group. "Thinking of Switching Your LMS?" [R]. White paper September, 2015.

[4] Grajek S. Digital Capabilities in Higher Education, 2015: E-Learning. Research report [R]. Louisville, CO: ECAR, 2016.

[5] Hannon V, Patton A, Temperley J. Developing an innovation ecosystem for education [J]. Cisco White Paper December, 2011:1 - 23.

[6] Roche J, Upton C. Learning and Talent Systems Core to Driving Performance [J]. Elearning, 2013,9(3):30 - 34.

[7] Shoikova E, Nikolov R, Kovatcheva E. Conceptualising of Smart Education [J]. Electrotech. Electron, 2017:52.

[8] UNESCO. ICTs and Education Indicators: (Suggested core indicators based on meta-analysis of selected International School Surveys) [EB/OL]. [2022 - 12 - 30]. http://www.itu.int/ITU-D/ict/partnership/material/ICT_Education_Paper_Nov_2006.pdf.

第六章 信息化教与学活动的变革策略与技术抓手

从整体、持续的课程教学角度评估了平台的适配度后，接下来我们就要从具体、多样的活动开展角度探讨学习技术系统功能服务的选取与组织，并抓住支撑的技术要点。

一、信息化教与学活动的变革视角

（一）不同视角下教与学活动的在线开展

不同学习理论对学习是什么有着不同的理解，也会给予我们不同的学习活动设计指导。图6-1展示了当前主流的学习理论。这些理论来自于不同的学科基础，有的基于心理学，有的基于教育学，有的基于社会学，有的基于哲学。其中，我们最熟悉的莫过于行为主义学习理论、认知主义学习理论和建构主义学习理论。它们所提出的一些关键概念和核心观点，我们也经常运用来指导教学活动的设计，以促进学习的参与、提升学习的效率，比如最近发展区、学习支架、对话、双循环学习、交互关系以及实践社区等。

基于不同理论对教与学的指导，发展至今我们设计出了丰富多彩的教学活动形式。比较常用到的有示范、讨论、总结、测验、实验等，开展起来相对复杂的有辩论、做调查、角色扮演等。这些活动有的是以教师为中心，由教师主导，有的是以学生为中心，需充分发挥学生的主体作用。有的是以群体为单位开展，涉及小组的分工与合作，有的则是以个体为单位开展。有的适合用于正式学习的场景，主要在课堂上运用，有的则适用于非正式学习的场景，以更好地支持学习的灵活性。有的在线下开展效果更好，有的借助技术的支持在线上开展更合适，当然也有的两种形式皆可。如表6-1所示，我们给出了现有大多数教学活动适合开展的方式。

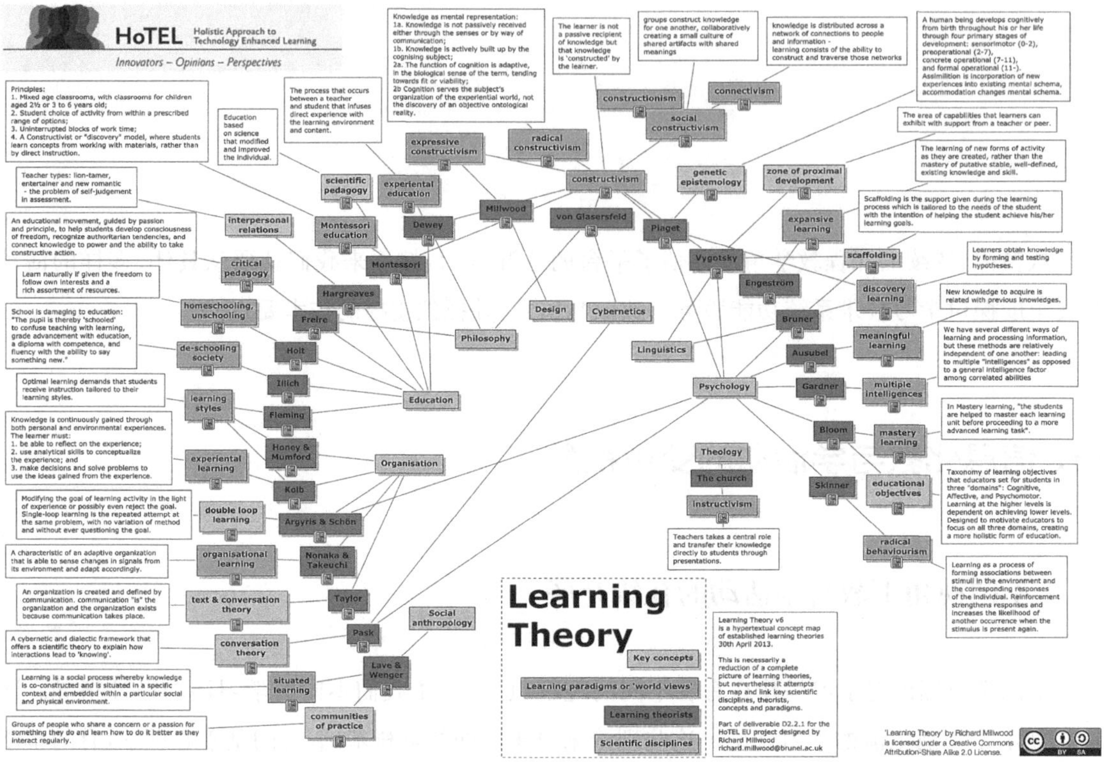

图 6-1　当前主流学习理论一览①

表 6-1　不同类型教学活动适合开展的方式

活动类型	主导者 （教师/学生）	参与主体 （群组/个体）	适合场景 （正式/非正式）	适合空间 （线上/线下）
示范(Demonstration)	教师	个体	正式	线下
讨论(Discussion)	教师	群组	皆可	皆可
总结(Student Summaries)	学生	皆可	正式	皆可
观察(Direct an Observation)	教师	个体	正式	线下
小组活动(Group Activity)	教师	群组	皆可	皆可
嘉宾演讲(Guest Speech)	教师	个体	正式	皆可
问题求解(Problem Solving)	教师	皆可	皆可	皆可
字谜游戏(Puzzles)	教师	群组	非正式	皆可

① 图片引自：http://hotel-project.eu/sites/default/files/hotel/default/content-files/documentation/Learning-Theory.pdf。

续　表

活动类型	主导者（教师/学生）	参与主体（群组/个体）	适合场景（正式/非正式）	适合空间（线上/线下）
测验（Pop a quiz）	教师	个体	正式	线下
同伴互评（Peer Review）	教师	群组	正式	线上
问答（Questions & Answers）	教师	皆可	皆可	皆可
测试或自测（Quiz or Self-test）	学生	个体	正式	线上
做调查（Conduct a survey）	皆可	皆可	皆可	皆可
辩论（Debate）	教师	群组	非正式	皆可
报告（Report）	皆可	皆可	正式	皆可
文献综述（Review）	教师	皆可	正式	皆可
参观访问（Field Trips）	教师	皆可	皆可	线下
视频作品（Film/Video）	学生	群组	皆可	皆可
头脑风暴（Brainstorming）	皆可	群组	皆可	皆可
写日记（Keep a journal）	学生	个体	非正式	线上
模拟（Simulations）	教师	皆可	正式	皆可
游戏（Games）	教师	皆可	非正式	皆可
专题讨论会（Symposium）	教师	群组	正式	皆可
民意测验（Take a poll）	皆可	个体	正式	线上
默记（Memorization）	学生	个体	正式	线下
学生引导的讨论（Student lead discussion）	学生	群组	正式	皆可
建立共识（Build consensus）	皆可	皆可	皆可	皆可
讲故事（Storytelling）	学生	皆可	非正式	皆可
实验（Laboratory）	教师	皆可	正式	线下
学习小组（Learning Teams）	学生	群组	皆可	皆可
角色扮演（Role Playing）	教师	皆可	皆可	皆可

除了以上视角，我们还经常从以下角度思考并组织教学活动的在线开展，包括基于交互的取向、基于不同的教学时段和基于不同的教学目标层次。

1. 基于交互的取向

基于交互的取向可划分为人与人的交互和人与内容的交互两类。在现有技术的支持下，与内容的交互多由相关设备或系统加以支持。与人和与内容的交互活动在支持情感、复杂问题诊断、耐心与一致性以及访问与可用性上存在着显著的差异，如表 6-2 所示。从某种程度上来讲，两者的优劣势是一种互补关系。

表 6-2　与人和与内容交互活动的差异

维度	与人的交互	与内容的交互
情感上	与人的交互可在情感层面建立联系，比如爱、同理心、关怀等，尤其是一个具有很强感染力的话题，能非常有效地在参与者中传达兴奋和热情的情绪。	机器不具有情感，很难在情感层面与学习者建立联系。
复杂问题诊断上	具有专业基础的人能快速诊断出问题所在。	虽然机器在复杂诊断方面越来越好，尤其是大众都关注的主题方面，但它们在面对多样化的复杂学习任务时，仍然很难做出诊断并给予及时反馈。
耐心与一致性上	人不善于不断重复相同的指令或重复相同的反馈。若重复次数多了，他们会感到厌烦，失去兴趣，甚至开始犯错。	机器可以一遍又一遍重复同样的指令或反馈，不会感到疲倦或出错。
访问与可用性上	人不可能一天 24 小时不休息，也很难同时满足不同学生的多种需求。	无论学习者何时需要，都可随时使用内容交互，一天 24 小时可接入。而且机器可以同时为多个学生提供多任务的服务。

2. 基于不同的教学时段

根据课堂情境，我们将教学时段划分为课前、课中和课后三个环节。课中主要指的是课程表中所规定的统一授课时间，课前与课后指的是课程表外学生可以自主支配的时间。如表 6-3 所示，我们将不同教学时段常采用的教与学活动类型进行了梳理，并给出了其线上开展的形式，包括师生利用学习技术系统进行的教与学行为。

表 6-3　不同教学时段的教与学活动

时段	教与学活动	活动的线上开展描述
课前	1—发布公告	教师在课程或每节课开始之前通过平台发布课程公告，提醒同学按时参与学习。
	2—资源学习	教师将在线教学资源发放给学生，学生进行自主学习。
	3—测试评价	教师通过在线测试或提问，搜集学生在平台中的数据等来了解学生的掌握情况。

续　表

时段	教与学活动		活动的线上开展描述
课中	以教为主	4—内容讲授	教师构建虚拟课堂，实施一对一或一对多的同步在线教学。
		5—观看资料	教师集中播放事前准备好的视频资料，或让学生在平台上个人观看。
		6—实验演示	教师进行在线虚拟演示，学生可在平台上进行技能操练和自主探索。
		7—练习答疑	学生完成在线练习，教师根据平台分析的结果或集中或个别地进行辅导答疑。
		8—交流互动	师生可在讨论区进行即时图文互动，也可通过“举手”连麦实现师生语音或视频沟通。
		9—展示互评	学生在平台上展示完成的作品，教师组织开展生生互评。
	以学为主	10—个体学习	学生自主借助各种学习资源进行学习，可灵活选择学习的节奏和路径。
		11—分组合作	教师借助平台进行多种方式的分组；学生在小组虚拟空间进行任务分工、交流讨论、资源共享和作品创建等。
课后	12—作业任务		教师布置作业，学生在线提交；教师在系统中及时了解学生的提交情况，催交作业并进行批改。
	13—自测检查		学生利用题库进行知识水平自测，巩固所学知识。
	14—拓展学习		学生利用资源库自主学习以拓展知识范围，并交流彼此所学。
	15—反馈沟通		教师将学生的情况同步或异步反馈给学生或家长。

3. 基于不同的教学目标层次

此外，我们还应该根据想要实现的教学目标的不同层次，选取适合的教学活动形式并借助学习技术系统的服务功能加以支持，如表 6－4 所示。

表 6－4　不同教学目标层次适合的在线教学活动形式

目标层次	可开展的在线活动
记忆：认识、识别、罗列、命名、回忆等	在线自测、社会性书签、搜索事实、抽认卡片等
理解：总结、解释、归类、标注、分类等	论坛、评论、博客、微博、标签等
应用：实行、操作、使用、编辑等	模拟、播客、百科、虚拟实验等
分析：组织、概述、整合、比较、验证等	批注视频、元标签、投票、群组协商、反思等
评估：测试、实验、检查、判断、协调、批判等	同伴互评、审核讨论、评判博客或维基百科、在线辩论、虚拟实验等
创造：设计、发布、计划、开发、发明、建构等	展示、播客、网络直播、视频录制、混创、数字故事等

（二）从传统“教”到现代的“学”

随着泛在网络、大数据、人工智能等一系列新兴技术的发展成熟，社会数字化转型浪潮已然全面到来。教育数字化转型的进程远超我们的想象。在教育数字化转型的背景下，我们需要充分借助分析技术、智能技术、云技术、移动技术以及社交网络等技术的共同作用，依托各类学习技术系统努力打造教与学的变革。这也可称为下一代的教与学。

下一代教与学总的思想是从传统支持教师的“教”转变为现代支持学生的“学”。这样一来，教学活动过程就不再只是实现课程内容的组织与传递，而是开始越来越多地关注于如何整合各种手段以带给学习者更好的学习体验，如何充分利用分析技术对学习者的学习过程和学习成效进行深入的理解。因此，我们所主张的教学活动变革视角如下：

（1）要以“学生”为根源。以往开展教学注重的是教的行为和流程，但服务的“学生”才是教学的基础和根本，需要以“学生”为本、从学的需求出发，最后回归到“学生”的发展。

（2）要以“数据”为基础。在以大数据、智能化领跑的时代，只有对“数据”的充分挖掘和利用，才可大力支持探索教学方法和服务的创新。

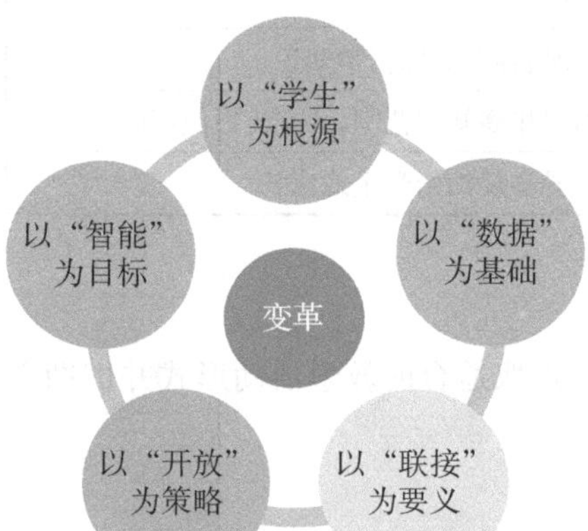

图6-2　信息化教与学活动的变革视角

（3）要以“联接”为要义。以往教学开展只考虑了教育体系内部的联接，但为了更好应对社会对教育的要求，我们需要从内部的“小联接”走向与外部和其他各领域的“大联接”，比如家庭、企业甚至社区。

（4）要以“开放”为策略。“开放”才能有机会真正呈现和服务教育生态的全貌。在充分保障信息安全的基础上，教学活动应充分开放和共享各类数据和资源，实现全社会的共建共享、共同获益。

（5）要以“智能”为目标。建设更加智能、更加自动化的教学服务才能真正推动个性化学习的实现，让每个人都能获得最适合自己的资源和发展途径。

二、信息化教与学活动的变革策略与技术抓手

（一）从HPL框架到四种驱动策略

前面我们介绍了学习技术系统架构的五要素，即人、资源、活动、数据和场景。基于学习技术

系统开展信息化教学活动，其实就是人、资源、数据和场景四个要素以不同的方式结合，最后落脚到活动要素上，形成不同的教学活动组织体系。为了保障教学的有效开展，我们引入了 HPL 理论框架的视角。HPL 全称为 How People Learn，即人们是如何学习的，强调要从如何教转向如何学，从结果转向过程。HPL 由美国国家科学院提出，基于认知科学、发展心理学、神经科学、人类学等领域的重要观点和发现例证，这一理论框架给出了影响人们学习开展的重要因素。专注于不同的视角，教学活动开展中心也不同，可分为以学习者为中心、以知识为中心、以测评为中心和以社区为中心。如果我们把 HPL 框架中的重要因素映射到高度抽象化的教学活动体系中，那么社区主要对应的就是人的要素，知识（或内容）对应的是资源要素，测评对应于数据要素，而学习者因为关注于学习者体验的提升，因此对应的是场景要素。这样我们就可以得到四种驱动策略，分别是内容驱动策略、社区驱动策略、体验驱动策略和测评驱动策略。当我们在组织教学活动时，就可分析当前教学需求的核心问题在哪，从满足核心问题出发，抓住关键要素所在，选择相适配的变革策略切入（图 6－3）。

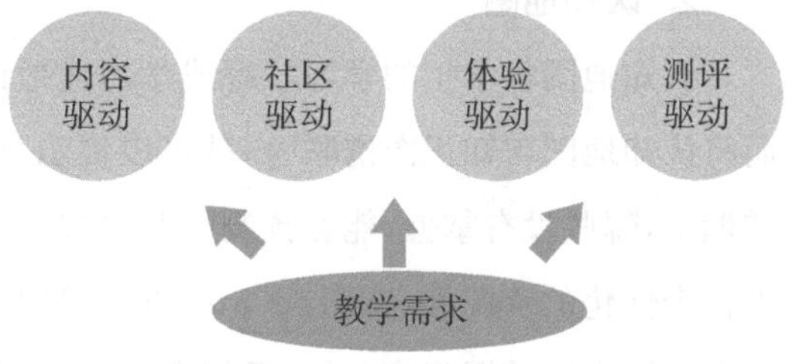

图 6－3 信息化教与学活动变革的四种驱动策略

（二）内容驱动的变革策略及其技术抓手

内容驱动的变革策略侧重从教入手，但比以往更关注学生对知识或技能的获取与应用的结果。其核心观点是要开展对话式教学，帮助学生在新旧知识之间搭建“桥梁”；同时还要提供严谨细致的内容体系，以保障学生的学习效果。因此在变革中，有效地组织与推送内容是关键所在。以内容驱动为导向，教学组织中变革的要点有知识图谱、认知地图、学生画像、资源推送和精准教学。

1. 知识图谱

以往在组织教学内容时，我们常用到知识体系一词，而且常用层次结构图加以呈现。那么知识图谱一词与知识体系的区别在哪？知识图谱本质上是一种揭示实体之间关系的语义网络。因此它在知识体系基础上加强了知识点之间关系的建立，而且这种关系不再只有包含与被包含一种。基于丰富的关系网络，我们可以实现对关系的验证和对知识的推理等。图 6－4 展示了关系推理的原理。左图展示了小王是大王的儿子，大王是老王的儿子。基于这样的关系，我们不难推理出右图新增的关系，即小王和老王是爷孙关系。

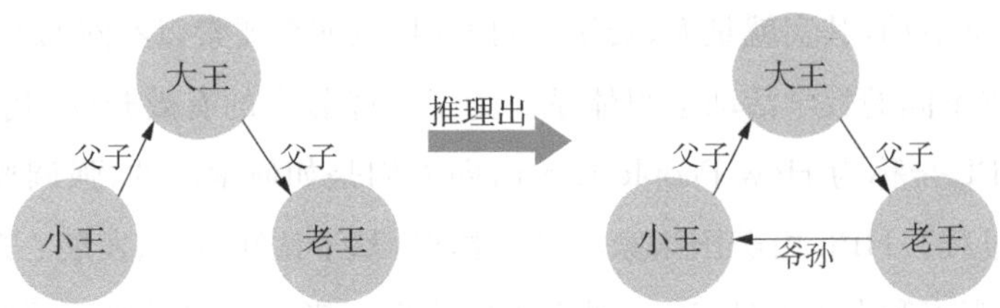

图 6－4　知识的推理

有了知识图谱，学习系统或教师就可以基于知识点之间的关系给学习者推送同级知识或同类资源，或者根据学习者现有学习状况推送前序知识或后继知识等。

2. 认知地图

认知地图将学生的学习状况或学习成效以视觉化的方式加以外显，常用到的工具为概念图。而将认知地图与知识图谱联合，就可以揭示学生当前状况与教学目标之间的差距，比如知道哪些掌握了，哪些没有掌握，能够预测哪些可以被掌握，哪些无法掌握等。我们还可以基于认知地图进行个性化的资源推送（图 6－5 右图）。案例中的 A、B 两位同学，左右两张认知地图分别呈现他们对于知识的掌握程度差异，后续资源的学习就可以有不同的推荐，彰显个性化。对于掌握较好的知识点可能是知识的提升或下一阶段的开始，对于掌握不好的知识点可能需要先补差然后再重学。

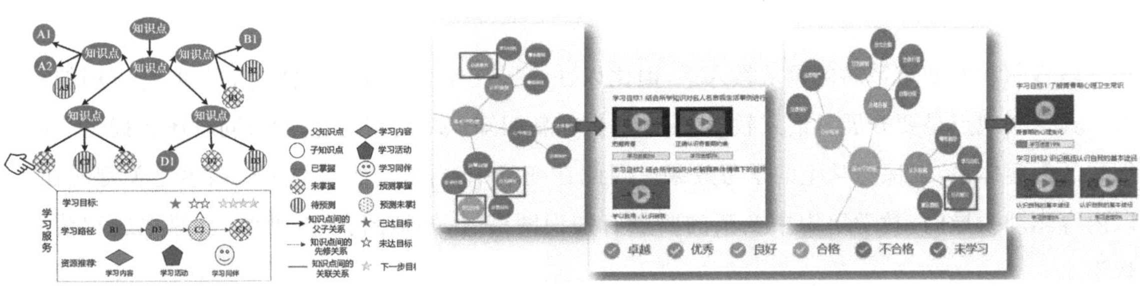

图 6－5　基于认知地图的个性化资源智能推送（左：引自万海鹏等，2021①；右：引自余胜泉，2018②）

3. 学生画像

很多人把学生画像与个性化关联在一起，认为做好了学生画像就可以进行个性化的教学。其实，画像技术实质是对用户信息的高度抽象，选取有价值的标签试图描绘用户的全貌。必须明确的一点是，这种描述针对的是一类群体，而非单个的个体。因此基于学生画像开展的个性化教学可能更接近于所谓的分层教学或分类教学，因为是服务于相似的一类学生群体。

① 图引自：万海鹏，余胜泉，王琦等. 基于学习认知地图的开放学习者模型研究[J]. 现代教育技术，2021，31(4)：99.

② 图引自：北京师范大学未来教育高精尖创新中心报道（https://aic-fe.bnu.edu.cn/xwdt/zxxw/50151.html）.

我们基于学生画像进行资源推送，可以大大增强资源服务的针对性，提升学习者的学习体验。比如围绕资源的推荐，“猜你喜欢”“相关推荐”“同伴在学”等栏目，虽然视角或稍许有所不同，但底层支持的核心技术都有学生画像的身影。

4. 精准教学

内容驱动变革策略最终要聚焦在精准教学上。精准教学要做到三个方面的精准，即对目标的设置和把握要精准，对问题的分析和诊断要精准，干预的介入时机和程度要精准。其实精华就是匹配二字，就是俗话说的因材施教。但发展到信息化的当下，要求科学合理、要有客观证据，那么决策的依据就很重要，而且必须通过对教学过程进行全面的监控才能做到。

5. 各要点之间的关联

内容驱动变革策略五个要点之间的关系如图 6-6 所示。知识图谱、认知地图和学生画像三个要点需要在相关学习技术系统中加以实现。借助平台的支持，教师参与知识图谱的构建，学生的认知地图和画像被持续评价和展现。然后基于这一技术保障，教师与平台或教师与系统人机协同，为学生提供有效的资源推送，开展精准教学。

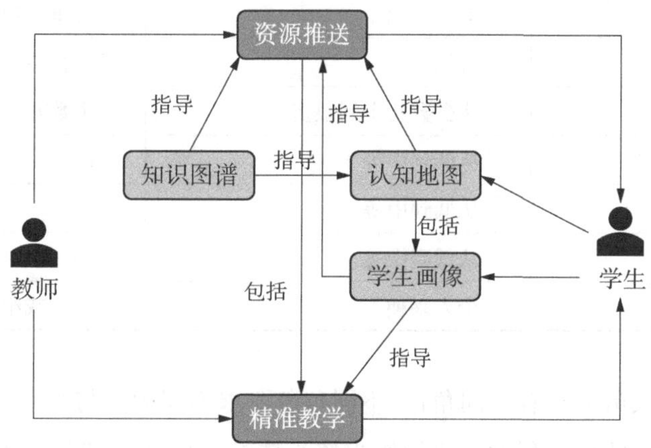

图 6-6　内容驱动变革策略的要点关系

(三) 社区驱动的变革策略及其技术抓手

社区驱动的变革策略侧重社会性学习，强调学习者之间的充分互动与交流。其核心观点是每个人的观点都是有价值的，要深入参与，着力于解决复杂问题，鼓励发展高阶思维。因此变革中非常看重社区的建立及对社区的支持。以社区驱动为导向，教学中变革的要点有创新社区、协同工具、参与文化、社会网络和集体智慧。

1. 创新社区

创新社区是以创新变革为目标所发展起来的一种新型社区形式。与以往的学习社区和实践社区服务于知识或技能学习的目标不同，这种社区的目标是共同促进创新。因此创新社区特别强调组建的群体要来自于不同背景和不同组织，将差异看作是一种机遇，主张创新也需要进行培育。如表 6－5 所示，不难看出相对于常见的实践社区，创新社区的人数要少些，但要求个体参与的程度和对社区的奉献度更高，参与的动机可能是个人兴趣，也可能是组织机构要求，社区的生命期限也相对较短。

表 6－5　创新社区与实践社区的差异

维度	实践社区	创新社区
认识论	学习	创新
特征	自然兴起	可自然兴起，也可人工培育
生命期限	比较长	比较短
目标	比较广泛	比较聚焦
范畴	单一功能	可单一功能，也可交叉功能
参与者	自愿者	可自愿，也可应征
参与人数	从少数几个到很多人	少数几人
参与者之间的信任程度	从低到中等	高
参与者成本	从低到中等	高
组织成本	从低到中等	高
加入动机	个人兴趣	个人或组织的原因

一个社区的构成成员会有着不同角色，不同角色要求不同的参与水平，而不同的参与贡献决定了参与角色对于社区的重要程度。比如作为核心成员的协调者和领导者要求积极参与，而专家等则只要偶尔参与即可。社区成员之间的连接也可以有着不同的范畴。范围小点就只在群组内部，稍大点在社区内，再大点就要体现跨社区间的联系。依据目标的不同，社区结构化的程度也会不同。目标导向，共享复杂知识，结构化程度最高的是工作组；机会驱动，分享多元化创新观点，结构化程度最低，非正式组织结构的是社交网络；中间程度的就是各种实践社区，以解决问题为目标，实践检验各种新想法和新方案。

2. 协同工具

社区驱动强调要充分地互动与沟通，因此除了常见的沟通交流工具，比如论坛、聊天室之外，我们还应该为社区的创新共建提供协同创作的工具。协同创作的工具要能够支持多人的实时共笔，展现成员的不同贡献，还能支持协作活动的跟踪和作品历史版本的回溯。

在协同工具中，如何将个性化与社会性之间的相互影响可视化是一个难点。当以社区或群体为单位开展教学活动时，我们很容易以图 6－7 中案例所示的方式展现最后集体成果的演变过程。但个体的个性化需求往往会被忽略，比如个体的认知或技能发展受哪些人影响，又影响了哪些人等。社区驱动变革最终成效还是要落脚于个体的成长，因此在社会化过程中的个性化需求值得重视。

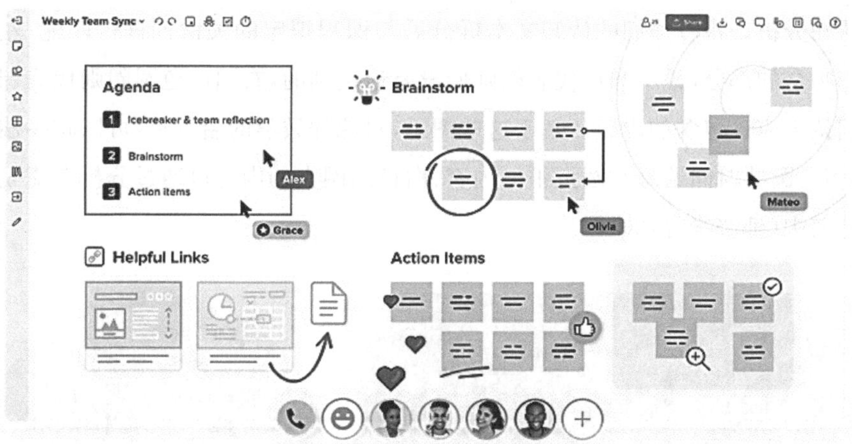

图 6－7　团队协同工具案例：会议桌

3. 参与文化

社区驱动要求成员能够人人参与且深入参与，那么参与文化的思想可从一定程度上支持这一目标的实现。参与文化是由美国传播学家亨利·詹金斯于 1992 年提出，诞生于自媒体的文化现象。它表达的是一种人们借助各种新媒体技术，积极参与文化创作、表达和传播的状况。因此参与文化非常注重关系的建立和身份的认同，推崇个体的具身参与，强调集体智慧。但要在教学活动实践中真正运用参与文化的指导思想，需要注意以下几个关键点：

第一，活动的准入门槛要低；

第二，要给予过程中充分互动的时间；

第三，要展现个体的成长，让其体验成就感；

第四，教师可以进行干预，但指导必须为非正式的，因为要把控制权交由学生。

4. 社会网络

针对基于社区开展的教学活动，技术赋能的一个重要场景就是将成员之间的社会网络可视化，并通过测量分析寻找网络的中心、隐藏的关系和发展的路径，进而发现问题或者提炼规律。而对问题的发现又可划分为不同层次。最简单的是行为层次，因为学习系统平台记录最多、最容易处理的就是学习者之间沟通互动的行为情况；其次是认知层次，这个要求对学习者之间的言语对话进行文本分析和语义解读；最高层次为文化层面的，要求能反映学习者所在社区或群组的学习目标、团队理念、规则制度等。问题发现的层次越丰富，越有利于社区驱动策略的干预和调控。

5. 集体智慧

社区活动的最终成果多以集体智慧呈现，体现了一种共享共建的智能。这一视角下要想实现创新，那么一个重要的抓手就是对集体智慧的可视化以及后续的教学利用。图 6-8 的案例展示了一种集体智慧的可视化方式以及应用途径。案例来自于对一群在职读研教师关于某一专业课程的课前认知分析。将教师们的认知文本拆分后与课程拟定的关键词进行匹配，左图浅色圆圈代表两者相吻合的部分，最小圆点代表教师们没有谈论到的，右图白色圆圈则代表课程中没有涉及而教师们认为应该包含的内容。基于这些图示，对课程教学的启发是：可以减少浅色圆圈中内容的讲授，多分配些时间给最小圆点中的内容，白色圆圈中的内容可通过分析考虑是否要纳入课程教学的范畴中（郁晓华等，2016）。

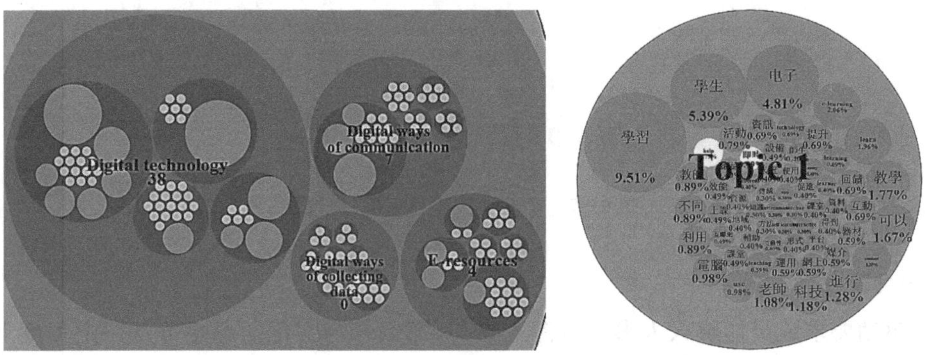

图 6-8　集体智慧的可视化案例

6. 各要点之间的关联

社区驱动变革策略五个要点之间的关系如图 6-9 所示。社会网络和集体智慧两个要点需要在相关学习系统平台中加以实现并提供技术上的保障。该策略强调社会性学习，需要促进学生主体作用的发挥，结合参与文化的指导，积极构建创新社区，借助协同工具的支持，发展高阶思维，解决复杂问题。同时将社会网络和集体智慧可视化分析，为社区运作的干预提供必要的决策依据。

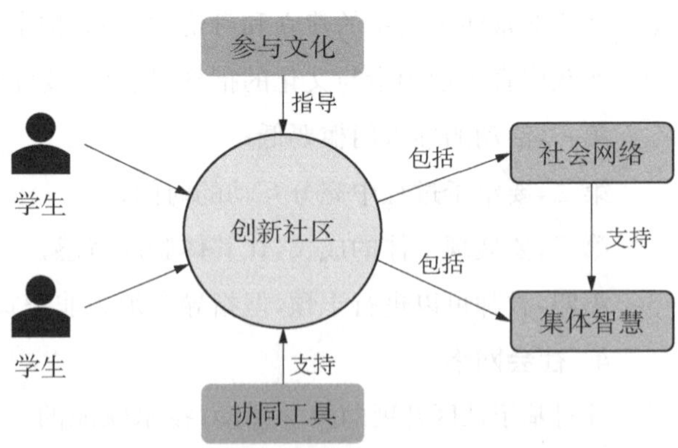

图 6-9　社区驱动变革策略的要点关系

(四) 体验驱动的变革策略及其技术抓手

体验驱动的变革策略侧重激发个体自发的学，强调学习者的学习感知和实践行动。其核心观点是要让学习者基于已有的知识和经验来构建新知识，激发学习者的兴趣、需求等内生动力来驱动学习。因此变革成功的关键是情境的创设和动机的激励，以体验驱动为导向，教学中变革的要点有学习空间、情境感知、学习支架、游戏积分和具身学习。

1. 学习空间

对于学习空间，最简单的理解就是教学活动开展的场所。当前学习空间发生的变革，可归结为三种取向：一是从物理场所向混合教育空间发展，虚实贯通，无缝衔接；二是从封闭空间向开放社区发展，不再局限于班级教室和学校校园，而是连接全社会的力量；三是从集体通用的空间向个性化环境发展，关注学生的学习体验和个体成长。对未来学习空间的理解，我们可以从三个关键词出发：一是未来（future），意味着空间构建需要整合各种新兴技术，比如全息投影、人工智能、VR/AR/MR、5G 等；二是学习（learning），意味着空间构建还要以教学法为依据，遵循人们的认知习惯和学习方式，比如学习科学、人体工程、自然环保等；三是空间（space），意味着空间中要能包含获得真实和虚拟体验的机会。但无论是真实空间还是虚拟空间的学习体验，都必须提供丰富的媒体技术，给予学生充分的自主权。

2. 情境感知

情境感知的过程一般分为三个阶段。首先要通过智能传感设备获知周边的各种情境信息，比如位置、时间、身份等；接着借助一定的算法对这些信息加以理解和解释，最后再将结果以不同形式投射到活动系统中，作为超前思考和未来预测的依据。情境感知的核心是要能够实现对多种数据的整合加工，然后分析理解，后续再提供相关内容或行为决策，比如行为建议、内容推送、学伴引荐等决策切入当前教学过程要自然而然，给学习者以无缝的体验，同时还要体现个性化的特征。

3. 学习支架

学习支架是指在学生的最近发展区内给予一定支持，帮助学生以比较舒适的方式在已有知识的基础上成功获得困难和复杂的概念或技能。学习支架的提供要遵循慢慢放手、先多后少、先复杂后简单的原则。图 6－10 展示了学习支架的应用原理。学生在学习前的知识就像第一个三角形，他们知道的很少，但要学习的目标内容却很多。第二个三角形表示要给予学生足够的支架。支架根据学生当前所拥有的知识水平构建，可能由几层组成，在整个教学过程中提供支持。从第二个三角形，到第三、第四个三角形，学生依靠支架的帮助发展的知识越来越多，所需要的支架也就越来越少。最后在学生掌握全部目标知识后，就不再提供支架了。我们看到第五个三角形中支架的轮廓还在，这表示支架提供的经验和知识将继续存在于学生的脑海中，必要时还可以继续提供参考。

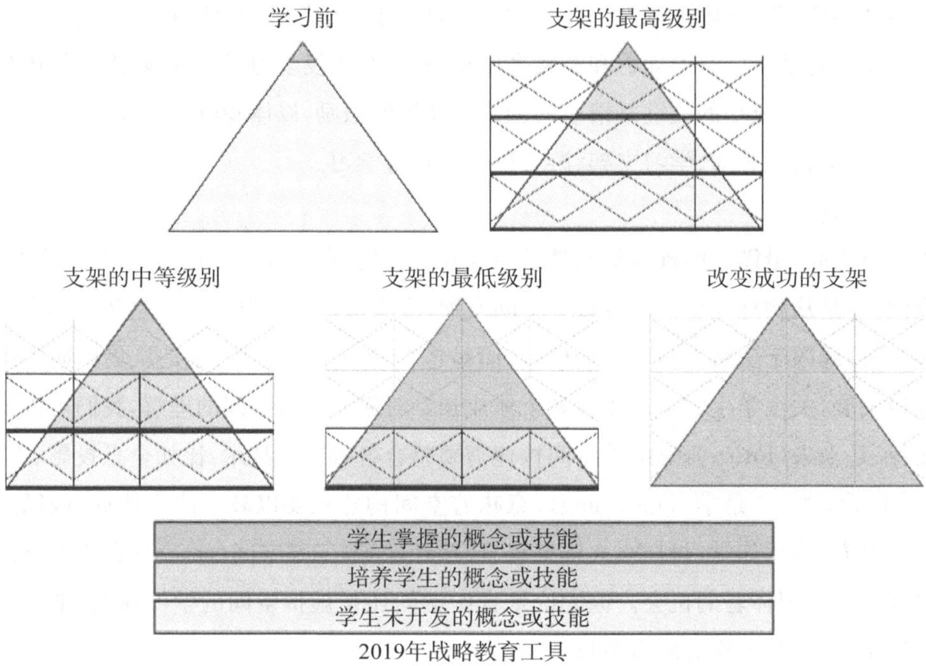

图 6－10　学习支架的应用原理①

学习支架可以表现为多种类型，感官类的、交互类的、图示类的等。感官类的学习支架有图片、视频、教具和真实的物体等，使用感官类支架的目的在于让学生通过叙述性的学习来理解抽象概念或学习新的想法。交互类的学习支架指使用互联网、APP 等软件程序进行会议、面试等，使用交互类支架的目的在于培养学生沟通、合作的技能。图示类的学习支架有图表、时间轴等，使用图示类支架的目的在于将数字和数据可视化，用来传达高度抽象的概念或展示事物之间的关系。我们应该根据不同的教学目标选取适合的学习支架类型，并根据学习者的现有认知水平搭建对应层次的学习支架。

4. 游戏积分

在教学活动中引入游戏积分最主要的原因是解决学习动机缺乏，投入不足的问题。游戏化使人愉悦，能够带给学习者良好的学习体验，激发他们的内生动力，间接促进对知识或技能的学习成效。常用到的游戏元素有徽章、等级、排行榜、进度条、积分、奖励等。但游戏化要想用得好，

① 图示来自：Instructional Scaffolding-Constructing Learning [EB/OL]. [2022－12－30]. https://goodneighborsmath.com/instructional-scaffolding-constructing-learning/.

必须结合教学活动的需求选择适配的游戏元素，不能为了游戏而游戏，然后还要制定明确的积分规则，也就是规定哪些学习行为和学习成果能够纳入积分系统，并如何进行评价计分，最后怎样进行可视化呈现（图 6－11）。

图 6－11　界面上游戏元素的可视化

内生动力的激发是游戏积分这一机制能否获得成功的关键。传统课堂上，教师都是采用“你推（push）”的方式教学，也就是告诉学生你需要学习什么。这种方式由于不是学生的自我驱动，很难引起学生的共鸣。因此我们应该转变方式，转变为学生自我动机引发的“我拉（pull）”的方式。在这种方式下，学生受游戏乐趣或竞争机制吸引，学习的内生动力会促使他们思考自己需要做什么，需要教师给予怎样的帮助。因此，游戏积分这种基于技术＋娱乐＋奖励的方式，将会带来更为良好的参与和互动。

5. 具身学习

区别于常规式学习，具身学习关注于学习中各种非智力因素的参与，主张不仅要知道而且要做，也就是思维和行动同时发生。其中行动包括物理操作、运动和整个身体的体验。学习过程不仅要用头脑思考，还要让身体参与进来。学习成效的体现不仅是认知方面的，还应包括情感方面的，比如信念、感觉、态度、倾向和价值观等。总的来讲，具身学习强调了身体和情感在学习活动中的重要性，指向了一种沉浸式的学习体验。

对于沉浸式体验的类型，我们可以从学习者的部分或全部沉浸以及学习环境的虚实情况两个维度，划分为四个象限（图 6－12）。自主式的沉浸式体验，由学习者主导，交互程度很高，学习者可以根据自己的兴趣进行自由式学习探索；临场感强的沉浸式体验，场景的吸引力极强，支持学习者的多种感官投入，使得学习者与环境之间产生强烈的情感联系；现实派的沉浸式体验，场景为高保真的镜像世界或者就是增强现实世界，例如我们在虚拟世界中看到的 360°街景等；主题型的沉浸式体验，场景具有启发性和建设性，学习者可以在直接的体验中与相关主题情境建立联系，得到即时的反馈。

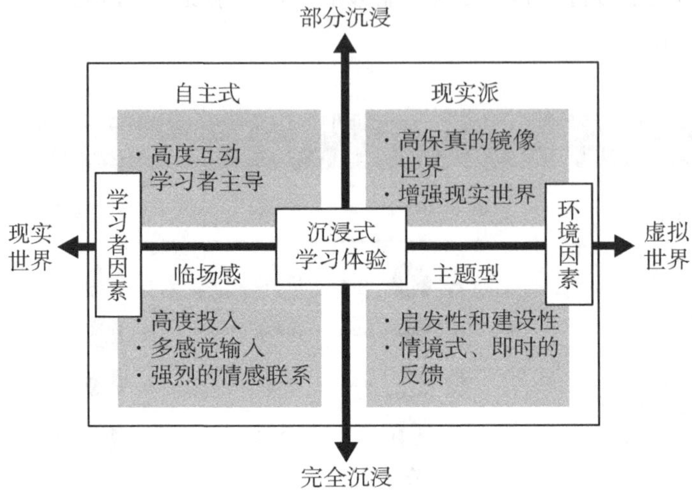

图 6－12　沉浸式体验的四种类型

6. 各要点之间的关联

体验驱动变革策略五个要点之间的关系如图 6－13 所示。学习空间和情境感知要点需要由相关学习技术系统加以实现。借助平台的支持，教师参与游戏积分的制定和学习支架的设计，学生则通过在系统中的具身学习，获得良好的学习体验。

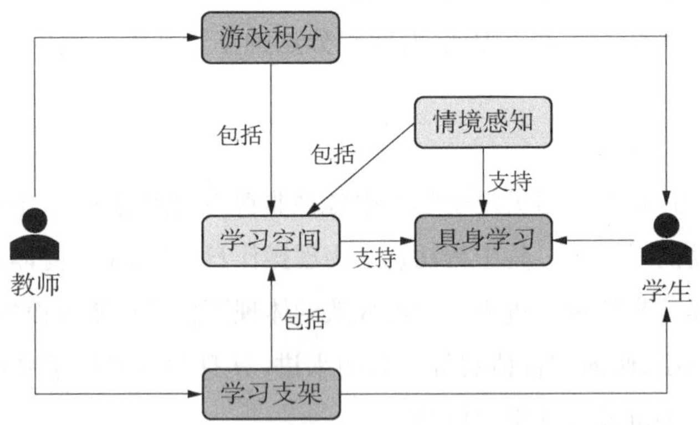

图 6－13　体验驱动变革策略的要点关系

（五）测评驱动的变革策略及其技术抓手

测评驱动的变革策略主张以评促教，以评促学，关注于数据的标准、学习的报告和能力的认证。其核心观点是通过高频率的测试与反馈来确保教学的效果，同时培养学生的元认知能力和自评技能，而且测评可以基于项目方式开展。这个策略变革成功的关键是对题库的管理，并提供多样化的测评方式。以测评驱动为导向，教学中变革的要点有多元评价、电子学档、学习仪表盘、自适应学习和数字徽章。

1. 多元评价

多元评价主张对学生学习的评价应该是多方面的，不仅评价目标要多元化，而且评价主体、评价内容和评价方式也要多元化。多元评价是促进学生全面发展的重要途径，在多元评价导向下，评价的变革应该向过程取向、多元主体取向和多模态数据取向发展。但要实现这一切，最根本的任务就是评价体系的设计以及对应评价数据的获取。图 6－14 展示了一个评价指标体系设计的例子。可以看到，为了描述学生的全面发展，评价从自主发展、社会参与和文化基础三个方面出发，基于德智体美劳构建了七个维度的评价指标。

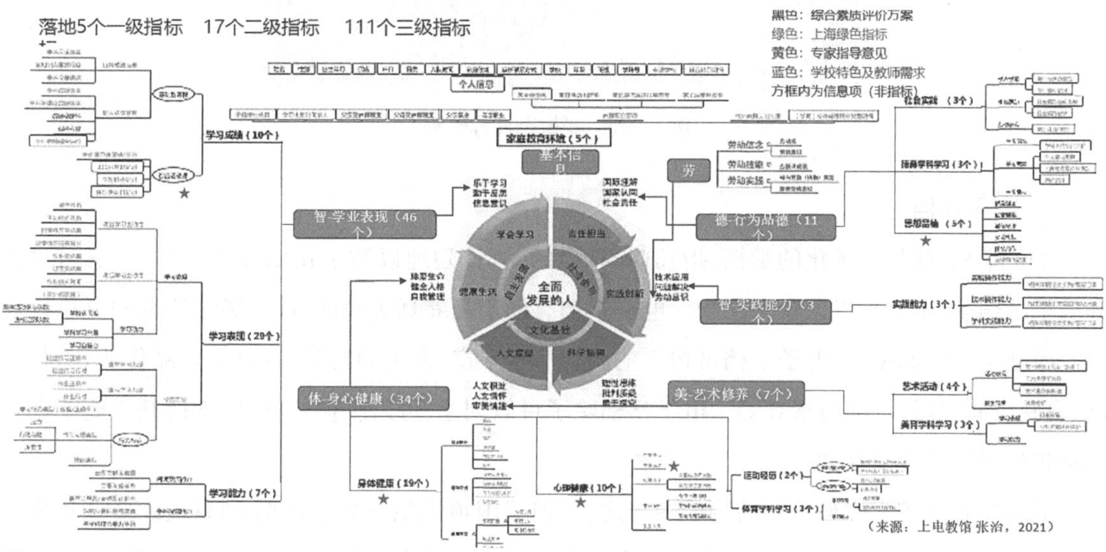

图 6－14　一个评价指标体系的例子

多模态评价是新近发展起来的评价途径，指的是在评价过程中采集不同形态的评价数据，比如行为、言语、情感等，以便更全面地了解和评价学生。随着传感器和可穿戴追踪设备的快速发展，多模态数据以前所未有的规模和速度实现了实时收集和处理。但怎样对非言语模态数据进行标签化，进而再与言语模态数据结合做出最终解释却是多模态评价的难点所在。图 6－15 展示了多模态评价的框架(Di Mitri et al.，2018)。框架分为两个部分，即输入空间和假设空间，二者由一条可观察线分割，其上方表示可观察的证据，下方表示所有可能的解释。虽然多模态评价的输入空间和假设空间看似分离，但可以通过数据标签将两者结合起来进行解释和评价。

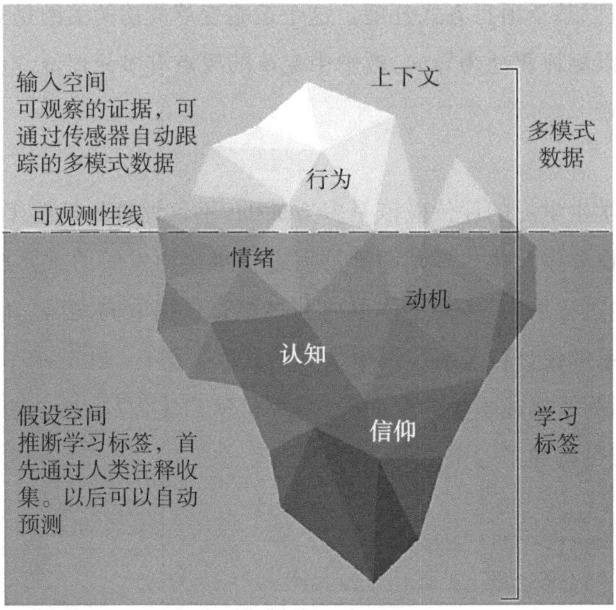

图 6 - 15　多模态评价框架

2. 电子学档

电子学档，就是电子化的学档，指长期、有目的、有计划地以数字化的方式，对学生学习过程和成果的信息、资料加以记录和累积。电子学档有助于开展真实性评价、发展性评价和反思性评价。而基于不同的用途，电子学档可包含的内容非常丰富，常见的有学习目标、作品作业、参与互动、自我反省、教师反馈与指导等。电子学档除了可以创建、可以维护外，还应支持基于电子学档的报告生成以及社交互动。

成绩单是电子学档最重要的构成内容之一，但美国顶尖私立高中联盟 MTC 在 2017 年推出了一个全新的学生评价体系，用学生的能力档案替代以往的成绩单。与成绩单不同的是，能力档案不打分、不评级，只是动态追踪、记录、评估学生八大能力的发展水平，包括创新思维、沟通能力、适应性及探索力、信息素养、领导力及协作能力、全球视野、决策能力以及思维习惯。如图 6 - 16 所示，学生在各个能力上的强弱程度一目了然，有利于学生的自主学习以及彼此之间的良性竞争。学校可自行决定对学生能力的评判标准。

3. 学习仪表盘

作为一种信息管理工具，学习仪表盘将学习目标、过程、结果等相关的各种指标数据以可视化的方式展示出来。一个有效的学习仪表盘要包含 3 个要素：(1) 了解使用仪表盘的受众，明白教师或学生需要知道什么以及目标是什么，这决定了在仪表盘中需要包含的内容和细节；(2) 讲述一个故事，将教师或学生想了解的内容以直观的方式呈现结果，并确保他们能完全了解；

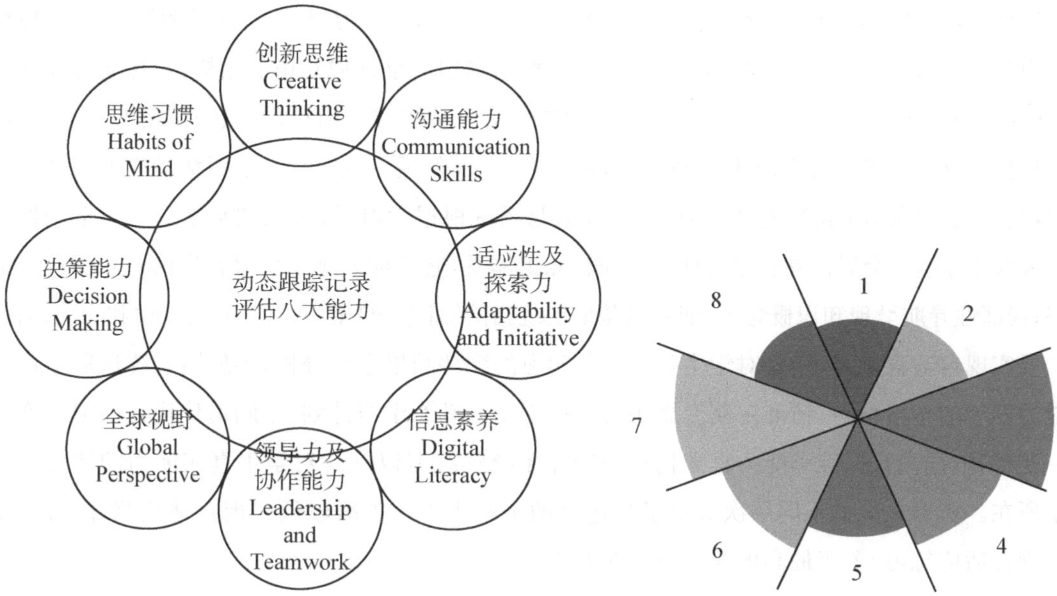

图 6－16　能力档案

(3)行动导向，让数据说话，最终驱使人们采取行动并作出改进。因此总的来讲，学习仪表盘应是实时的且可解读的，能够将结果与目标关联，协助教师和学生识别趋势并发现差距，从而决策下一步的行动。

4. 自适应学习

自适应技术促使学习方式发生了变革，每个人都有了自己的学习路径。自适应学习就是根据学生学习的数据特征自动调整，以获取最适合学习者的学习路径。在传统学习模式下，不同学习内容之间的跳转逻辑是线性且单一的，即使学生已经掌握了某一块的知识，还是要花费很多时间去重复学习。另外学生有问题也不能得到即时的反馈和帮助。为了改善这些情况，在技术的发展下，人工智能自适应学习应运而生，通过人工智能技术检测学生当前的学习水平和状态，相应地调整后面的学习内容和路径，帮助学生提升学习效率。图 6－17 展示了一个自适应学习系统的参考模型。

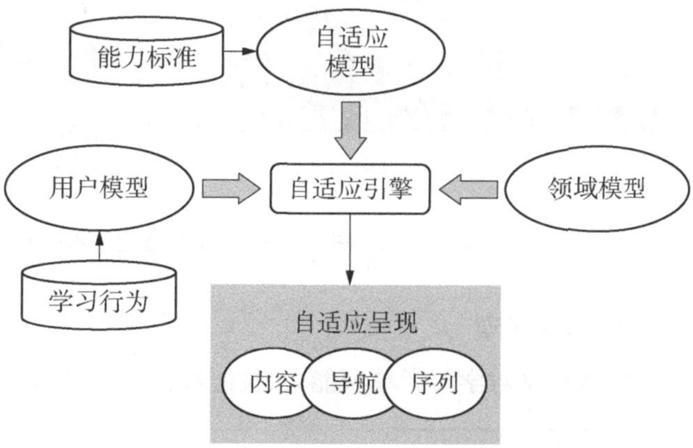

图 6－17　一个自适应学习系统的参考模型

用户模型描述用户的个体特征，如

基本信息、学习风格等。学习行为记录学生的学习历史过程，如学习时间、访问类型等，系统可以根据用户的学习历史记录不断更新用户模型。领域模型描述的是领域知识的结构，包括概念和概念间的联系。能力标准决定了自适应模型的目标和逻辑。系统根据用户模型、领域模型、自适应模型通过自适应引擎实现内容、导航和学习活动序列三方面的适应性显示。学习活动序列是系统根据学习者的学习风格适应推荐的学习序列，导航是系统根据学习风格、认知水平划分的全局性导航和局部性导航。全局性导航呈现课程的完整知识体系，通过标记显示学习者当前对知识的掌握状态；局部性导航呈现知识概念图，能够清楚地展现当前知识点的相关知识、先前知识和后向知识。

要实现自适应学习，就要对学生每一阶段学习的测评结果进行分析，再反馈系统选取适应学生能力发展的学习材料，精准定制专属于每一位学生的动态学习计划，不断迭代优化。但要实现这一逻辑，依据内容标准和能力框架构建的题库系统和练习以支持对学生真实能力的测评就是根本所在。机器决策的不同层次决定了自适应的不同水平。等级较低实现自适应测评，等级中等实现自适应练习，等级最高的实现自适应教学。

图 6-18 展示了一个自适应技术引发教学变革的案例。2015 年美国亚利桑那州立大学开发了一门新的课程，将自适应学习与传统教学有机整合。课前，学生在线上进行自适应学习，观看视频、阅读课件并评价自己的知识掌握情况。等他们进入课堂的时候，已经对知识有了初步的记忆和理解。因此在课堂上更多的教学活动围绕高阶思维开展，并关注于学生的主动学习。经过一个学期的实践，学生的通过率明显提高，辍学率也明显降低。

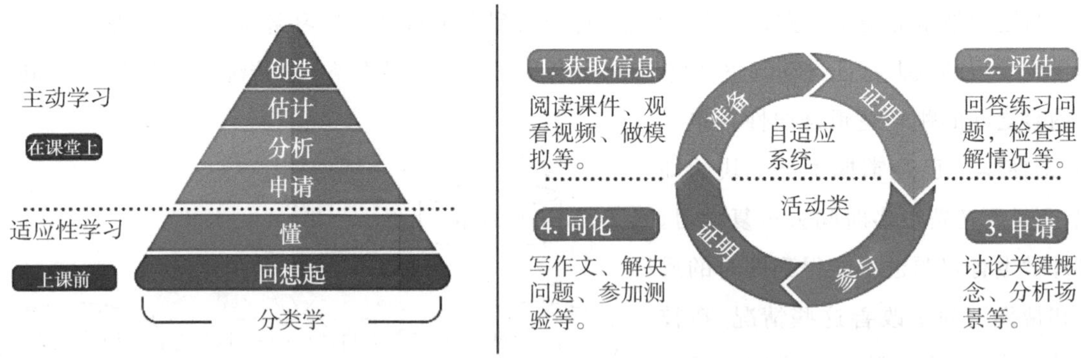

图 6-18　一个自适应技术引发教学变革的案例①

5. 数字徽章

微认证是对学习者单项能力、技能和经历的认证。这有些不同于传统意义上的标准化考试

① 案例来自：School of Life Sciences leads effort to transform undergraduate science education [EB/OL]. (2019-8-20) [2022-12-30]. https://news.asu.edu/20190820-solutions-asu-develops-world-first-adaptive-learning-biology-degree.

和综合评估,强调的是基于学生某项具体的学习成果以及所学技能进行的评估。微认证最终会授予一种数字化的"微证书",常以数字徽章的形式加以表现。持有数字徽章的学习者可以向公众展示其学习内容与获取技能的过程,从而在一定程度上激励并促进学习者的深度学习。

从数字徽章到开放徽章,反映了教育的开放运动和学习的社会化革命。如今,人们通过各种各样的方式学习和发展自己。越来越多的学习场景超出了学校的范围,学习正变得无处不在。但在现有的文凭体制下,这些非传统的学习成果很难得到体现和承认。那么,该如何证明自己"学过"且"有能力"呢? 2011 年 9 月,美国开源软件组织 Mozilla 基金会在麦克阿瑟基金会(MacArthur Foundation)的支持下,启动了"开放徽章"(Open Badges)计划来解决这个问题。开放徽章的运作需要三类角色。第一类角色是"发布者(Issuer)"。任何机构和个人,只要能够提供学习的内容和体验,并且对学习成果有清晰的要求和衡量标准,都可以设计和发布自己的数字徽章。第二类角色是"学习者(Learner)",也叫徽章的"接受者(Recipient)"。他们可以在不同的"发布者"那里完成特定的学习经历,满足学习成果的标准,然后就可以获得相应的数字徽章。学习者可以很方便地管理这些徽章,并把它们发布在自己想要发布的地方,比如个人简历、社交网站上。第三类角色是"使用者(Consumer)"。最常见的"使用者"是雇主和学校的招生机构,他们可以校验数字徽章的真实性,判断这些徽章的含金量,作为自己雇佣或者录取的参考依据。

6. 各要点之间的关联

评测驱动变革策略五个要点之间的关系如图 6－19 所示。电子学档、学习仪表盘和数字徽章三个要点需要在相关学习技术系统中加以实现。借助平台的支持,教师设计和组织多元化评价,学生的过程性文档和结果性作品被纳入电子学档统一管理。学生的学习数据经分析以学习仪表盘的形式实时呈现,同时部分分析结果为学生的自适应学习提供决策依据。

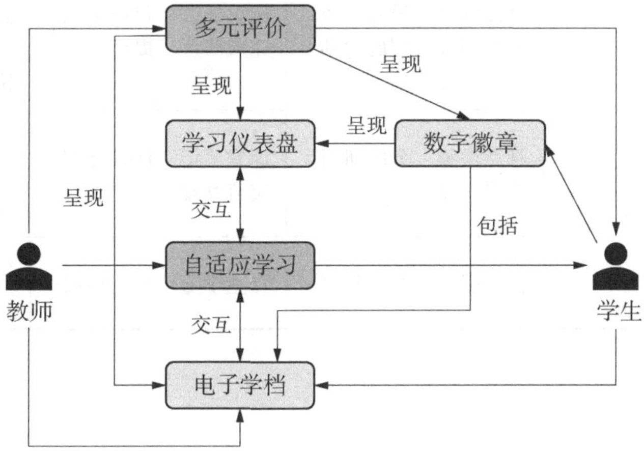

图 6－19　测评驱动变革策略的要点关系

三、不同教学模式下的平台功能支持

新学习技术系统应用素养要求教师应针对不同教学模式的特点，选择不同类型的活动加以组合，然后根据教学的具体条件考虑线上或线下方式的选择、分配与衔接，优势结合以获得最佳的教学成效。而线上活动的开展，还需选用适切的平台功能加以支持。

(一) 翻转课堂教学

翻转课堂是将学习过程中的课内知识传授与课外知识内化两个阶段进行翻转，实现教学流程的逆序创新(祝智庭等，2015)。这一模式要求课外学生能自主学习，课内教师要组织与引导学生进行深度学习。典型的活动安排如表 6－6 所示：课前，学生通过微课等学习资料完成知识的自主学习，教师借助平台分析学生的前测等数据，掌握学生的自学效果及存在的问题；课堂内，教师进行重难点讲解，或组织学生进行问题的研讨，这一活动还可延伸到课后。因此，学习技术系统支持功能的核心在于“资源”要素的提供(比如资源上传、测验编制等)、“数据”要素的分析(比如活动报告、数据分析等)以及“活动”要素的沟通(比如分组、论坛等)。

表 6－6　翻转课堂教学模式

活动		教师行为	学生行为	平台支持功能
课前	资源学习—线上 前测评价—线上	上传资源　设置任务 发布测练　问题诊断	阅读任务　资源学习 完成测练　提交疑惑	公告发布 资源上传 测验编制与结果分析 留言板
课中	内容讲授—线下 分组合作—线上 展示互评—线上	难点讲解　分组研讨 汇报交流	课堂笔记　任务合作 交流互动	分组 小组空间 互评
课后	拓展学习—线上	任务引导　内容拓展	自主学习　交流拓展	资源上传 论坛交流

(二) 自主探究学习

自主探究学习是个体以自我为导向,对问题的求解探究过程,体现了学习的个性化和差异化。这一模式强调给予学生最大的自控权限。一般而言,如表 6－7 所示,学生会先设置学习目标,基于资源开展自主学习,然后借助平台自我检测学习的效果,并不定期地与其他学生交流分享。结束时,学生的学习成果可能会被组织进行统一展示。在这一模式中,明确的学习目标与丰富的学习资源是关键,因此学习技术系统支持功能最重要在于"资源"要素的组织(比如资源上传与编排、测验编制等)。

表 6－7　自主探究学习模式

活动	教师行为	学生行为	平台支持功能
个体学习—线上	设置目标　上传资源	定制计划　学习资源 查看进度	资源上传与编排 计划制定与提醒
自测检查—线上	提供测验练习	学习效果自测	测验编制与结果分析
交流互动—线上＋线下	提供讨论话题	交流讨论	论坛交流
展示互评—线上/线下	组织汇报	展示成果　沟通互评	互评

(三) 小组项目合作

小组项目合作是学生以小组形式围绕项目开展合作,共同完成学习任务。教师建立小组需遵循组内异质、组间同质的原则。合作中,要发挥学生的主体作用,小组成员沟通协调形成明确的分工和合理的计划。教师需要定期检查项目进展并给予指导。这一模式成功的关键在于小组成员之间的共建共享,因此学习技术系统需要从"场景"要素提供合作的空间(比如小组空间),并从"人"的要素加强关联与沟通(比如分组等),从"资源"要素支持协同创作(比如协同创作工具等)。

表 6 - 8　小组项目合作模式

活动	教师行为	学生行为	平台功能支持
分组合作—线上	设置项目 组建小组	加入小组 分工协作 资源共享	分组 小组空间 协同创作工具
作业任务—线上	定期检查 问题指导	提交进度	作业提交 论坛交流
展示互评—线上/线下	组织汇报	成果提交 展示互评	互评

本章参考文献

[1] Di Mitri D, Schneider J, Specht M, et al. From signals to knowledge: A conceptual model for multimodal learning analytics [J]. Journal of Computer Assisted Learning, 2018,34(4):338 - 349.

[2] Instructional Scaffolding-Constructing Learning [EB/OL]. [2022 - 12 - 30]. https://goodneighborsmath.com/instructional-scaffolding-constructing-learning/.

[3] Jenkins H. Confronting the challenges of participatory culture: Media education for the 21st century [M]. Massachusetts: MIT Press, 2009.

[4] Open Badges [EB/OL]. [2022 - 12 - 30]. https://openbadges.org/.

[5] Mastery Transcript Consortium. Mastery Transcript® and MTC Learning Record [EB/OL]. [2022 - 12 - 30]. https://mastery.org/what-we-do/mastery-transcript-and-mtc-learning-record/.

[6] National Research Council. How people learn: Brain, mind, experience, and school: Expanded edition [M]. California: National Academies Press, 2000.

[7] School of Life Sciences leads effort to transform undergraduate science education [EB/OL]. (2019 - 8 - 20) [2022 - 12 - 30]. https://news.asu.edu/20190820-solutions-asu-develops-world-first-adaptive-learning-biology-degree.

[8] 万海鹏,余胜泉,王琦,冯上兵,陈敏. 基于学习认知地图的开放学习者模型研究[J]. 现代教育技术,2021,31(4):97 - 104.

[9] 郁晓华,江绍祥. 在线教与学集体智慧的有效利用:学习分析的视角与架构[J]. 开放教育研究,2016,22(3):98 - 106.

[10] 祝智庭,管珏琪,邱慧娴. 翻转课堂国内应用实践与反思[J]. 电化教育研究,2015,36(6):66 - 72.

第七章 学习技术系统设计的教与学原理

随着教育的数字化转型和智能化升级，教学的开展越发离不开学习技术系统的支持，学习技术系统已然成了整个数字学习生态中不可或缺的组成部分。但怎样才能让设计的系统功能更好地支持教学的开展呢？我们需要对以下三个问题加以解答：(1)学习是什么？(2)有效的教学该怎么做？(3)如果引入技术支持，又该怎么做？

一、三大经典学习理论的指导

三大经典学习理论按照出现的先后，主要是指行为主义学习理论、认知主义学习理论和建构主义学习理论。三大经典学习理论对于教育教学活动设计的影响可谓深远，其相关思想也同样适用于学习技术系统上开展的在线教学活动，在资源的组织、活动的编排、数据的反馈、场景的创设等方面给出了不同的系统设计指导原则。

(一) 行为主义学习理论的指导

行为主义学习理论的代表人物有华生、桑代克、斯金纳等。斯金纳设计了动物操作学习实验箱，动物在实验箱中通过反复的刺激操作从而学得某项技能，比如拨动开关获取食物等，被认为是行为主义学习理论关于学习习得最著名的心理实验。

行为主义学习理论关于学习的理解主要来自于对动物操作行为的观察(图 7－1)。行为主义的学习论将知识看成是各种心理关系和技能组成的有组织的积累，那么学习就是通过一系列活动把这些基本的关系和行为联结起来的过程。学习起因于对外部刺激的反应，学习就是刺激与反应的联结。学习过程需要不断"尝试与错误"，是循序渐进的，学习是由于经验的反复练习而引起比较持久的行为变化。强化是学习成功的关键，不同类型的强化会带来不同的效果，奖励会增强反应，无反馈会减弱反应，而惩罚会压抑反应。行为主义只关注外在可观察的行为，不关心刺激所引起的内部心理过程，认为与此无关。因此行为主义学习理论下的教学活动，体现为教师向学生灌输知识，而学生的任务就是接收和消化知识。

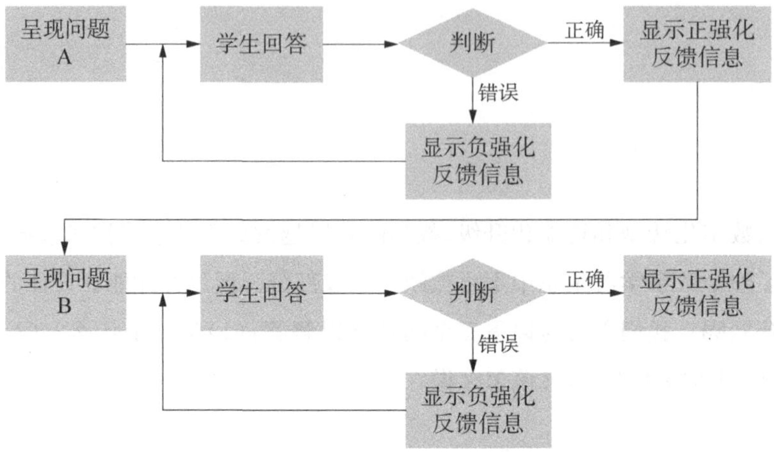

图 7-1 行为主义学习理论的程序化教学

行为主义学习理论对学习技术系统设计的指导就是实现程序化教学，提供操练与试错。图 7-1 展示了程序化教学的过程。系统先呈现刺激(即问题 A)，让学生回答做出反应，系统根据学生作答的情况判断是显示正强化的反馈信息还是负强化的反馈信息。学生如果作答错误将反复进行作答，只有作答正确才能前进到下一步问题 B 的学习。因此，要想有效支持行为主义下教学的开展，学习技术系统的设计要遵循程序化教学和反复操练与试错的原则。具体包括：(1)小步子原则，将学习内容分割成若干细小的单元加以组织；(2)接近原则，将反应(练习)放在刺激(学习)后出现；(3)重复原则，通过重复练习来加强学生的学习和记忆；(4)反馈与强化原则，让学生知道练习正确与否，会对他的学习有帮助；(5)提示及其衰减原则，在减少提示的条件下，朝着期望的反应引导学生，从而完成学习。

基于这一视角，学习被看作是一种活动。因此学习技术系统中最重要的就是注重外部刺激的设计，呈现程序化教学的机制，比如：提供程式化的学习路径和预置的学习材料；给活动制定特定反应的强化模型，失败给予重试和补救，成功给予表扬并前进；提供操练和实践的机会以及相关的操作教程。

(二) 认知主义学习理论的指导

认知主义学习理论的代表人物有皮亚杰、布鲁纳、加涅等。加涅的信息加工理论用计算机模拟人的认知活动方式，将学习的过程看成是对信息加工处理的过程(图 7-2 左)。

认知主义的学习论认为人的知识不是由外部刺激直接给予的，而是由外部刺激和认知主体内部心理过程相互作用的结果，是在智力参与下的认知过程，是通过顿悟与理解获得的。学习时，人脑部的认知结构会进行组织与再组织。当要求学习者产生行为时，必然要搜索长时记忆，受预期所引导将搜索到的信息和技能，提取到短时记忆，与新进来的信息相结合，形成新的学习能力，或通过反应器将信息转换成动作。学习过程被解释为每个人根据自己的态度、需要和兴趣爱好，并利用过去的知识与经验，对当前的外界刺激作出主动的、有选择的信息加工过程。因此认知主义学习理论下的教学活动，不认为知识是“传递”给予的，而是学生积极主动“获得”的。教师要为学生创造良好的学习条件和环境，激发学生的学习动机。教师还要关注学习者思维活动的变化，给其信息加工活动创造条件和空间。图 7－2(右)展示的是为小学低年级学生理解乘法交换律而设计的学习工具。一旦天平的一边设定好条件，学生就可以在天平的另一边寻找能保持天平平衡的各种组合，通过自己的探索真正理解乘法交换律的内涵。

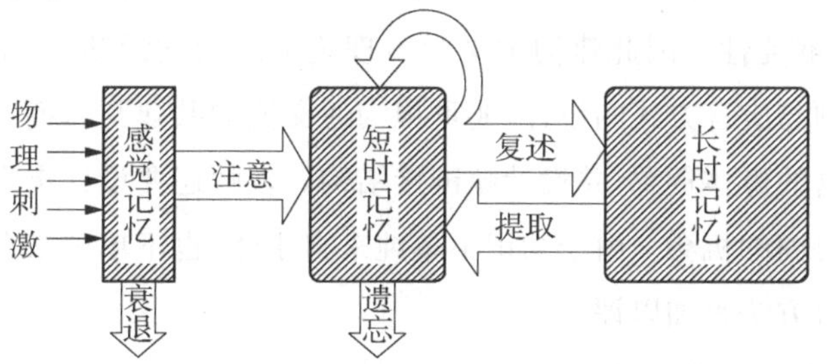

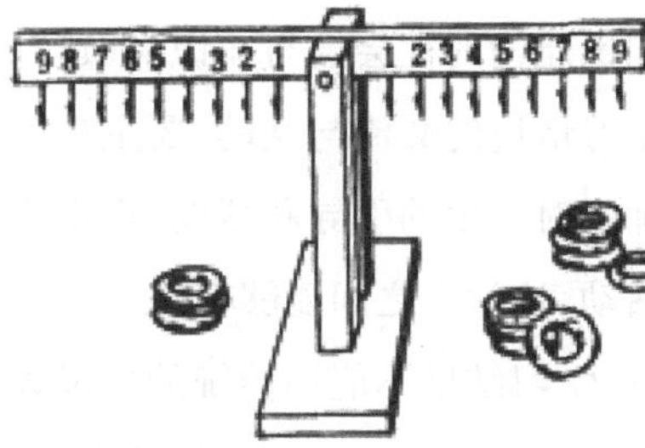

图 7－2　认知主义学习理论的信息加工模型和学习工具

认知主义学习理论对学习技术系统设计的指导就是实现个别化教学，采用多种策略促进学生的主动学习，比如运用多种媒体，激发学生的兴趣等。因此，要想有效支持认知主义下教学的开展，学习技术系统要遵循个别化教学和主动学习的设计原则。具体包括：(1)个别化，设计教学活动以适应学生的个别需求和特征，从而增强学习的效率；(2)应用学习策略，在学习过程的不同阶段提供适合的条件和环境，以支持有效学习的发展；(3)定向与回忆原则，在学习中设计综合先前信息的环节，从而引导学生将这些先前信息通过回想在记忆中激活；(4)多媒体，要提供多种媒体手段增强学习材料的呈现效果；(5)兴趣激发，建构一定的游戏或激励机制促进学生的学习参与。

基于这一视角，学习被看作是一种理解。因此学习技术系统中最重要的就是关注知识结构的建立，提供有意义学习的条件(包括学习材料的逻辑意义、学习者先前知识的关联等)，从而激发学生的兴趣，并呈现个别化教学的机制，比如：自学教程、问题解决游戏、网络探究。

(三) 建构主义学习理论

建构主义学习理论的代表人物有皮亚杰、维果斯基等。建构主义是认知主义的一个重要分支，源自关于儿童认知发展的理论。皮亚杰认为儿童是在与周围环境相互作用的过程中，逐步建构起关于外部世界的知识，从而使自身认知结构得到发展的。儿童与环境的相互作用涉及两个基本过程，即“同化”与“顺应”。

建构主义学习理论并不像行为主义和认知主义一样，认为知识是客观存在的，而认为知识是主观建构的。建构主义学习理论还认为知识是不能由符号表征的，而是存在于复杂的情境中，知识不能由教师传递(教)，只能由学生自己建构。因此学习就是学习者积极主动地建构对知识理解的过程，这种建构是在主客体交互作用的过程中进行的。每一位学习者都是在自己已有经验的基础上，以其特殊的方式在特定的情境下进行建构，包括“同化”和“顺应”两方面的统一。学习者认识的发展是螺旋式前进的，是新旧经验之间反复的、双向的相互作用形成、充实或改造自己经验体系的过程。每个人对事物都有独特的理解，不同人之间的交流可以影响学习者的建构，体现了知识建构的社会性与知识“共建”的辩证性。因此建构主义学习理论下的教学活动，是基于复杂学习情境的交流与互动，要重视问题与应答方式的设计，要重视沟通交流的共建与协商。教师要加强对学生的引导和帮助，提供丰富的媒体资源，并设计超链接结构。教师还要设计丰富的互动活动，让学生之间能够有充分交流协商的机会。由于知识不单纯来自主体，也不单纯来自客体，因此学习结果不能用传统的标准评价方法来加以评定。

建构主义学习理论对学习技术系统设计的指导就是实现网络化教学，要以学生为中心，重视学习环境四大要素的设计，包括情景、协作、会话和意义建构。因此，要想有效支持建构主义下教学的开展，学习技术系统要遵循网络化教学的设计原则。具体包括：(1)非直线式的教学设计，根据知识的网络结构进行教学资源的组织，给学习者呈现整体性的任务目标，让他们从不同路径尝试进行问题的解决；(2)创设情境，使学习在与现实情境相类似的情境中发生，而所需要的工具要隐含于情境当中，且不需要游离于教学过程之外的测验；(3)随机访问教学，对同一内容的学习要在不同时间多次进行，每次的情境都是经过改组的而且目的不同，分别着眼于问题的不同侧面；(4)注重合作交流，提供学习者与不同的人互动交流的途径，以丰富知识建构的视野；(5)提供丰富多样的教学支架，帮助和引导学习者对知识体系的自我建构。

基于这一视角，学习被看作是一种社交。因此学习技术系统中最重要的就是以学生为中心，关注学习环境的设计，注重情景、协作、会话和意义建构的设计机制，比如：提供丰富的互动形式；提供反思的工具；提供真实的学习情境和实践的机会；提供学习支架；提供多用户模拟和多用户游戏。

(四) 三大经典学习理论的结合

总的来讲，三大学习理论虽然出现有先后，但新的提出并不意味着旧的失效。恰恰相反，它们在很大程度上是对前者的继承与改进。行为主义学习理论关注程序化教学，强调操练与试错。认知主义学习理论虽然关注个别化教学，强调定向与回忆，但继承了行为主义小步子划分的原则。这两个理论都能够为以教为中心的系统服务功能的设计提供很好的指导。建构主义学习理论关注合作交流，强调教学支架的提供，并从不同视角继承了行为主义关于重复学习原则和认知主义关于丰富媒体原则的观点，以学为中心的系统功能服务的设计提供了很好的指导。

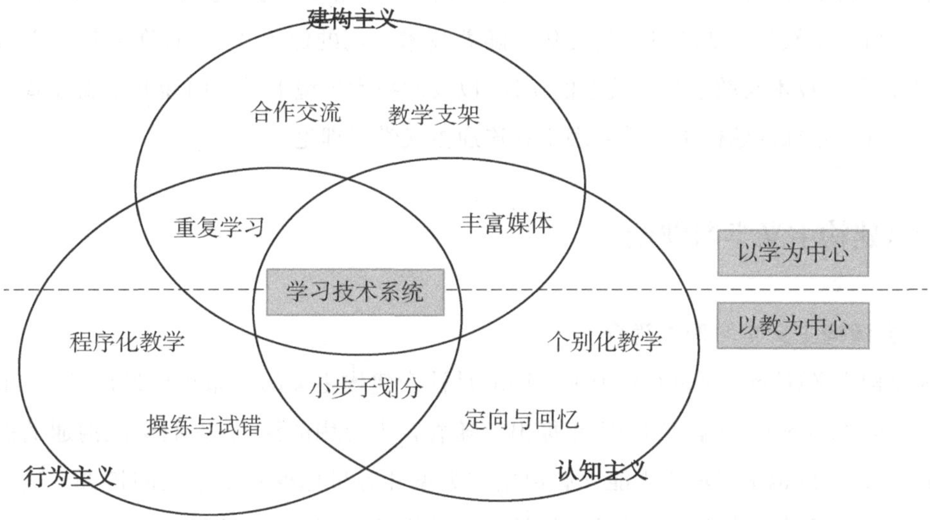

图 7－3　三大经典学习理论的融合指导

其实现在以单一理论指导学习技术系统设计的情况非常少，更多的是多种学习理论的综合利用。比如基于行为主义学习理论的指导，系统的在线测评可以自动评分，并提供及时反馈和错误说明，还可根据答题的结果，或强制返回观看某一学习资料，或进一步学习难度更高的内容；基于认知主义学习理论的指导，系统允许学习者控制学习的进度和顺序，以帮助新知识扩展到长期记忆，并提供与学习内容相关的材料链接；基于建构主义学习理论的指导，系统中学习者可以通过跟老师和同学同步或非同步的讨论，弄清和完善学习知识的概念，系统还可将网络媒体和外界的资源网络联系在一起，实现学习者与课堂以外的人们、观点以及信息的连接。

当然还有更多的学习理论，比如关注猜想和尝试的发现学习理论，关注动手操作和做中学的经验学习理论，关注回归真实的社会和物理情境的情境学习理论，关注知识网络联通的联通学习理论，关注个体对他人的学习贡献的社区学习理论，关注身体直接体验的具身学习理论等。学习理论的多样性，带来了选择的丰富性。但在真正使用时，需要根据需求情境和教学条件，选择恰当的理论加以综合利用，才能真正发挥理论指导实践的价值和意义。

二、技术时代下新兴理论的指导

由于先前的学习理论诞生于技术不太丰富的时代，因此较少考虑技术所改变的教学环境，以及技术参与后引发教与学活动过程的变化。随着技术应用的深入和加剧，许多新的学习理论应运而生，促进了对技术与教学活动关系的认知，以及对技术环境下学习内涵的重新诠释。其中比较具有代表性的是社区建构主义学习理论和连通主义学习理论。

(一) 社区建构主义学习理论

1. 社区建构主义学习理论简介

社区建构主义(Communal Constructivism)是社会建构主义的一条重要发展分支，由布林·霍姆斯(Bryn Holmes)等学者在2001年提出。随着技术应用的深入，人们交流沟通的潜能得到了极大的提升，在虚拟学习环境中能存储数据的类型和容量也得到了很大的扩展。这时两者的协同作用就引发了对一种基于贡献导向的教学模式的思考(Collis and Moonen, 2009)，即建立在社会建构主义和共享哲学基础上的新的学习观。

社区建构主义学习理论认为，学习者不仅基于自己已有的经验与环境、与他人的互动建构自己的知识，同时还积极参与为他们的学习社区建构知识的过程，有机会就将自己的所学贡献到公共知识库中，分享给现有的同伴和后来的学习者。社区建构主义将学习者社区的范畴推进了一步，不再局限于如学校或企业那种正式的组织结构，而是变得更为非正式，指的是一种能够进行自我维持的社区学习环境。在基于社区建构主义的教学活动中，师生不只是开发他们自己的信息，同时还积极创造有益于其他学生和教师的知识。Holmes 和 Gardner(2006)曾用隐喻比较了传统的教学活动和社区建构主义教学活动的差异，两者的隐喻分别对应流经管道(pipe)的学习和流入河流(river)的学习。在传统学习模式中，教师确定目标和学习路径，就像给定了一条管道，学生通过一个学习项目就像水从管道流过，教师施压迫使学生达到目标。学生的学习过程不会留下痕迹，也不会对课程有任何影响，正如水不能使管道变丰富一样。但如果是在社区建构主义的学习环境(河流)中，学生们在与社区学习互动的同时也留下了自己的印记，并以永久的形式为公共知识做出贡献，就像每条河流的流过都会为土壤添加养分和矿物质一样。

2. 社区建构主义与个人建构主义、社会建构主义的区别

建构主义学习理论在向社会性发展的方向上，出现了个人建构主义和社会建构主义两种不

同的取向。个人建构主义的核心代表人物是皮亚杰，他们认为学习是个体对世界的探索与整合，社会性方面关注的要点是知识建构需要互动环境，因此在学习中个人与社会的关系是松散的，强调个体利益，但会受到社会的影响。社会建构主义的核心代表人物是维果斯基，他们认为个体的知识建构受教师和同伴的影响，要鼓励合作、分享和互评，社会性方面关注的要点是对话和互动，要向他人学习，要与他人一起学，因此在学习中个人与社会的关系是比较紧密的，强调社会利益，要求个体参与社会合作与互动。社区建构主义则在社会建构主义的基础上强调了技术因素的作用。他们对学习的理解是一种分布式认知，是一种基于技术的对话式学习，社会性方面关注的要点是借助技术开展协作，实现知识的共建共享，虽然在学习中个人与社会的关系仍然是紧密的，但更为强调个体的利益，要求个体同时要贡献社会。

表 7-1 社区建构主义与个人建构主义、社会建构主义的区别

	对于学习的理解	关注要点	个人与社会的关系
个人建构主义 (Personal Constructivism)	学习是个体对世界的探索与整合	知识建构需要互动环境	松散，强调个体利益，受社会影响
社会建构主义 (Social Constructivism)	个体的知识建构受教师和同伴的影响，鼓励合作、分享和互评	对话和互动，向他人学习和与他人学习	紧密，强调社会利益，要求个体参与社会合作与互动
社区建构主义 (Communal Constructivism)	分布式认知，是一种基于技术的对话式学习	借助技术开展协作，实现知识的共建共享	紧密，既强调个体利益，同时个体要贡献社会

3. 社区建构主义学习理论对学习技术系统的指导

社区建构主义学习理论主张通过社会互动不仅自己受益，也要让他人受益。基于这一理解，在学习过程中信息的传播和交流显得非常重要，要加强个体对知识的发布，增强学习者向他人学习的机会和途径，并搭建同伴协作的机制。而技术是不可或缺的，需要提供关联的社区、知识库，提供多样化的协同共建的知识创作工具，比如 Wiki 等。

因此，要想有效支持社区建构主义下教学的开展，学习技术系统要遵循的原则有：(1)同伴辅导，发挥同伴在学习过程中的指导和支持潜能，捕捉和记录这种同伴学习的过程和成果以用来构建公共的知识体系；(2)信息传播，学习者的学习信息可以被传播到更广泛的受众那里，这样不管对于制作它的人还是消费它的人都提升了其价值；(3)不同角色参与，知识建构过程中要让多方发出声音并开展合作，尤其是非正式团队的成员，他们也是重要的贡献者；(4)多样性评估，公共知识的建构所呈现的学习产品非常丰富，比如档案袋、讨论主题、共建作品等，因此学习的收益需要较长时间才能得到反映。

基于这一视角，学习被看作是一种奉献，因此学习技术系统中最重要的就是关注社区的建构

与知识的分享，要呈现社区化学习的设计机制，比如：能够自由组建社区；提供丰富的社区协作工具；提供知识建构和出版的工具；提供动态适应性的课程。

(二) 连通主义学习理论

连通主义学习理论由加拿大学者乔治·西蒙斯所提出。西蒙斯对连通主义学习理论的自我定位是数字时代的学习理论，是应时代的网络化特征而提出的。连通主义学习理论认为学习不再是一种内部的、个人的活动，而是内外连接以及网络形成的过程。学习和知识体现在多样化的观点中，也可能存在于非人的应用中，比如数据库等。学习连接的对象是节点和信息源。思想、感觉、与其他人的互动、新数据和信息都可被看作节点。这些节点的聚合产生了网络。网络可以合并形成更大的网络(更大网络上的每一个节点自身也可以是另一些节点的网络)。由于知识不断增长进化，获取所需知识的途径比知识内容自身更为重要。同时，决策是否连通、如何连通也是一种学习的过程。为了促进持续性的学习，我们需要培养和维护这些连接。

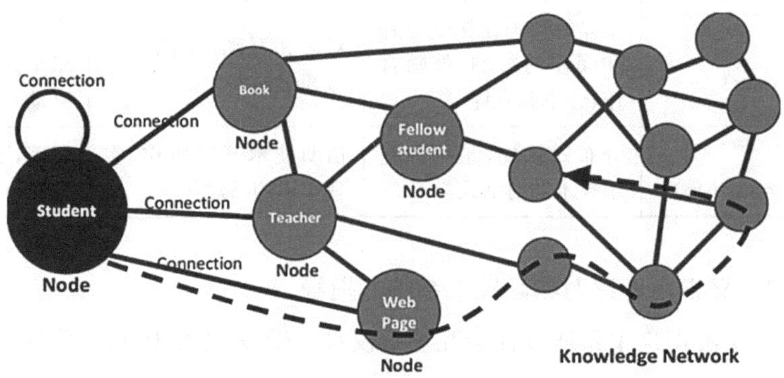

图 7-4　连通主义学习理论的知识网络

连通主义表达了一种关系中学习和分布式认知的观念，关注创建有意义的网络以及通过对话形成网络的过程，包括技术的重要中介作用。因此，要想有效支持连通主义学习理论下教学的开展，学习技术系统的设计要遵循的原则有：(1)资源的开放性，资源面向所有学习者流通，每个学习者根据自身需要辨识并决策资源之间的关联；(2)不整合内容，不强调对内容和学习活动预置式的呈现安排，而由学习者在建构网络的过程中对知识进行重组与再创造，网络被看作是流动、变化和发展的；(3)过程的交互性，学习者的学习被编入各种组织和机构中，网络中的个体会相互连接、相互影响，但是各自“决策”。

基于这一视角，学习被看作是一种连接，因此学习技术系统中最重要的就是关系的建立，要有力支持关系的提供、识别与决策，比如：提供多样化的信息和观点来源；要协助学习者明确观点、概念、信息之间的联系；支持知识网络的可视化与管理；在学习决策处给予学习者适时的支持与沟通机会。

三、学习科学的指导

（一）学习科学简介

在对传统心理学、认知科学等学科关于学习模式的观点和研究方法进行反思的基础上，越来越多人开始关注起学习的科学性，并且追求设计和评估学习行为的科学化，也非常关注数字科技如互联网、手机、智能设备等对学习产生的影响。因此在教育学、认知科学、脑科学、人工智能、生物医学等研究领域的共同推动下，学习科学诞生并迅速发展起来。进入21世纪后，学习科学在课堂教学、学习产品设计、教育培训等诸多方面引发了一系列的创新和变革。总体而言，学习科学是以认知心理学为核心，研究人、动物和机器的智能本质和规律的学科。

学习科学有三个重点关注领域，包括以下几个方面：(1)什么是学习？在此领域，学习科学试图融合认知心理学、教育神经学、脑科学和人工智能的研究方法和研究成果对学习的本质做出科学的解释，并倡导在真实的学校和课堂情境中研究学习；(2)人是如何学习的？在此领域，学习科学把学习研究的焦点回归到人自身，从元认知、儿童的学习、新手与专家的差异、知识的迁移、学习风格的差异等不同主题揭示学习发生的过程与差异，从而为科学设计教与学行为提供依据；(3)如何促进高效学习？在此领域，学习科学特别关注学习环境的搭建，包括技术设计、学习文化、教学情境等多个维度，尤其强调学习支架的提供和协作学习的组织。

（二）学习科学对学习技术系统的指导

近年来，学习科学取得了不少研究突破。以下介绍其中八个比较有代表性的让大脑高效学习的研究成果，以指导对学习技术系统的设计开发。

第一个，学习科学发现更多的信息并不意味着更多的学习，因此不能展示太多的信息，这会让学生不知所措。第二个，学习科学发现情绪会影响学习的能力，因此要帮助学生在学习中感到舒适，他们才会学得更好。第三个，学习科学发现错误是学习的重要组成部分，因此教学要营造一种氛围，强调犯错是正常的，也是意料之中的，而不是一定要去避免犯错。第四个，学习科学发现大脑需要新鲜感，因此要以有趣、新颖的方式向学生展示信息。第五个，学习科学发现学习风格并不像我们想象的那么重要，因此不要过于担心学习风格的影响，相反我们的教学方式更重要。应当在教学中让学生积极回想，并留给他们充足的学习空间。第六个，学习科学发现大脑的运作遵循着“不用则弃”的原则，因此需要不断重复希望学生记住的信息。第七个，学习科学发现学习是社会性的，因此要创造合作的机会，包括小组合作或同伴教学。第八个，学习科学发现在教的过程中学习是最有效的，因此要创造同伴教学的机会，要让学生之间互相传授新的知识，通过给同伴解释强化自身知识的学习。

基于这些学习科学的研究成果，本书提出如下策略以指导学习技术系统的设计：首先，学习技术系统的内容容量和活动任务设置要避免认知过载，比如在界面信息的呈现上、活动编排的数量提醒上；其次，学习技术系统要提供丰富的学习支架以构建支持性学习环境，还要设置多样化、多源化的反馈方式，建立强反馈循环机制，并将反馈练习、间隔练习和交叉练习相结合；另外，学习技术系统还要定期及时提醒学生他们拟定的期望和目标，以协助他们执行计划、监控进度、使用评估准则等，并搭建学生偶然学习和协作学习的机制。

四、建构高效的学习技术系统

(一) 学习技术系统设计理念的转变

由以上学习理论对于学习是什么以及有效的教学该怎么做的解答，我们不难看出随着时代的发展，学习技术系统设计理念存在着如下转变：

(1) 从支持教到支持学。给予教的支持时，系统需要设定明确的教学活动目标、交互行为层次和学习结果反馈，明确教师的绝对控制权限，由教师指定学习的课程内容，使用的教学资源和工具等。当转变为学的支持时，系统则要提供比较多的以学习者为中心的活动类型，让学习者具有较大的自主权，并提供充分的支撑性条件集(比如资源和工具等)，还要提供恰当的评价和反馈构建机制。

(2) 从管理工具到学习平台。学习技术系统早期引入教育领域，最主要的应用就是充当教育管理的工具，对班级人员、学习资源和任务信息等进行监控和管理。当作为学习平台时，侧重内容资源的查询、学习空间的创设以及评价结果的反馈等功能业务的提供，以帮助学习者搭建一个良好的自主学习环境。

(3) 从内容学习到对话沟通。随着对知识认知的转变以及对学习深层次作用机制的揭示，教学活动已不再被认为是对抽象内容的简单传递和记忆，而是需要与他人、与周边环境进行对话交流，进行交互体验，以不同视角全面认识世界，获取高阶思维的训练。相应地，学习技术系统也需要为这种对话的搭建提供关系建立的途径以及沟通的工具。

(4) 从知识消费到协同创作。知识消费型学习理论将课程内容视作静态不变的，学习者单方面进行接收和消化，因此学习技术系统看重的是对资源的管理和传递，以及对内容媒体的呈现和互动。但如果改变学习者作为消费者的角色，也将其视作知识的生成者，参与课程内容的创建过程，那么学习技术系统就需要提供相关的创建工具，尤其要能支持团队的协同共笔。

(5) 从正式情境到非正式情境。数字学习生态的思想模糊了学习与工作、学习与生活的边界，学习可以随时随地发生。相比正式情境，非正式情境中的学习活动要能响应不同的学习需求，体现高度的按需性；要能实现社会化，激发网络的潜能；要能与工作关联，嵌入工作情境中。因此学习技术系统要能支持对环境条件的感知，并可根据环境条件的改变以动态的方式灵活重塑和重建。

(二) 高效学习技术系统的特征

虽然了解了不同理论对于学习技术系统设计的指导原则，但是高效的学习技术系统到底是怎样的呢？美国国际教育技术协会 ISTE 所发布的《学生标准》，对学生应用技术的目标由原来的"学习使用技术"转变为"使用技术学习"，这其实也间接给了系统技术设计和服务支持一定的启发。因此，在当前以学为中心、以学生为主体的教学理念的指导下，学习技术系统要能支持学生的创造性学习，要能支持学生有效开展交流与合作，要能支持学生进行批判性思考和解决问题的决策，还要能支持学生良好全球公民意识的表达和展现。

基于这一愿景，高效的学习技术系统最本质的目标就是吸引和关注学习者的参与，确保课程的学习不仅仅是一个知识吸收的过程，更多地应当是一种愉快的、沉浸式的学习体验。这样一来，就要求在基于学习技术系统开展的教学中，观点能够多形式表达，并顺畅流通；课堂学习转变成一种良好的社区联结；允许以多种教学模式开展教学，比如基于问题的学习、基于项目的学习等，学习能体现个别化，并从学习内容到学习路径都得到很好的支持；对学生的评价是持续的、真实的、透明的，学生的学习习惯能被持续不断地建模，以指导创建最适合学生发展的学习环境。高效的学习技术系统应为师生的教与学活动创造一个良好、开放和自由的学习环境。

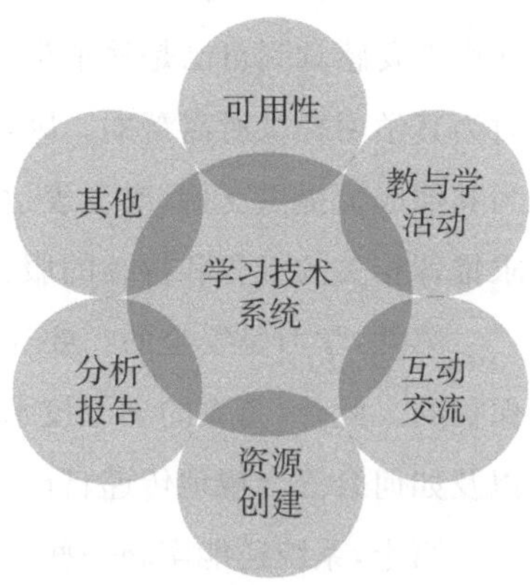

图 7－5　学习技术系统的评价维度

总的来讲，如图 7－5 所示，我们可以从可用性、教与学活动、互动交流、资源创建、分析报告等多个维度来对一个学习技术系统展开评价。一般而言，高效的学习技术系统必须具备以下几个特征：

第一，要做到良好的平台可用性，不能让学习者浪费时间和精力去摸索如何使用平台。要提供一个用户友好且直观的学习界面，比如一步就能快速实现登录、少量简单的点击就能找到学习资源，参与整个学习过程等；并且具有响应式设计，能设备兼容（尤其是移动终端），在所有主要浏览器上均能工作，以方便学习者能随时从任何设备登录。

第二，要提供顺畅多样的沟通支持。要提供多种形式的交流工具，同步或异步的，如聊天室、讨论板、视频会议等；允许创建虚拟空间，支持多用户学习与小组工作；能够支持课堂内师生或者生生之间以及与课堂外参与者的社交、互动和协作。

第三，要有易于访问的资源库。能支持学习资源的多样性，易于检索与组织，且资源开放，提倡共建共享，最后还要符合相关标准与规范。

第四，具有简单有效的教与学设计与管理。可以快速、轻松、有效地设置管理角色和访问级别；能够分不同层次，提供关于平台上用户、内容和活动的设计工具和管理面板，以支持多样化的教与学活动的开展。

第五，要提供方便有力的创建工具。这样在平台本身内就能够创建简单有效的课程、资源、测验等。要能支持多种内容类型和媒体格式，允许下载和重用，还可与第三方内容和工具进行集成。

第六，能够持续地进行学习跟踪与报告。系统能够持续跟踪学习者的学习行为和学习表现，深入进行数据的收集和报告，提供包括电子学档在内的各层级、各类型报告，还能灵活地基于配置的评估准则对个体或群体进行分析、报告甚至预警。

第七，学习者能控制学习。学习者可以在系统内创建自己个性化的学习空间，可自由规划自己的学习目标与计划，可决策自己的学习内容与学习路径。

第八，建立支持性的学习文化。要让每个成员都有一种联系的感觉，或者可以称为归属感。他们需要感觉到自己是整个学习环境的一部分，正在为其做出贡献，另一方面整个学习环境又随时为其学习提供所需帮助。因此，平台要有适当的支持系统或推荐机制。学习者可以使用平台为其他成员提供支持，或者表达他们对某些主题的问题和想法；同时，平台也会根据学习者的需求推荐相关的资源和持续的服务。

第九，学习是安全的。要让学习者觉得自己在平台上的信息和行为是安全的，是受到尊重和保护的。此外，高效的学习技术系统还要传递一种健康的文化，学习者要明确自己的行为准则，以及如何合法合规地传递自己的期望和看法。

第十，系统还能实施一些创造性的方案以激发学习者的参与。可能的方案有：设计游戏化学习，包括创设游戏场景、划分任务级别、收集积分、设置奖励系统；提供交互视频，即在视频资源中设置拖放或问答等交互功能；运用虚拟技术以展现真实的环境，从而增强学习者的沉浸式体验。

本章参考文献

[1] 10 Must-Have Features of an Online Learning Platform [EB/OL]. [2022-12-30]. https://www.skillshub.com/online-learning-platform-10-must-have-features-of-an-online-learning-platform/

[2] Collis B, Moonen J. Contribution-oriented pedagogy [M]//Rogers P, Berg G, Boettcher J, Howard C, et al. Encyclopedia of Distance Learning, Second Edition. IGI Global, 2009:439-446.

[3] Holmes B, Gardner J. E-learning: concepts and practice [M]. California: SAGE Publications, 2006.

[4] ISTE. Iste Standards: Students [EB/OL]. [2022-12-30]. http://www.iste.org/standards/for-students.

[5] Siemens G. Connectivism: A learning theory for the digital age [J]. International Journal of Instructional Technology and Distance Learning, 2004:2.

第八章 学习技术系统的一般建构过程

一、学习技术系统的开发阶段划分

(一) 系统的生命周期

学习技术系统本质上是一个软件应用程序。而对于软件系统，我们通常都会用到生命周期这一按时间分程的思想方法。系统开发的生命周期就是指整个系统从分析、设计、实现、运行一直到维护的全过程。它对过程的每一阶段都有明确的任务要求，要求每个阶段都要产生一定规格的文档资料，而这会成为后续工作开展的依据。整个开发周期开始于对整体任务的逻辑分析，并按一定的顺序和步骤逐步细化，最后到物理实现。

一般而言，系统开发的生命周期被分为六个阶段，分别是可行性研究阶段、需求分析阶段、系统设计阶段、开发整合阶段、测试发布阶段和运行维护阶段。

可行性研究阶段需要明确开发一个新系统的必要性，然后把握建设系统的目标，确定可操作性。可操作性通常会从技术、经济和人力三个维度加以考量。

需求分析阶段会在确定系统开发可行的基础上进一步分析系统的功能定位，明确系统的整体任务和业务范围。由于需求会在系统开发过程中不断变化和深入，因此产生了不同的策略来应对这种变化，从而形成了不同的系统开发模型。

系统设计阶段需要完成对系统的功能架构、业务逻辑和视觉创意等方面更为详细的分析设计，一般包括总体设计和详细设计两种。总体设计将各种需求转换为相应的功能模块，并明确每个功能模块的结构和范畴；而详细设计则是对每一个功能模块要完成的任务和流程进行具体的描述。这一阶段若有必要，我们可制作一个原型或演示系统来与相关人员（比如客户、开发成员等）确认我们的设计。

开发整合阶段就是用各种方法、手段编码实现已有的系统构思和规划。系统在编码时必须制定统一、标准的编写规范，以保证程序的可读性、易维护性，提升开发效率。

系统在设计完成后要经过严密的测试才能发布投入正式使用。因此测试就是要在现实可行的时间跨度内应用可管理的工作量去发现尽可能多的问题并加以纠正。测试包括功能测试、性能测试、安全性测试、兼容性测试等。测试方法主要有白盒测试和黑盒测试两种。测试要有计划地开展以减少测试的随意性。其实，开发的每个环节都需要测试和验证，这样才能在第一时间发现问题和错误。因此，测试应贯穿于整个开发过程。

最后的运行维护阶段，主要是协助用户运作及维护系统，以保证系统的正常运行。由于多方面的原因，系统可能会无法继续适应用户的要求而出现一些问题，这时就需要进行必要的系统纠错或改进。这一阶段可能是系统生命周期中持续时间最长的阶段。

（二）不同策略的开发模型

上述六个阶段中，上一个阶段决定了下一个阶段要做的内容。尤其是我们的需求，如果上一个阶段变了，或者上上个阶段也变了，该怎么办？由于需求可能会在系统开发过程中不断变化和深入，那么后续的工作该以什么为依据？是依据旧的需求还是新的需求呢？软件工程领域发展至今，专家们想出了很多策略，而不同的策略就形成了不同的系统开发模型。总的来讲，我们可以把这些策略分为三大类，分别是制定严密的计划以防止需求的变化，按照需求调整计划，以及边做边改来适应需求。

1. 制定严密计划的策略

制定严密计划的策略对专业性要求很高。基于这一策略的开发模型要求必须对需求有细致、全面、准确的了解，然后坚定地按部就班执行计划。

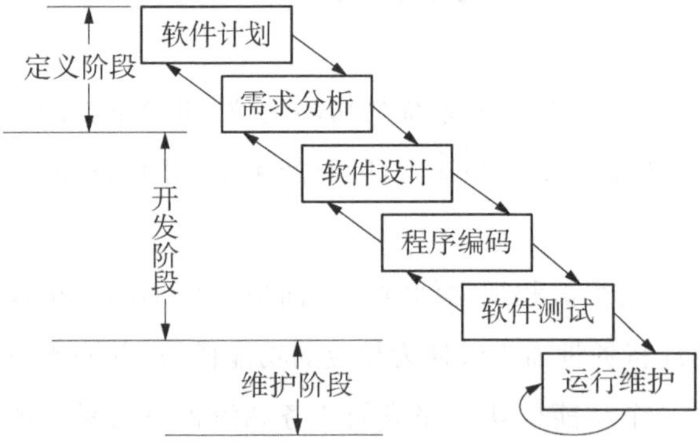

图 8－1　瀑布模型

瀑布模型就是其中之一，它是应用最为广泛的一种模型，如图 8－1 所示。瀑布模型强调开发各阶段之间的先后顺序，强调一次性将所有的活动都计划好，将上一阶段的输出作为下一阶段的输入，很容易被人理解。在瀑布模型中，错误只能逐级反馈，不能跨级反馈，因此存在错误到最后才能被发现的风险。相对而言，瀑布模型是一种比较理想化的模型。

与瀑布模型不同，迭代模型（图 8－2）不再强调开发工作的序列化过程，而是将这些过程并行化，分为多个阶段。每个阶段都包含这些工作，只是在不同阶段所占的比例不同。所有开发工作在不同阶段被不断地细化、迭代。迭代模型的这种处理方式，有效降低了问题在最后才暴露的风险。

2. 按照需求调整计划的策略

按照需求调整计划的策略强调循序渐进。基于这一策略的开发模型一开始对于系统的最终形式不一定有完全确定的理解，但它每一次前进都会根据当前的情况进行周密的计划和考虑，进

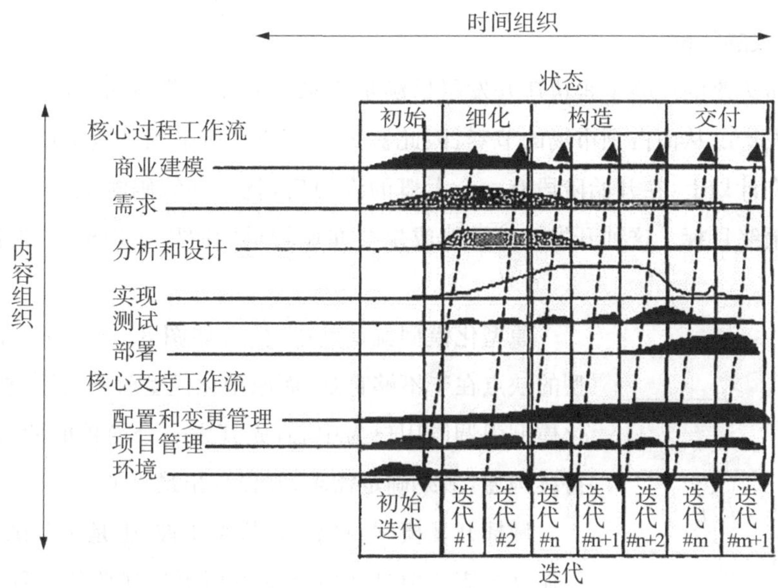

图 8－2　迭代模型

行风险控制。

螺旋模型就是其中之一，如图 8－3 所示。螺旋模型强调产品是从小到大，是一系列的增量发布。开发工作由风险驱动，螺旋模型会针对每一次的原型或者产品不断地进行风险评估，强调可选方案和约束条件，从而及时调整方案、需求和设计，努力排除各种潜在的风险。以此迭代最终完成产品的实现。

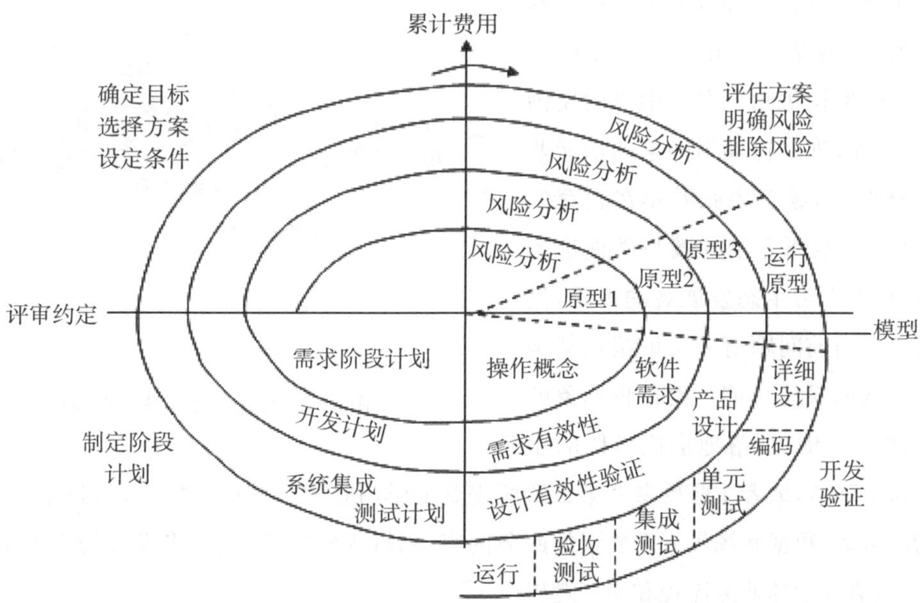

图 8－3　螺旋模型

3. 边做边改的策略

第三种边做边改的策略主张快速开发尽早满足需求。相较于前面两种策略，这种策略更适合当前快速开发产品从而占领市场的节奏，因此被大多数公司所采用。基于这一策略的开发模型很少花时间在计划上，在开始阶段有一个大概的设想后，就启动编码测试工作，经过不断的试探和返回到达最终目标。这种开发模型虽然成果会在比较早的阶段显现出来，但测试的工作量也是最多的。

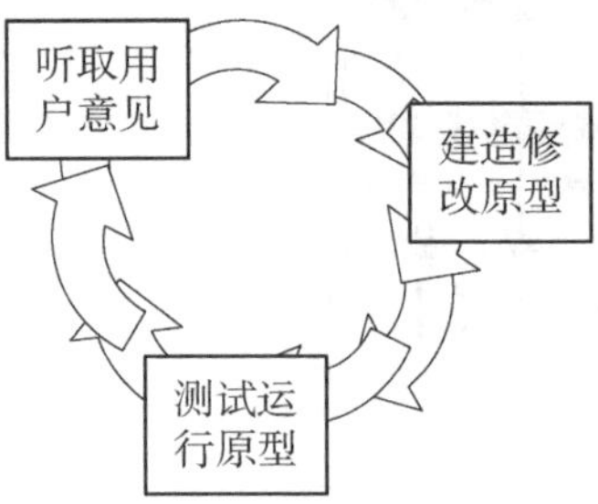

图 8－4　原型化模型

原型化模型就是其中之一，如图 8－4 所示。前面瀑布等模型的缺点在于不够直观，而原型化模型就解决了这个问题。原型化模型强调以用户为中心，先开发一个简单的原型，和用户进行持续沟通，最终确定需求，并设计出最终的产品。

敏捷开发模型与原型化模型很像，也是主张随时应对变化重于循规蹈矩。但是敏捷开发模型更加强调的是程序员团队和业务专家之间的紧密联系，通过频繁交付新的软件版本，以求在较短的开发周期内提交最终的系统。

（三）学习技术系统架构的视角

为了能让学习技术系统更好地符合教育教学规律，解决教学所需，真正发挥技术赋能的价值，本书提出如图 8－5 所示的学习技术系统的架构视角。在将用户的模糊需求完善、提炼，进而转换为抽象的功能业务的这个环节中，编者主张要站在教育的视角，遵循上一章所介绍的教与学理论的指导原则，基于学习生态发展观的视野，设计出既能满足当前问题情境又可接轨甚至引导未来发展的系统功能。而在将抽象的功能业务进一步细化，落地形成具体的服务逻辑的这个环节，编者主张要参考第二章所提到的学习技术系统服务模型，从技术的视角，围绕人、资源、活动、数据和场景五个要素的服务内容，用输入输出的思想，将设计的系统服务功能剖析清楚，理清其中的业务流程和交互逻辑。

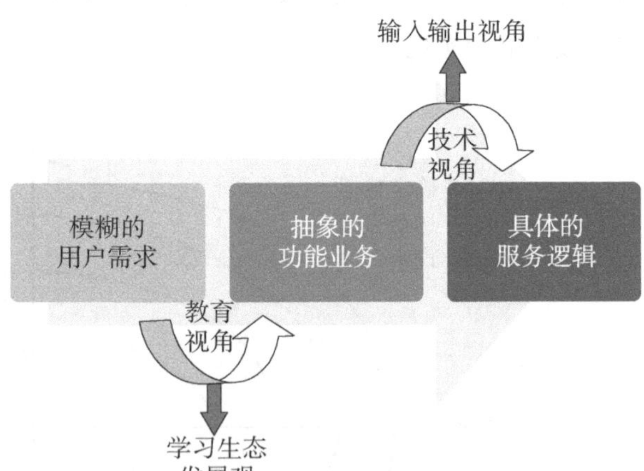

图 8－5　学习技术系统的架构视角

二、可行性与需求分析

可行性与需求分析阶段可以说是决定整个系统开发工程是否要做，以及做什么的第一步。在这一阶段，一方面要解决现在的教育教学问题，另一方面还要思考未来的发展所需，让自己非常清楚开发新系统有没有必要？若有必要，那么必要性在哪？需求分析结束后，一般会形成系统的需求分析文档，在文档中要说明系统所服务的目标和对象，以及系统的功能定位。对系统功能定位的描述其实就是对用户需求的高度归纳和提炼，它指向系统今后开发的功能域。

(一) 同类系统分析

要回答新系统开发的必要性以及如何创新的问题，我们可以从与同类系统（竞品）的比较中去寻找答案和方向。一般而言，对同类系统（竞品）进行调研分析的主要目的有如下几个：(1)了解领域的发展趋势；(2)了解市场的现状行情；(3)了解目标对象的需求；(4)寻找新产品的切入点；(5)获取提升和改进产品的启发。当然，我们还可以以已有相关系统的状态为基础或者依据，决定未来一些功能特性的取舍，思考如何改进产品的体验设计等。

那么，从哪里去找到相关竞品呢？产品经理社区（inNeed）中有一篇文章介绍了 8 种寻找竞品的思路[①]：(1)在相关的应用市场、专业网站、行业调查报告中寻找竞品；(2)使用搜索引擎输入与产品主题相关的关键词寻找竞品；(3)通过访谈产品的潜在目标用户寻找竞品；(4)思考产品的核心功能还有其他方式能实现吗？以此扩大相关竞品的选择；(5)将部分功能的主题放大以包纳更广的搜索范围；(6)跨领域看看其他行业是如何做到的，以此转换解决思路；(7)拆分产品，通过过程、操作的碎片化信息来寻找局部性问题的竞品；(8)对重要的利益相关人员的需求进行分析，从中提炼关键词，据此收集关联竞品。

对相关竞品进行分析后，要形成竞品分析报告，以作为新系统是否有开发必要的重要决策依据。报告大致可以分成四块内容。第一块是比较产品的定位和功能。在产品定位上，竞品各自的目标人群是谁？服务理念是什么？彼此之间相同与差异之处在哪？在产品功能上，可基于本书所提到的学习技术系统架构的五个要素，即人、资源、活动、数据和场景，分别罗列竞品针对这

---

① inNeed. 竞品分析：找到竞品的 8 个方法[EB/OL]. [2022 - 12 - 30]. https://www.inneed.club/articles/detail/87egz44akd.

些要素的功能设计，比较彼此的差异，找出具有亮点的功能。第二块是比较产品的交互和设计。在产品交互上，只关注核心功能的交互体验即可，比较竞品在一些共同的关键交互界面上采用的设计技术并分析差异的原因。在视觉设计上，竞品各自的视觉风格是怎样的？差异的原因又是什么？第三块内容是在第一块和第二块内容的基础上，讨论总结新系统可以从竞品中借鉴和学习的地方。第四块内容是在第三块内容的基础上，结合自身对现状问题的把握以及对未来发展的预测，提出新系统准备加入的服务和创意。

（二）系统的需求过程

在明确了系统开发必要性的基础上，我们需要进一步明确系统开发的整体任务和业务范围。通常是先从目标用户那里获取需求，再通过对这些需求的分析，来细化系统在功能上到底要“实现什么”。

关于系统的需求过程，编者提倡一种协商与引导的指导思想，即需求应该源于用户但高于用户。由于用户往往以自我为中心，注重眼前的、局部的利益，因此我们需要引导用户开放性地思考问题，从中提炼出一些可共享、可通用的问题情境，在必要的时候还要引入对未来发展的思考和规划。在与用户的沟通中，我们要防止需求的遗漏，因为用户能提供的往往是他们能意识到的、显性的需求，还有很多需求是他们未意识到的、隐性的需求。我们需要引导用户把这部分需求浮出水面，从而获取到全面的需求。

案例：信息科技课堂在线测验系统

用户需求

系统供教师和学生使用，目的是实现在线考试功能，并实现试题的数字化管理。考虑到自动组卷比较难，因此系统决定采用教师手动组卷的方式，但要由系统进行自动评分，题型就单选题一种类型。希望系统的测试结果能为教师开展诊断性评价和过程性评价提供有效依据。另外，还考虑将 web2.0 的思想简单地融入到系统中，使用如 Wiki、讨论等学习工具。

分析讨论

该用户需求存在如下一些问题：

第一，用户想要实现试题的数字化管理，也就意味着需要搭建题库。那么，题目从哪里来？外部导入，还是提供制题工具？如果制题，又由谁来创建？老师们是各自创建各自使用呢？还是形成一个公共题库？因为是测试系统，用户很容易只考虑与考试相关的环节，比如组卷、评分等，却不知道题库是所有测试系统的基础，因而围绕题库的一系列需求很容易就被忽略掉。

第二，用户可能觉得教师手动组卷会比自动组卷简单，却忽略了如果教师组卷的话，系统需要支持教师对试题的选择。那么，系统应当提供哪些题目属性供检索呢？知识点？难度？曝光率？这一工作还跟题库建设时如何描述试题相关。

第三，用户希望测试结果能为教师进行诊断性评价和过程性评价提供有效依据。同样地，诊断什么内容？是学生的知识点薄弱处吗？而且是要每个学生的还是全班的？过程性又如何反映？至少需要跟踪几次测试？这些都跟教育目标有关，涉及不同的数据分析方法。我们需要基于教育原理和统计分析的专业知识引导用户进一步思考确认。

第四，用户想要引入 Wiki 等学习工具，殊不知这些社会性软件与测试不在同一个学习情境下。那么，要怎样才能与测试环节做到合理衔接呢？这时，我们就可以基于社会性学习、学习科学关于在教中学等理论的指导，引导用户思考将 Wiki、讨论等工具与学生测试后的知识点薄弱处加以关联，通过生生互动、同伴互助，补救或完善相关知识的学习。

对于需求采集，有一些经验性的采集技巧可供参考。比如是否有类似的系统样例？这些功能给谁使用？希望界面的基本色调是什么颜色？有自己的标志吗？哪些数据是经常更新的？是否要与已有的系统或软件进行数据的共享和转换？系统最希望解决的问题情境是怎样的？未来2—3年有什么设想和规划吗？这些问题，尤其是第一个（让用户提供类似的系统样例），可以帮助我们尽快勾画出新系统的样貌。用户所提供的系统样例，往往是经过他们选择和思考的，他们会在这个样例的基础上提出新系统需要保留哪些功能？需要改进哪些功能？还需要补充什么功能？这其实就是他们对于新系统的一个基本画像。

在需求采集时，要注意让足够多的不同身份的用户参与，以保证需求的客观、全面；还要注意一次性采集足够的用户需求，以便尽快建立系统的目标画像，启动后续的工作，避免需求变动的风险。

(三) 需求优先级的确定

那么,是不是用户提出的所有需求都要满足呢?一方面,我们知道没有一个学习技术系统能满足所有的教与学需求。不同类型的学习技术系统,有其服务支持的主体要素,有其对应的核心业务逻辑。另一方面,系统开发的可行性还受技术、经济和人力等多种因素的限制。因此,所提炼的需求并不一定都要满足。那么,如何确定哪些需求要满足,哪些需求不用满足呢?需求优先级的四象限分析法可以作为参考依据。

需求优先级的四象限分析法是一种定性分析需求优先级的方法。它把要满足的需求按照紧急、不紧急、重要、不重要进行排列组合,形成四个象限。第一象限是紧急且重要的需求,不能回避也不能拖延,必须首先解决优先处理。第三象限刚好相反,是不紧急也不重要的需求,完全可以删除。第二象限是紧急但不重要的需求,第四象限是重要但不紧急的需求。后两种需求就不太好确定哪个优先。况且,怎么区分什么需求是真紧急,什么需求是假紧急?因此,四象限分析法在实际中比较难以应用。为了增强应用,波士顿矩阵对四象限分析法进行了变形。波士顿矩阵由美国著名管理学家、波士顿咨询公司创始人布鲁斯·亨德森于1970年创作。它从对用户的价值和对公司的价值两个维度将需求进行划分,也是分成四个象限,如图8-6所示。四个象限分别对应对公司和用户价值都高的明星类需求、仅对公司价值高的金牛类需求、对公司和用户价值都不高的瘦狗类需求及仅对用户价值高的问题类需求。

我们借鉴波士顿矩阵的做法,在其基础上按照对教学的价值和对学生的价值两个维度对需求进行划分。明星类需求肯定是需要优先满足的需求,瘦狗类需求是可以剔除的需求。其他两类是否要满足或者什么时候满足?除了考虑系统要解决的问题以及要应对的未来发展外,还跟需求实现的难度、具备的教学条件等都有一定的关系,很多时候并不能一刀切。

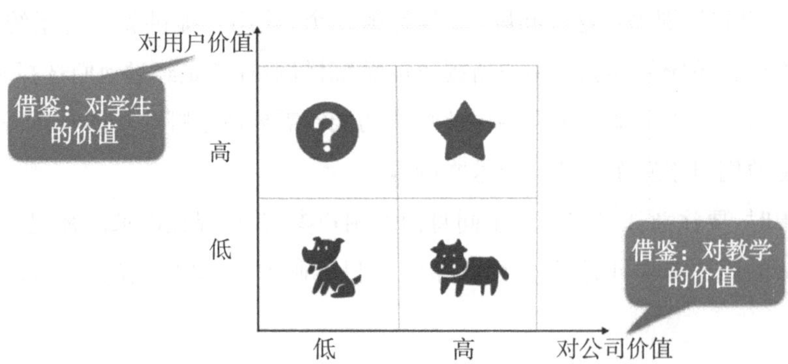

图8-6 借鉴波士顿矩阵区分教学需求的优先级

案例：外语在线直播教育平台

需求清单

假设准备开发一个外语在线直播教育平台，收到了如下需求：

- 直播录制，允许将直播视频录下来回放；
- 积分兑换，学生的学习行为和学习成果可以兑换积分，去购买课程或资料；
- 调查问卷，平台想了解学生对课程和教师的满意度；
- 上课提醒，学生如果购买了直播课程，会加入事件提醒列表，通过短信或邮件在课程开始前根据设定的规则给予学生提醒；
- 卡通头像，学生可以更换自己的头像，系统提供一些卡通形象库；
- 课程推荐，平台会根据学生的偏好设置和历史上课记录推荐相关课程。

分析讨论

一个可能的需求优先级划分方案：明星类需求有直播录制、上课提醒，这两个需求很明显，对教学和学生而言都非常有价值，必须满足；瘦狗类需求有卡通头像，这个需求价值很低，可以考虑去掉；金牛类需求有调查问卷；问题类需求有课程推荐和积分兑换。后三个需求是否要满足，就要看解决问题的出发点了。在平台运行初期，肯定会非常关注课程和教师的教学质量，这个时候需要通过问卷获取学生的反馈做出优化调整。而随着平台的运营，用户是否能够驻留下来对于系统的生存变得越来越重要，这时课程推荐和积分兑换或可成为留存用户的重要手段。

(四) 需求的可视化

我们可以借助对策型鱼骨图把我们对需求分析的思考加以可视化，展现我们围绕不同需求考虑的问题因素以及服务设计的导向。如图 8－7 案例所示，为了提升用户对旅行社的满意度，旅行社从合理的行程、安全措施、充足的时间、好的接待服务、便捷的交通、好的心情等多个维度设计解决需求的方案。

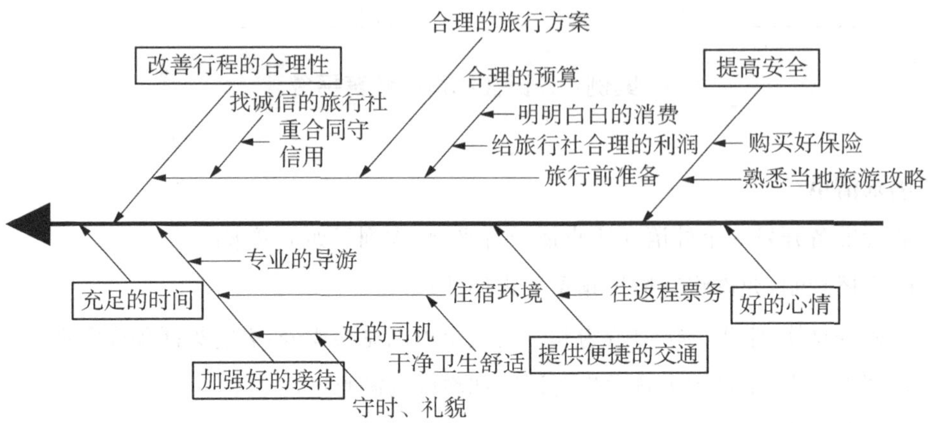

图 8－7　用对策型鱼骨图可视化需求

一般而言，画对策型鱼骨图时鱼头在左，指示问题的解决；鱼骨的特性值通常以“如何提高、改善……”来描述，指示思考的维度或因素。

（五）需求分析的要点

需求分析过程的要点包括：第一，要契合领域发展趋势，引导和挖掘潜在的或隐性的用户需求，这些地方往往是系统创新的重要来源；第二，要把握核心需求，据此明确产品的定位。我们肯定会收到很多需求，因此一定要根据特定的原则给需求做减法，适当砍掉不需要的，将真正重要的需求凸显出来，将未来的工作精力用到“刀刃”上。有时候决定不做什么比决定做什么更加重要！

三、功能设计

确定了新系统开发的必要性，明确了系统所服务的目标和对象，以及系统的功能定位后，我们继续往前推进，就进入系统设计阶段。首先是对系统的功能架构加以设计。有了用户需求之后，怎样才能转化为系统的功能呢？需要考虑哪些因素？这一阶段结束时，我们需要形成系统的功能设计方案。在文档中说明建立的系统功能架构是怎样的，并描述清楚系统的各功能业务，包括不同用户的使用权限，功能业务的运作逻辑和流程。

(一) 需求转化为功能的发散与收敛过程

很多时候，用户的需求只是指示了问题情境所在，但是具体怎样解决？系统提供怎样的功能服务？这是需要进一步设计、决策和细化的，如下面案例所示。

> **案例：超市购物车上触屏系统的商品计价功能**
>
> **用户需求**
>
> 能直观快捷地查看购物车里商品的总价。
>
> **功能设计**
>
> 对此需求，我们可以设计多种服务功能。一种是用户在系统中输入商品价格然后获得总价，一种是系统通过扫码自动识别商品价格然后计算总价。要实现前者，我们只需要在系统中提供一个计算器功能即可。而后者，如果再深入细分的话，还可以再形成两种解决方案：一种是扫描器自动扫描购物车中的商品，不需要用户动手扫码；而另一种就要用户自己手动扫码。这两种方案很明显，系统所需要提供的扫描器的功能和性能是不一样的。

由于能满足需求的功能服务不止一种，我们将需求转化为功能的过程首先是一个发散的过程，会列举出很多不同意义的备选方案。但选哪一个好呢？就要有一个收敛的过程。产品设计师斯图尔特·普格将发散和收敛的过程描述为设计漏斗，如图 8－8 所示。每个阶段都是迭代的。选择上一阶段值得深入的那些功能方案进行精细探索，同时又会扩展新的想法进来加以结合，就这样不断产生并减少想法。想法探索与发展的颗粒度会随着这些迭代变得越来越细，直至最终方案的确定。

收敛并确定最终功能方案，受三方面因素的影响，即用户、技术和商业，这与确定系统开发可行性时考虑的因素是一样的。需求到功能转化的最高境界就是在发散和收敛交叠的过程中找到最重要的问题以及最恰当的解决方案。

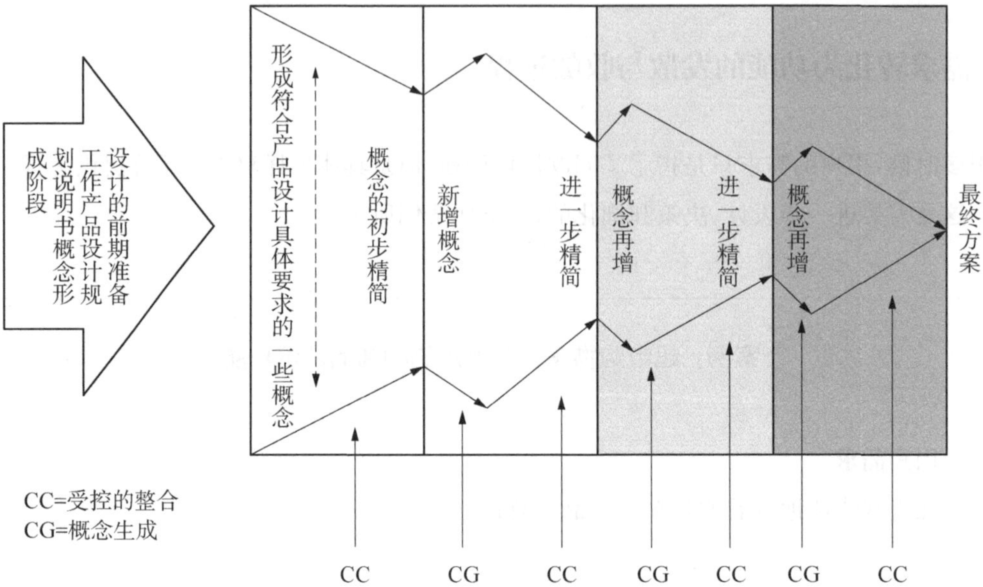

图 8－8　需求转化为功能的发散与收敛过程

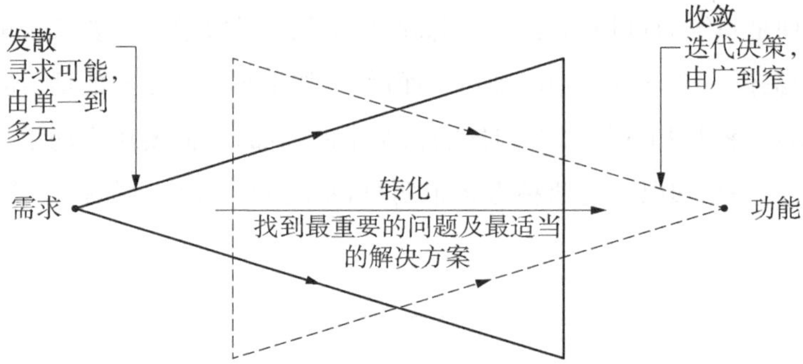

图 8－9　需求到功能的最高境界

案例：超市购物车上触屏系统的商品计价功能

方案确定

如图 8－10 所示，针对前面设计的三种功能方案，到底选择哪一个呢？如果从用户的角度考虑，肯定是方案 2 的体验最好，但成本也是最高的；如果从技术的角度考虑，方案 1 肯定是最简单的，而且成本也低，但用户体验却是最差的。这样看来，貌似方案 3 是最佳的。但真的是这样决策的吗？我们需要综合用户、技术和商业三方面因素的影响。

如果用户体验最重要，那方案 2 就是最恰当的解决方案；但如果成本最重要，那么方案 1 才是最恰当的解决方案。

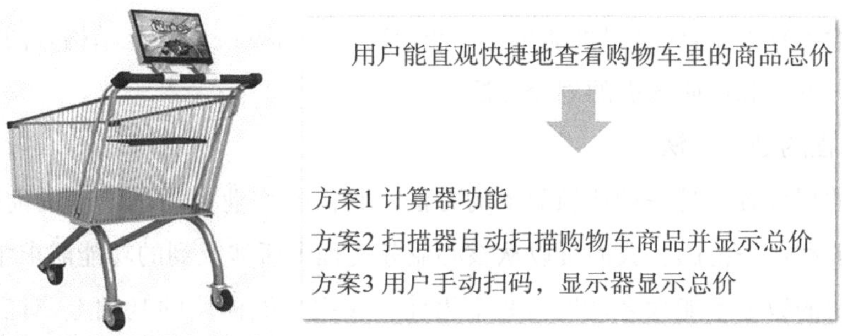

图 8－10　购物车案例

（二）构建系统的功能结构

在将各需求转化为功能后，接下来的工作就是构建系统的功能结构。系统的功能结构以层次形式描述了系统从顶层到最底层的功能分解。如图 8－11 所示的某学校饭卡管理系统案例，这一系统包括办理新卡、存款消费、查询、挂失、解挂五个功能模块，下面再细分为更多的功能。功能结构图可以使整个系统的功能范畴清晰明了，内部组织关系明确有条理。

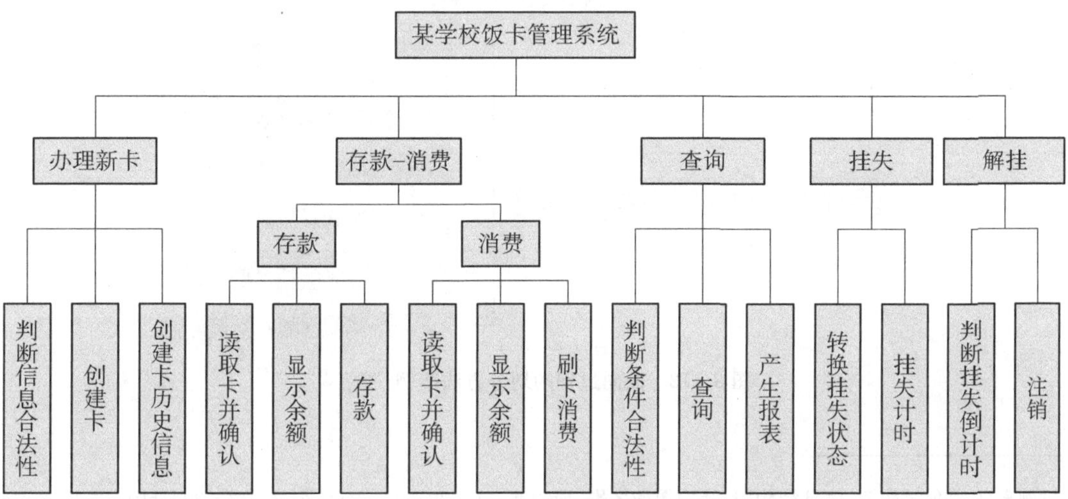

图 8－11　某学校的饭卡管理系统

在构建系统的功能结构时，需要抓住两个关键点：第一是对系统进行逻辑划分，可将一个大系统划分为多个子系统（模块）；第二要明确各子系统（模块）之间的协作和调用关系。而制作系统的功能结构图就是按功能的从属关系将它们画成图表，每个框都代表一个功能模块。功能结构图的级数一般不宜太多，应当尽可能少于四级层次。分解系统的功能结构有两种方法，分别是面向过程的划分方法和面向数据的划分方法。

1. 面向过程的划分方法

面向过程的划分方法是一种从顶而下的方法。它需要在业务需求清晰的前提下进行，即已确定系统的功能和业务范围。我们可以从核心业务流程中所涉及到的功能需求中提炼主功能模块。主功能模块的数量不能太多，以 5—9 个为佳。在主功能模块的基础上，对需求的任务进行归类划分，即提炼各次级功能模块，粒度从粗到细。但是要注意，当一个次级功能模块反复出现在不同地方时，可考虑将其拆分出来作为主功能模块。另外，功能的颗粒程度需根据具体应用场景来定，最终有可能会拆分到某个具体的功能操作。最后，提炼完成后再通过业务流程走查一遍，看看是否有遗漏。

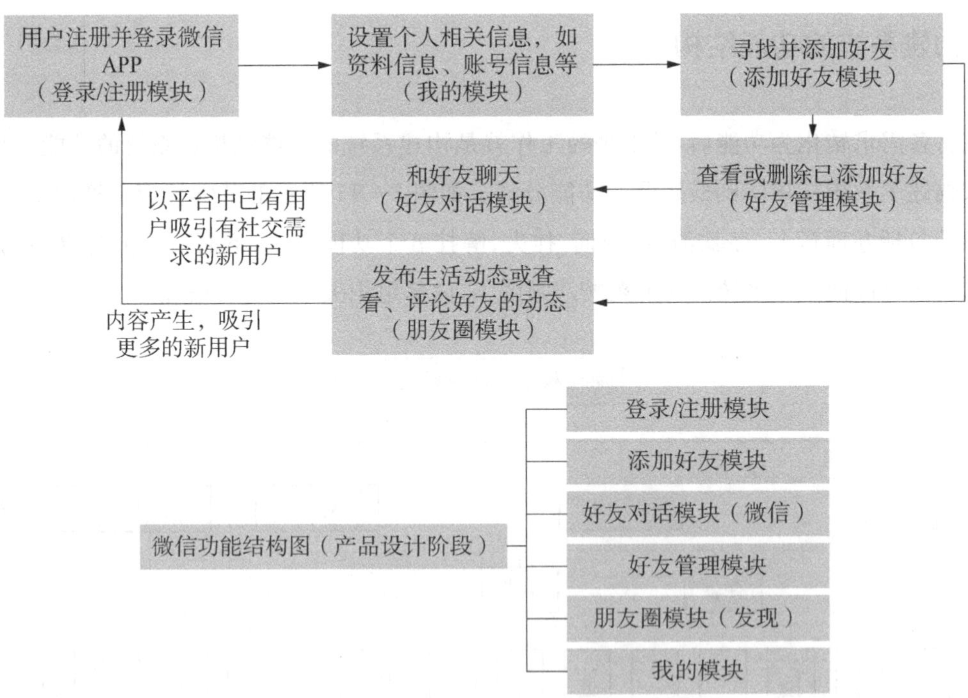

图 8 - 12　面向过程的划分方法案例：微信①

① 案例来自：功能结构图、信息结构图、结构图的区别[EB/OL].（2020 - 03 - 05）[2022 - 12 - 30]. https://blog.csdn.net/weixin_39481659/article/details/104655693.

图 8－12 案例展示了微信早期的功能结构图。根据设计的核心业务流程，微信可提炼出六个主功能模块，分别是登录/注册模块、添加好友模块、好友对话模块、好友管理模块、朋友圈模块和我的模块。

2. 面向数据的划分方法

面向数据的划分方法是一种自底而上的方法。它主要分为如下步骤：(1)整理系统的需求，得出需求列表；(2)对需求进行归类，并划分出优先级，归类的依据可以是涉及的数据、服务等；(3)根据需求对系统进行模块分析，抽取出核心模块；(4)将核心模块进行细化扩展，逐层得到各个子模块，完成模块划分。

案例：公费师范生服务系统

需求清单

(1) 了解最新公费师范生培养政策和重大教育改革新闻；

(2) 互相交流学习心得和对教育等相关问题的看法；

(3) 共同分享师范生学习资源(如可上传下载各师范专业本科学习阶段或师范生考研的相关资料)；

(4) 提升“教师素养”(如提供基本的音体美等学科相关文本与音视频知识的在线浏览或者观看，亦可上传下载)；

(5) “师范名家”栏可提供一些教育家或者成功教师的教学案例(来访者可浏览添加)；

(6) “师范院校”栏主要介绍教育部直属的六所重点师范院校(内容以介绍它们公费师范生的培养模式特色为主，当然有链接直接进入这些高校的主页)；

(7) 师范生家教、见习、实习、就业模块，给他们提供交流心得、传授经验的平台，也有链接进入一些较好的“教师招聘”类网站。

划分方案

第 1 条，有政策有新闻，属于信息发布模块；第 2 条和第 7 条，都要求能够支持交流，可用论坛模块；第 3、4、5 条，分别是师范生资源，教师素养资源，名家教学案例，要求能上传、下载和分享，都可归为资源服务模块；第 6 条院校介绍，算是一种小专题信息，可能需要特定的设计。所以总共可归为 4 个大类。

总的来讲，系统功能划分一般需要遵循以下几个原则：模块具有相对独立性；模块之间数据的依赖性尽量小；划分应使数据冗余较小；要考虑到今后管理发展的需要；要便于系统分阶段实现；还要考虑各类资源的充分利用等。

四、界面设计

系统的功能服务是在与用户的交互过程中实现的。用户通过人机界面输入自己的请求或者选择，系统运行相应的功能服务输出运行结果，同样通过人机界面显示给用户，如图 8－13 所示。这一输入输出过程交替往返直至一次业务流程完成。

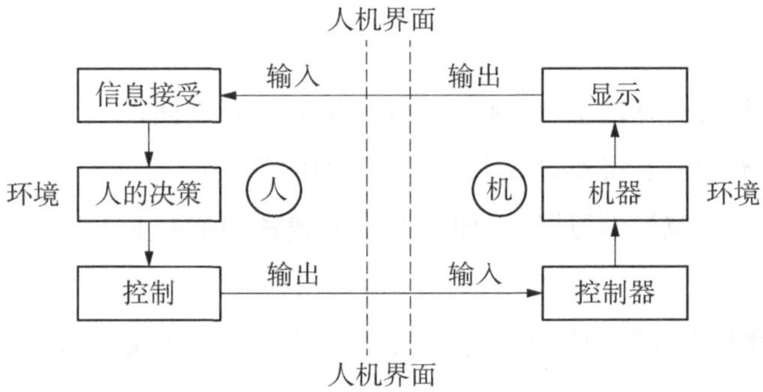

图 8－13　人机交互

在理清了系统的功能逻辑和业务流程后，我们就要通过人机交互设计将这些功能加以呈现，并在与用户展开对话的同时带给用户良好的体验。这一阶段结束时，我们需要进行系统的风格设计，并细化功能服务的承载界面和视觉效果，并通过原型制作具体呈现功能业务的视觉效果，模拟服务逻辑的人机交互操作行为。

（一）人机交互与用户体验

1. 用户界面和人机交互

用户界面（User Interface，UI）是人机交互过程中的中介。人进行操作（input），然后计算机作出反应（output），用户界面就是这种输入输出活动的交互媒介。用户界面可以是命令行界面、图形界面甚至语音界面等。

长久以来,交互一词主要指的是人机交互(Human Computer Interaction, HCI)。人机交互(HCI)是伴随着个人电脑(PC)的出现而发展起来的,是人与计算机之间传递、交换信息的媒介和对话接口。人机交互一词最早出现在1975年,但直到1983年,通过著作《人机交互心理学》(*The Psychology of Human-Computer Interaction*)一书才得到推广。人机交互研究的目标是让缺乏使用经验的用户也能简单有效地使用计算机,简单来讲就是解决可用性的问题。除了计算机科学之外,人机交互涉及的学科领域还有很多。因为跟人有关,所以会涉及心理学、社会学等,又因为跟交互有关,还会涉及人体工程学、美学等。

随着社会的进步以及新科技的不断涌现,人机交互快速发展。在技术层面,人机界面经历了从命令行界面到图形用户界面的演变,近年来触摸交互界面开始流行,甚至出现了三维交互界面。产品领域也不再局限于电脑软件上的交互,如操作系统、应用软件、网站网页等,移动设备如手机、平板上APP的需求激增,还出现了智能家电以及不断涌现的各类可穿戴设备的交互。从服务人群层面,人机交互从最初关注个人扩展到服务组织和社会的计算,从支持一般用户的行为发展为支持包括老年人、认知和身体残疾者在内的所有人的行为,涵盖尽可能广泛的人类体验和活动。

2. 用户体验

用户体验(User Experience, UX)一词最常出现在手机APP设计、人机交互的领域。这个词最先由电子工程学、心理学和认知科学学者唐纳德·诺曼(Donald Norman)在20世纪90年代提出。时任苹果公司用户体验架构师的诺曼,认为光是用可用性设计或者用户界面设计来界定系统交互要考虑的事情还不够,还要考虑个体在使用前后产生的感受和反响,也就是用户心理的变化。

2002年,AJAX之父杰西·詹姆斯·加勒特写了《用户体验要素:以用户为中心的产品设计》一书。他把用户体验的建构分成五个层次,分别是战略层、范围层、结构层、框架层和表现层(如图8-14所示),并在产品的类型上做了区分。加勒特将产品分成功能型产品和信息型产品两类,其中功能型产品更关注用户行为与交互,信息型产品更关注信息架构与呈现。现在,用户体验一词得到广泛传播,已大大扩展到工业设计、物理交互和手工产品等多个领域。

3. 用户界面、人机交互和用户体验三者的关系

用户界面、人机交互和用户体验三个概念之间的关系可以用图8-15加以展现。人机交互是人和计算机系统之间传递和交换信息的媒介。从计算机(技术)的角度看待这一交互过程,会考虑要提供一个用户界面,要有用、易用,目前主要是命令行界面和图形用户界面。而从人(用户)的角度看待这一交互过程,则认为除了有用、易用外,还要关注用户的感受。从这个角度理解,其实用户界面设计是用户体验设计的一部分。人机交互早于用户体验,是用户体验设计的先驱。但人机交互偏向计算机技术,是一个研究领域的概念,注重学术;而用户体验覆盖多个领域,是一个设计领域的概念,注重实践。用户体验设计中的很多实践考量往往与人机交互关于用户和技术的新发现有直接的联系,而用户体验设计实践的经验和问题又可作为人机交互研究的来源。

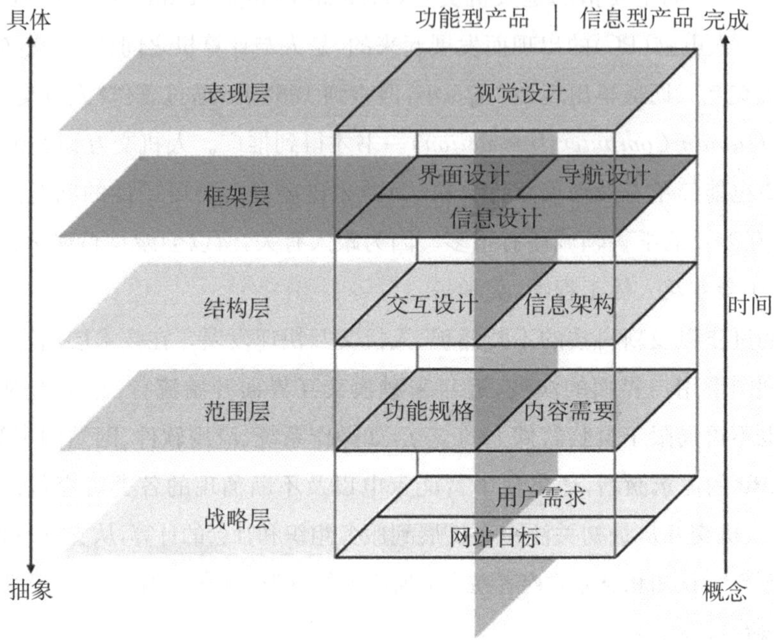

图 8－14　用户体验建构的五个层次

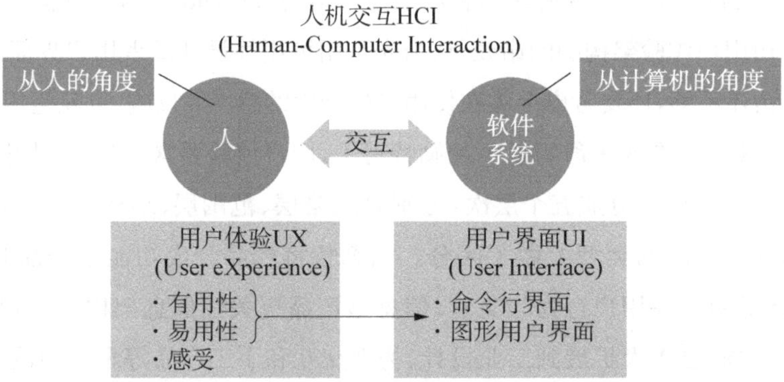

图 8－15　用户界面、人机交互和用户体验之间的关联

人机交互技术当前的发展呈现出两大重要趋势。一是更加自然化。多通道交互技术的引入，使得我们通过语音、眼神、表情、手势、肢体行为等都可以与产品进行交互，让交互更加贴近我们自然的生理认知。再加上虚拟现实与增强现实技术的支持，虚拟的信息被叠加到真实场景中，两者交织，使得我们摆脱了物理条件的限制，视、听、触一体化，人的交互与操作更加自然。二是更加人性化。人工智能技术的发展带动了一批智能用户界面的诞生，比如自适应系统、用户建模、自适应脑界面等。而新兴的情感计算技术已使得系统能感知、识别和理解人的情感，对人的情感做出智能、友好的反应，代表性的研究如 IBM 的“蓝眼计划”和情感鼠标。交互技术的这些

新发展也给交互设计带来了新的思考问题：既然计算机貌似可以很好地适应人的自然生理属性了，也更能理解人的情感了，那么我们的设计还有需要人去适应计算机的地方吗？

(二) 交互设计的目标

交互设计 IxD，即 Interaction Design。交互设计是人与产品或服务互动的行为与机制，还要设计和定义传达这种行为与机制的外形元素。交互设计起源于网站设计和图形设计，但随着各种新产品和交互方式的涌现以及流行，人们开始越来越重视交互的体验，思考在让产品易用、有效的基础上，如何还能让人获得愉悦。基于此，交互设计的目标分为可用性目标和用户体验目标两种，分别体现为图 8-16 中的内圈和外圈。

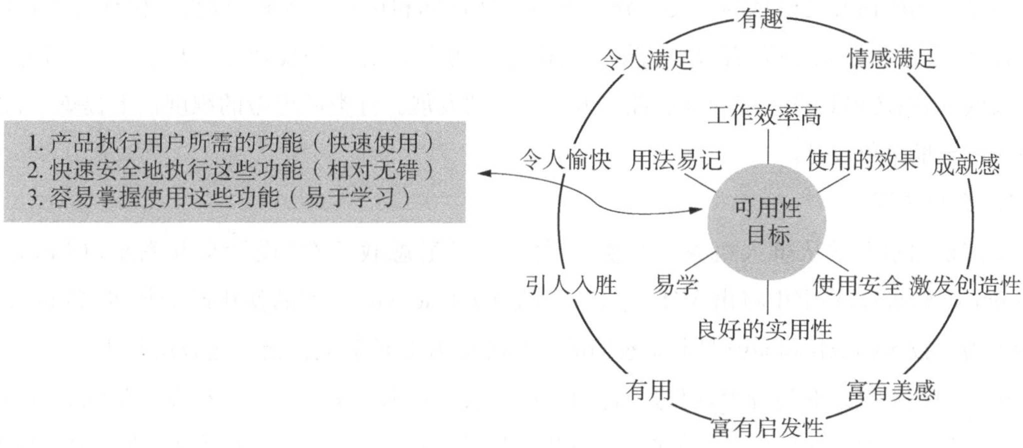

图 8-16　交互设计的目标

可用性目标主要关注用户对系统的交互行为，比如能正常工作吗？不经过额外学习就能顺利使用吗？可用性目标要求系统的业务逻辑对用户来说易用、易学、易理解，即"不用让我思考就能用"。此外，可用性目标还要求相对无错，系统要安全、容错性强。用户体验目标主要关注用户在交互中的视觉和心理感受，比如能很快适应这个系统吗？交互过程令人愉快、界面有趣且引人入胜吗？等。用户体验是对系统服务层次的升级，从心理和情感角度，要求系统能带给用户美好的使用体验。

不同类型的产品有着不同偏好的交互设计。对于技术驱动型的产品，它的核心竞争力在技术或实现特定技术任务的能力上，因此交互设计更重视可用性目标，关注交互过程的设计；而对于用户驱动型的产品，它的核心竞争力在界面交互或美学吸引力上，因此交互设计更注重用户体验目标，关注界面信息架构的设计。

(三) 界面交互设计的内容

界面交互设计主要是两部分内容的设计，一是设计功能信息的界面呈现，即信息架构。二是设计服务逻辑的操控行为，即交互过程。在此基础上，还需要考虑这些内容在视觉上如何加以表现，效果如何通过布局、色彩、图标等要素的设计进行实现。

1. 信息架构

信息架构不仅是设计信息的组织结构，还要研究信息的表达和传递，设计出合理的组织信息的展现形式。以商场分区为例，好的信息架构可以让用户轻松理解每一层的功能分区，让用户快速找到需要的店铺等。

信息架构的核心是信息的分类。分类要与产品目标和用户需求相对应；要保证分类标准的一致性、独立性和相关性；要有效平衡信息架构的“广度”和“深度”；要使用用户语言，同时避免语义歧义或不解；还要具有一定的延展性以方便未来的发展。分类所思考的维度往上提炼，可以形成系统的导航菜单设计。

2. 交互过程

英国奈比尔大学从事人机系统研究的大卫·贝尼恩教授在《设计交互系统》(*Designing Interactive System*)一书中将由人(People)、人的行为(Activity)、产品使用时的场景(Context)和支持行为的技术(Technology)四个要素构成的系统称为交互系统。交互过程就是人们在一定的场景中使用技术所采取的行为，而这一行为往往受限于技术的发展。以手机发送信息为例，技术的变化导致了人们发送短信行为的改变，一开始是键盘输入，后来是手写输入，语音识别技术发展起来后就是语音输入。

交互过程设计的实质就是行为的规划及实现设计。行为规划要依据用户的需求而定，交互行为往往受很多因素的影响。交互行为与用户群的特征有关，比如需要给老人呈现较大的字体。交互行为与场景有关，比如在喧闹环境下进行语音输入效果并不好，这时就需要提供其他的输入方式。交互方式的类型更是与技术的发展密切相关，比如以前支付以输入密码验证为主，但现在指纹、人脸都可以。交互行为实现时需要考虑便捷性、反馈性、预知性以及防错性等原则。

3. 视觉设计

作为人机接口的交互界面，需要交互与视觉设计上的共同支持。对于如何进行界面的视觉设计，日本视觉设计研究所将界面划分为三个构成空间，分别为标题空间、欢迎空间和目录信息空间，并基于此框架，提出了优秀界面必须具备的 4 个必要条件和 2 个附件条件。

通过隐喻，他们认为优秀的界面应该是这样的：标题空间的标题如同商店引人注目的招牌，要清楚、明确地表示出来，让访问者毫不犹豫、放心大胆地进入；欢迎空间是标题与目录信息之间的部分，以餐厅为例，就是开门进来后被带到餐桌之前等待时所看见的餐厅全貌，因此在确认主页内容架构的同时，还要能传达欢迎态度；目录信息空间就是坐下就餐的地方，需要给人舒适美味的体验，它涵盖页面的全部内容，需要进行整理归纳，以增强页面的可读性。

因此，在他们所提出的优秀界面必须具备的6个条件中，4个必要条件对应的就是标题空间要明示标题，欢迎空间要明示信息，目录信息空间要整理目录信息，还有页面整体要传递信任感；2个附件条件分别是欢迎空间要表现欢迎态度，页面整体要加强说服力。不难看出，明示标题、明示信息和整理目录信息指向的是可用性目标，而表现欢迎态度、传递信任感和加强说服力则指向的是用户体验目标。

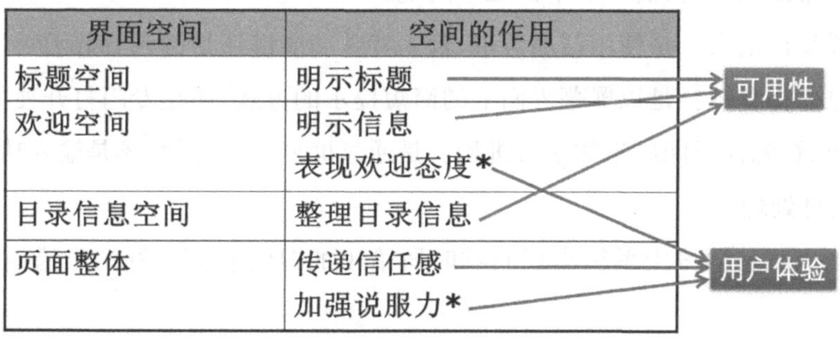

图8－17　优秀界面应具备的条件（*代表附件条件）

（四）界面设计的一般过程

1. 界面设计的3个阶段

界面设计实质是一个创意的过程，一般分为3个阶段，分别是结构设计阶段、交互设计阶段和视觉设计阶段。结构设计就是对界面进行概念创意，制定出整体结构，大多会输出界面布局的结构草图。在结构设计中，需要确定功能模块的组织、摆放和管理，涉及模块的主次排序问题。接下来是交互设计，要确定界面交互的区域和交互的方式，涉及不同输入输出类型的选择。交互设计的核心目标是让系统简单易用，因此强调要遵循用户认知惯势，采用业界常用模型或开发范式等。最后是视觉设计，是在参考用户群体的心理模型和系统任务要求的基础上，对上述环节的界面进行完善美化，对布局细节进行更精细化、具体化的加工，同时融入一定的文化理念。比如白色背景可配些色块增加活力；版面零散可用线条和符号串联起来；文字过多则可插入图片增强平衡；直角表格太规矩的话可改用圆角等。

2. 几个易忽略的界面设计问题

用户界面设计主要依靠的是设计者的经验。可设计者很容易就把注意力全部投入到如何让界面的信息架构清晰明确，交互过程顺畅有趣，视觉设计专业美观这些抓手上面，而忽略了以下几个看上去“不太重要”的小问题，比如用户的帮助设施、出错信息的处理、系统响应的时间等。殊不知就是这些小问题，一旦设计不注意，也会给整个界面设计的可用性和用户体验带来灾难性的损害。

（1）用户帮助设施

用户帮助设施是为用户遇到问题时提供的帮助和支持。常见有两类实现方法：一类是集成式，也就是一开始就设计在系统中，对用户的操作行为敏感，可以及时响应呈现相关帮助信息；一类是附加式，多数体现为具有查询功能的联机用户手册。

在设计用户帮助设施时，需考虑下面几个问题：

- 用户怎样发出请求？是使用帮助菜单、输入特殊功能键还是键入 help 命令。
- 帮助信息怎样显示？是以屏幕界面上的简短提示的方式，还是专门打开独立的窗口。
- 帮助结束后，怎样返回原来的学习进程？是通过屏幕上的按钮，还是输入功能键。

（2）出错信息处理

出错信息处理就是学习中系统出现问题时所给出的“坏消息”。好的出错信息处理方式应该是：

- 使用用户可以理解的语言来描述问题；
- 提供有助于用户从错误中恢复系统的建设性意见；
- 指出当前错误可能导致哪些负面后果，从而让用户做到心里有底；
- 出错时应该伴随有听觉上或视觉上的提示。

（3）系统响应时间

系统响应时间是指从用户完成某个控制动作（如点击鼠标），到系统给出预期响应（如输出信息）之间的时间。这段时间如果太长，用户会感到紧张和沮丧；太短，又会让用户操作加快，容易犯错。因此系统响应时间的长短应该相对比较稳定。易变性指的是系统响应时间相对于平均响应时间的偏差。易变性低，有助于用户建立稳定的工作节奏和平稳的操作心态。

在用户等待系统响应的这段时间中，系统界面上也可做些设计协助调整用户的心态。一种可行的做法，就是提供业务处理的进度反馈，告知用户当前的进展状况，并提示还需等待的时间等，如图 8－18 展示的是简书 APP 更新时的进度反馈。

图 8－18　系统响应的进度反馈

（五）界面设计指南

总的来讲，界面的设计应遵循三大基本准则。一，界面要在用户的控制之下；二，要减少用户的记忆负担；三，要保持界面的一致性，符合用户的心智模型。本书将从一般交互、信息显示和数据输入三方面提供一些基本的设计指南。

1. 一般交互指南

界面设计的一般交互指南涉及信息显示、数据输入和系统的整体控制，是一种全局性的设计，忽略的话会承担较大风险。指导性的原则有：

- 保持界面的一致性，如菜单的选择、数据的显示等；
- 提供有意义的反馈给用户，并建立视听觉的双向通信；
- 在执行有较大转变性或破坏性动作之前必须要求用户确认，比如删除、退出等；
- 允许犯错误，允许取消绝大多数操作，给用户一个反悔的机会，如图 8－19(左)所示案例；
- 减少在两次操作之间必须记忆的信息量，比如将前面输入的信息作为选项供用户选择；
- 提高对话、移动和思考的效率，比如提供常用发送信息模板、减少鼠标移动距离等；
- 按功能对系统的操作行为分类，并据此设计屏幕布局以方便用户查找；
- 提供对用户工作内容敏感的帮助设施，如图 8－19(右)所示案例。

图 8－19　撤销操作(左)　帮助提示(右)

2. 信息显示指南

界面上可以用多种不同的方式显示信息：用文字、图形和声音；按摆放位置、可移动情况和显示大小等对信息类型加以区分；使用颜色、分辨率和省略等手段暗示信息的重要程度。信息显示的一些指导原则有：

- 高效率使用显示屏，只显示与当前工作内容有关的信息，以免分散用户的注意力；

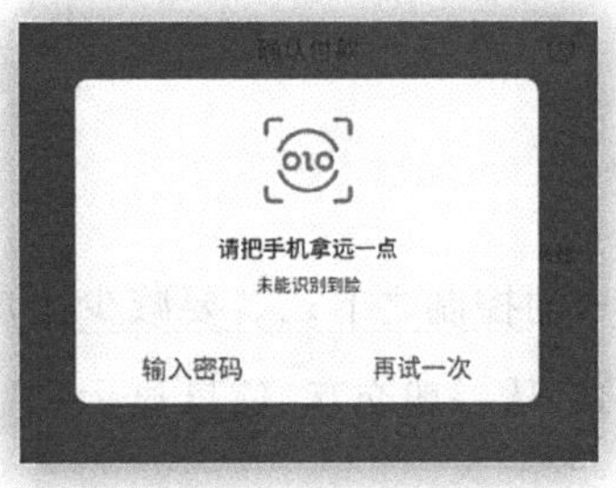

图 8-20　有意义的错误信息

- 不要用数据淹没用户，可以用图形或图表代替表格；
- 使用一致的标记、标准的缩写和可预知的颜色来减少用户的认知负担；
- 产生有意义的出错信息，如图 8-20 所示；
- 使用窗口分隔不同类型的信息，使用大小写、缩进和文本分组等，以帮助用户理解；
- 使用“模拟”方式显示信息以增强界面的趣味性，比如时钟。

3. 数据输入指南

界面交互的大部分时间里，用户都在通过命令选择、数据键入等方式向系统提供输入信息。设计数据输入方面的指导原则有：

- 尽量减少用户的输入动作，比如提供联想输入，复制往次输入信息等，可消除冗余的输入，提供默认值；
- 保持信息显示和数据输入之间的一致性，将输入的情况反馈用户确认；
- 对输入动作提供帮助，比如提示当前输入信息的格式或类型要求；
- 允许用户自定义输入，选择喜欢的输入方式；
- 保证在当前语境中不适用的命令不起作用，以减少不必要的输入错误，比如在数字输入时不允许输入字符等；
- 让用户控制交互流，比如允许跳过、允许返回等。

本章参考文献

[1] Benyon D. Designing interactive systems: a comprehensive guide to HCI, UX and interaction design [M]. Pearson, 2013.

[2] Card S K, Moran T P, Newell A. The psychology of human-computer interaction [M]. Florida:CRC Press, 1983.

[3] inNeed. 竞品分析：找到竞品的 8 个方法[EB/OL]. [2022-12-30]. https://www.inneed.club/articles/detail/87egz44akd.

[4] 巴克斯顿. 用户体验草图设计：正确地设计，设计得正确[M]. 黄峰，夏方昱，黄胜山，译. 北京：电子工业出版社，2012.

[5] 海伦·夏普，詹妮·普瑞斯，伊温妮·罗杰斯. 交互设计：超越人机交互(原书第 5 版)[M]. 北京：机械工业出版社，2020.

[6] 杰西·詹姆斯·加勒特. 用户体验要素：以用户为中心的产品设计[M]. 范晓燕，译. 北京：机械工业出版社，2011.

[7] 日本视觉设计研究所. 网页设计基础[M]. 鲁成思，译. 北京：中国青年出版社，2004.

[8] 张海藩，牟永敏. 软件工程导论(第 6 版)[M]. 北京：清华大学出版社，2013.

第九章 学习技术系统通用功能模块的业务逻辑设计

一、系统建构的灰盒视角

人们对事物的认知可以分为黑盒、灰盒和白盒三种层次(图 9-1)。如果说白盒表示对事物系统的内部结构和逻辑机制完全明了的话,那么黑盒就意味着完全不明了,仅仅知道系统的输入和输出,而关于实现输入到输出关系的过程则一点都不清楚。介于两者之间的灰盒则表示可以观察到系统外部的输入输出关系,又对其内部实现逻辑和机制有某种程度的了解。显然,不同层次的认知会影响人们对待事物的行为,以及与事物进行交互时反映出来的态度。本书采用灰盒视角,就是想打破使用者视角的黑盒盲区,在黑盒对系统的"完全无知"到白盒对系统的"完全精通"之间实现一种灰盒程度的认知状态,即对系统内部有所认识,能以设计者的身份主动参与到学习技术系统的构建中,从而具备一定的学习技术系统素养。

图 9-1　系统建构的灰盒视角

案例:商场购物

以商场购物为例,如果是黑盒方式,购买过程将非常简单。用户明确了要购买的商品后,直接付款购买即可。但如果是白盒方式,过程就会复杂很多。虽然都是需要先明确好要购买的商品,但白盒视角接下来就不是付款了,而是要先搜索店铺找到商品,找到商品后还要看价格,如果价格合适,才付款完成整个购物过程。如果价格不合适,还会尝试跟店铺协商,协商成功的话,才能付款完成购物。如果协商不成功,则要继续寻找商品。如果遇到同类的几个店铺,还会货比三家,选择最物美价廉的那一家,最终付款完成整个购物过程。

在以上这个案例中,我们不难发现,整个购物流程有两个环节非常关键:一是如何找到产品,二是怎样决定购买。

如果要设计一定的服务功能来支持购物流程的实现，在商场这样的真实环境中，对于如何找到产品这个环节，肯定是到专卖店能够比较容易找到所需的产品，那么如何快速到达对应的专卖店就是功能设计的考虑点。在怎样决定购买的这个环节，一般是货比三家，或者进行价格协商等，对应也需要提供一定的功能支持。但在淘宝这样的虚拟环境中，情况就会有所不同。在找到产品这个环节，专卖店就不太具有很大的优势了，在功能支持上可能更多地会考虑快速检索以及根据用户偏好的系统推荐。在决定购买这个环节，当然也会考虑货比三家、价格协商的因素，但还会考虑增加最佳购买时间的因素，以针对用户的购买欲望不是很急切的情况。

功能	1.找到产品	2.决定购买
真实环境	快速到达专卖店——效率	货比三家/价格协商——价格
虚拟环境	快速检索与系统推荐	货比三家/价格协商/最佳购买时间

图 9－2　购物流程在不同环境下的功能设计差异

基于灰盒视角打开系统的设计逻辑，可以看到，功能服务在具体细化时，必定是基于一定的业务流程，而对业务流程的不同设置会提供不同的服务支持，相应也会引导用户不同的操作序列，体现着设计者不同的服务思想和设计理念。例如用户根据搜索在某一店铺中选定所需产品后，系统展示了该产品的价格趋势，用户发现当前价格并不是最优惠的时候，决定放置到购物篮中等待更优惠的时候再来购买，并设置了价格下降的信息提示。这一系列的操作很好地诠释了“最大化用户利益”的服务理念。

二、用 UML 展现业务逻辑

如果要展现对学习技术系统业务逻辑的设计，我们可以使用专业的统一建模语言 UML。从学习技术系统的建构能力出发，本书推荐用例图、活动图和时序图三种图示。借助这三类视图的帮助，我们能够将自己所设计的系统服务功能剖析清楚，并将主张的教与学服务思想细化到具体的业务流程中，同时打开黑盒，弄明白里面的对象、关系和流程，从而真正将抽象的功能概念落地，向可实现推进。

(一) UML 简介

UML(Unified Modeling Language),即统一建模语言的英文缩写,是为面向对象开发系统的产品进行说明、可视化和编制文档的一种标准化语言。UML 主要使用图形符号来表示软件项目的设计,由一整套图表组成,可以独立于任何具体程序设计语言。UML 是在消化、吸收、提炼至今存在的所有软件建模语言的基础上提出的,由 OMG 组织(Object Management Group)在 1997 年正式提出。集百家所长的 UML 不仅可以用于软件建模,还可以用于其他领域的建模工作。

UML 立足于对事物的实体、性质、关系、结构、状态和动态变化过程的全程描述和反映,可以从不同角度描述人们所观察到的软件视图,也可以描述在不同开发阶段中的软件形态。UML 的图形符号简单、直观和规范,主要从三种不同的模型视角展现软件系统的细节和层次:

- 功能模型:从用户的角度展示系统的功能,包括用例图。
- 动态模型:展现系统的内部行为,包括时序图、活动图、状态图。
- 对象模型:采用对象、属性、操作、关联等概念展示系统的结构和基础,包括类图、对象图。

其中,用例图非常适合用来设计学习技术系统的功能构成,时序图适合用来展现这些功能实现的交互过程,而活动图则用来展现这些功能实现的执行顺序。目前,UML 的制作工具有很多,常用的有 VISIO、EA、Rational Rose、PowerDesigner、Process on、Visual Paradigm 等。前面四种是专业级的,比较传统、经典。Prcocess on 是一款在线工具,不用安装,相对地专业性较弱。这里我们推荐使用 Visual Paradigm 的社区版,该软件可供免费学习使用。

(二) 用例图

1. 什么是用例图

用例图(Use Case Diagram)是站在最终用户的角度看待系统所提供的服务,指出各个功能的执行者。用例图其实回答了两个最根本的问题:谁要使用系统以及他们使用该系统可以做些什么。用例只是指定了系统的行为,但不涉及说明如何使其发生的确切方法。因此,用例图通常很简单,它只总结了用例、参与者和系统之间的一些关系,并不显示实现用例目标的步骤和执行顺序。用例图通常用在系统开发的早期阶段,用于确定系统的范畴、捕获系统的需求、验证系统的架构等。

2. 用例图的表示

(1) 用例图的构成

用例图的构成要素主要有以下4个，如图9－3所示。参与者(Actor)，在图中用小人表示；用例(Use Case)，在图中用椭圆表示；参与者与用例之间的通信连接(Association)，在图中用带箭头或不带箭头的连线表示；系统边界，表示正在建模系统的功能范畴，在图中用方框表示。

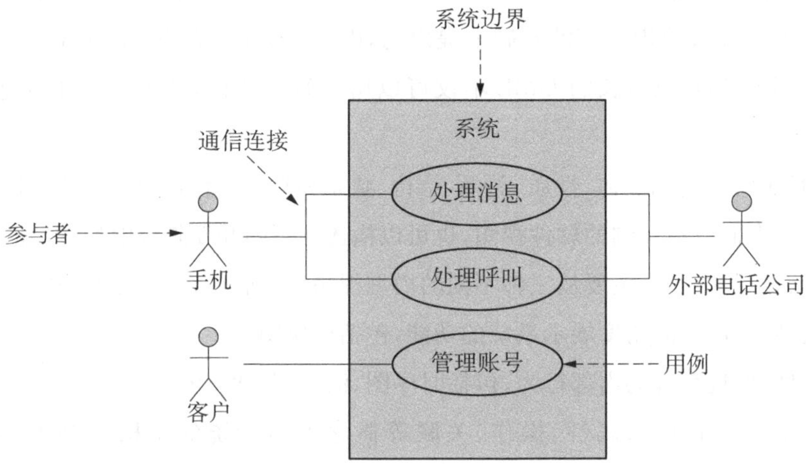

图9－3　用例图的构成

参与者一般与系统用户的概念相似，但也可以是系统之外与系统进行交互的任何事物。第一种，使用系统的用户个体，比如是谁负责信息的录入和管理？谁将使用某项功能？第二种，系统所连接的外部设备，比如打印机。第三种，与系统进行通信的其他系统，比如学生信息系统。参与者触发用例，负责向系统进行输入，并从系统获取所期望的输出。参与者并不特指人或事物本身，而是它们在系统中扮演的不同角色。不同系统角色具有不同的功能权限。比如小王参与慕课平台的交互，他既可以作为学生这个角色选课听课，也可以作为教师这个角色开设课程并管理课程。

用例是系统提供给用户的一项功能，描述了用户能够怎么使用所提供的系统。用例其实就是一项计算机操作功能，能支持完成一项业务活动，或者可以理解为用户与计算机之间一次完整而简短的交互。用例持续的时间一般很短，目的明确，有始有终。用例既可以由人触发，也可以是自动的。用例的命名一般采用动宾结构，简单且带有描述性，可以理解成参与者想要系统做的事情，例如图书馆借阅系统的借出图书、归还图书、查询数目等。

通信连接表示参与者和用例之间交互的关联关系，即它们之间通过特定消息进行沟通。箭头尾部表示启动交互的一方，箭头头部表示被启动的一方。

用例图有时还会用到系统边界，表示正在建模系统的功能范畴。边界内表示系统的组成部分，边界外表示系统外部。通常参与者画在边界的外面，用例画在边界的里面。对于大型复杂系统，每个模块都可能有系统边界。

(2) 用例之间的关系

除了参与者与用例之间的通信关系外，用例之间可以具有不同的共享关系。通过构建现有用例间不同类型的依赖关系，可以消除冗余，实现重用，从而减少开发系统的工作总量。用例与用例之间可以形成三种关系，包含、扩展和泛化。

包含关系描述的是当一个基本用例需要某种功能，而该功能已被另外一个用例定义，那么在用例的执行过程中，就可以调用已经定义好的用例，也就是将子用例作为基本用例充当业务流程中的一部分。包含关系用有向虚线箭头描绘，箭头的尖端指向子用例，用<<Include>>标识包含关系。例如“借书”的这个用例中，包含了“检查书籍库存”和“检查是否有罚款”两个子用例。

扩展关系描述的是一个子用例(可选)去扩展另一个基本用例的功能。扩展关系用有向虚线箭头描绘，箭头的尖端指向基本用例，用<<Extend>>标识扩展关系。例如“登录账号”的用例可用“无效密码”子用例。在扩展关系中，基本用例是独立存在的，但在包含关系中，基本用例执行时一定会执行包含用例。

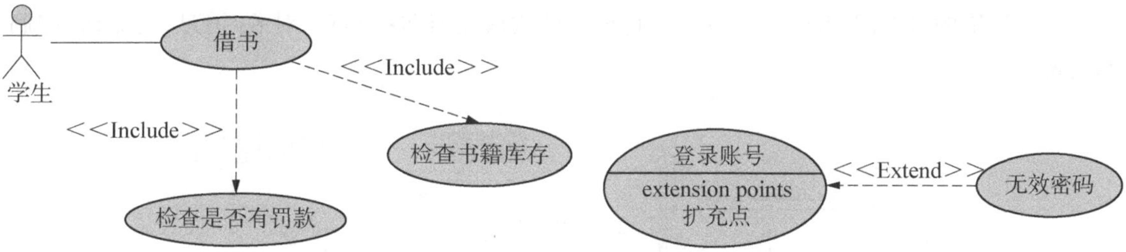

图 9-4　用例的包含(左)和扩展(右)关系

泛化关系描述的是一个父用例可以被特殊化形成若干个子用例。泛化关系用带空心三角的有向实线箭头描绘，箭头的尖端指向父用例。例如“存款”的父用例可以转化为“银行柜台存款”和“ATM 机存款”两个子用例。

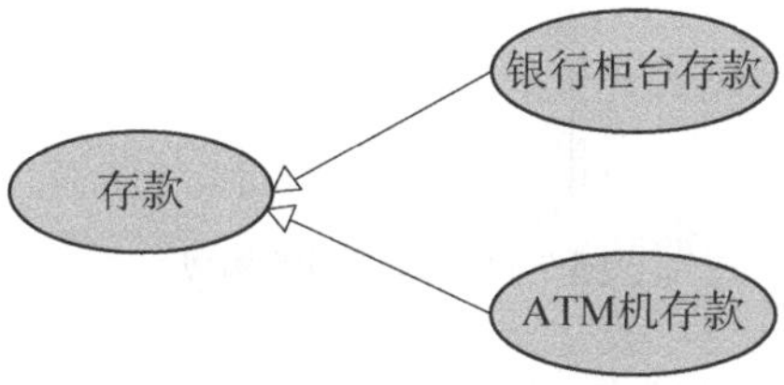

图 9-5　用例的泛化关系

(三) 时序图

1. 什么是时序图

时序图(Sequence Diagram),也称为序列图、顺序图,是用来表示用例中的行为顺序,可以直观地传递系统内外之间的交互过程。时序图描述了用例中对象之间的交互顺序,着重体现对象间消息传递的时间顺序,强调对象之间消息的发送顺序,显示对象之间的交互过程。

时序图是一个二维图,从对象维度(水平)和时间维度(垂直)对用例中的对象随时间的相互作用进行了组织。在读时序图时按照惯例,横轴从左到右排列展现了参与交互的对象参与消息序列的先后时间顺序,纵轴从上往下表示时间进程,但只是排序而非持续时间,与交互时间的长短无关。

时序图主要的用途之一,就是把用例表达的需求转化为进一步、更加正式精细的表达,将交互行为建模为消息传递,通过描述消息在对象间发送和接收的过程来动态展示用例业务的实现逻辑。一个用例常常被细化为一个或更多的时序图。

2. 时序图的表示

(1) 时序图的构成

一个标准的时序图如图 9-6 所示。它重要的构成要素包括角色、对象、消息、生命线、控制焦点等。

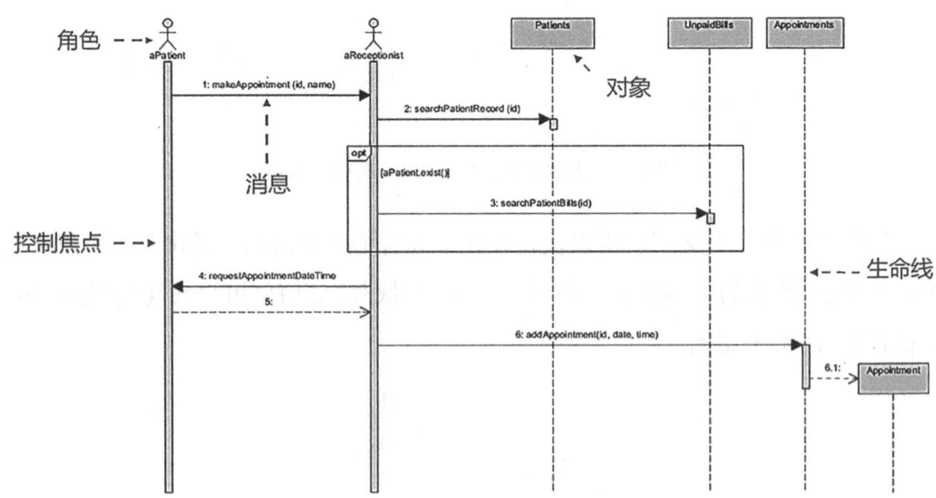

图 9-6　时序图的构成

角色即系统参与者,可以是人或者其他系统、子系统甚至设备。

对象是类的实例，代表时序图中的对象在交互中所扮演的角色。由于大多数时候都涉及数据操作，因此多为数据对象。对象排列时要注意，要把交互频繁的对象尽可能地靠拢，要把初始化整个交互活动的对象（有时是一个参与者）放置在最左边。

生命线代表了时序图中的对象在一段时期内的存在。时序图中每个对象和底部中心都有一条垂直的虚线。对象间的消息存在于两条虚线之间。

消息定义了对象之间交互和协作中交换的信息，是对象之间的通信内容。消息的功能有：自调用、创建对象、调用其他对象、返回、销毁对象等。调用消息表示对目标对象生命线操作的调用，以带箭头的实线表示。返回消息表示将信息传递回对应的前一个消息调用者，以带箭头的虚线表示。自调用消息表示对同一生命线消息的调用，以带实心箭头的半闭合实线表示。

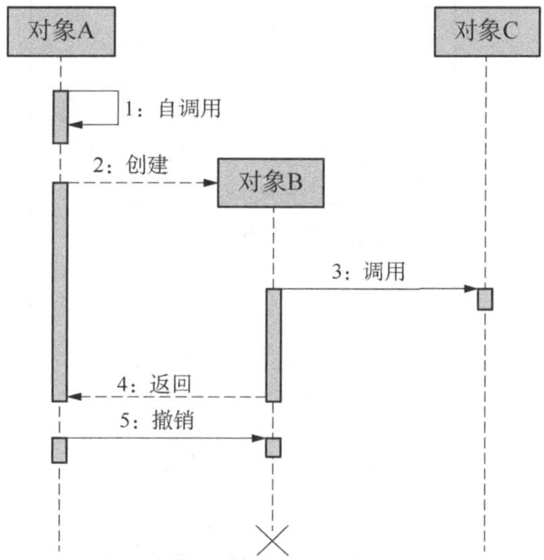

图 9－7　消息的不同类型

控制焦点也称激活条，表示时序图中的对象执行某项操作的时期，以一个很窄的矩形表示。如图 9－7 案例所示，对象 A 自调用自己的一个方法。对象 B 是由对象 A 在交互过程中创建出来的。对象 B 调用对象 C 的方法，结果返回给对象 A。对象 A 最后再销毁对象 B。

（2）时序图的组合片段

时序图展现了对象之间交互行为的过程，但如果交互执行需要条件控制怎么办？那么就用时序图的组合片段。时序片段表示的是交互的逻辑分组，包含会影响消息流的条件结构，用来解决用例业务中交互执行的条件和方式。它允许在时序图中直接表示逻辑组件，用于通过指定条件或子进程的应用区域为任何生命线的任何部分定义特殊条件和子进程。还可以使用组合片段来以一种紧凑而简洁的方式描述多种控制和逻辑结构。

组合片段由矩形表示，显示为涵盖生命线并包含交互操作符的框。组合片段的类型由交互运算符确定，也即定义组合片段的行为逻辑或条件语句的类型。常用的组合片段类型由抉择（Alt）、选项（Opt）、循环（Loop）、并行（Par）和引用（Ref）等。

抉择（Alt）指的是在交互过程中任何场合下只发生一个序列的情况，可以理解为 if else 条件语句。Alt 需填写参数。图 9－8 的案例展示了通过终端的自助服务系统办理老人卡的交互过程。如果年龄在 60 岁到 65 岁之间，刷身份证后返回蓝卡办理页面；如果年龄超过 65 岁，刷身份证后返回黄卡办理页面；否则就返回年龄未达标的报错页面。

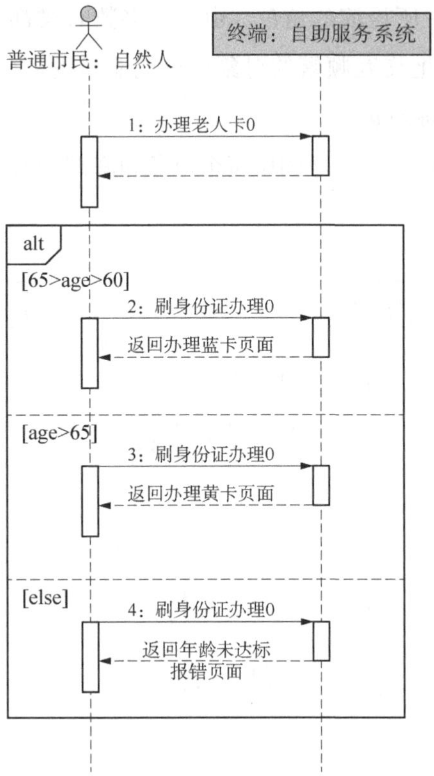

图 9-8　抉择的组合片段

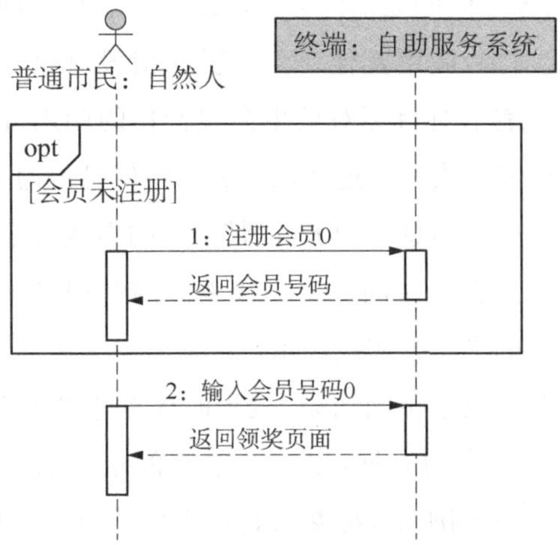

图 9-9　选项的组合片段

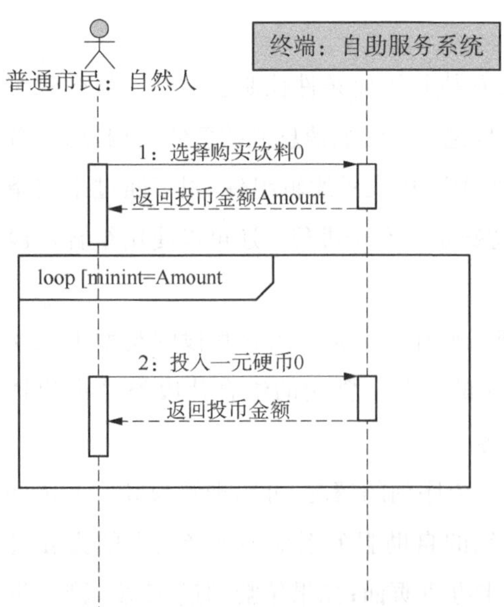

图 9-10　抉择的循环片段

选项(Opt)是指在交互过程中包含一个可能发生或不发生的序列的情况，相当于 if 语句。我们可以在 Opt 中设定序列发生的条件。图 9-9 的案例展示了通过终端的自助服务系统领奖的交互过程。如果用户不是会员，会让用户先注册获取会员号码，然后再输入会员号码，返回领奖页面。

循环(Loop)是指在交互过程中某一片段会重复执行一定次数的情况，相当于 for 语句。我们可以在 Loop 中指示片段重复的次数。图 9-10 的案例展示了通过终端的自助服务系统投币购买饮料的交互过程。用户先选择要购买的饮料，系统会返回需要投掷货币的金额，然后用户重复投掷一元硬币直到达到所需金额。在这一过程中，系统会向用户显示投币后达到的金额。

并行(Par)是指在交互过程中存在着并行处理的情况,即片段中的事件可以并行交错,相当于多线程。图 9-11 的案例展示了通过终端的自助服务系统购买饮料出柜的交互过程。用户缴费确定购买后,一方面选好的饮料出柜,一方面打印消费的小票。两者并行,最后返回用户购买成功的页面。

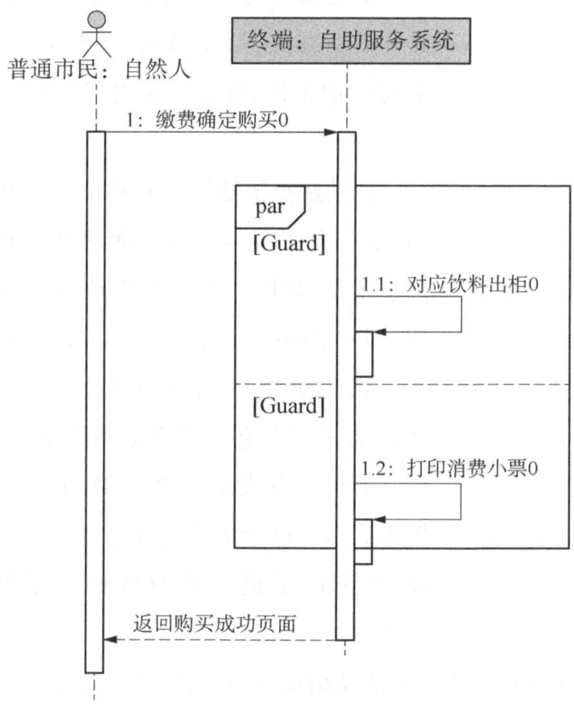

图 9-11 选项的并行片段

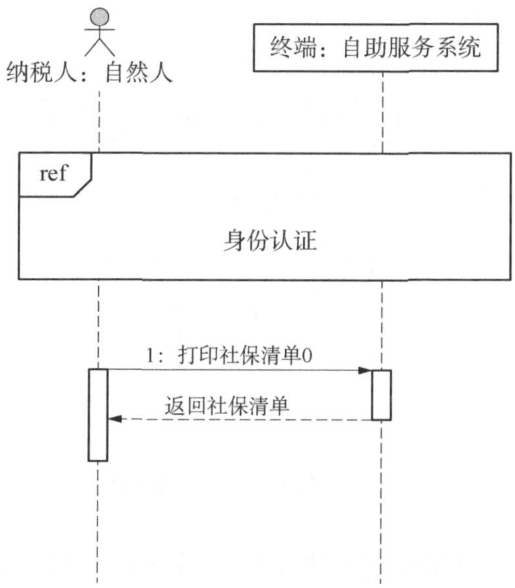

图 9-12 引用的组合片段

引用(Ref)表示的是某部分交互序列已被定义在另一个图中,此处加以引用。引用可以增强重用,减少建模的工作量。图 9-12 的案例展示了通过终端的自助服务系统打印社保清单的交互过程。打印社保清单时申请的第一步是用户的身份认证,但该流程在别的图中已经被定义过,因此在现在的这个时序图中直接引用即可,不再重复绘制。

(四) 活动图

1. 什么是活动图

活动图(Activity Diagram)用于阐明业务用例实现的工作流程,描述了系统在执行业务用例时的具体步骤。一般而言,系统的业务用例由一系列的活动组成,可用活动图来说明这些活动的顺序安排和约束关系,尤其是多个活动可能重叠并需要协调时,或者活动的实现需要协调不同的事物时。

活动图可参考传统流程图来理解，但有所区别。流程图明确指定了每个活动的先后顺序，只限于顺序进程，而活动图描述的是活动必要的工作顺序，还支持并发进程。

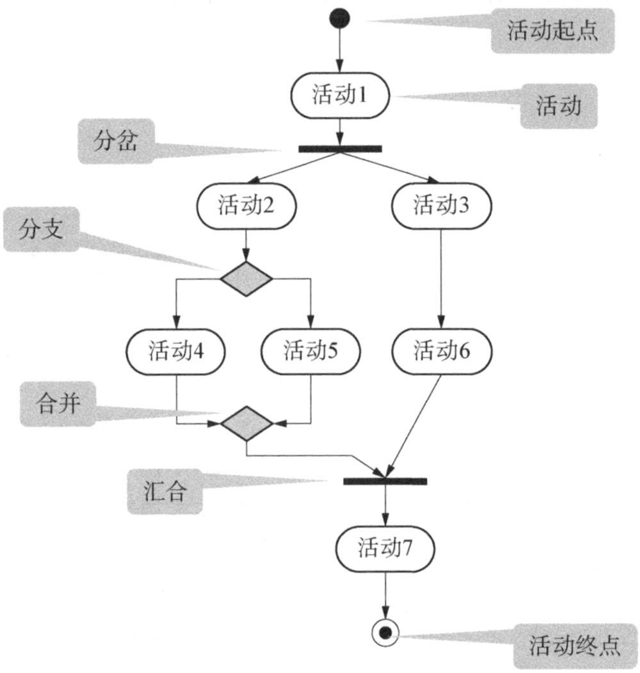

图 9－13　活动图的构成

2. 活动图的表示

（1）活动图的构成

活动图的构成要素主要有活动起点和活动终点、活动节点、控制流、分支与监护条件、分岔与汇合等（图 9－13）。

活动起点描绘了一系列活动的开始，用一个实心圆表示。活动终点则停止了活动中的所有控制流和对象流，用一个圆圈内加一个实心圆表示。在一张活动图中，有且只能有一个活动起点，但可能包含多个活动终点。

活动节点表示一个活动，由圆角矩形表示。这个活动可以是原子级动作，也可以是进一步分解的一系列操作。

控制流显示执行顺序，用一条带箭头的直线表示。当一个活动结束，控制流就会传递给下一个活动节点。

分支与监护条件配合以决定控制流在活动完成后将执行一组备选路径中的哪一个。分支节点用一个菱形表示，它有一个进入路径（箭头从外面指向分支符号），一个或多个离开路径（箭头从分支符号指向外面）。每个离开路径上都会有一个监护条件，用来说明满足什么条件时执行。

分岔描述将行为拆分为一组并行或并发的活动流，而汇合则将一组并行或并发的活动流集合起来。在活动图中，用一个同步线来说明这些并行活动流的分岔和汇合。分岔节点有一个进入箭头，两个或多个离开箭头，汇合节点刚好相反。

（2）带泳道的活动图

简单的活动图虽然明确说明了整个业务用例的工作流程，但却没有说明每个活动是由谁做的。为了有效表示各个活动由谁负责的信息，可以通过泳道（SwimLane）来实现。泳道技术将同一参与者在活动图上执行的活动实现了分组，并描述了各参与者之间的合作关系。

泳道在视觉上是用垂直的线进行分隔，将活动图分成一些纵向区域。每个区域代表一个特定的参与者，并且都必须有一个唯一的名称，一般是基于活动的负责对象命名。每个活动节点、分支只能明确归属于一个泳道。泳道没有顺序，不同泳道中的活动既可以顺序进行也可以并发进行。活动的转换、分岔与汇合是可以跨泳道的。

通过带泳道的活动图，我们不仅可以察看整个业务用例的活动控制流程，还可以知道每个活动的实施者。例如图 9－14 案例所展示的用户订单处理流程：用户下订单后，业务被分成两个流程，一个是生成送货单，另一个是完成用户的支付收款，两个流程汇合同步后执行后续的供应商送货、修改订单，完成整个功能业务。在用户支付这个环节中，用户可能取消订单，或者订单付款超过时限，从而订单被取消，也算一种功能业务完成的形态。但上图中并没有明确这些活动节点各自的负责对象是谁，而下图使用泳道后，很清楚地展示了客户的主要活动有下订单、选择支付，系统是生成送货单、完成收款，供应商则是送货、修改订单状态。

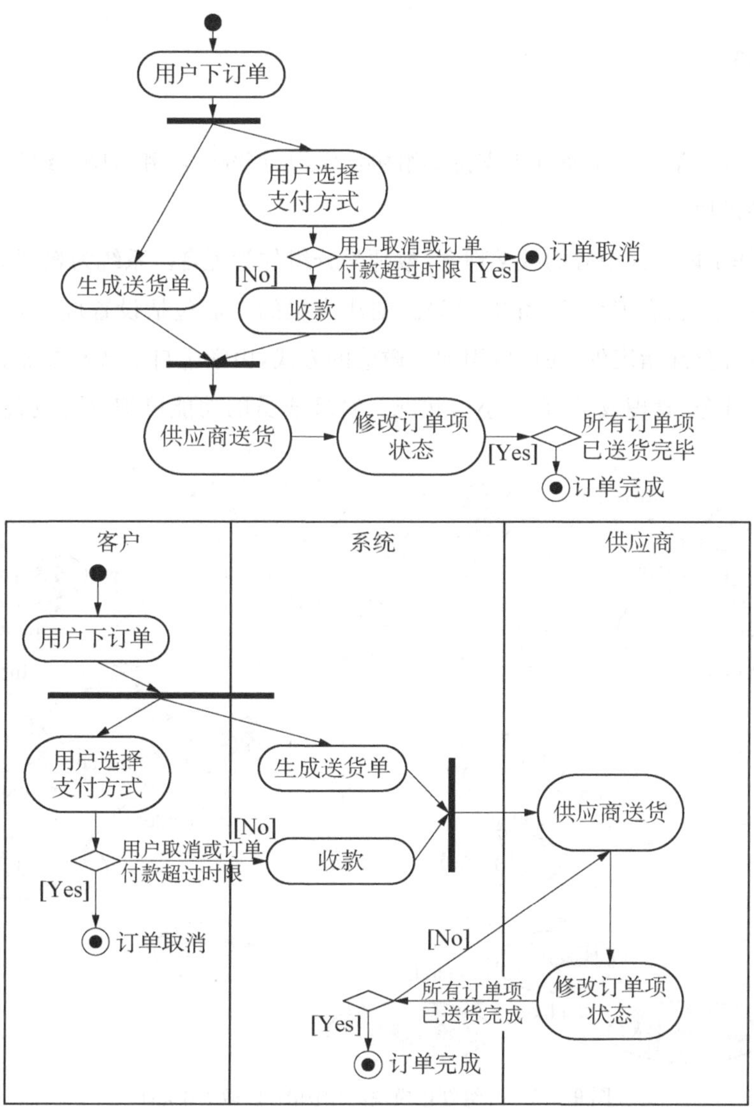

图 9－14　不带泳道(上)和带泳道(下)的活动图

三、通用功能模块的设计与建构

在线教学活动很多时候是对线下教学活动的一种映射，因此基于常见的教学活动类型，学习技术系统通用的功能模块一般都会包括资源建设、讨论互动、测试评价、分组管理、作业管理和直播会议等。但在不同教学理念和服务思想的指导下，这些活动的服务支持会呈现不同的业务逻辑和操作流程。

(一) 分组管理

分组管理模块是学习技术系统中支持小组协作学习、探究学习和教师分组讨论、分组互评等教学活动的重要模块。

一般而言，基于以教为中心的教学理念，教师是分组的管理者。系统为教师提供的功能主要有创建小组、管理小组、撤销小组(图 9 - 15)。创建小组的功能包括设置成员和设置成员角色。设置成员除了教师分配指定外，还可以用加入邀请的方式，由学生自主选择参加。管理小组的功能包括布置小组任务、管理成员、查看小组状况。管理成员的功能可细分为设置成员、设置成员

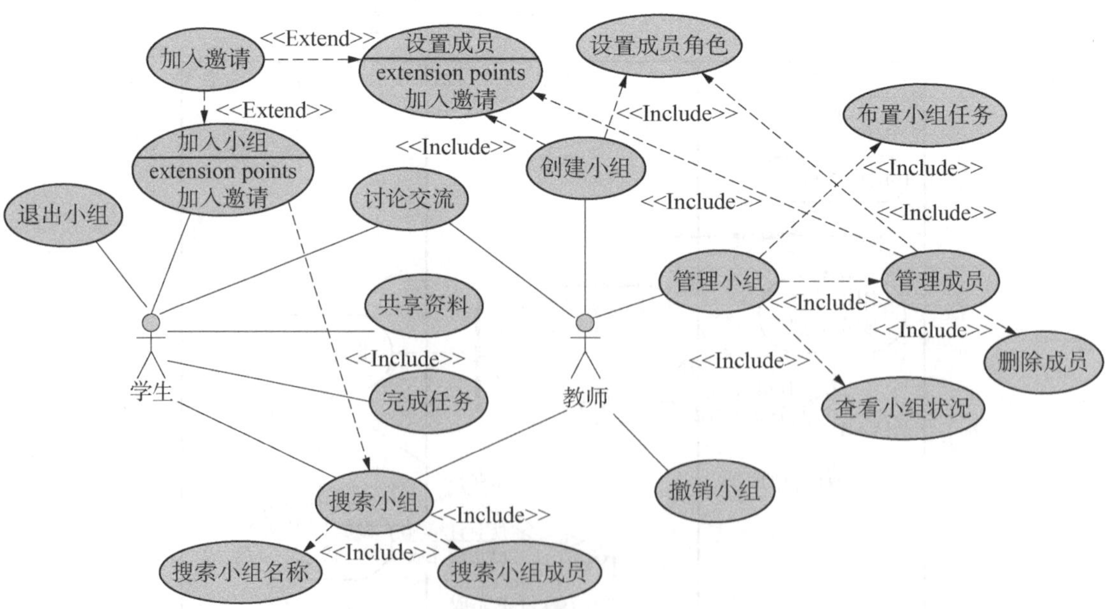

图 9 - 15　分组管理模块的用例图(以教为中心)

角色以及删除成员。在分组管理模块中，学生作为参与者和被管理者，系统为其提供的功能有加入小组、讨论交流、共享资料、完成任务、退出小组。学生可以主动通过邀请加入小组。为了让用户能方便地找到特定的小组及成员，系统对教师以及学生提供了搜索小组的功能，可通过小组名称或小组成员进行搜索。

如果是基于以学为中心的教学理念，学生就成为了分组活动的主导者(图 9－16)。教师设置好分组的规则，比如小组的数量和小组成员人数，学生就可以自主创建小组、管理小组和撤销小组，也可加入已建好的小组中。系统支持对小组的搜索，还支持学生自主开展小组讨论，包括发送消息、共享文档、视频沟通等形式。教师和学生都可根据需要查看小组信息。

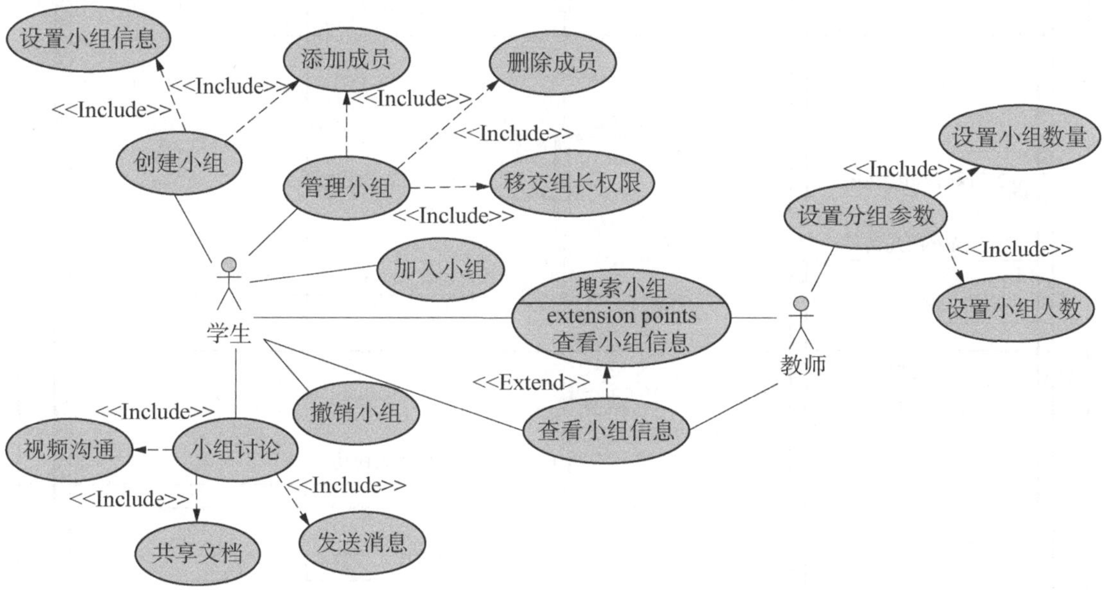

图 9－16　分组管理模块的用例图(以学为中心)

在分组管理模块中，创建小组这一功能最为基础，参与交互的对象有系统、小组和用户。如果是教师主导，如图 9－17 所示，教师首先在系统中选择新增小组并设置小组信息。接下来可以用一个表示选项的组合片段来表示教师在小组新建时就立刻添加成员的流程。教师选择添加成员，系统从用户数据库中查找符合条件的用户。教师在符合条件的用户中选择要添加的小组成员，并设置成员的角色，由系统将小组成员信息保存到小组数据库中。当然，教师也可在后面再添加小组成员。在小组成员添加结束后，教师选择提交小组，系统将小组的信息保存到小组数据库中并生成小组邀请码，邀请码由系统反馈给教师。教师发布邀请码，学生根据邀请码申请加入小组。系统将学生的加入请求提交给教师审核。接下来需要一个表示抉择的组合片段来描述教师审核的两种结果：第一种，教师同意学生的申请，设置其成员角色，系统在此小组信息数据库中更新成员信息，并且向该学生反馈加入成功的信息；第二种，教师拒绝学生的加入，系统向学生反

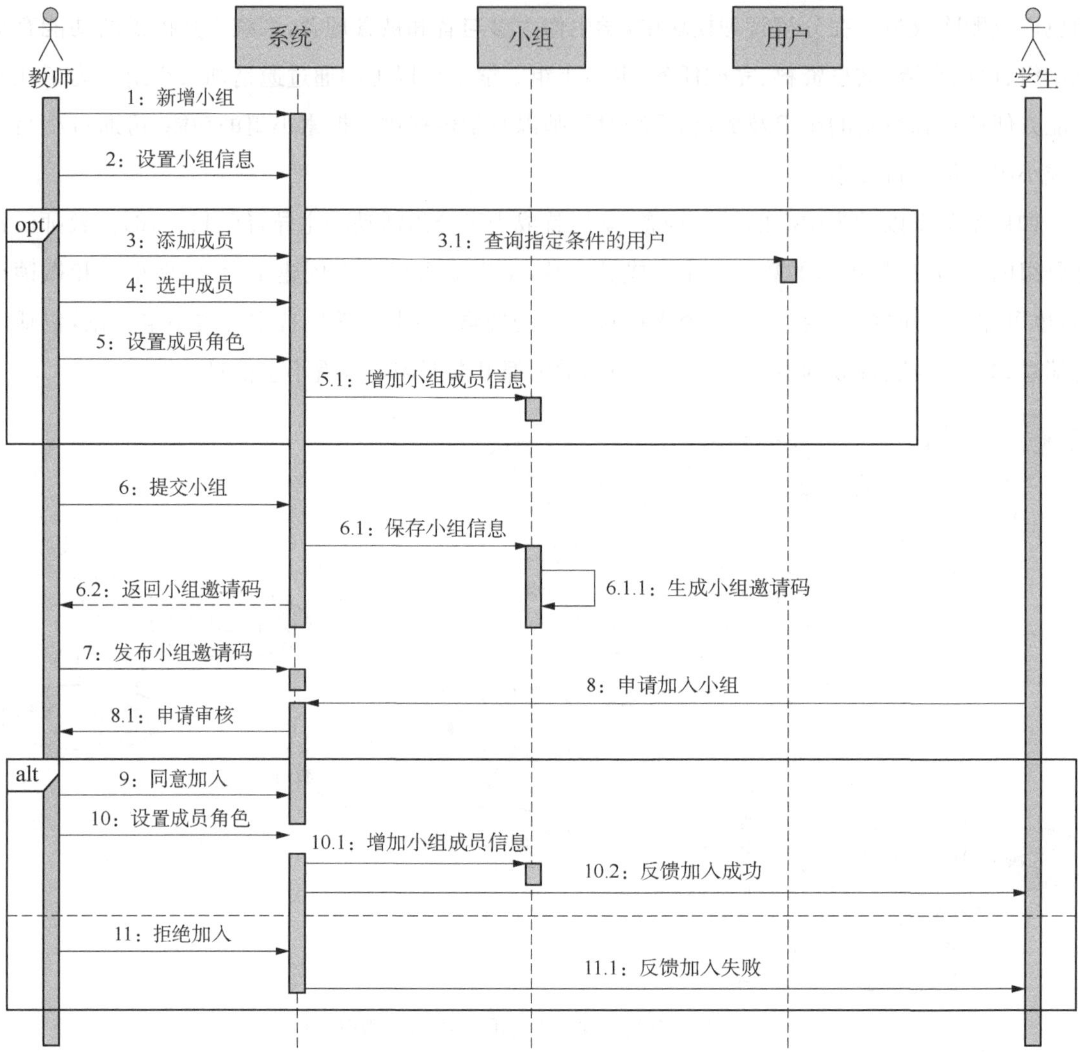

图 9－17　创建小组的时序图(教师主导)

馈加入失败的信息。

如果是学生主导，如图 9－18 所示，学生根据教师设置好的小组数量和小组人数要求，进行小组创建。我们可以用一个表示抉择的组合片段来展示学生的不同操作取向。如果是想成为小组组长，那么学生在系统中选择创建小组并设置小组信息。接下来用一个表示选项的组合片段来表示学生在小组新建时就自主添加成员的流程。学生选择添加成员，系统从用户数据库中查找符合条件的用户，学生在符合条件的用户中选择要添加的小组成员，由系统将小组成员信息保存到小组数据库中。学生提交小组，系统将小组的信息保存到小组数据库中。如果学生只是想做组员，那么选择加入小组并搜索已有小组，系统从小组数据库中查找符合条件的小组。学生申请加入，系统在小组数据库中更新此小组的成员信息。无论哪种选择，系统最后都会将小组报告

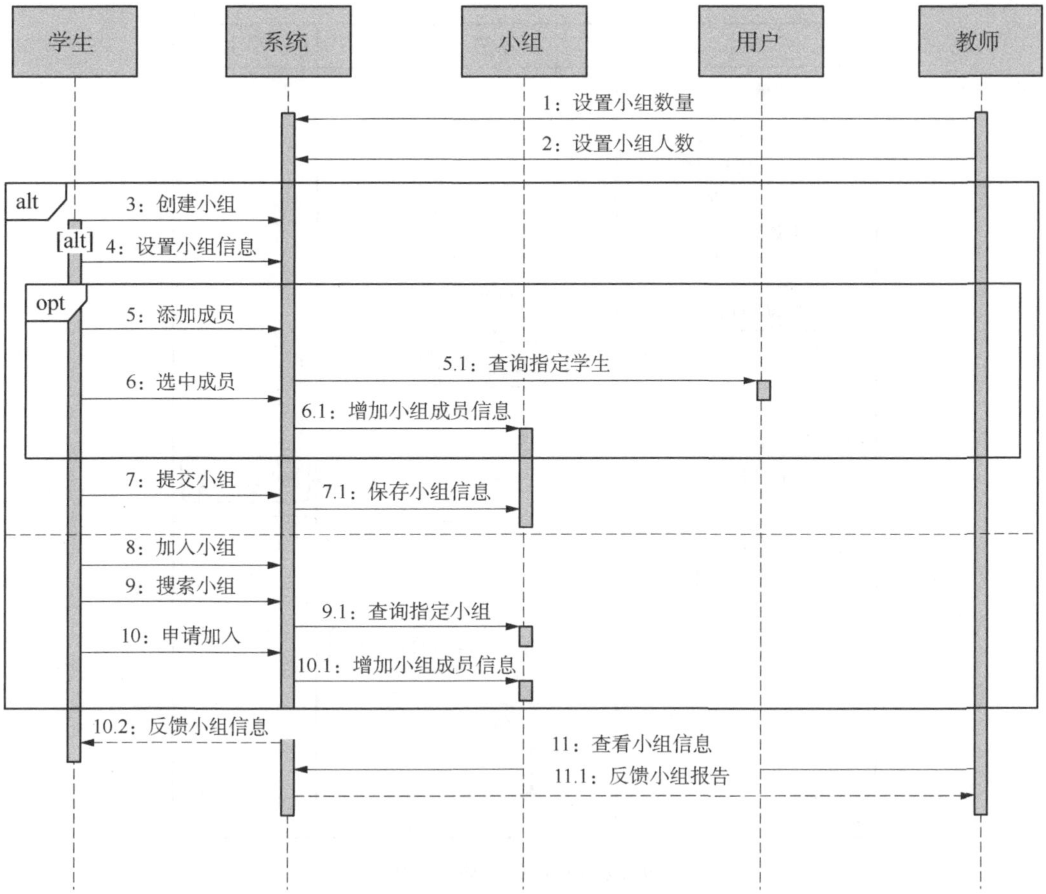

图 9－18　创建小组的时序图(学生主导)

信息反馈给学生。当然，教师也可在系统中选择查看小组信息，由系统反馈小组报告给教师。

我们可以用带泳道的活动图来展示分组管理模块中创建小组功能的执行顺序以及各流程的执行者和他们之间的关系，需要设计的泳道有教师、系统、学生。如图 9－19 所示，以教师主导的流程首先在教师的泳道中开始执行。教师选择新建小组，之后教师可以选择是否立刻添加小组成员。如果是的话，由系统查询满足条件的学生，教师选出需要的学生添加进小组成员中，并设置他们的角色。完成以上流程后，系统生成小组邀请码，教师发布邀请码。学生扫描申请加入小组，教师对申请进行审核，流程进入分支。若审核通过，系统反馈同意信息；若审核不通过，系统反馈拒绝信息。每个分支执行后，创建小组流程结束。

如果是学生主导，如图 9－20 所示，在教师设置小组数量和小组人数后，学生的不同选择形成分支。想做组长的学生创建小组，设置小组信息，接下来可以查询学生并选取符合自己意愿的组员进行添加，也可等待其他学生申请加入。想做组员的学生搜索已建小组，选取适合自己的申请加入。无论是两种选择中的哪一种，系统都会反馈小组当前的信息给学生，然后结束整个流程。

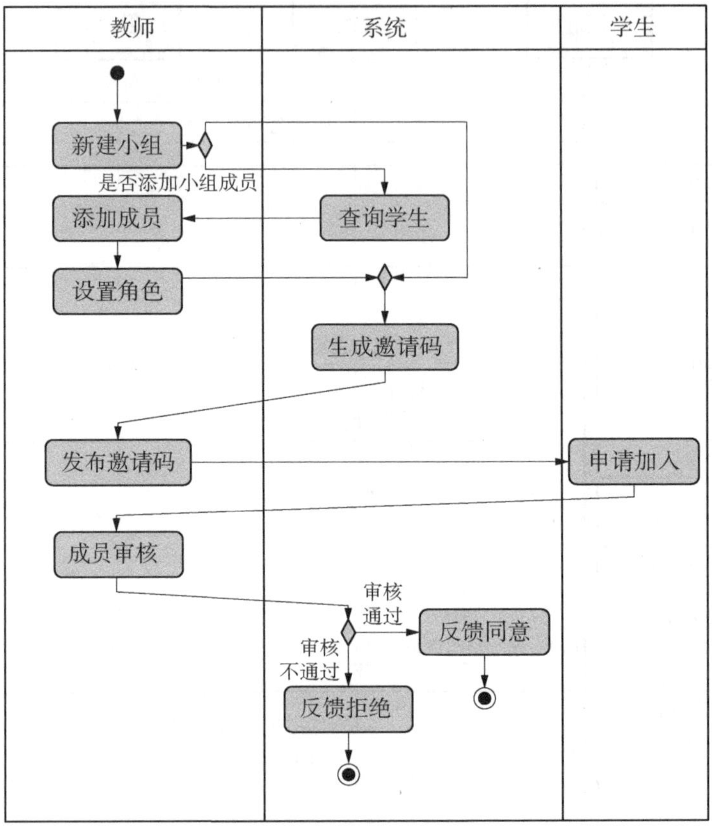

图 9－19　创建小组的活动图（教师主导）

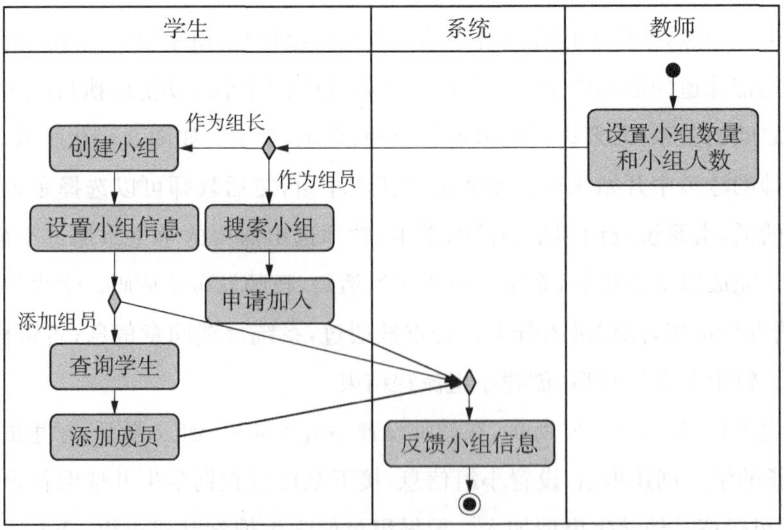

图 9－20　创建小组的活动图（学生主导）

(二) 资源建设

资源建设模块是学习技术系统中实现课程建设和优秀资源共享的重要模块。教师不仅是资源的建设者,也是资源的管理者。基于全新的资源建设观,系统也可将学生纳入作为资源建设者的重要组成。

如图 9-21 所示,系统针对教师主要提供建设课程和资源管理两大功能。建设课程功能包括设置课程内容和设置课程参数。设置课程内容可进一步分为设置资源和设置活动两类。除教师自主建设课程外,系统还提供导入课程的功能。资源管理功能由许多子功能构成,包括搜索资源、修改资源信息、删除资源、上传资源等,这些功能同样也提供给学生。其中,搜索资源功能被包含在设置课程内容功能中,以便更好地找到课程所需要的资源。为保证资源的有效性,在资源管理功能下的审核资源功能只提供给教师。

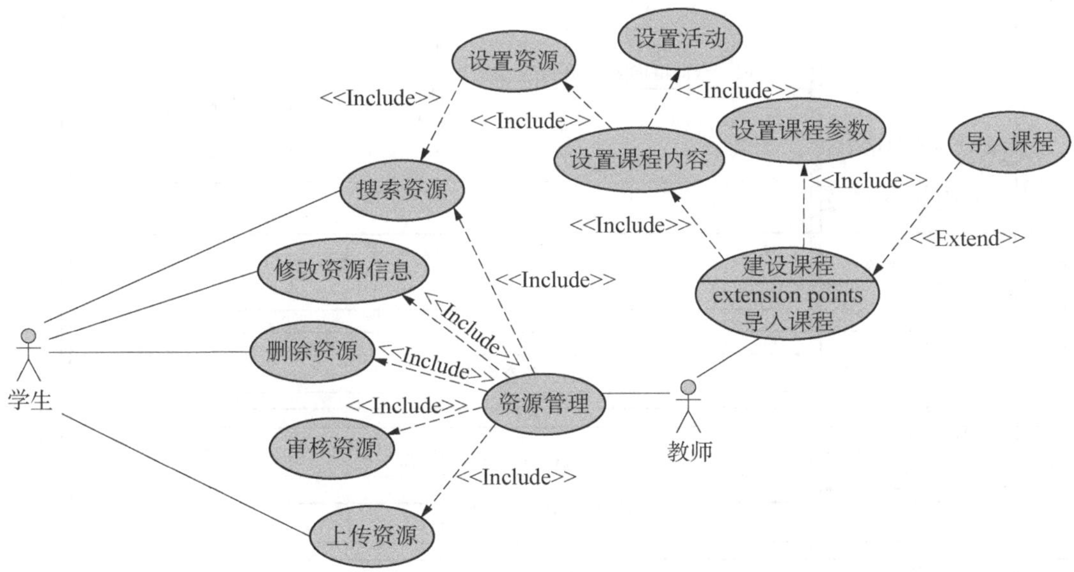

图 9-21　资源建设模块的用例图

在资源建设模块中,建设课程功能为课程及其资源提供了线上平台。其中涉及的角色有教师和学生,涉及的交互对象有系统、课程、课程资源信息和资源。图 9-22 展示了课程建设功能中对象的交互逻辑和时序。首先,教师在系统中选择新建课程并设置课程参数(包括课程名等)。接下来,需要一个表示抉择的组合片段来表示教师是选择导入课程还是选择自主建设课程。如果教师选择导入课程,系统将在课程数据库中查询已有课程列表,教师再根据列表选择想要导入的课程。接着系统在所复制课程的资源信息库中查询此课程对应的内容资源,并复制这些内容资源到新课程中，最后系统向教师反馈课程导入结果。如果教师在系统中选择自主建设课程，课程资源的设置过程可以用一个表示循环的组合片段来描述。其中教师向系统上传资源，系统会将资源保存到资源数据库中。课程资源还可以来自于学生上传和系统资源库，可以用表示选择的组合片段来描述。如果选择来自学生上传的资源，学生先要将资源上传到系统平台，经过教师审核通过后，该资源才能保存到资源数据库中。如果选择系统资源库中的资源来建设课程，系统先在资源库中查询符合指定条件的资源，教师再从中选择需要的资源。最后，系统在课程资源信息数据库中新增添加的资源的信息。添加完课程资源后，教师在系统中选择保存并提交课程，系统会将课程信息保存到课程数据库中，课程建设就此完成。

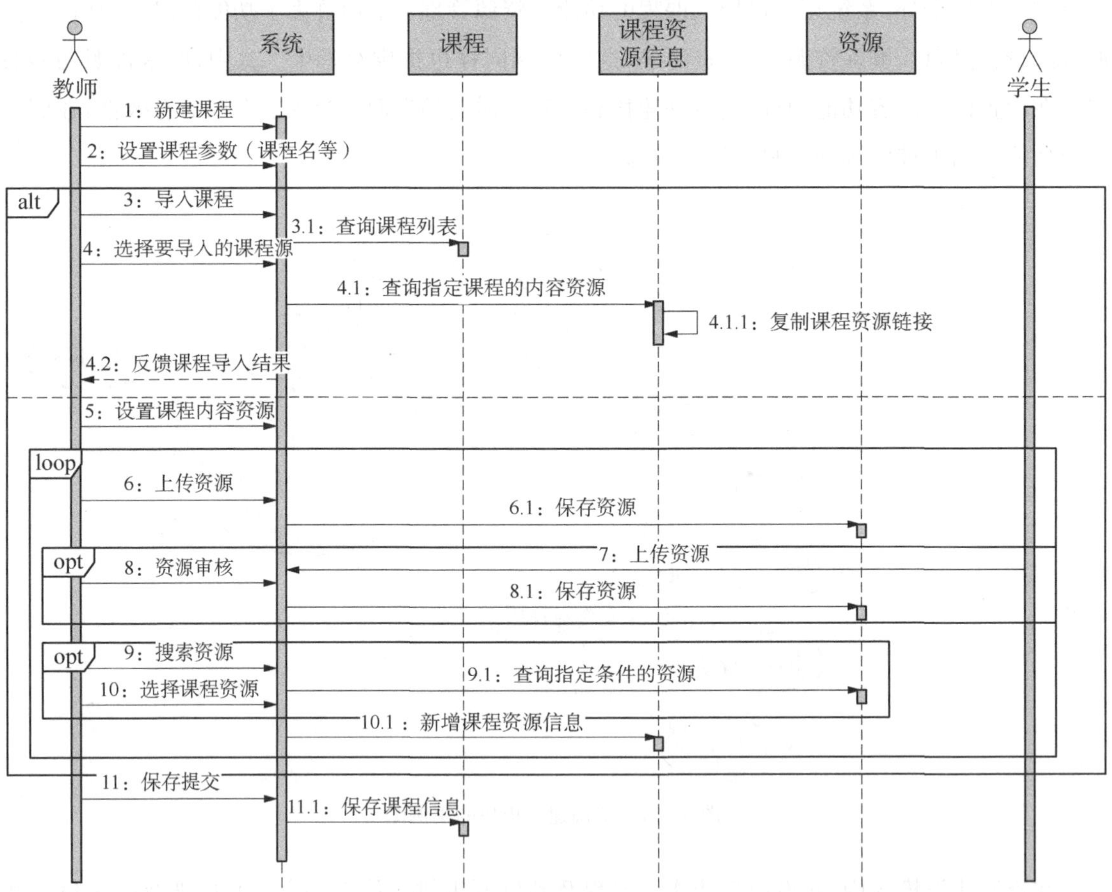

图 9－22　课程建设的时序图

我们可以用活动图来展示资源建设模块中课程建设功能的执行顺序(图 9－23)。首先，教师选择新建课程并设置课程参数，接下来教师可以选择导入课程或自主创建课程。若教师选择导入课程，则课程导入完成后整个功能流程结束。若教师选择自主创建课程，流程进入分支：教师可以选择自己上传课程所需资源，也可以通过搜索系统内的资源并选择自己想要的资源。课程资源还可以来自学生所上传的资源，教师可以在审核这些资源后将其添加进课程。根据课程进度，教师可以选择在不同的时间段为课程添加资源，因此以上流程需要循环进行。最后，教师选择保存课程，流程结束。

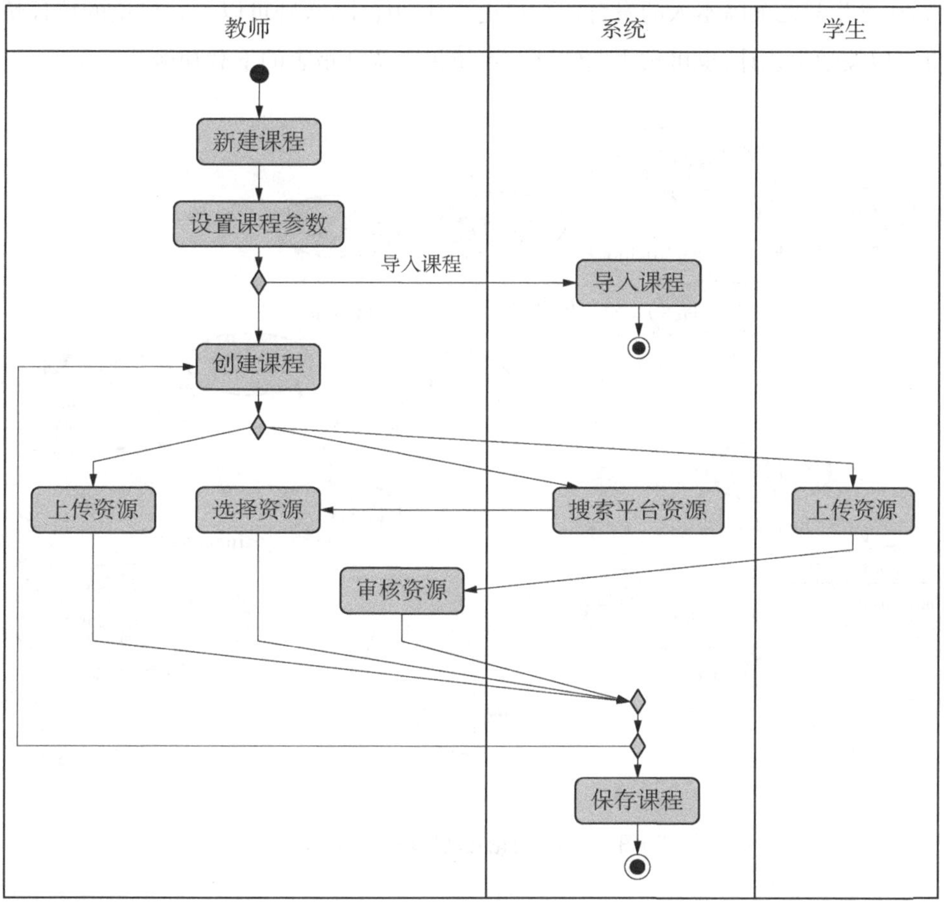

图 9-23　课程建设的活动图

(三) 讨论互动

讨论互动模块是学习技术系统中支持师生、生生交流互动的重要途径，常用的表现形式为论坛，也即不同的人围绕同一主题发言沟通，他们之间还会相互回复和评价。讨论互动活动的主导者可以是教师，也可以是学生，但在以教为主的教学情境下，教师主导居多。这里我们以教师主导的讨论互动为例加以介绍。

设计讨论互动模块，一般需要提供以下功能：添加讨论、搜索讨论、参与讨论、管理讨论以及讨论统计(图 9-24)。添加讨论功能中，教师添加讨论主题，需要设置讨论的主题内容和活动参数。在搜索讨论功能中，教师和学生可以搜索讨论主题，也可搜索讨论发言。在参与讨论功能中，教师和学生可以发言，也可以回复他人的发言——回复可以以私聊的方式进行，还可评价他人的发言——评价方式可以是点赞的形式。在管理讨论功能中，教师有权删除讨论主题，也有权删除发言，而学生只能删除本人的发言。在讨论统计功能中，教师可以查看讨论的统计情况——统计结果可以按学生统计，也可按主题统计。系统提供统计报表的下载功能。

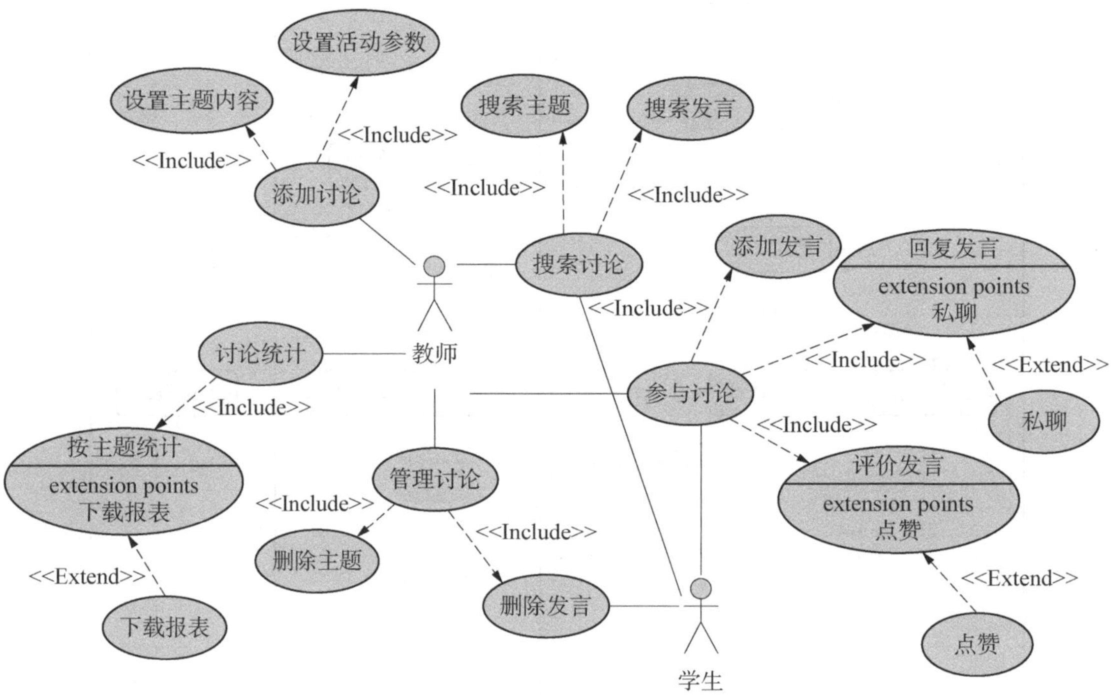

图 9－24　讨论互动模块的用例图

在讨论互动模块中最重要的时序就是师生参与讨论发言。师生在学习技术系统中围绕特定主题进行交流评价，这一功能涉及的对象有系统、讨论主题、发言、回复和评价（图 9－25）。系统首先从讨论主题数据库中查询主题列表并加以呈现，教师或学生在主题列表中选择需要的主题后，系统再进一步查询教师或学生所指定主题的发言列表，将指定主题的发言列表反馈给教师或学生。教师或学生进入某一主题讨论后，要么创建新发言，要么对他人发言进行回复或评价。因此，我们需要一个表示选择的组合片段来展现这两种情况的选择。第一种情况，教师或学生向系统提交对讨论主题的发言，系统将发言保存到发言数据库中，并把更新后的主题发言列表反馈给教师或学生。第二种情况，教师或学生就他人的发言展开互动交流。在教师或学生选择某一用户发言后，系统将从回复数据库中查询此发言的回复列表，并将其反馈给用户。接下来，教师或学生可以选择回复该发言或者评价该发言。我们可以使用选项组合片段：选择回复发言时，系统

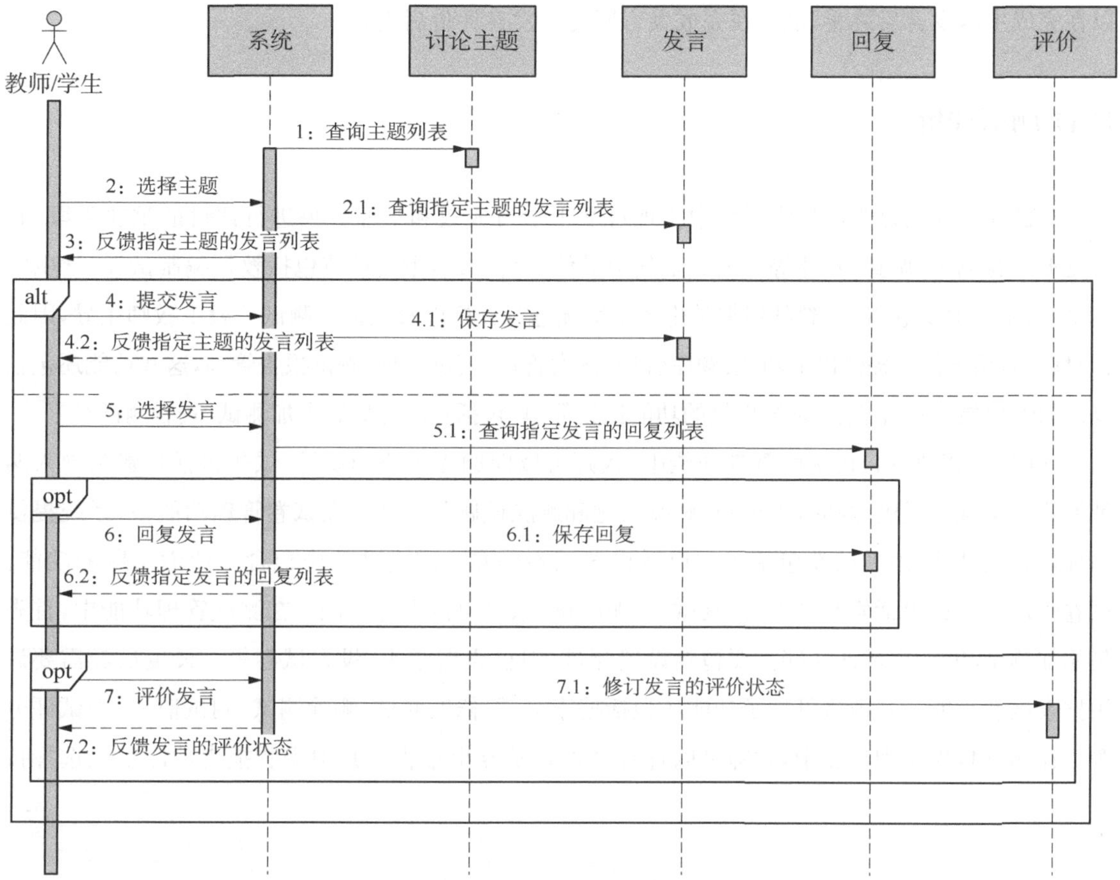

图 9－25　参与讨论发言的时序图

将新的回复保存到回复数据库中，并把更新后的回复列表反馈给教师或学生；选择评价发言时，系统保存评价到评价数据库中，并把更新后的发言评价状态反馈给教师或学生。

我们也可以用活动图来展现讨论互动模块中参与讨论发言功能的执行顺序(图 9－26)。教师或学生首先需要选择讨论主题。确定主题后，流程进入分支，教师或学生可以对主题进行发言或是从主题已有的发言列表中选择某一具体的发言再进行评价或回复。教师或学生对选定的发言进行回复时，可以从流程分支中选择是否私聊。教师或学生参与讨论发言的流程可

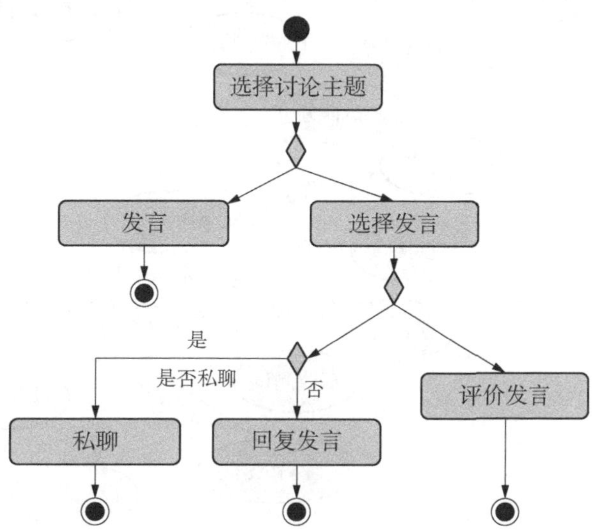

图 9－26　参与讨论发言的活动图

以在完成主题发言后终止，也可在完成发言回复或发言评价后终止。

(四) 测试评价

测试评价模块是学习技术系统中实现对学生学习成效和学业成果进行评价的重要手段，其常见形式有测试、调查、互评等。测试是其中最传统的方式，主要环节包括教师编制试卷，学生完成试卷，系统对试卷打分，教师根据学生考试情况进行分析以及反馈。测试一般由教师主导，因此针对教师，系统需要提供以下功能：题库管理、试卷管理、测试管理、测试报告管理，这些功能还包括复杂的子功能。针对学生，系统提供的功能比较简单，包括：搜索测试、参加测试、查看测试结果。

如图 9－27 所示，在题库管理功能中，教师可以向题库中添加试题，试题包括自建和导入两种形式。系统还提供教师搜索试题、修改试题和删除试题的功能。在试卷管理功能中，系统提供添加试卷的功能，添加试卷包括组卷以及设置试卷信息。组卷功能中包含了搜索试题的功能。试卷管理功能还包括修改试卷、搜索试卷、删除试卷、导出试卷等功能。在测试管理功能中，首先是添加测试功能，完成此功能需要包括设置测试信息、设置学生、设置试卷等。设置试卷需要调用搜索试卷功能。其他常见的子功能还包括搜索测试、修改测试、删除测试、测试监控、测试评分等。在测试报告管理功能中，教师可以查看报告以及导出报告。其中查看报告功能可以选择按

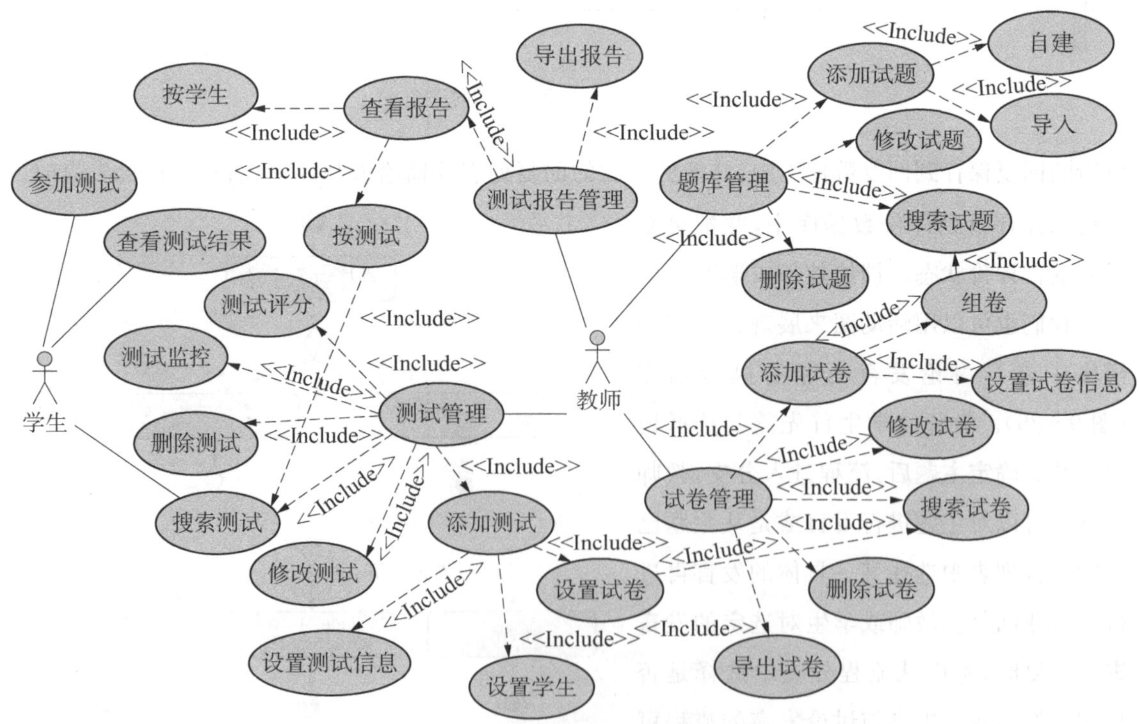

图 9－27　测试评价模块的用例图

学生或是按测试查看报告，如果按测试查看，则需要调用搜索测试功能。

测试评价模块中最重要的环节是添加试卷和测试管理，下面将进一步介绍其功能实现的业务流程。

1. 添加试卷

在测试评价模块中，教师向系统中添加试卷是进行测试的基础。图 9－28 展示了教师与系统、试卷、试题这些对象之间的交互过程。教师首先需要在系统中创建试卷，并且设置试卷的基本信息。接下来需要一个循环的组合片段来表示不断向试卷中添加试题的过程。其中教师需要先设置试题条件，系统在试题数据库中搜索符合条件的试题并呈现试题列表。教师从符合条件的试题列表中选择所需试题，由系统将选中试题信息添加到试卷信息中，这是一个重复的过程，直到教师完成所有试题的添加才结束。在试题添加完成后，教师在系统中选择保存试卷，试卷的信息就被保存到试卷数据库中。除此之外，系统还提供导出试卷的功能，因此可以加上选项组合片段表示导出试卷的过程。教师在系统中选择要导出的试卷，系统在试卷数据库中查询指定的试卷并生成试卷反馈给教师浏览。

我们可以用活动图来展示测试评价模块中添加试卷功能的执行顺序(图 9－29)。教师首先选择新建试卷，接着流程进入选择试题、添加试题的循环中。若试卷试题添加未完成，将重复执行上面两步；若试卷试题添加完成，流程退出循环，系统将新建的试卷保存。除此之外，系统还提供导出试卷的可选功能。因此，流程接下来需要一个决策节点来判断是否导出试卷。若选择不导出试卷，则流程走向终态节点，流程结束；若选择导出试卷，系统将试卷导出后，流程走向终态节点，流程结束。

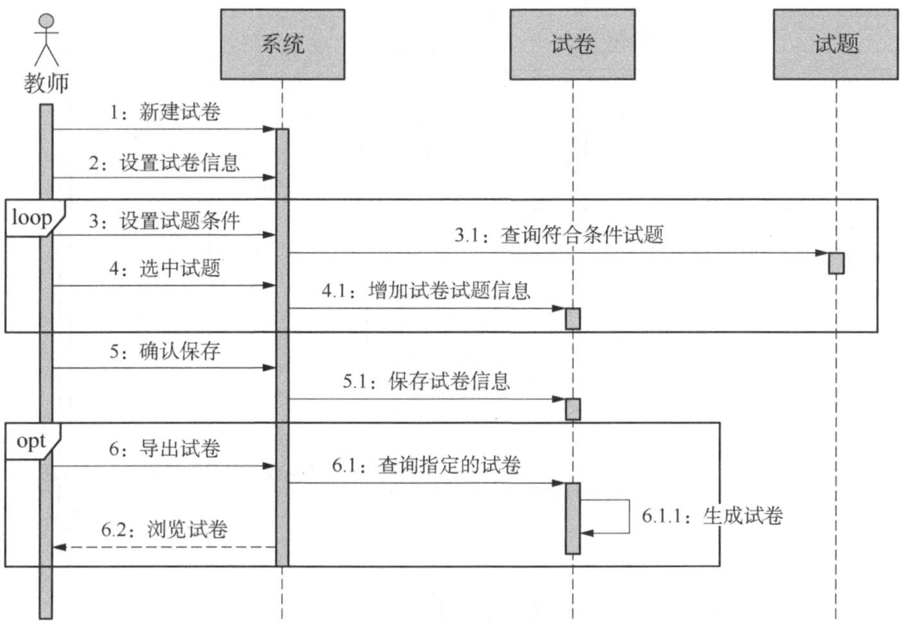

图 9－28　添加试卷的时序图

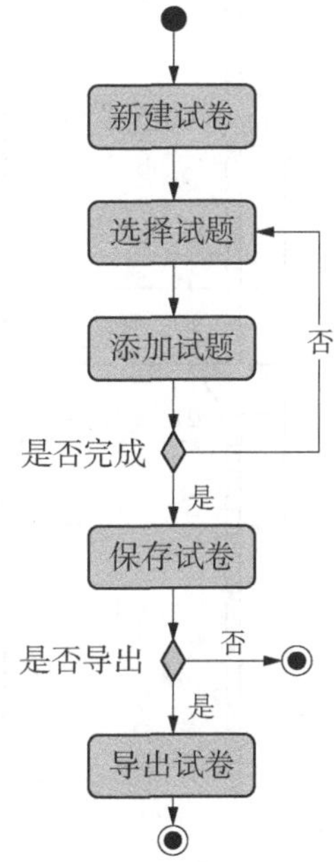

图 9－29　添加试卷的活动图

2. 测试管理

在测试评价模块中，测试管理功能具体描述了一个测试的完整生命周期，包括从教师创建测试到学生参与测试，到教师测试评分，再到学生查看测试结果的一系列环节。如图 9－30 所示，在测试管理功能中，教师作为测试的发起者，学生作为测试的接收者，两者将与系统、试卷、测试、测试作答、学生列表等对象产生交互。在创建测试环节中，教师需要在系统中新建测试，系统会查询试卷数据库中的试卷列表反馈给教师，教师可以根据试卷列表选择新建测试需要用的试卷。系统接下来从学生数据库中获取学生列表，由教师选择参与测试的学生。在测试相关信息设置完成后，教师在系统中选择发布测试，系统会自动把创建好的测试保存到测试数据库中。在参与测试环节中，学生在系统中选择要参与的测试，系统从试卷数据库中调取本次测试的试卷发送给学生。学生进行作答，系统根据学生的测试情况不断更新测试信息数据库中的相关内容。学生

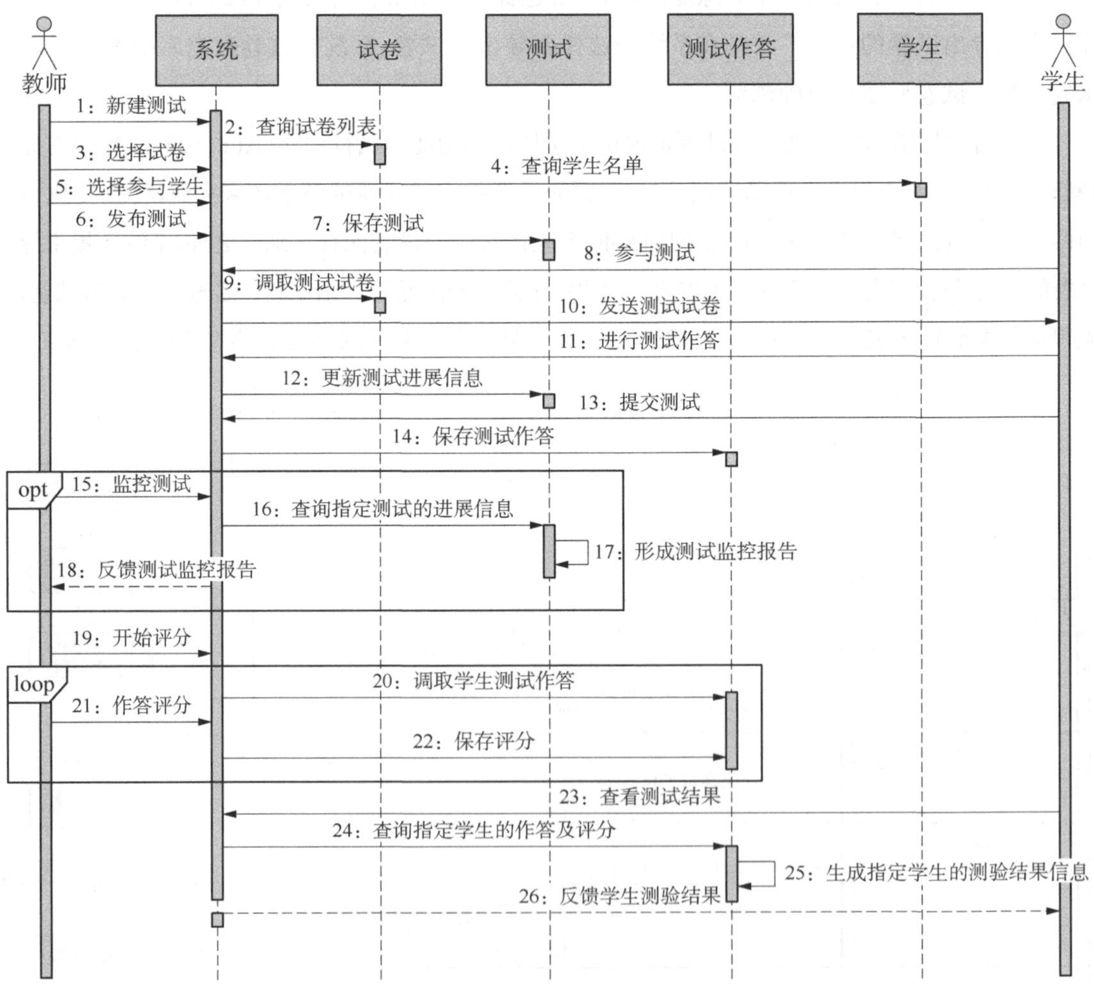

图 9－30　测试管理的时序图

完成作答后在系统中提交测试，系统会将测试作答保存到测试作答数据库中。同时，系统还为教师提供监控测试的功能，所以我们需要一个表示选择的组合片段。在这个组合片段中，教师选择需要监控的测试，系统查询指定测试的进展信息，形成测试监控报告反馈给教师。在测试评分环节中，教师在系统中选择开始评分。评分是一个面向多个题目作答的环节，所以我们需要一个表示循环的组合片段来描述评分环节的交互。在这个片段中，系统在测试作答数据库中调取学生的测试作答，教师在系统中给作答评分，系统将评分保存在当前的测试作答数据库中，这是一个不断重复直到所有作答都评分完成的过程。在评分完成后，学生可以查看自身的测试结果，系统会从测试作答数据库中查询到指定学生的作答和评分，对应生成测试结果信息，并将结果反馈给学生。

用活动图来展示测试评价模块中测试管理功能的执行顺序，效果如图 9－31 所示。教师首先选择新建测试，接下来需要通过选择试卷、选择学生的流程来完善测试相关内容。在测试内容完善后，教师可以选择发布测试，学生可以选择参加此测试。测试进行时，流程进入循环，若测试未结束，教师继续监控测试，流程将一直在监控测试以及判断测试是否结束中循环。当测试结束后，教师可以对所有学生的测试结果进行评分，在这里流程再次进入一个循环判断中。若未完成对所有参与测试学生的评分，流程将回到测试评分继续进行；若完成评分，学生可以查看自己的测试结果。至此，流程终止。

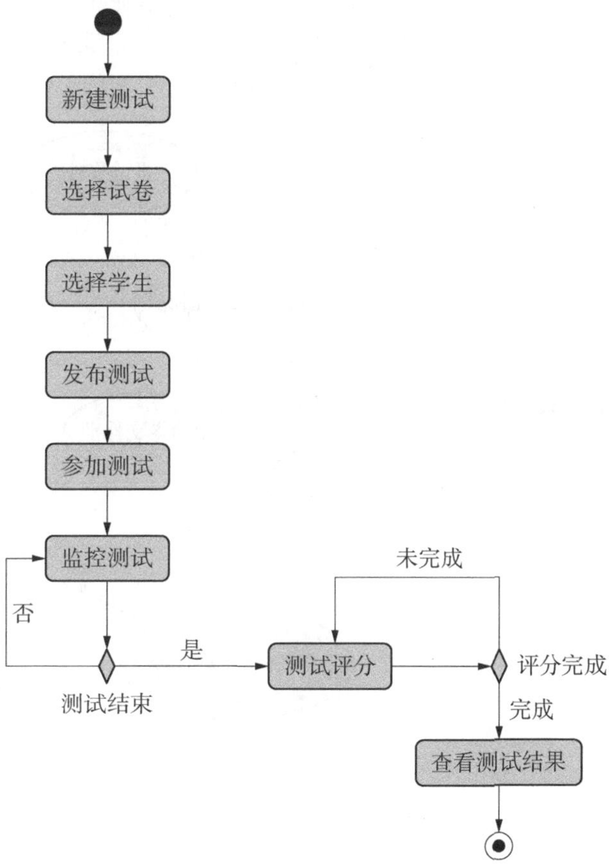

图 9－31　测试管理的活动图

（五）作业管理

在教学中，教师通常通过布置作业来加强学生对知识的理解及应用。而在学习技术系统中，作业管理模块可以更加便捷、灵活地为教师的作业活动提供相关的支持。如图 9－32 所示，作业活动一般都由教师主导，因此系统为教师管理作业提供的功能有布置作业、修改作业任务、删除作业等。其中,布置作业需要设置作业内容和作业任务参数。与传统的线下批改相比,学习技术系统为教师的在线作业批改提供了丰富的服务支持。在批改作业功能中,教师可以撰写评语,进行作业推优。除此之外,系统还为教师提供了查看作业提交情况的功能,教师可以下载查看作业提交情况的报表,还可以发送作业提醒给有问题的学生。系统一般为学生完成作业任务提供的功能有查看作业、提交作业、查看作业批改结果、删除提交作业。系统还会为教师和学生提供搜索作业的功能,可以按日期、按学科或按学生进行作业的搜索。

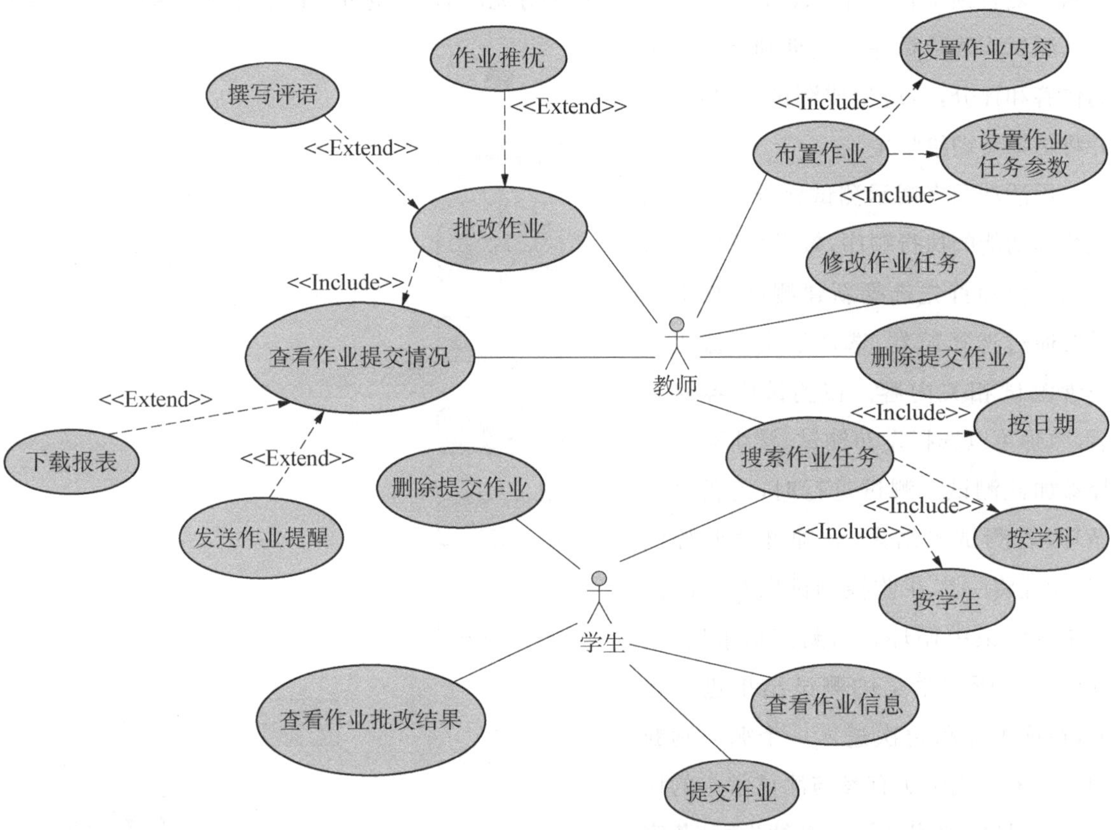

图 9 - 32　作业管理模块的用例图

作业管理模块中最能发挥线上优势的就是批改作业功能。该功能涉及到的角色有教师和学生,交互对象有系统、作业任务、学生作业(图 9 - 33)。教师要批改作业,系统首先会从作业任务数据库中查询该教师的作业任务清单。教师选择要批改的作业任务,系统再根据教师的选择从学生作业数据库中查询指定作业任务的学生作业清单,同时生成该作业任务提交情况的统计报告并反馈给教师。此后,我们可以用一个选择组合片段来表示系统可能自动查询未批改的学生作业提供给教师。接下来,教师就正式开始批改学生的作业。教师需要重复批改不同学生的作业,所以我们要用一个循环的组合片段来表示。教师先在系统中选择要批改的学生作业,根据作业完成度的不同,教师或者发送作业提醒,系统将作业完成提醒发送给指定学生,或者进行正式的作业批改。教师可以在批改作业前选择下载学生的作业进行更加细致的查阅。在作业批改完成后,教师还可以选择撰写作业评语以及进行作业推优。教师批改完作业提交后,系统会将作业批改情况自动保存到学生作业数据库中。这一作业批改过程循环进行,直到教师批改完所有学生的作业。

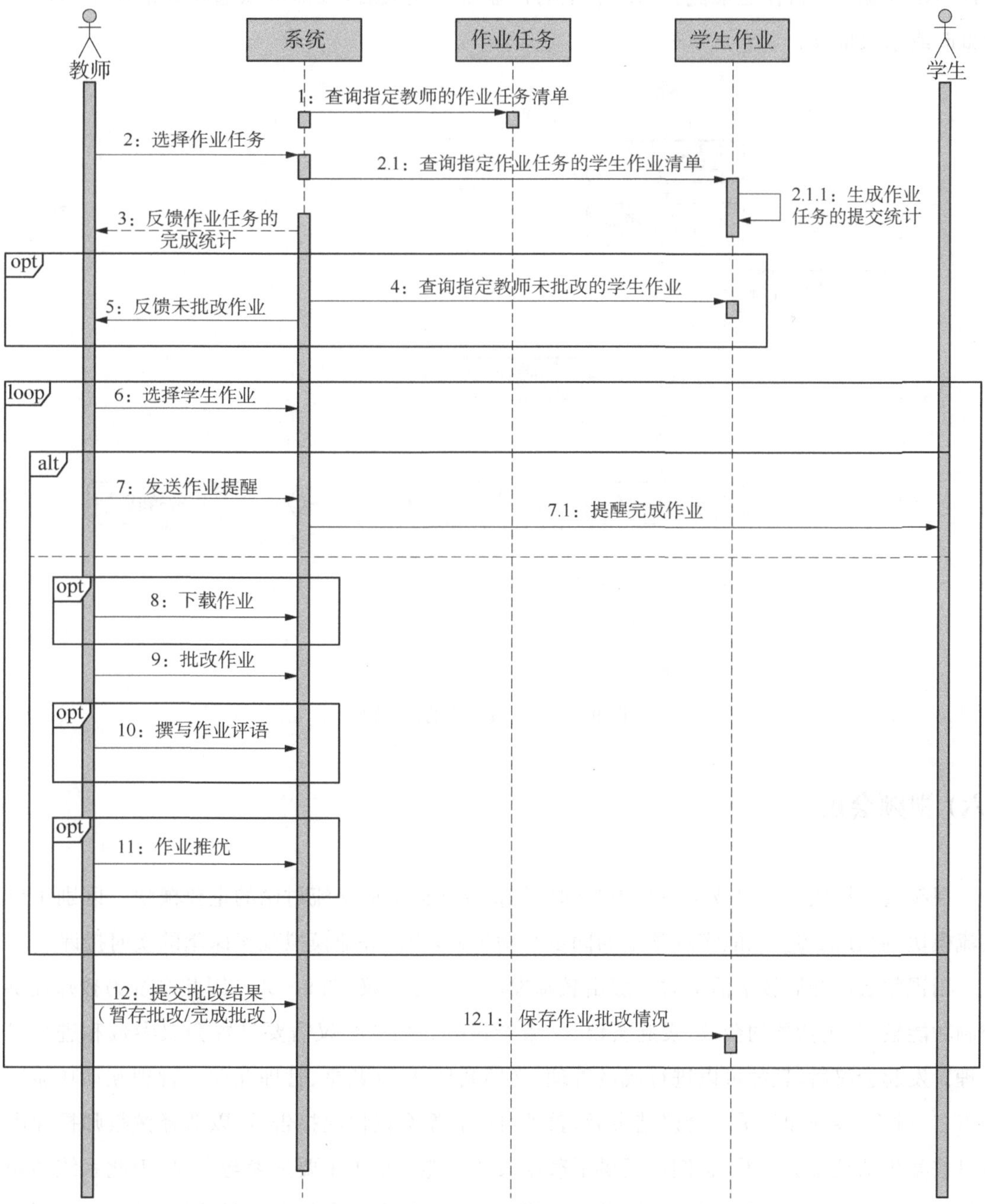

图 9－33　批改作业的时序图

我们可以用活动图来展示作业管理模块中批改作业功能的执行顺序(图 9-34)。首先,教师选择作业任务,接下来选择学生作业。根据学生作业的完成度,流程有两个分支:若该学生未完成作业,教师可以让系统向学生发送作业提醒,并重新选择学生作业;若作业完成,教师也可根据作业的性质选择直接在系统中批改或下载查阅后批改。作业批改完成后,教师可以选择是否撰写评语以及是否进行作业推优。当前学生的作业批改完成后,教师可以选择其他学生的作业进行批改或结束批改。

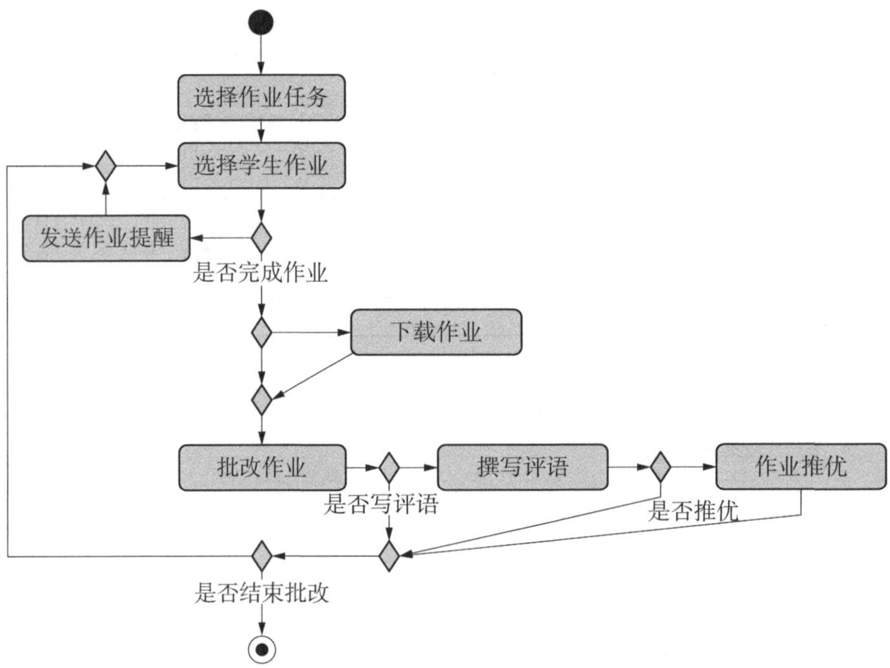

图 9-34　批改作业的活动图

(六) 视频会议

视频会议模块是学习技术系统中为师生提供在线面对面交流讨论的重要模块。区别于讨论交流模块,通过视频会议能实现师生的同步互动沟通,能较好地模拟现实课堂的实时授课。

用视频会议开展教学活动时一般由教师发起并主导会议(图 9-35),因此系统为教师提供的控制功能较多,包括预约会议、发起会议、结束会议等。预约会议需要设置会议参数和进行成员管理。发起会议后,教师可以进行成员管理、文档共享、屏幕共享、管理互动。管理互动功能还包括点名、讨论、签到和举手。会议结束后,教师可以查看会议情况报告,可以选择按教师授课内容或是按学生活动分类查看,它们都提供下载报表的功能。学生主要是参与会议,因此系统的功能比较简单,包括加入会议、参与互动、退出会议。系统提供学生参与会议互动的功能与教师相同,

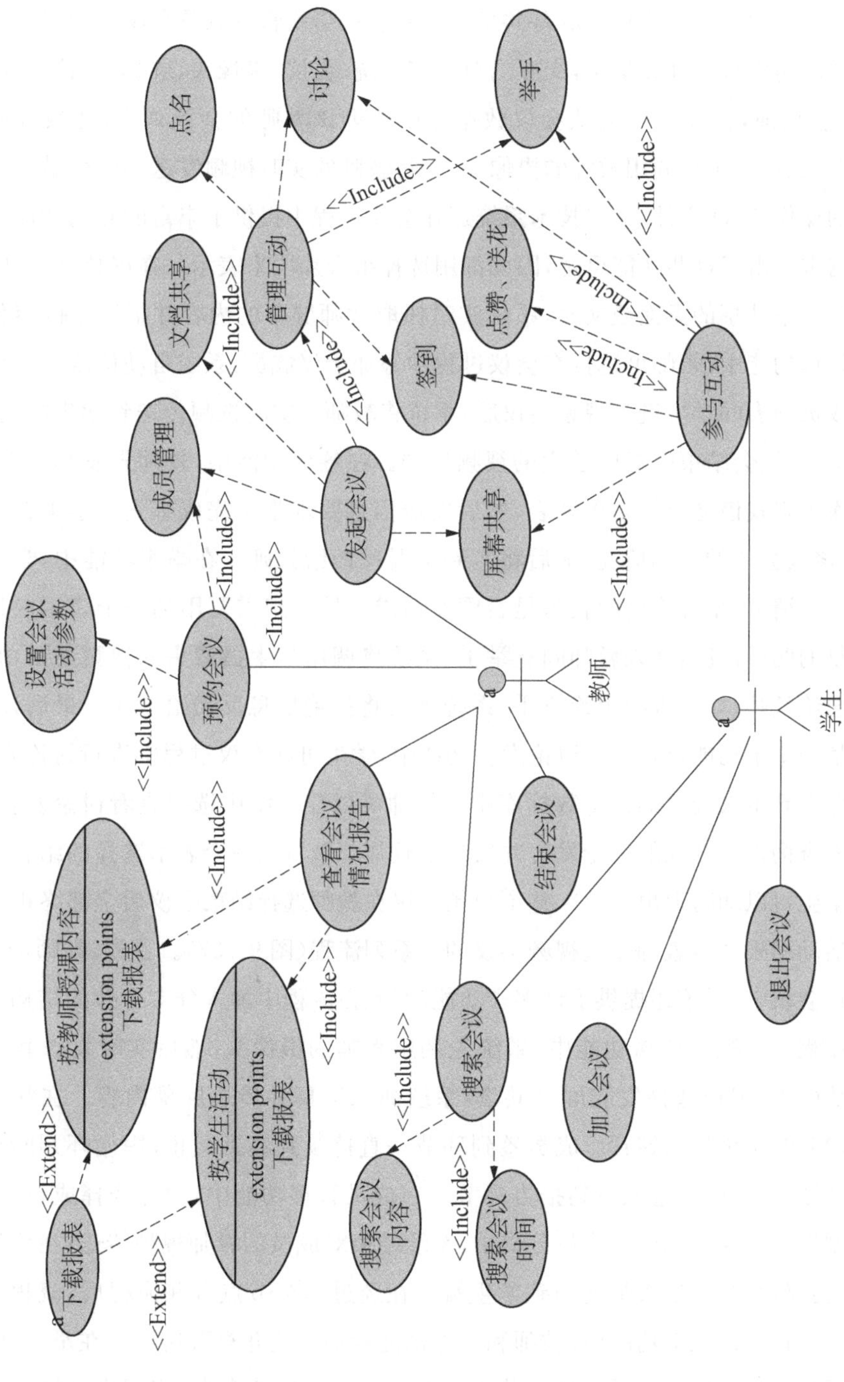

图 9－35　视频会议模块的用例图

但学生还可以对教师的授课进行点赞、送花。教师和学生都可搜索会议,包括按会议内容搜索和按会议时间搜索,学生可以根据搜索结果加入特定的会议。

视频会议模块中发起会议功能包含屏幕共享、文档共享、会议管理以及会议中的讨论互动等功能。该功能涉及的角色有教师和学生,交互的对象有系统、会议、摄像头、屏幕、讨论。如图 9-36 所示,教师开始会议前,首先系统会从会议数据库中查询该教师的会议列表,让教师做出选择。当教师开启会议后,系统会调用教师的摄像头,并将教师的实时视频发送到学生端。以上是视频会议最基本的操作,除此之外,学习技术系统还在会议过程中提供了丰富的互动功能以满足师生教学活动的需求。由于这些功能可选,因此都用选择组合片段来表示。在屏幕共享功能中,教师首先选择需要屏幕共享的桌面或文档,系统实时抓取教师屏幕的内容并把屏幕内容传送到学生端。在成员管理功能中,教师可选择在会议过程中添加会议成员,系统自动修改会议成员列表。被加入会议成员列表的学生进入视频会议后,系统将教师的实时视频传送到学生端;教师也可以选择删除成员,系统会结束向对应学生的视频传送。在签到功能中,教师先发起会议签到,系统在会议数据库中查找该会议的学生列表,然后发送信息要求学生完成签到。学生在响应签到后,系统会同步修改会议的签到情况,最后将签到情况反馈给教师。在举手功能中,学生可在会议过程中发出举手请求,系统将询问教师是否同意请求。接下来需要用到一个表示抉择的组合片段来展现答复的两种情况:如果教师同意举手,系统将调用学生摄像头的视频通话功能,实时将学生视频传送给教师;如果教师拒绝举手,系统则会将拒绝信息反馈给学生。最后,教师结束举手从而结束整个举手功能进程。在讨论发言功能中,学生可在会议过程中进行讨论发言,系统会将讨论发言保存到本次会议的讨论数据库中。教师可以在系统中选择查看讨论发言,系统会从讨论数据库中查询指定会议的讨论发言并反馈给教师。最后用一个表示选择的组合片段表示在会议过程中学生可以随时退出会议。整个视频会议在教师选择结束会议后全部终止。

我们可以用活动图来展示教师发起视频会议的一系列流程(图 9-37)。首先,教师选择某一会议开启会议。在会议中,系统还提供了许多子功能,因此在流程中加入分支合并的结构用来描述每一种功能的流程。在视频传播功能中,系统先调用教师的摄像头,然后实时发送教师的视频。在屏幕共享功能中,用户选择发起屏幕共享,系统抓取屏幕并传送屏幕内容。在签到功能中,首先教师发起签到,系统提示签到。成员签到环节一直持续到签到截止,用循环判断结构来表示流程环节的持续执行,最后进入签到报告环节。在成员管理功能中,教师选择成员管理,流程依据管理的类型进入分支。在删除成员分支中,系统结束对成员的教师视频传送;在增加成员分支中,成员加入会议,系统发送教师视频到学生端。在经过结合节点合并流程后,流程来到更新成员列表的环节。在讨论互动功能中,教师和学生都能参加讨论并查看讨论。在举手功能中,系统首先判断是否存在未处理的举手消息。若不存在,流程结束;若存在,流程进入询问举手环节。根据教师对举手请求的处理,流程进入分支:如果教师拒绝举手,则系统反馈拒绝消息,流程

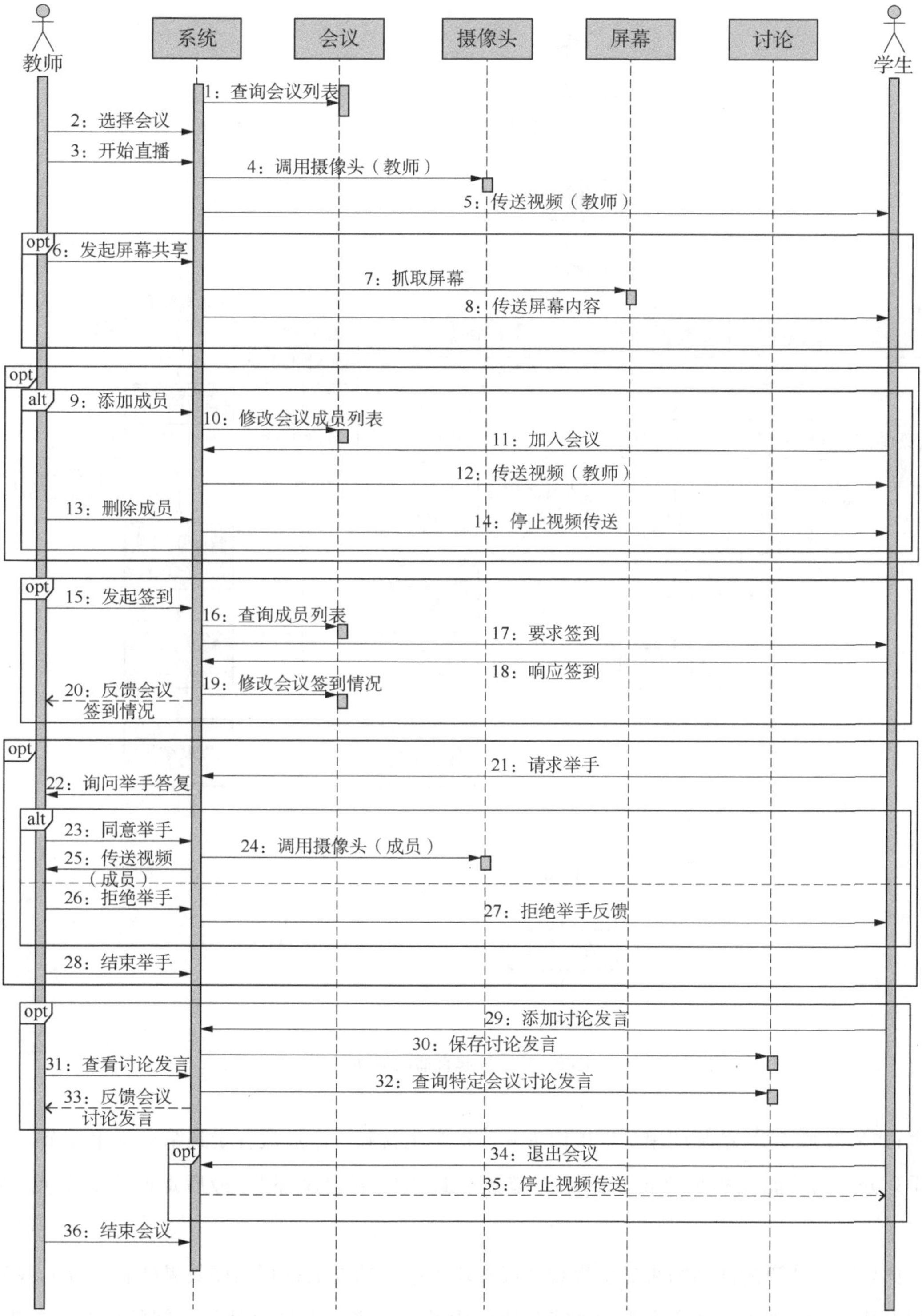

图 9－36　发起会议的时序图

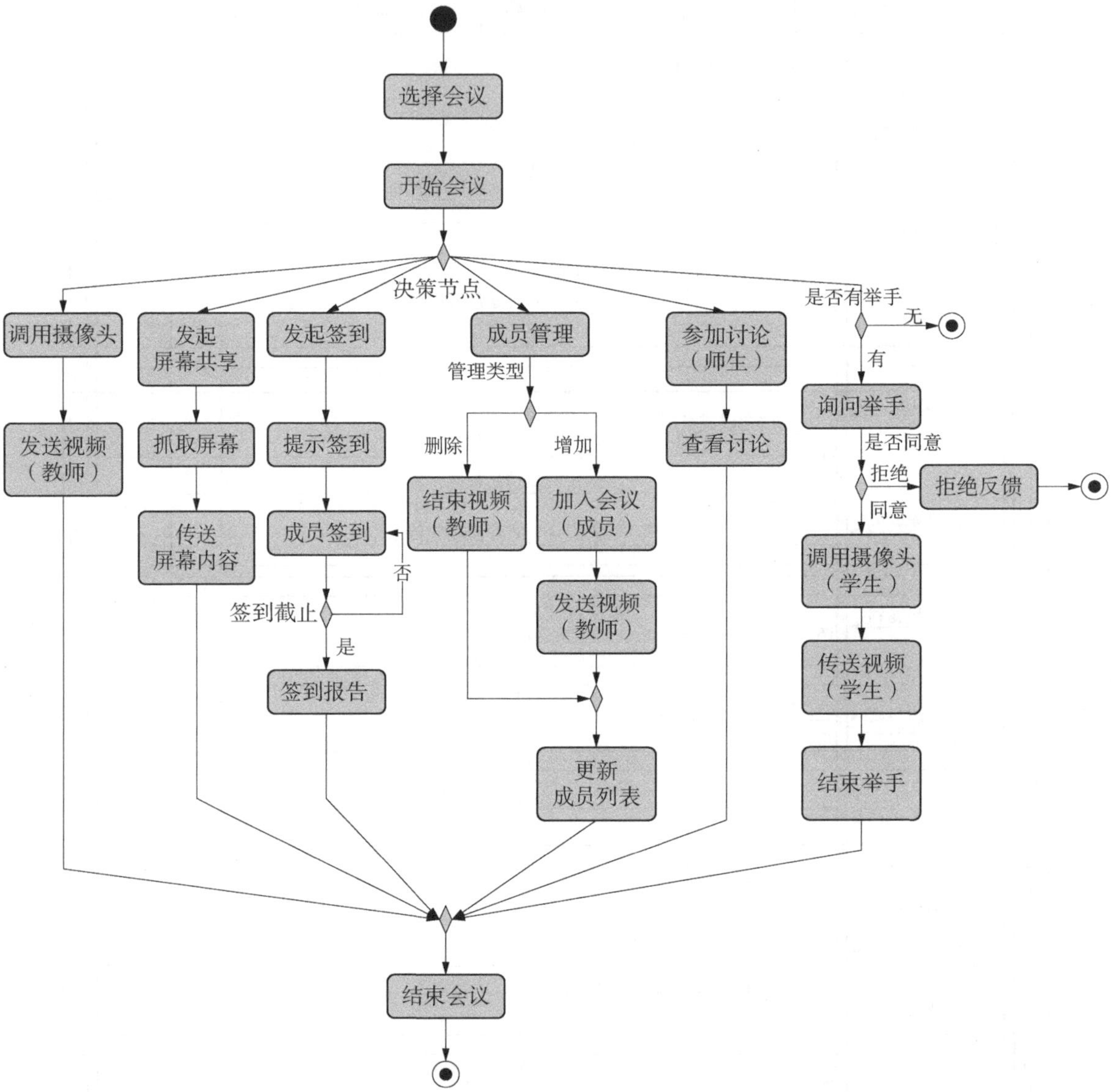

图 9－37　发起直播的活动图

结束；如果教师接受，系统调用学生摄像头并传送学生视频。之后流程走到结束举手环节。以上一系列分支的功能流程最终汇聚到结合节点后进入结束会议环节，最后走向终态节点，流程结束。

如果用带泳道的活动图来展示视频会议模块中举手功能的执行顺序效果(图 9－38)，我们可以用教师、系统、学生的泳道来表示功能各流程中的执行者以及展示他们之间的关系。首先，流程从学生的泳道开始，学生先选择要参加的会议，然后进入视频会议。当学生进入会议后，系统将发送教师的视频到学生端。在学生发起举手后，系统向教师询问举手答复，流程进入分支：教师选择不同意，流程结束；教师选择同意，则系统调用学生端摄像头并将实时视频内容传送给教师。教师和学生都可以结束举手，结束举手的流程需要一个分支合并结构来描述。在结束举手后，系统结束学生端的视频传送，流程结束。

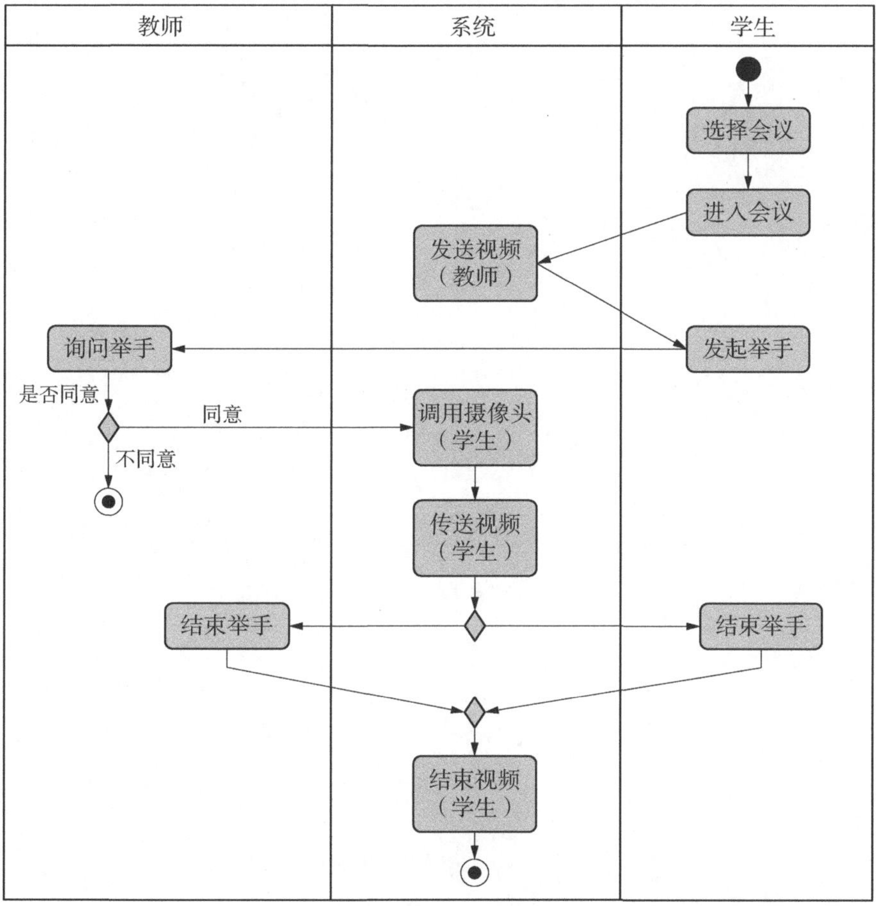

图 9－38　会议举手的活动图

第十章 学习技术系统通用功能模块的交互体验设计

一、交互体验设计的一些典型范式

学习技术系统的功能服务最终是通过人机交互的一系列输入输出加以呈现和完成的，并在此过程中提供给学习者愉悦的交互体验。但在界面交互设计的早期，主要是以可用性为第一指导原则，因此技术是主要考虑的因素，交互设计的目标只是完成或实现必要的功能服务。随着设计理念的发展，界面交互设计越来越关注通过视觉元素的设计给用户留下深刻的印象，通过互动元素的设计增强用户交互的趣味，以及通过创意元素的设计张扬自己的个性。根据行业以及受众的差异，界面交互设计开始将功能服务、艺术时尚和文化理念交织融合加以理性传达，从而形成了不同的交互设计范式。

案例：小组创建界面

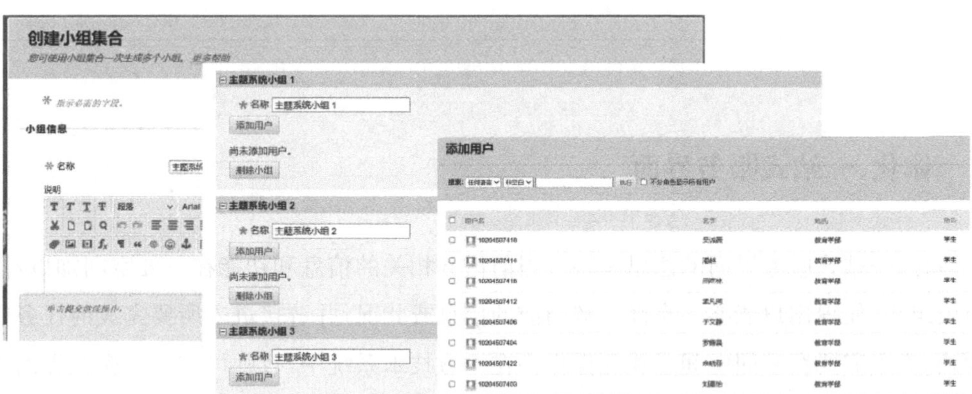

图 10 - 1　Blackboard 中的小组创建界面

Blackboard 是一款非常经典的学习技术系统，它的界面交互设计也非常传统、规正，侧重可用性，清晰地按照业务逻辑的流程依次展开与用户的对话操作。因此，要在 Blackboard 中实现小组创建，用户首先需要申请创建小组并选择小组创建的方式，接下来输入小组的基本信息(比如组名),之后才是添加组员。每个步骤都由一个交互界面呈现,如图 10-1 所示。

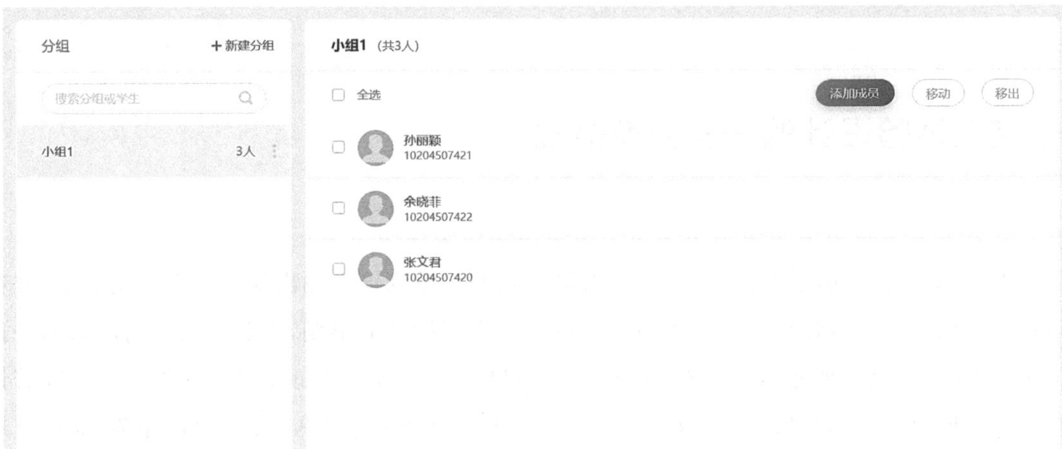

图 10-2　超星泛雅中小组组建界面

超星泛雅则是近几年出现的学习技术系统,它在界面交互设计上增强了对用户体验目标的考虑。我们可以看到,小组创建申请、小组信息输入还有小组成员选择几个操作被整合在了同一个交互界面上,使得用户能一站式完成所需的任务,如图 10-2 所示。这样一来,交互变得非常紧凑,对话的过程也被缩短,对于现在生活在快节奏中的人们而言,用户体验会比 Blackboard 更好。

(一) 一体化、一站式服务界面

一体化、一站式服务界面的意思是将与当前任务相关的信息和功能在一处空间加以汇集,并加以有效组织,使得用户能够一次性了解当前的信息或状况,并链接进入所要完成的任务空间或功能模块,而不需要在不同空间寻找和操作。在学习技术系统中,教师可在一处交互界面上完成对人、资源和活动的编制和组织,相关信息和任务也被汇集到一处提供给学习者,学习者通过链接进入对应的功能模块完成需要的操作,行为过程被跟踪监控并且在数据中心被统计分析提供给教师查看。这种设计范式节省了时间,提高了效率,非常符合现代人快节奏、高效率的要求。从教与学的角度,一体化、一站式的交互界面也非常有利于学生把握全局,对自身有清楚的认识,从而做出合适的选择。

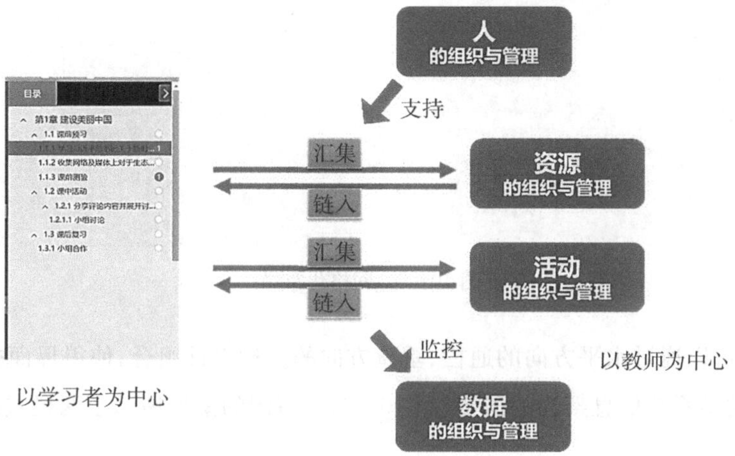

图 10－3　一体化、一站式服务理念

在一体化、一站式的服务理念下，课程编排的界面主要体现为两种类型。一种是以内容为中心进行的组织。这种组织形式以课程的知识内容体系为纲，每个知识节点下一定包含有内容的学习，可以有也可以没有围绕本节内容学习所安排的其他教学活动。另一种是以活动为中心进行的组织。这种组织形式以课程的教学时间安排为纲，每个时间节点下既可以有内容的学习，也可以有其他教学活动，或者两者兼而有之。

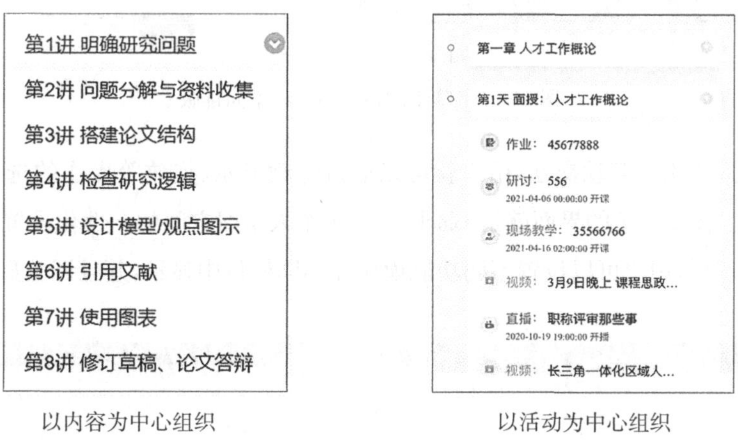

图 10－4　课程编排的两种方式

（二）网格化布局

网格化布局（图 10－5）就是将整个界面分成同等大小的若干个小格，然后让版块内容分别占用这若干个小格。这样设计出来的界面整齐有序、容易阅读。

图 10－5　网格化布局

网格化布局可以通过水平方向的通栏、垂直方向的多栏设计组合，使得界面排版更加灵活多变，以适应不同类型系统信息架构的需要(图 10－6)。右图的案例展示了两栏式的信息架构界面效果。

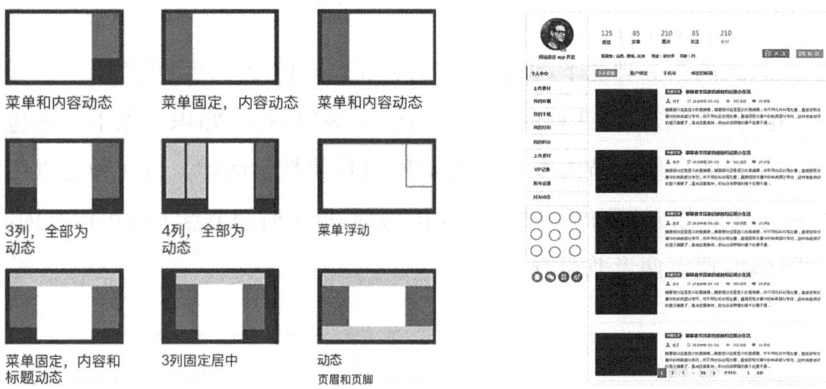

图 10－6　基于网格化布局的不同排版

在网格化布局中引入互动交互，用户就可以通过隐藏显示、拖放等操作的选择实现对学习空间的个性化设置。图 10－7 的界面就是 Blackboard 中个人学习空间的个性化设置窗口。个人学习空间界面被分为三栏，用户可以设置不同功能模块在不同栏目中显示，并且调整显示的上下顺序。

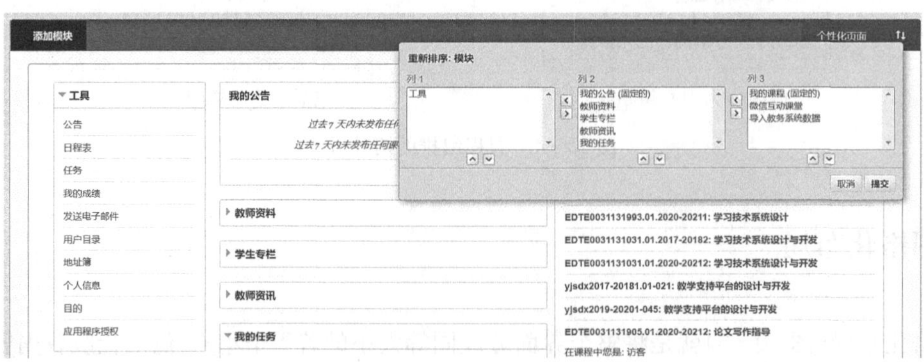

图 10－7　Blackboard 中的个性化窗口设置

（三）卡片式的内容展示

卡片可以作为一个容器封装复杂的内容，使得模块间区分明显，适配性也更强、更聚焦，且容易被用户理解。图 10－8(左)的案例展示了活动任务粒度的卡片。围绕同一内容主题或教学目标，不同类型的任务以卡片形式被组织在一处空间内。卡片的先后顺序也可体现教学活动的步骤安排。卡片任务还可以被展开以显示详细的活动信息和任务要求，学习者单击即可进入对应任务的功能支持模块。图 10－8(右)的案例展示了课程粒度的卡片。课程的一些基本信息以图文并茂的形式在卡片上初步加以呈现，以提供给学习者初步的认识作为快速选课时的参考。当然，学习者还可单击进入更详细的课程介绍界面。

活动任务粒度　　　　　　　　课程粒度

图 10－8　卡片式内容展示的不同粒度

卡片式的内容展示经常使用瀑布流效果来增强用户的视觉体验，用户可以无限制地往下滑动来刷新卡片式内容而不需要切换页面(图 10－9)。

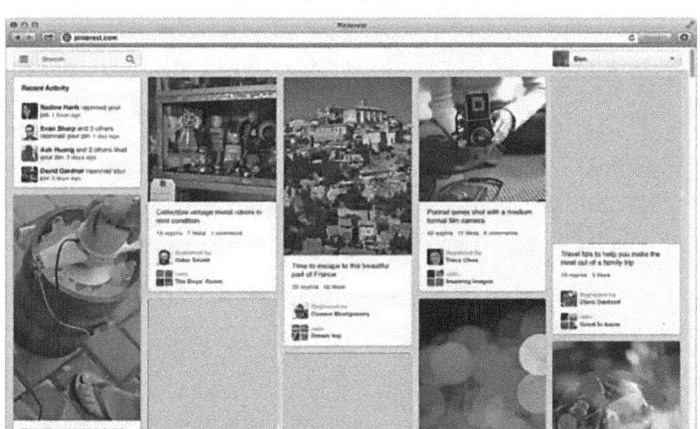

图 10－9　卡片式内容展示的瀑布流效果

(四) 固定的导航/菜单条目

当用户下滚页面时，界面上会提供一个静止不动的导航或者菜单条目(图 10－10)。这个导航或者菜单条目，既是一个回主页的路径，又是一个自由定位的跳转门，提供了一个减小操作距离感的特别的用户体验。这种设计范式特别适合显示内容比较多的界面。

图 10－10　固定导航栏

在引入视觉和交互效果后，固定的导航/菜单条目可根据情境需要进行隐藏显示或缩小显示，从而不影响当前界面的学习。如图 10－11 所示，由于移动端界面显示空间有限，于是顶部导航栏更多的栏目选择项被缩小隐藏了起来，用特殊的符号加以提示。

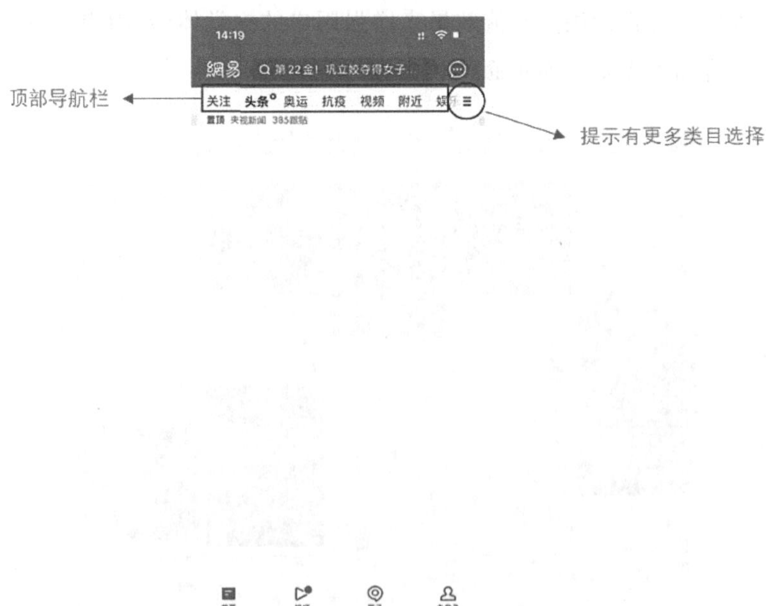

图 10－11　固定导航栏的缩小显示

（五）强调底部空间运用

如果将导航搬到屏幕底部，就会让系统的使用更加具有连续性，并且移动端的用户用单个手指也可更好地操作（图 10－12）。这种设计范式强调对底部空间的运用，比较适合移动端界面的交互设计。

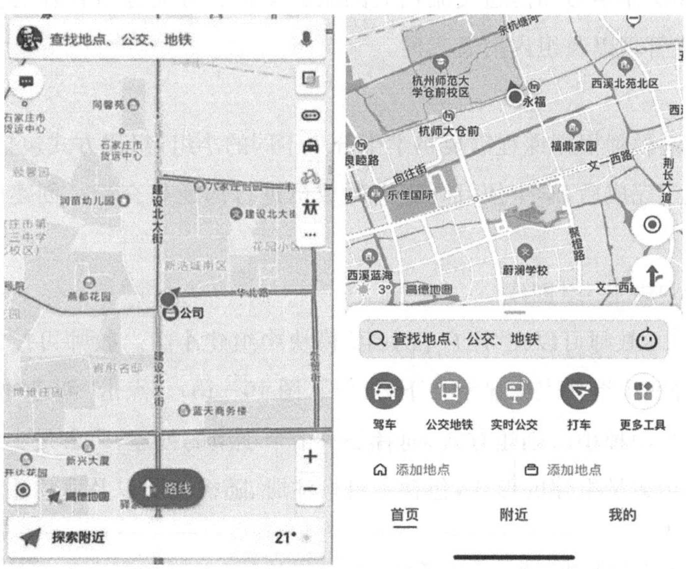

图 10－12　底部导航交互

二、通用功能模块中的常见界面设计

基于不同的教学理念和服务思想，学习技术系统中的通用功能模块会形成不同的业务逻辑和操作流程，相应地也会由不同的交互界面加以呈现。本书以第三章所介绍过的、当前主流的学习技术系统为例，分析它们在实现同一功能服务时设计交互体验上的不同。由于这些系统的版本在不断更新且界面设计也一直在调整完善，因此本章所展示的界面效果仅来自研究开展时的系统版本。

(一) 分组管理

分组管理用于支持教师或管理者对人员进行划分和组织,以开展不同形式的小组活动。分组管理能够有效地帮助教师以班级或小组的形式管理学生,是开展在线协作学习、分组讨论、同伴互评活动的基础。分组管理要求能根据不同的人员特质和活动需求,快捷、灵活地进行组别的划分,并能提供团体协作学习和沟通交流相关的服务支持。有关分组管理的交互设计大致可以分为小组创建、小组管理以及组内沟通三种。

1. 小组创建

小组创建指的是教师根据课程需要将学生分为不同的小组,组建方式包括教师随机指定、学生自行注册等。组建完成后,学生便可同组内的成员进行沟通与交流。创建的交互逻辑一般为先建小组,后加成员。

(1) Blackboard 中的小组创建

在 Blackboard 中,教师可以在“用户和小组”模块中组建小组。教师可按需选择创建小组或导入小组,已创建好的小组列表会显示在下方区域(图 10 - 13)。点击“创建”按钮,下拉菜单呈现单个小组和小组集合两种小组创建方式,前者是一个个小组的创建,后者是小组的批量创建。教师可以自由选择小组成员组建的形式,包含了自行注册、随机注册以及手动注册三种。

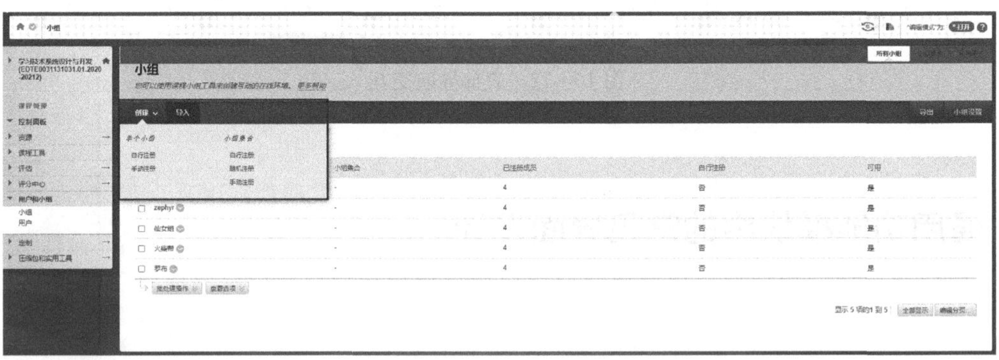

图 10 - 13　Blackboard 中的小组创建菜单

如果是学生自行注册,教师需要先设置好小组名称、小组可用的工具、小组成员人数等信息(图 10 - 14),点击红色提交按钮后学生才可自行选择想要加入的小组进行注册。

如果是手动注册,教师在提交小组创建信息后,还会进入小组注册信息的编辑界面。在此教师可以按照课程需求设定小组的数量,并为每个小组指定成员,此时教师具有完全的控制权(图 10 - 15)。随机注册与自行注册最大的不同是在小组成员的分配上,后者是教师确定成员分配方案,而前者是由系统按照教师所设定的小组数目和小组人数进行随机分配(图 10 - 16)。

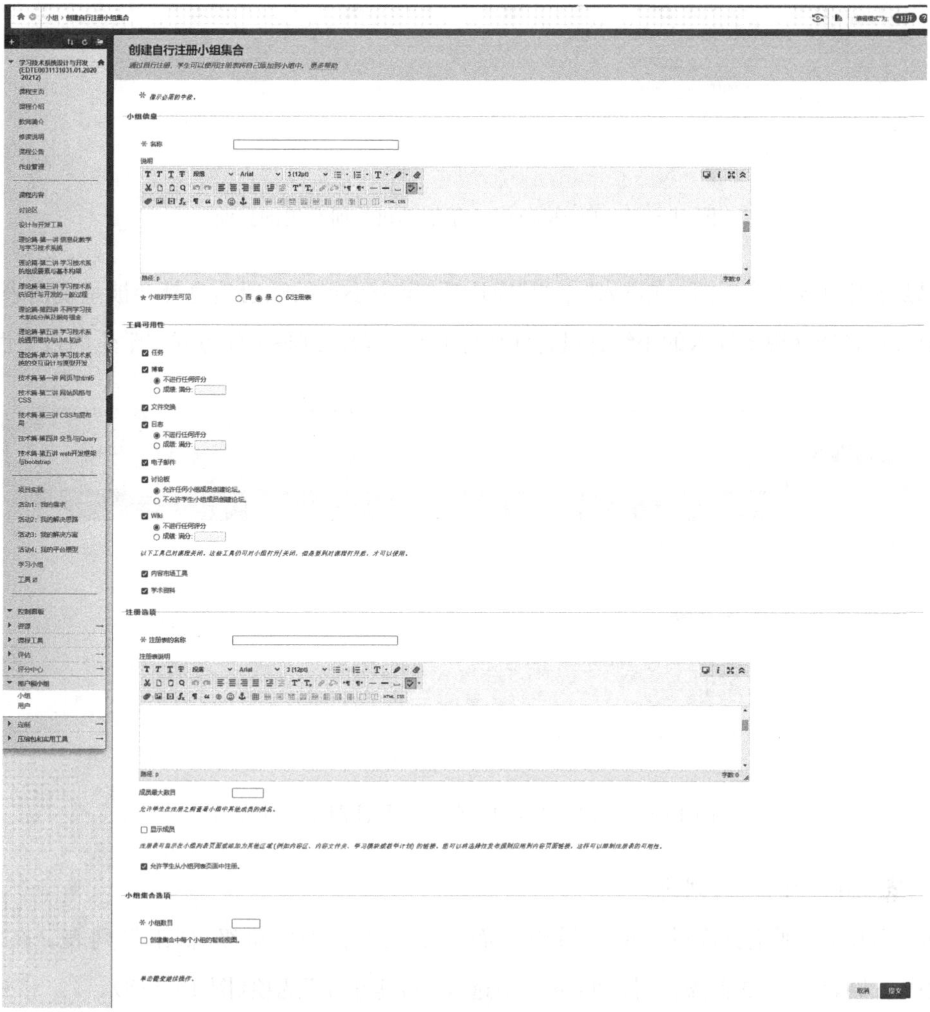

图 10－14　Blackboard 中的小组信息设置界面

图 10－15　Blackboard 中的教师手动注册小组界面

图 10 - 16　Blackboard 中系统随机注册小组的界面

如果是在学生端自行注册，在进入“小组”模块后，每个小组的注册信息都会被呈现出来，学生可以根据个人喜好选择想要加入的小组并进行注册(图 10 - 17)。这种组建方式中学生的自主性较大。

图 10 - 17　Blackboard 中学生自行注册小组的界面

(2) Edmodo 中的小组创建

Edmodo 中，教师主页面的左侧区域由上而下呈现了教师的班级、群组等列表。在“我的群组”一栏中右侧，点击“更多操作”按钮，可从中选择“新建小组”选项(图 10 - 18)。

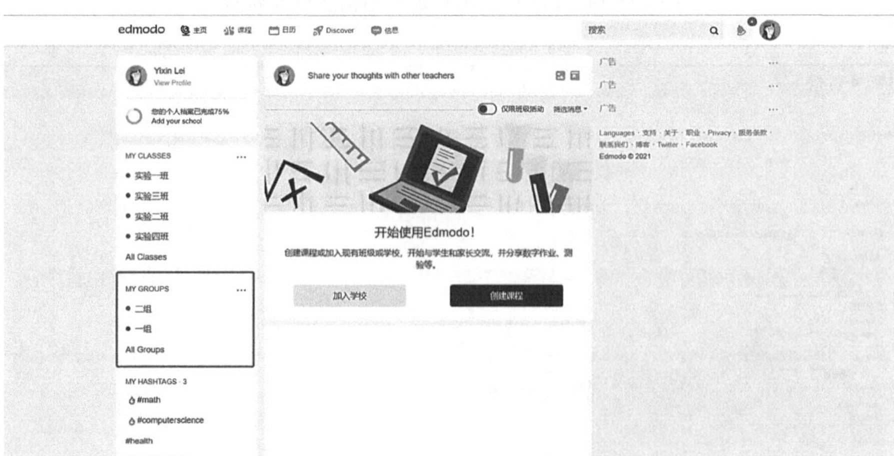

图 10 - 18　Edmodo 中的创建小组

随后界面出现标题为"新建小组"的弹窗(图 10 - 19)。弹窗中有不同类型的输入框,方便教师录入不同种类的信息。框内均有灰色提示字样,教师可根据提示信息进行相应的操作。教师需设置群组的名称、描述、年级、科目以及标识颜色。群组创建完成后,页面将自动跳转至刚刚新建的群组界面。如需邀请成员加入,在右侧区域底部有"邀请"按钮。该按钮为蓝色,在页面中更加突出。

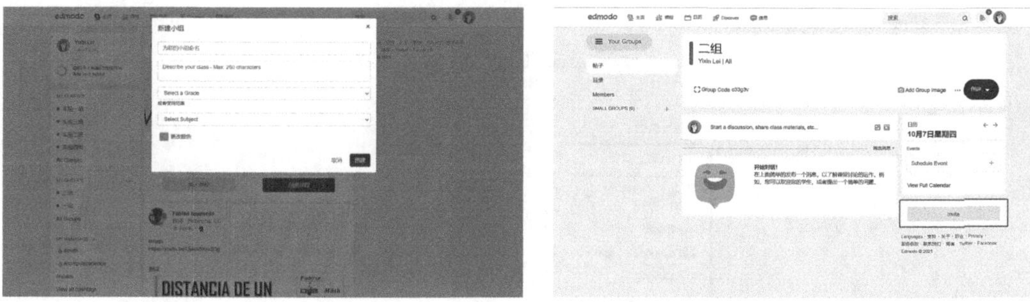

图 10 - 19　Edmodo 中的小组信息设置界面

点击"邀请"按钮后,页面弹出窗口。窗口显示了两个可选项,分别为两种邀请方式(图 10 - 20)。第一种方式为通过分享邀请码邀请,用户可通过该邀请码加入本群组。第二种方式为通过电子邮件邀请。点击该选项,教师可在搜索框中输入其他用户的邮箱或名字进行搜索和选择。系统允许一次性选择多名用户以提高添加效率。

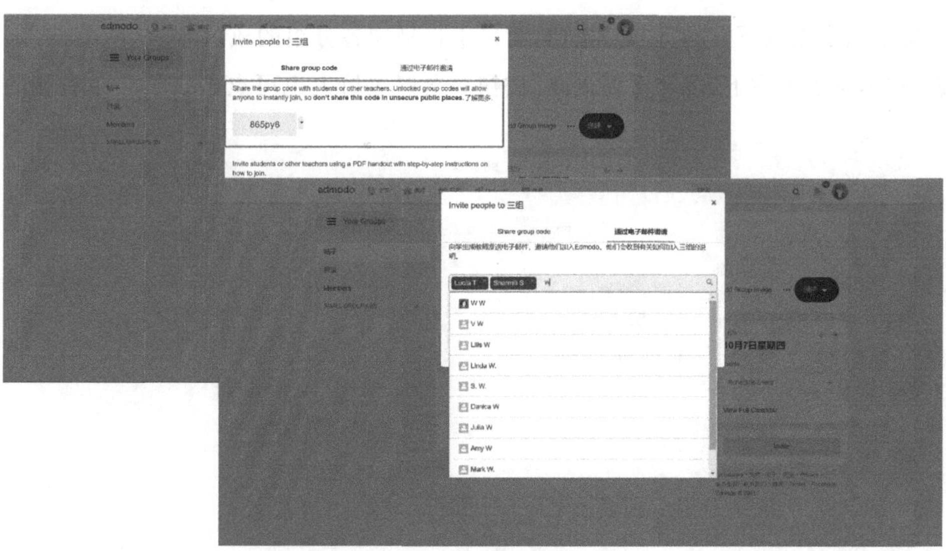

图 10 - 20　Edmodo 中的小组成员添加

(3) 腾讯会议中的分组创建

在腾讯会议中,会议主持人可以创建小组并分配各组成员进行分组讨论。进入会议界面后,点击界面下方菜单栏中的“分组讨论”按钮将会弹出分组对话窗口(图 10－21)。会议主持人需设置分组的数量,可直接输入组数,也可以通过上下两个按钮进行组数的调整。同时会议主持人还需选择讨论组成员的分配方式,系统提供了手动分配、系统自动分配以及由参会者自主选择讨论组三种方式。

图 10－21 腾讯会议中的分组创建

设置完成后点击右下方的“创建”按钮,窗口中将呈现各分组的成员列表(图 10－22)。如果需要重新分配,可点击右下方的“重新创建”按钮。会议主持人也可点击成员名单右侧的“分配”

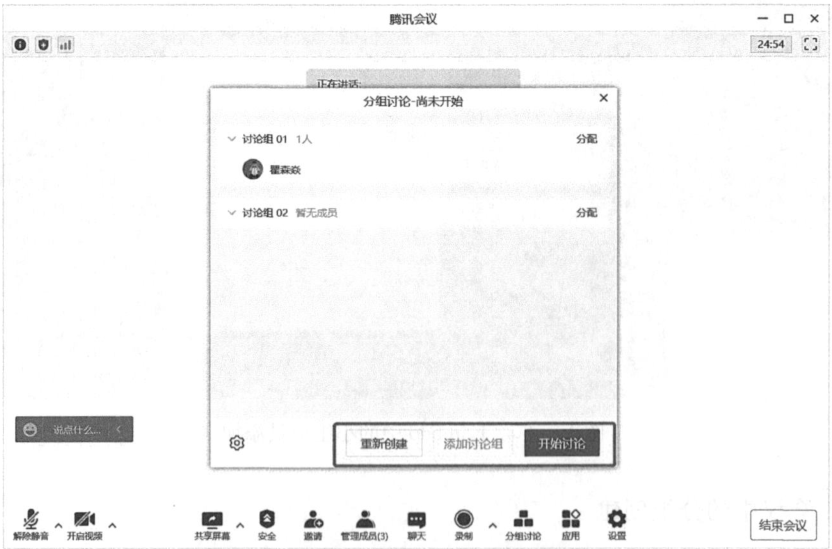

图 10－22 腾讯会议中的分组成员设置界面

按钮对成员的分组进行手动调整。如果希望添加新的讨论组则可以点击“添加讨论组”按钮进行添加。在确定分组后可点击右下角的“开始讨论”按钮，即启动分组会议讨论。

2. 小组管理

小组管理主要指的是教师或管理员在小组创建完成后对小组进行管理，如组内成员角色的设置、组员的添加与删除、查看组内互动情况等。学生在加入小组后也可进行退出小组等操作。交互设计的要点在于及时呈现小组成员的状况，并提供灵活的单个和批量操作。

（1）Blackboard 中的小组管理

在 Blackboard 中，教师可以在小组模块中对班级内的所有小组以及组内成员进行统一管理（图 10－23）。首先是查看小组数量、每个小组的人数、注册方式以及可用性等，系统以列表形式呈现，一目了然。通过勾选小组前面的方框，教师便可以对需要管理的小组进行选择。系统也支持批量操作，如批量删除小组等，在列表的上方与下方均有“批量处理操作”按钮，操作快捷、简便。点击小组名称右侧的下拉箭头，便可以对每个小组进行单独操作，如打开小组、编辑小组等。系统采用这种下拉的功能菜单，使得用户无需通过跳转页面便可以进行相应的操作。

图 10－23　Blackboard 中的小组管理界面

打开小组后，用户可以进入小组空间（图 10－24）。空间提供有各种小组工具，还可查看小组成员信息以及小组提交的作业情况。

教师可对小组进行编辑，如修改小组名称、更改组内工具可用性等。最重要的是教师可以在此对组内成员进行删减，可以通过点击每个成员右侧的“叉号”按钮进行单个成员的删除，也可以在右上角删除所有用户或添加用户等，实现对组内成员的管理（图 10－25）。

（2）Edmodo 中的小组管理

在 Edmodo 中，班级中的小组由教师进行创建、管理。小组界面的中上方区域呈现的是小组信息，紧跟着是小组的文件夹和成员界面索引按钮。在该区域右下方还有两个操作按钮：点击左

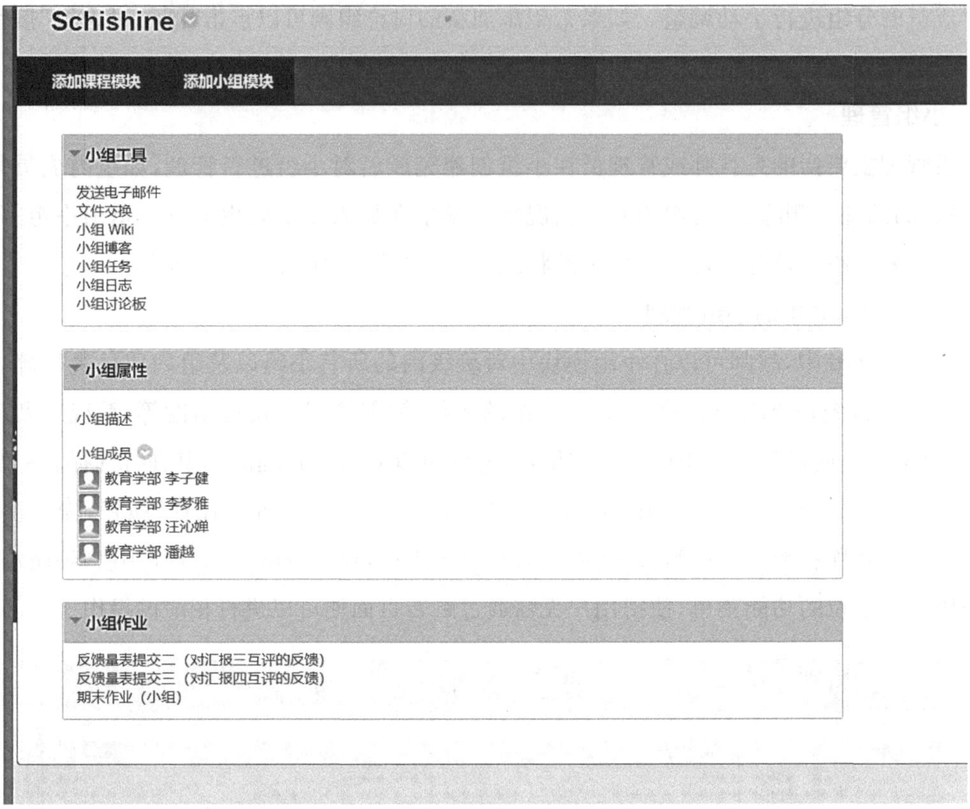

图 10－24　Blackboard 中的小组空间界面

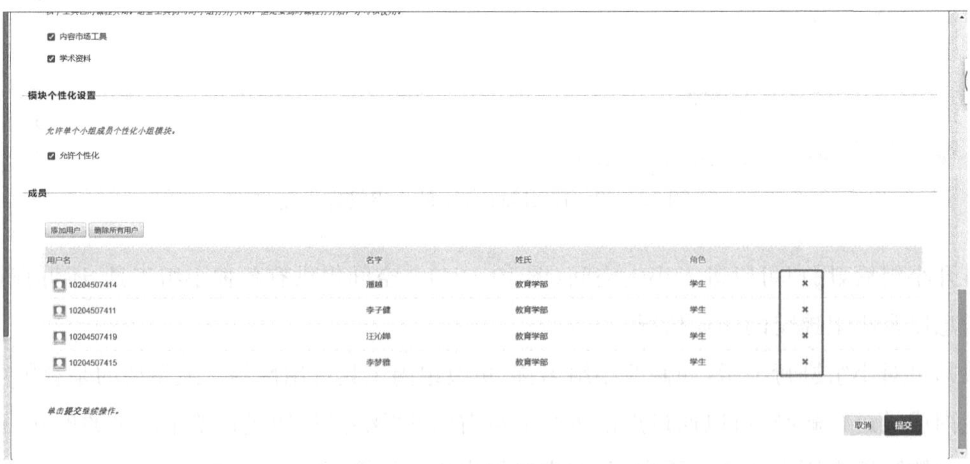

图 10－25　Blackboard 中的小组成员管理界面

边三个点的图标按钮，下拉将呈现出对小组的不同操作选项，有重命名、解散小组等操作；点击右侧的蓝色“创建”按钮，则有小组任务、作业布置等。

图 10 - 26　Edmodo 中的小组界面

界面中间的下方区域为小组的讨论区，小组成员的发帖内容和互动记录以时间流的形式呈现，在此可以查看并参与小组成员之间的讨论。该区域右侧为小组“日历”，呈现了小组日程和小组活动安排，教师可在此添加小组日程和小组活动。添加完成后，所有小组成员都可以看见新的日程安排。点击“成员”按钮可查看小组成员信息，小组成员以列表的形式呈现。在列表右上方有搜索框，当小组成员数量较多时，可在搜索框中输入指定成员姓名，以便更快捷地找到该成员。搜索框右侧为“添加成员”按钮，点击该按钮后，在下方菜单中选择添加方式即可添加指定成员进入该小组，如图 10 - 27(左)所示。在小组成员列表各行的右侧有两个按钮：点击左侧的“信息”按钮将进入与该成员的聊天界面；点击右侧按钮，其下方会弹出教师对该成员可执行的操作菜单，包括对该成员权限的设置以及将该成员从群组中移除等操作，如图 10 - 27(右)所示。

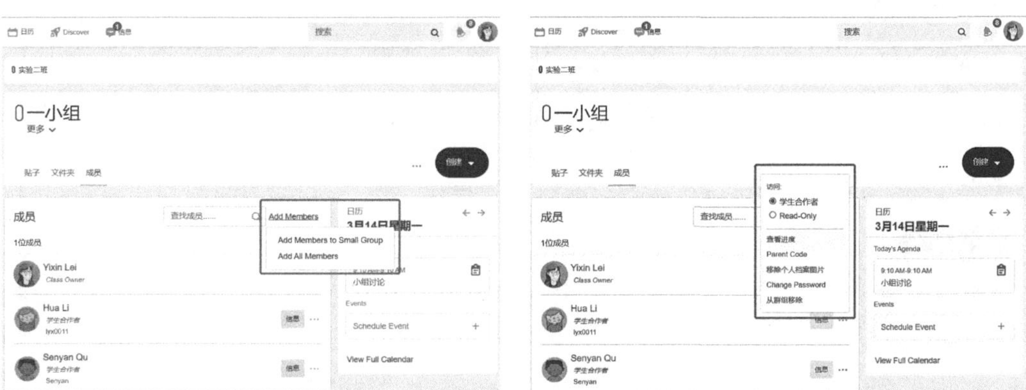

图 10 - 27　Edmodo 中的小组成员管理界面

对学生而言，学生没有自由加入小组的权限，也不具备复杂的小组管理功能，但可以选择退出小组——点击小组信息区域右下方的菜单按钮，选择“退出群组”即可（图 10－28）。

图 10－28　Edmodo 中的退出小组

3. 组内沟通

组内沟通指的是成员在平台提供的小组空间内进行的资源共享、沟通交流等活动。交互设计上需要很好地体现互动的多样性和沟通的及时性。

（1）超星中的组内沟通

超星的组内沟通模块主要包含两个功能界面，一个是以聊天沟通为主的消息界面，另一个是类似于学习空间的小组话题界面。消息界面以对话框的形式呈现（图 10－29）。除了以课程划分

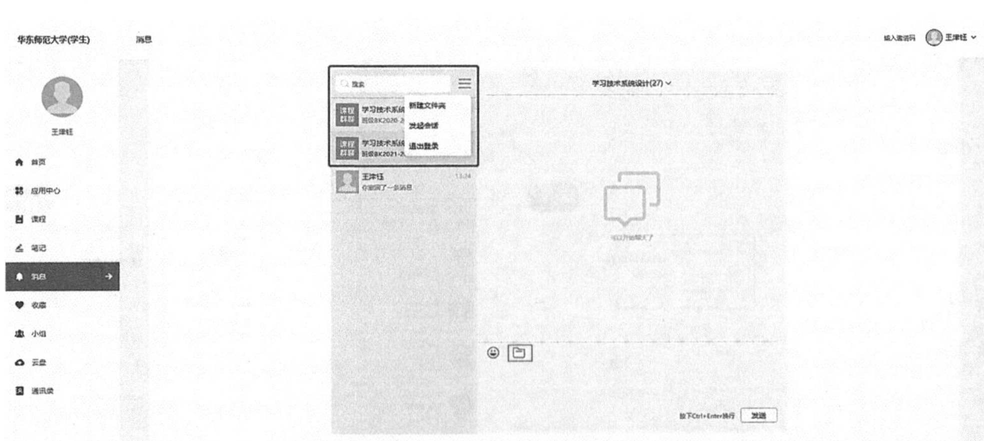

图 10－29　超星中的消息界面

的小组对话，超星还支持一对一私聊和自由创建对话小组。用户点击小组名称即可进入相应的聊天界面，点击对话输入框上方的文件按钮，还可实现资源的共享。选择“新建文件夹”可以实现对话的分类，能够将不同类别的对话归类管理。点击“发起对话”按钮，用户可以从我的分组、单位通讯录、团队以及关注的人中自由选择一名或多名成员组建对话小组。

小组话题界面由主界面左侧的“小组”入口进入。小组话题界面划分为三个区域，即新建话题、话题互动和搜索话题(图 10－30)。从界面内容布局来看，顶部菜单栏显示的是全部话题和话题搜索，中间的主体部分则是组内成员发布的话题讨论，底部则是新建话题的具体区域。超星提供了丰富的文本编辑工具，除了支持发布仅含文字的话题外，还支持用户上传附件、音频、图片等，使得创建的话题更加生动具体。为方便成员撰写话题，界面上还设置有全屏模式，成员可点击“全屏模式”按钮跳转至新的页面进行话题编写。

图 10－30　超星中的小组话题界面

中间的小组话题界面，成员可以在此查看到自己以及别人发布的话题，并依据自己的想法对这些话题进行点赞、评论和转发。用户可以直接点击每个话题右下角的“点赞”按钮对成员的话题表示支持，也可以点击话题的任意位置进入“话题详情”页面(图 10－31)。在此页面，用户可查看到话题发布的时间、阅读量、话题内容和对话题的回复。成员也可以在此页面对该话题进行评论回复和点赞，选择右上角的“更多”即可对话题进行转发。该功能支持将话题转发到用户的笔记、小组、消息、云盘、站内信函等，有利于资源的保存和共享。

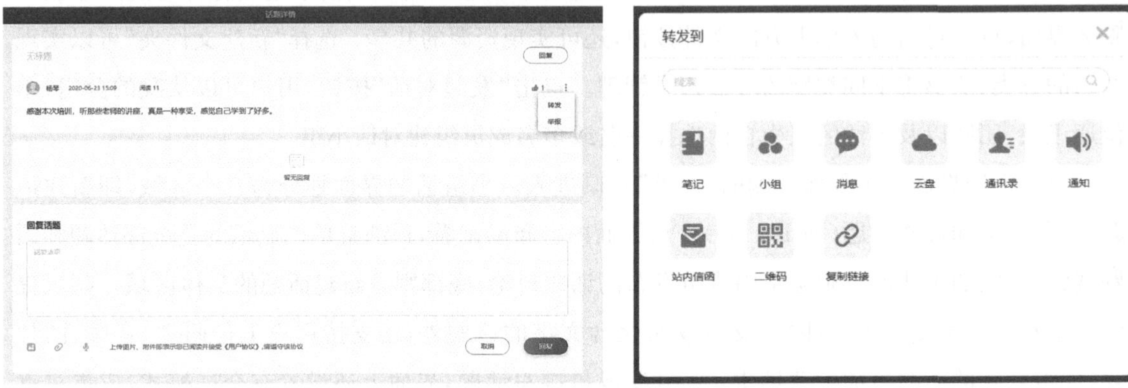

图 10 - 31　超星中的话题回复和转发

(2) Blackboard 中的组内沟通

在 Blackboard 的小组空间中，组内的成员可利用小组工具(如“发送电子邮件”“文件交换”“小组 Wiki”“小组讨论板”等)与其他成员进行沟通与交流(图 10 - 32)。文件交换就是小组内实现资源共享，而讨论板则是小组内部的论坛，我们将分别在资源建设和讨论互动模块中对两者加以分析。

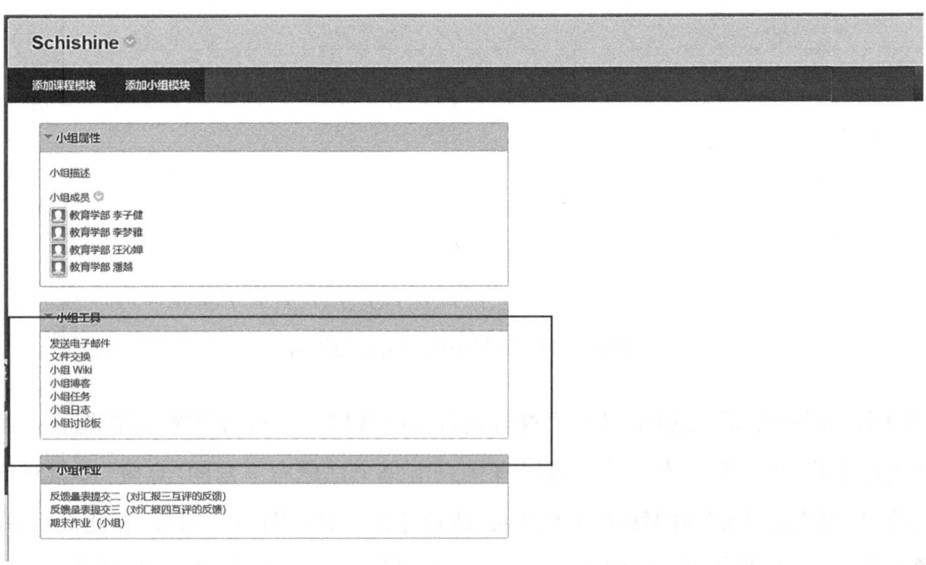

图 10 - 32　Blackboard 小组空间中的沟通工具

点击进入邮件发送页面，如图 10 - 33(左)所示，选择收件人，并编辑邮件主题、邮件内容，添加文件。完成后，点击右下角的红色提交按钮即可发送成功，将需要沟通的内容发送至收件人的邮箱。

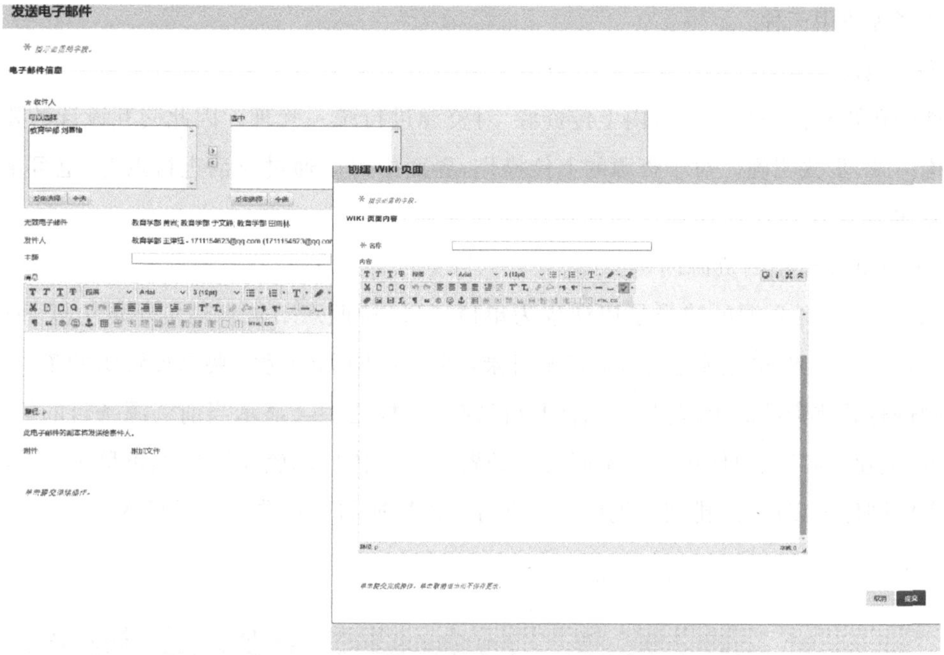

图 10－33　电子邮件和 Wiki 的编辑界面

小组成员可通过点击“创建 Wiki 页面”来创建一个新的 Wiki，设定好名称后，其他的小组成员便可协同编辑其内容，还可对其进行注释，如图 10－33(右)所示。关于 Wiki 的详细信息如历史记录等会在交互界面的右侧进行展示(图 10－34)。

图 10－34　Wiki 的交互界面

(二) 资源建设

资源是学习技术系统的重要组成部分，是开展在线教学的前提和基础。随着在线教学的逐步拓展，教学资源也越来越丰富，对教学资源进行有效管理是开展在线教学的关键。在学习技术系统中，资源建设指的就是为各类型的学习内容对象提供高效的存储管理，为各种使用者提供方便快捷的存取服务，为教学管理者提供资源访问效果的评价分析，从而提升教学资源的利用率，促进教学资源更好地为教学活动服务。有关资源建设的交互设计大致可以分为资源创建、资源检索以及资源使用三种。

1. 资源创建

资源创建要支持用户在平台内上传资源，对资源进行统一管理。因此交互设计的要点在于目录结构清晰、步骤明确。对于资源的上传操作，界面中可以通过对话进行点选，也可采用文件拖拽的方式。

（1）Blackboard 中的资源创建

Blackboard 对于资源的建设是以课程为单位，可以按照章节或课时的不同方式加以组织。如图 10－35 所示，界面左侧呈现的是资源目录，创建完成后，点选需要添加资源的条目，则可在界面右侧进行具体资源的上传操作。右侧界面窗口的标题栏会显示当前资源条目的标题信息，点击下方“创建内容”菜单便可上传不同类型的资源。上传好的资源可以逐条呈现，不同类型的资源用不同图标加以区分，排列的先后顺序支持通过拖拽的方式进行上下调整。

图 10－35　Blackboard 中的课程内容创建

在具体的资源上传界面展现的是资源的描述模板，不同类型资源模板会有所区别。教师按顺序进行操作，一般需要先对资源进行文字描述，然后添加附件，最后再设置资源的可见性、有效时限等属性（图 10－36）。以上步骤操作完成后需进行提交，提交按钮呈现为非常醒目的红色。

此外，Blackboard 还设有一站式的资源管理模块（图 10－37）。用户可以在此按照不同组织方式进行资源的查看和上传，比如某门课程的资源、所有课程的资源等。选择好方式后，界面右侧便显示出对应所属的资源。点击“上传”按钮就会跳转到文件上传的窗口，此处资源内容不再区分类型。用户还可创建文件夹对已有资源进一步加以个性化的组织。

资源的复制和移动等操作是以隐藏式菜单的形式提供，点选某一具体资源右侧的下拉菜单按钮即可呈现操作菜单（图 10－38）。Blackboard 也支持对于资源复制、移动和删除的批量操作，只需勾选位于需要管理的资源左侧的选项框，同时资源列表的上下方都提供有操作菜单。

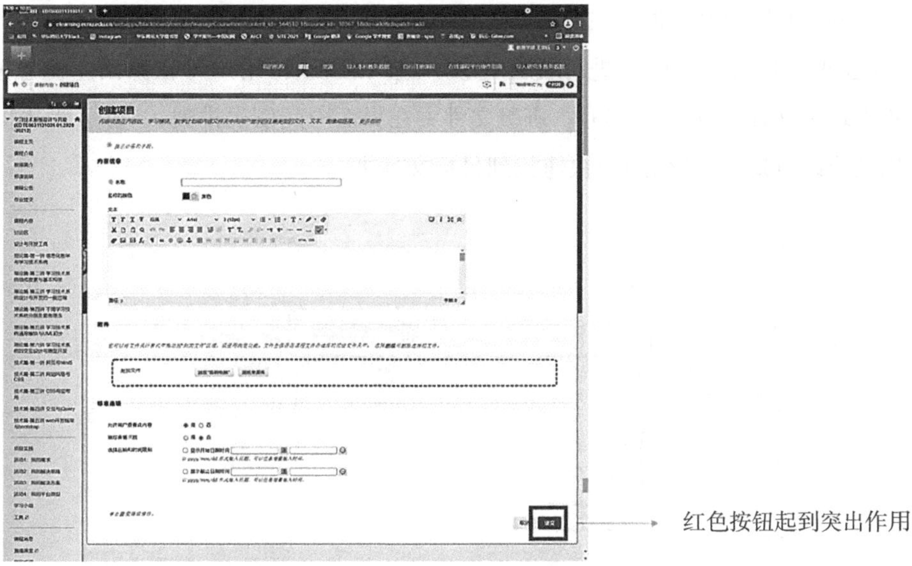

图 10－36　Blackboard 中的资源描述模板

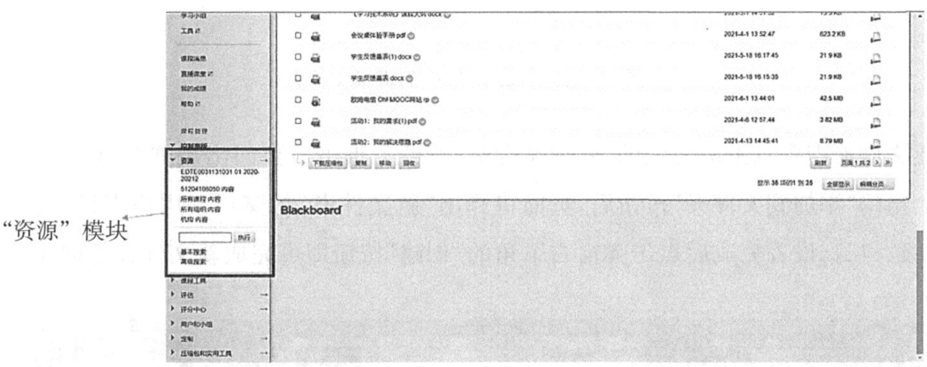

图 10－37　Blackboard 中的资源管理模块

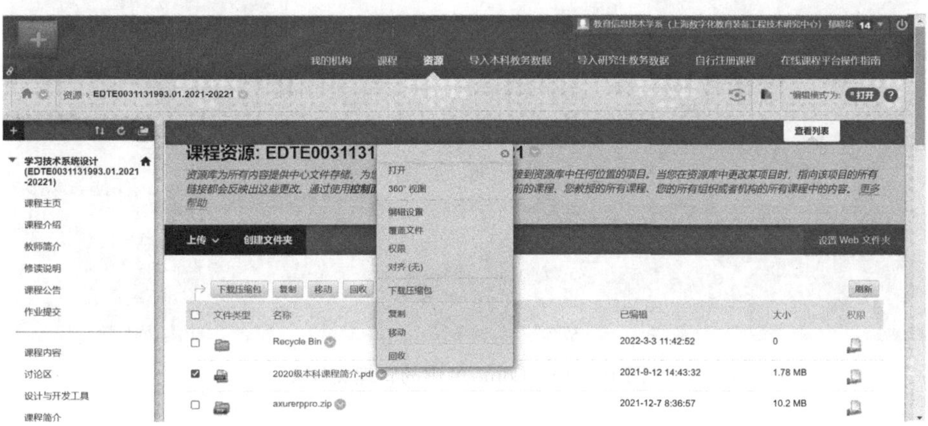

图 10－38　Blackboard 中的资源管理操作

(2) Edmodo 中的资源创建

Edmodo 主要是以班级为单位进行资源建设。进入班级后，用户可在界面左侧导航栏中选择“目录”查看班级文件夹(图 10－39)。班级文件夹在界面中间依次排列，一目了然，同时还显示了创建者以及修改日期，可帮助用户快速找到目标文件夹。

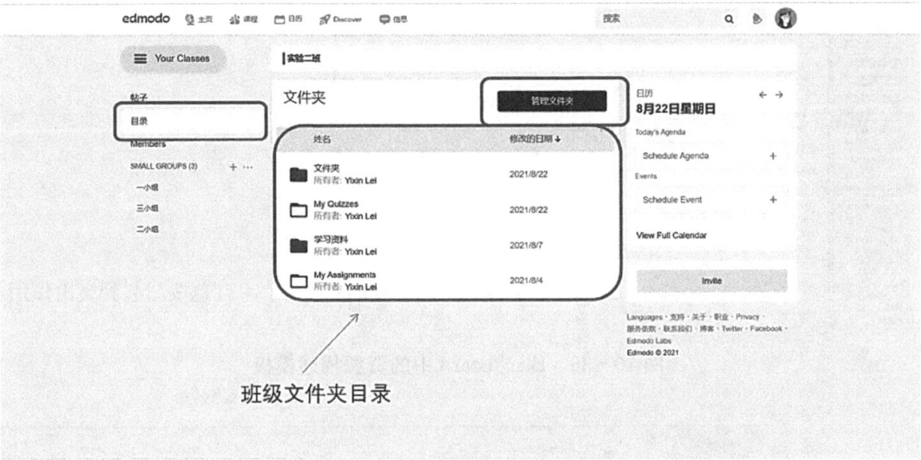

图 10－39　Edmodo 中的班级文件夹

创建文件夹需要点击深蓝色的“管理文件夹”按钮。点击后页面出现弹窗(图 10－40)，点击弹窗右上角的“添加到文件夹”按钮后，页面将弹出“新文件夹”的窗口。用户需设置新文件夹的名称、年级、科目，设置完成后点击弹窗右下角的“创建”按钮即可完成新文件夹的创建。

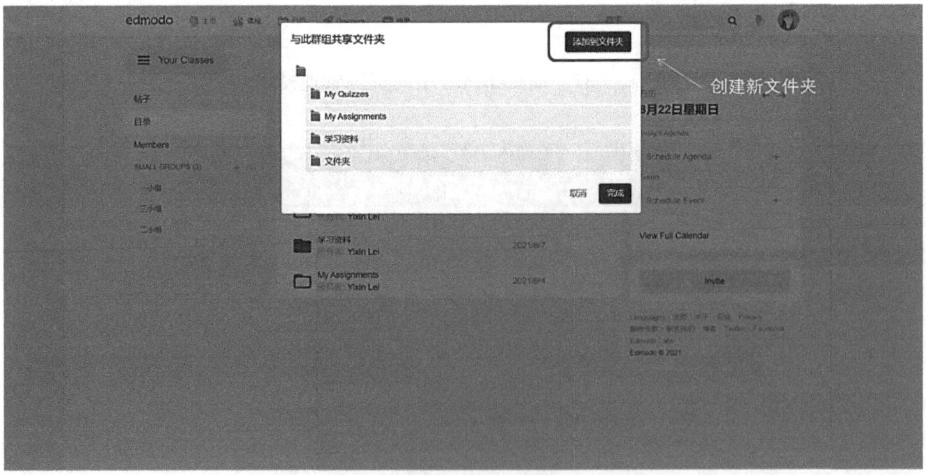

图 10－40　Edmodo 中的管理文件夹

新文件夹创建完成后，双击打开该文件夹。目前该文件夹为空文件夹，点击页面中间的“添加文件”按钮即可选择上传各类资源，如链接、PPT 等，也可继续创建子文件夹(图 10－41)。界面中的一系列操作都比较有序，并且各步骤按钮也比较突出，方便了用户的使用。

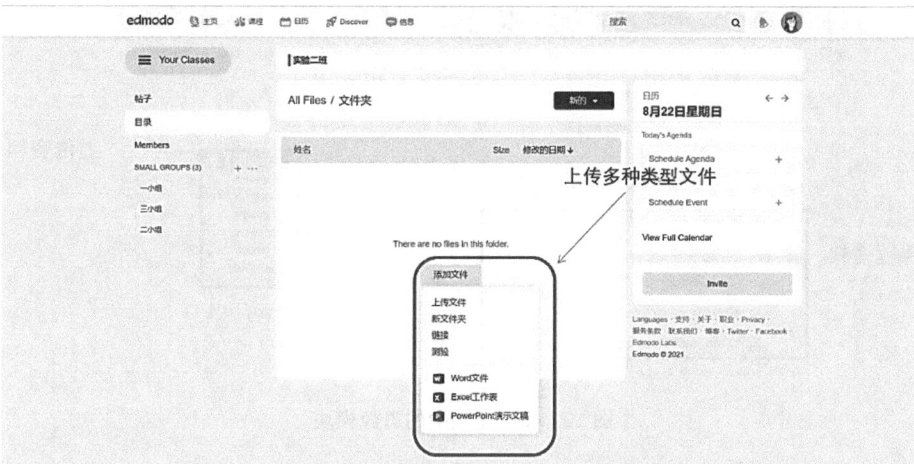

图 10－41　Edmodo 文件夹中的资源创建

(3) 超星中的资源创建

超星平台基于课程目录来上传资源，提供的是一页式的操作(图 10－42)。在课程主页上有“目录”的编辑按钮，点击后便可以进入课程建设页面。课程建设页面的左侧是课程章节目录，上方是可插入到课程中的各种类型的资源、活动以及任务工具等。在右侧的空白编辑区，用户可以按顺序添加资源，资源建设状况简洁明了。完成后用户点击右上角的保存按钮即可，也可点击预览按钮查看资源效果。

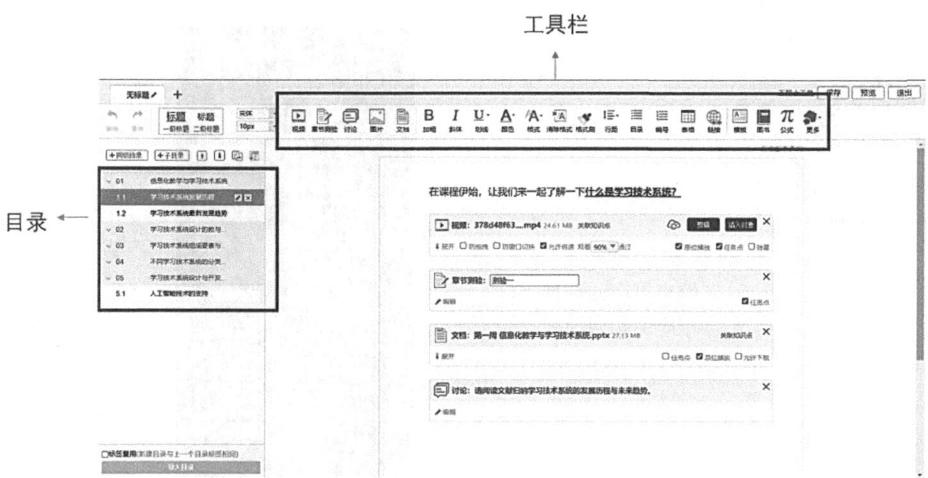

图 10－42　超星中的资源创建

在“资料”模块，用户还可查看本门课程的所有课程资料，可按上传者、文件大小、创建日期等不同属性排序，只需点击属性旁的箭头图标即可进行切换。用户点击“添加资料”按钮便可进行资料库的建设。超星支持多种资料来源途径，包括本地上传、云盘资源等(图 10 - 43)。

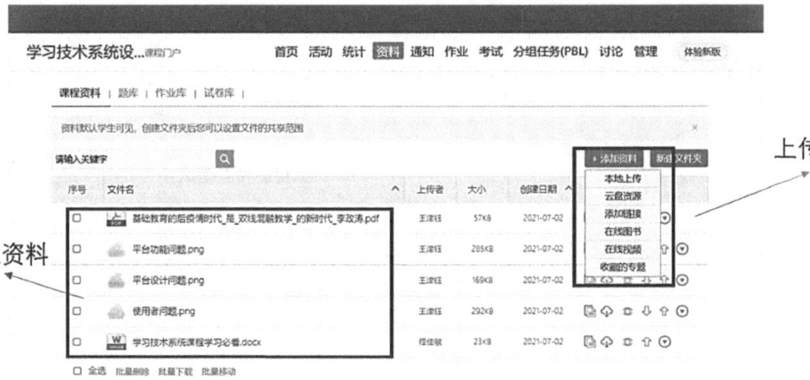

图 10 - 43　超星中的资源模块

2. 资源检索

资源检索主要指的是平台支持用户按照一定的规则搜索资源，便于用户查找到想要的资源。因此交互设计的要点在于多种搜索方式的支持，以及搜索结果信息的灵活排列以方便用户选取资源内容。

(1) 作业帮中的资源检索

作业帮支持用户对资源进行拍照搜索。如图 10 - 44 所示，在主页面用户可点击“拍照搜题”按钮进入相应的拍照界面。在界面设置上，作业帮将拍照搜题这一最主要功能设置在界面左上方，且颜色对比很明显，能快速吸引用户注意力。

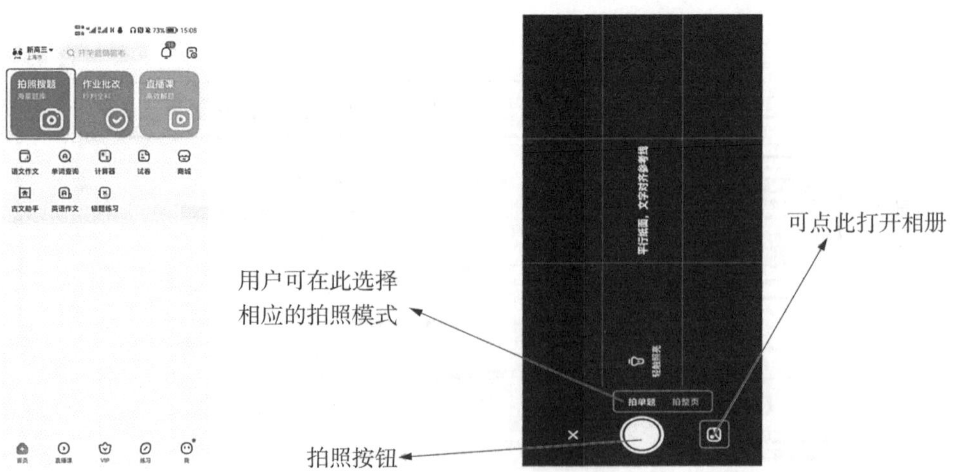

图 10 - 44　作业帮中的拍照搜题

在拍照界面底部，用户可根据自身需求选择相应的拍照模式——拍单题或拍整页，选择完毕后便可对题目进行拍摄。用户还可以从相册中选择图片进行上传。界面的设置与手机自带相机相似，贴近用户习惯，便于上手操作。拍照完毕后，若选择拍单题，用户需要在图片上手动框选目标题目；若选择拍整页，平台则会自动识别各个题目。勾选完毕后，用户点击下方蓝色按钮便完成一次搜题。之后，平台将根据用户的搜索在自身资源库中进行搜索比对，并筛选出匹配度前五的题目反馈给用户，用户再进行浏览和学习(图 10 - 45)。界面采用一滑到底的模式，依次呈现题目、答案、解析等内容，符合用户学习的逻辑顺序。同时基于移动端 APP 的使用习惯，界面仅在切换题目时进行左右滑动。

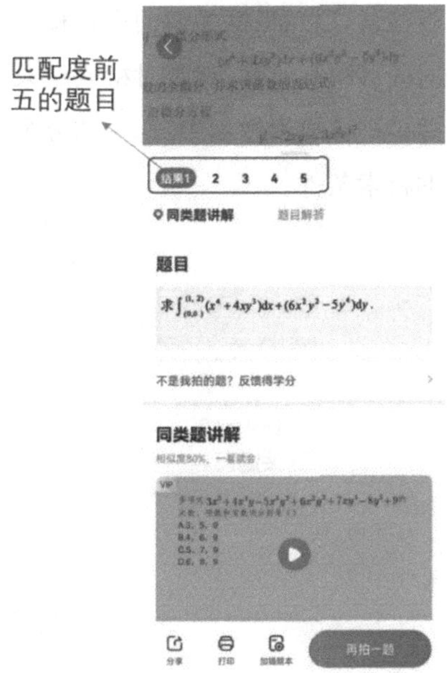

图 10 - 45　作业帮中搜题结果的显示

(2) 国家虚拟仿真实验教学课程共享平台中的资源检索

进入平台首页，用户点击左侧"学科分类"的悬浮栏，便可展开浏览实验资源的详细分类(图 10 - 46)。这样以隐藏方式呈现资源目录，不仅灵活便利，而且能够节省界面的空间，使用户界面看起来不那么拥挤。

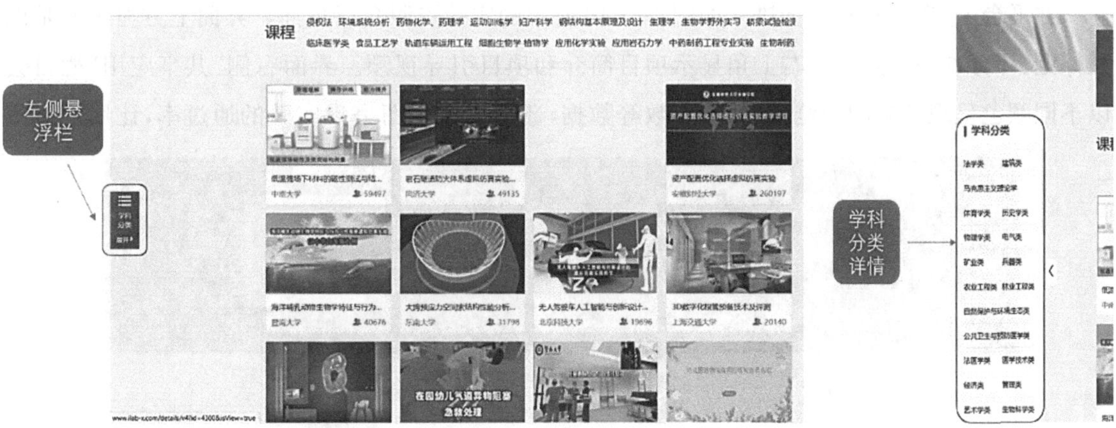

图 10 - 46　实验平台的隐藏式资源分类目录

进入实验空间，如图 10 - 47 所示，界面上方是专业大类目录，平台对所有实验资源按学科进行了系统的分类，并呈现了当前平台所拥有的资源数量，让用户一目了然。点击专业名称，界面会规整地将该专业对应的实验资源一一罗列。除了专业大类外，实验空间还支持按课程级别进行检索，以及根据关键词进行检索，方便用户根据不同需求提高检索的效率。同时，用户可根据时间、评分、收藏、点赞对检索结果进行排序，不同排序方式可协助用户快速选择到适合的实验资源。资源检索过程中，选中的分类以及条件会以蓝色背景向用户显示，以便用户明确当前所设置的检索条件。

图 10－47　实验空间的资源分类目录

3. 资源使用

资源使用指的是用户根据自身要求选择平台的资源进行学习。资源的使用需根据资源类型的不同提供不同的交互操作，具体有视频播放、文件浏览、题目练习等。

（1）国家虚拟仿真实验教学课程共享平台中的资源使用

在平台上，选择实验后会进入如图 10－48 所示的实验资源介绍页面。界面上方显示的是课程标题、评分、简介等信息，右上角显示项目简介和项目引导视频。界面右侧“共享应用”栏目会以不同颜色呈现实验的浏览量、使用人数等数据，还会用饼状图呈现实验的通过率，让用户对实

图 10－48　实验平台中的实验资源介绍界面

验的教学开展情况有一个直观的了解。其他实验相关信息则以菜单栏形式置于中部，点击后会切换为相应的信息以供用户浏览。界面下方显示的是用户对实验的评价。“我要做实验”按钮以蓝色标识，非常醒目，点击后即可进入实验空间。

进入实验空间后，如图 10－49 所示，用户可浏览更详细的实验项目介绍，也可点击“进入学习”按钮进入虚拟实验操作界面。每个实验项目根据学科内容的不同，其首页的界面设计特点也不尽相同。

图 10－49　实验资源学习空间

（2）Udemy 中的资源使用

Udemy 的资源被集成在课程之中。选择“我的学习”后进入个人的课程列表（图 10－50），在页面上方显示了用户已选课程列表、心愿单、已存档课程等菜单，下方则展示了用户最近浏览过的课程信息。课程的完成情况以卡片方式加以呈现，清晰且独立。界面提供了不同的课程筛选方式，包括观看时间、教师、课程类别等，有助于用户在众多选学课程中找到自己当前想要的课程。用户确定课程后，点击视频便可开始学习。而心愿单模块可以帮助用户管理那些自己有意愿学习但是尚不确定是否购买的课程。

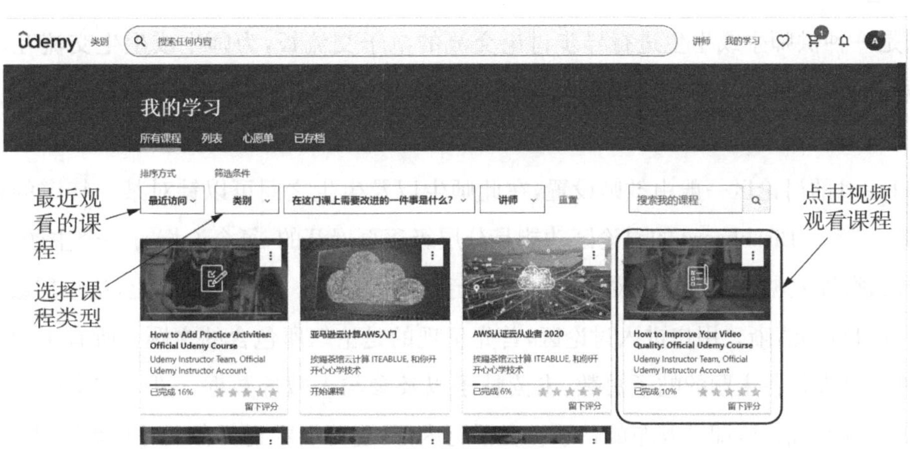

图 10－50　Udemy 的个人课程列表

如图 10－51 所示，在课程视频学习界面，右侧提供有可打开的隐藏式课程内容章节窗口，方便用户随时点击不同的章节标题来切换学习的课程视频。课程资源也按章节加以组织，用户点击“资源”按钮可查看教师提供的其他资源，从而在课程视频之外自主学习更多相关知识。

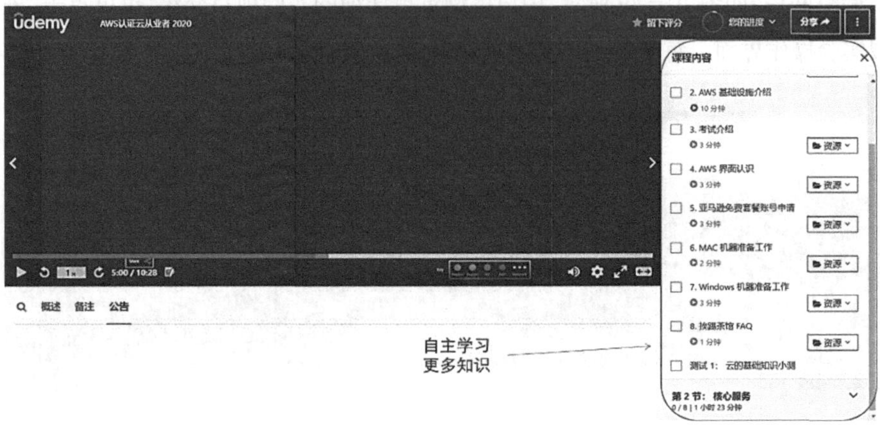

图 10－51　Udemy 中的课程视频学习界面

(三) 讨论互动

讨论互动是在学习技术系统中开展在线教学活动必备的功能之一，指的是教师与学生、学生与学生以及教师与教师之间基于某一主题或问题开展的发言、回复和评价等。学习活动的各个参与者通过讨论互动交流思想并共享智慧，有助于促进教师的教以及学生的学，从而增强教学的效果。随着在线互动技术手段(比如语音交流、表情包等)的丰富，师生对互动体验的要求越来越高，合理且有趣的讨论互动设计也成了影响在线教学效率的重要因素。有关讨论互动的交互设计大致可以分为论坛、社交圈以及实时互动三种。

1. 论坛

论坛是一种供师生或生生进行异步讨论交流的电子交流板，为师生或生生交流互动创建了一种虚拟空间。论坛的结构性比较强，一般需要同时呈现交流的先后顺序以及互动的反馈层级。

(1) BlackBoard 中的论坛区

Blackboard 的讨论区一般由教师设置，在此师生以及生生之间可以针对某一特定的话题展开讨论(图 10－52)。Blackboard 的讨论区功能是分层级逐页展开的，每个论坛有一个主题，下面可以形成多个话题(即发帖)，然后再针对不同话题进行回复和引用。在界面设计上，论坛层级式的结构化组织呈现得特别清晰。用户进入讨论区，首先呈现的是论坛所包含的主题。所有主题以列表形式呈现，用户可查看各主题的帖子总数、未读帖子以及参与人数等数据。进入该主题后用户便可查看已发起的所有话题，即已发布的帖子。在话题内部，还可以看到所有人对此帖的回复与引用。

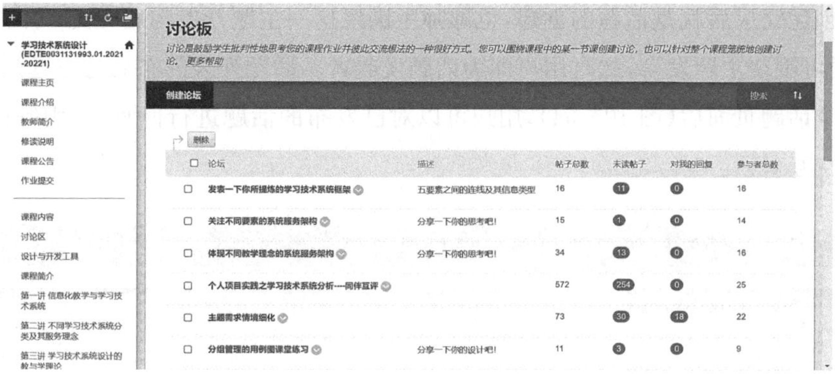

图 10－52　Blackboard 中的讨论板

教师通过点击“创建论坛”按钮便可为学生开设讨论空间。进入“创建论坛”页面(图 10－53),教师输入论坛名称,相当于设定了讨论的主题。教师还可进一步设置讨论的起止时间、论坛空间的显示格式、话题的创建和编辑规则等,点击右下角红色的提交按钮便创建好了第一层级的论坛主题。

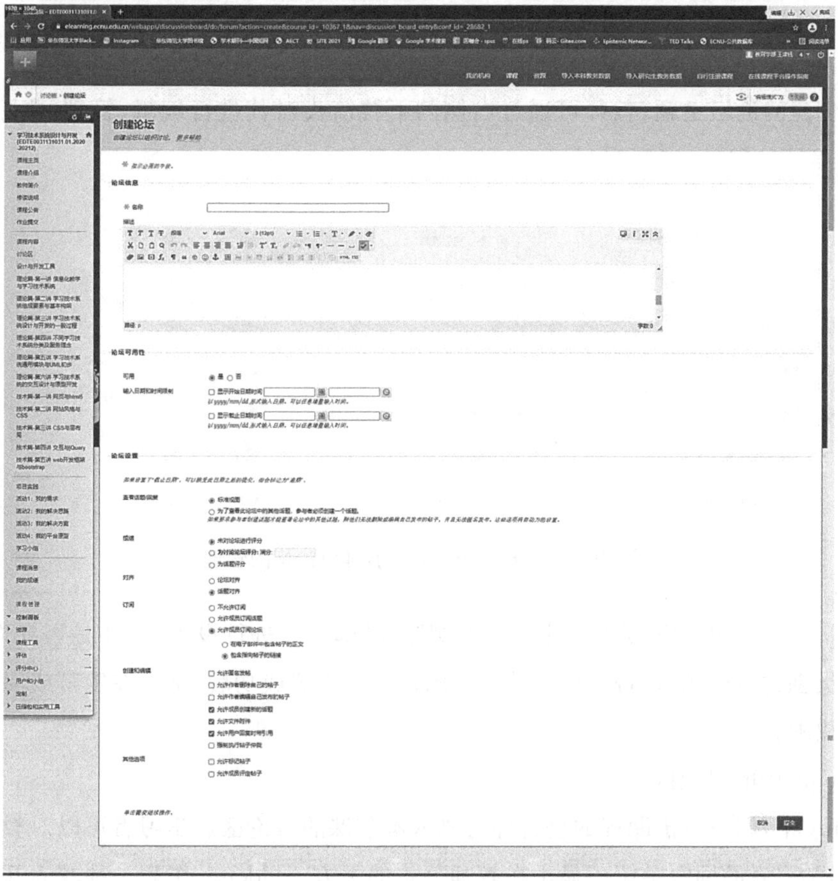

图 10－53　Blackboard 中的论坛创建界面

在主题创建完成后就是话题的创建，也即师生围绕这一主题开展沟通交流。用户点击“创建话题”按钮便可围绕主题发言，此时用户即为话题发起者。话题列表的布局与主题列表相似。点击进入某一个话题页面后(图 10－54)，用户可以对已发布的话题进行回复、引用等操作，由此实现更深入的交互对话。

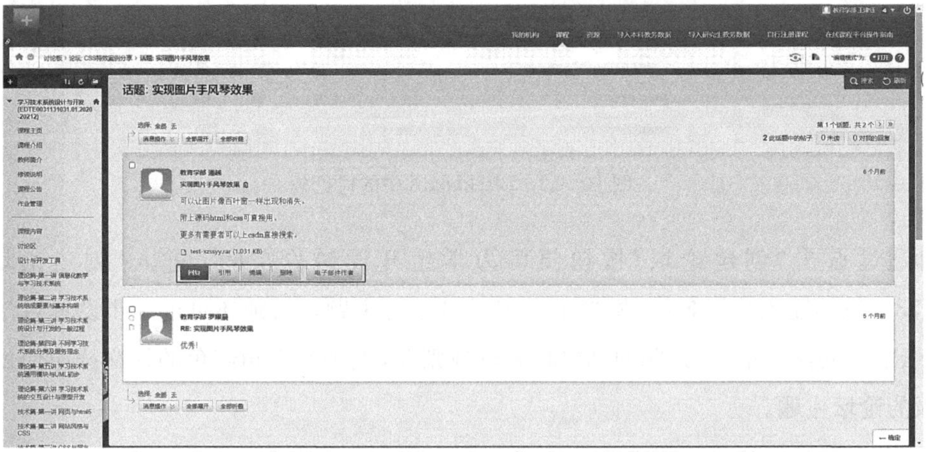

图 10－54　Blackboard 中的论坛话题界面

对于已创建的论坛主题，教师可通过右侧的下拉箭头对其进行编辑、管理、删除等操作(图 10－55)。

图 10－55　Blackboard 中教师对论坛的管理

此外，Blackboard 中的论坛有一定的发帖规则，教师可以进行设置，比如是否允许匿名发帖、是否允许成员创建新话题、是否允许上传文件附件等。设置成功后，学生在发言或回复时就有了特定的行为权限。

(2) Udemy 中的讨论区

在 Udemy 中，用户点击课程的公告即可进入本节课的讨论区。学习者可以对教师发布的公告进行回复，学习者的回复会统一显示在教师公告的下方。Udemy 作为一种较为开放的学习平

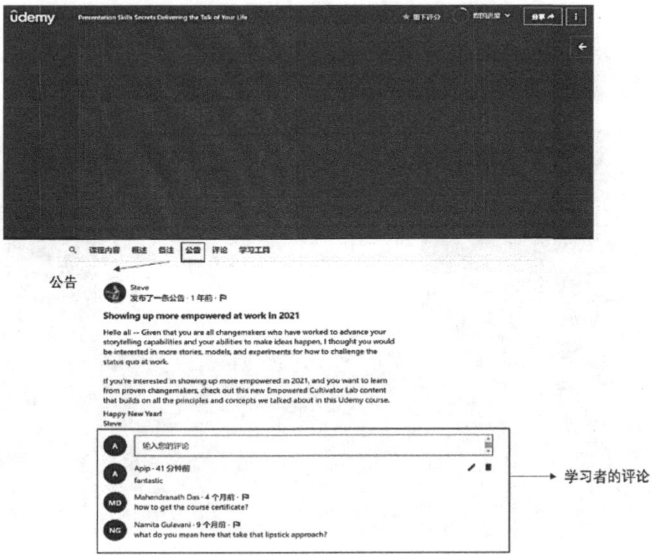

图 10 - 56　Udemy 中的论坛区

台，鼓励学习者尽可能多地进行学习分享，因此每节课的讨论区均会展示全部学习者的评论并按照时间顺序排序。

2. 社交圈

社交圈相当于一个私人社交平台，学生和老师可以在此分享彼此的教学动态和思想火花，并进行学习资源的共享。相对于论坛，社交圈的结构性要弱一些，主要关注信息的时间流，展现的媒体类型也更为丰富。

(1) Edmodo 中的交流讨论区

进入 Edmodo 的班级或小组页面后，界面中间区域即为交流讨论区。交流讨论区的设计与现有的多数社交平台类似，用户发起的讨论以时间流的形式加以组织和呈现。用户在此可依据时间先后查看班级或小组的讨论情况（图 10 - 57）。用户发起交流讨论首先需要点击讨论区上方标有“在此发起讨论”提示字样的区域。点击讨论区域后，页面将以模态方式显示弹窗，从而使用户专注于发言的编辑。点击弹窗左上角的“加号”按钮，用户可以将发言发送至特定的班级或小组。弹窗中间为编辑区，用户可在此编辑文字和加入图片、链接等。

如图 10 - 58 所示，每一条发言独立成单元，下方配有“点赞”与“评论”的小图标，用户可以在此与其他发言的用户进行互动。用户也可以对班级中发布的交流讨论帖进行筛选和管理。点击交流讨论区顶部右侧蓝色的“筛选消息”字样，下方将出现选择菜单，用户可根据需求选择相应的筛选方式。每条交流讨论框的右上角都有三个点，即表示“更多内容”的图标。点击该图标后，将在下方出现可对该发言进行的操作选项，例如链接到此帖子、删除帖子、编辑帖子等。不同操作权限的用户所显示的菜单会有所区别。

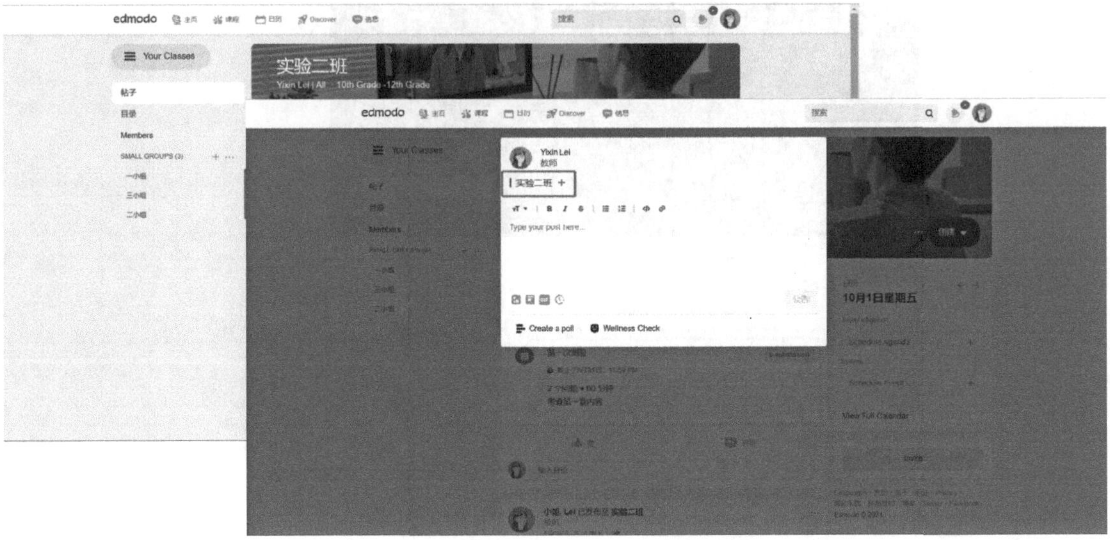

图 10 - 57　Edmodo 中的交流讨论区

图 10 - 58　Edmodo 中的交流讨论互动

除了班级中的讨论交流区，Edmodo 还为师生提供了私聊功能。点击界面导航栏中的“信息”菜单即可进入私聊界面(图 10 - 59)。私聊界面分为三块区域，最左侧为近期联系人清单，可在此查看最近联系过的私聊对象，点击联系人即可查看和对方的聊天记录。界面中间区域为聊天记录区。用户之间聊天记录的呈现形式为左右结构的对话框，与当下多数社交聊天软件相似。聊天记录区下方为聊天输入区，用户可在此编辑对话信息。最右侧显示了当前对话的一些基本信息，包括联系人的情况、共享的文档等。用户也可发起新的私聊，随后页面中间区域的顶部将出现输入框，用户可在输入框中输入想要私聊的用户名。平台既支持一对一私聊，也支持多人群聊。

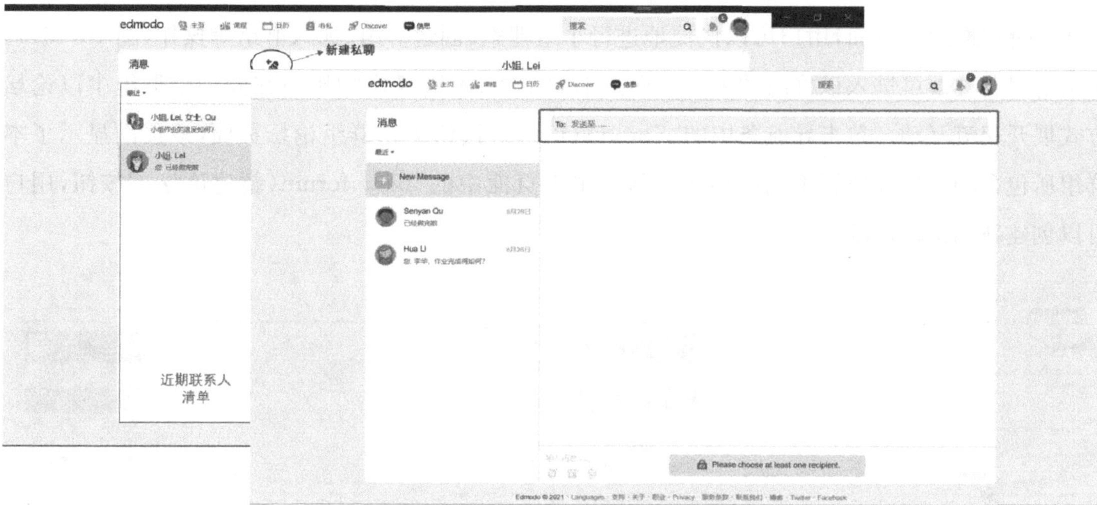

图 10－59　Edmodo 中的私聊界面

（2）Mahara 中的社交互动

Mahara 有丰富的社交功能，可以连接使用者和创造在线社群，帮助师生用户更有效、更便捷地互动，用户也可以根据自己的喜好与需求展示自己。进入 Mahara 后点击右上角的“主菜单（Main menu）”按钮，可以看到“互动（Engage）”子菜单下有三个板块，分别是“人员（People）”“群组（Groups）”和“讨论话题（Discussion topics）”（图 10－60）。其中“人员（People）”用于连接用户，Mahara 在此方面非常开放，并不限于同一活动或来自同一机构/组织的成员。用户可以在搜索框中搜索人名精确查找，也可以通过下拉菜单选择合适的搜索范围进行查找。查找到符合意向的人后，用户通过好友请求互动建立彼此之间的联系。

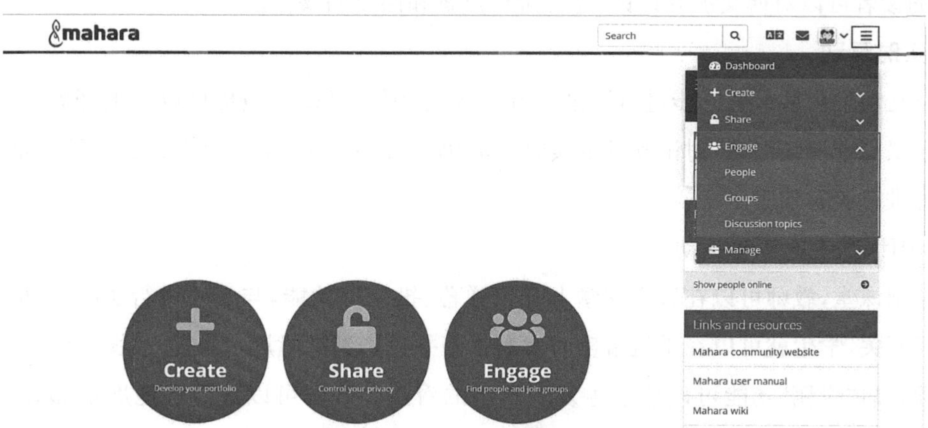

图 10－60　Mahara 中的互动板块

Mahara的群组功能可以更好地帮助师生用户较为聚集地完成针对主题的讨论与互动。进入“Groups(群组)”页面,用户可以快捷地进行小组搜索、创建群组、加入群组等操作(图10-61)。单击群组名称即可进入该群组的展示页面。不同学校、不同身份的用户在同一个群组中以论坛方式展开交流互动。单击导航条中的“Forums(论坛)”按钮进入群组论坛页面,该页面显示了本群组所包含的论坛和所属论坛的话题数目。单击页面中的“New forum(新建论坛)”按钮,用户可以创建新的论坛话题。

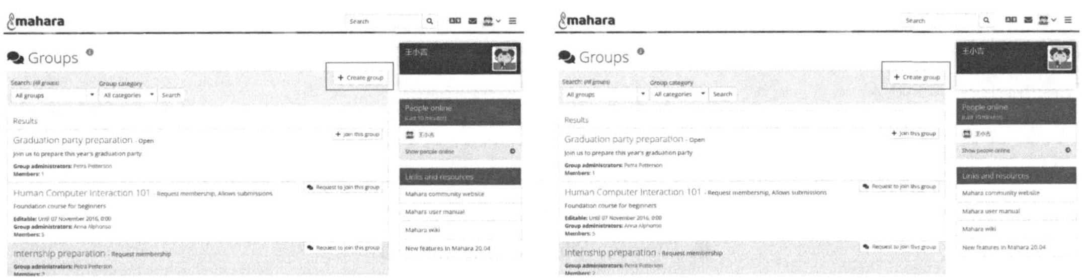

图10-61　Mahara中的群组论坛界面

进入“Discussion topics(讨论话题)”页面,可以看到用户参与的所有讨论主题列表。主题从最新评论开始按时间倒序排列。第一列显示讨论话题的标题以及所属的群组;第二列显示讨论话题中最新评论的开头、作者姓名(链接到作者的个人资料页面)以及发布论坛帖子的日期和时间;第三列显示此讨论话题中的帖子数。

(3) Udemy的讲师社区

在Udemy的讲师社区上,用户们可以发布博文来讲述自己在使用Udemy过程中的体验。Udemy也会为用户推荐相似的热门博主和文章,帮助用户扩展视野。跟一般的博客一样,Udemy的读者可以对博文展开评论,还可进行点赞和回复的操作。

3. 实时互动

实时互动是一种师生同步进行讨论交流的方式,师生可以同地也可以异地开展互动。区别于视频会议的音视频沟通,讨论互动的实时交流仍以文字为主,交互要点在于简洁灵活,要能对文字信息进行实时加工。

(1) 雨课堂中的实时互动

通过雨课堂,教师可以在真实课堂上开启弹幕、投稿等功能,与学生进行实时互动。教师打开“弹幕”开关,学生就可以在手机端实时发布弹幕并投影到课堂展示大屏上(图10-62)。

教师开启“投稿”功能可以让学生发表自己的看法。教师可以选择性地展示部分学生的投稿,也可以点击“生成词云”按钮分析所有学生投稿中的关键词,还可将生成的词云发送到全体学生的手机端(图10-63)。

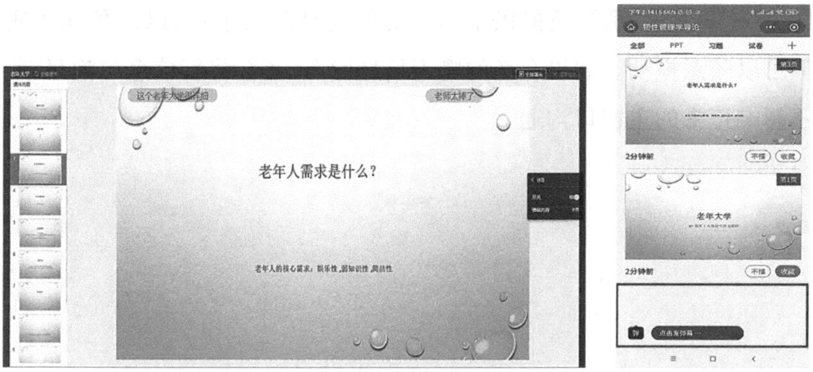

图 10－62　雨课堂中的“弹幕”互动

图 10－63　雨课堂中的“投稿”互动

（2）腾讯会议中的实时互动

腾讯会议在参会者实时音视频沟通的基础上，还支持实时的文字交流。用户点击“聊天”按钮即可打开聊天窗口，该窗口在主窗口的右侧呈现（图 10－64）。系统支持文字、表情、图片的输入，还支持对聊天对象的选择。

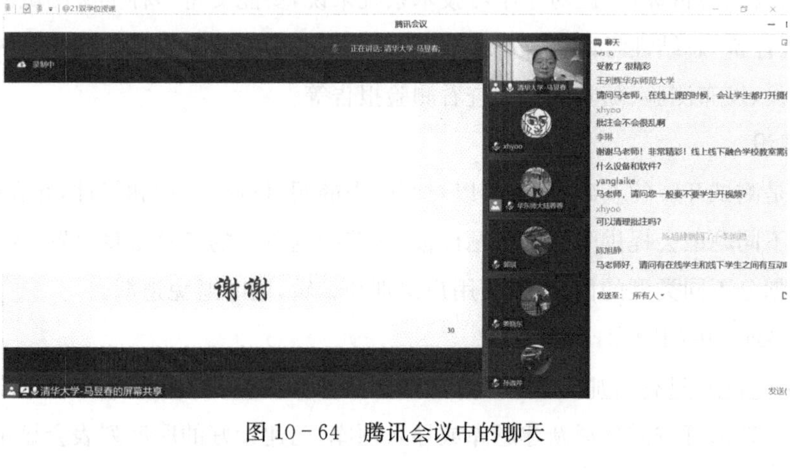

图 10－64　腾讯会议中的聊天

此外，如图 10 - 65 所示，系统还提供了聊天功能的悬浮菜单栏，以灰色作为底色，默认位于界面左下角，但可以随意拖动。如果有新的聊天信息发布，还会将新信息冒泡显示。这种方式既灵活有趣，又不影响正常的主窗口沟通。

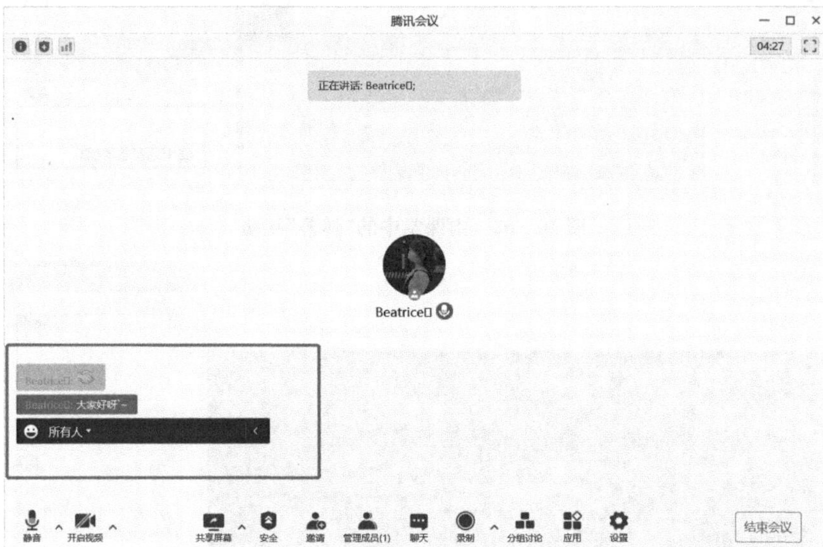

图 10 - 65　腾讯会议中的悬浮聊天界面

(四) 测试评价

测试评价通常会作为教学活动的最终环节，对教学起到反馈的作用。设计得当的测试评价既能帮助学生了解课程重点以及自己的学习进展，激发学生的学习兴趣，还能帮助教师了解教学的效果，对自身教学进行反思从而加以改进。测试的主要作用是评估学生是否达到了课程所设定的知识、能力及素质目标，因此对于学习技术系统来说，要能支持多种类型测试的开展，如知识点测验、形成性评价、总结性考试等，以便及时掌握学生的学习效果。具体到平台的交互设计，大致包含题库建设、发布测验、随堂测试和查看测验报告等。

1. 题库建设

题库建设是测试开展的基础，教师可以对题库中的题目进行添加和管理，并在多种情境下重复使用。一般不同题型会提供不同的出题模板，涵盖问题所需的各种信息设置，因此功能交互的要点在于分区划分不同类型的信息，以便用户识别和编辑，同时避免遗漏。

(1) BlackBoard 中的题库

在 Blackboard 中，只有教师能进行题库建设。从课程工具的“题库”这一链接就可跳转至题库建设的页面。教师可按需选择新建题库或导入题库，已建设好的题库列表会显示在下方区域。

新建题库的构建逻辑是先填写题库信息，再创建题目。题目可以有三种创建方式，新建题目、查找已有题目、导入外部题目。进入新建题目的编辑页面，教师需要按顺序输入问题标题、问题文本、正确答案编号、选项内容，以及相应的正确反馈与错误反馈等(图 10－66)。平台支持多种题型的创建，如单项选择题、多项选择题、计算题、排序题等，对于不同类型的题目编辑页面会稍有不同。

系统也支持上传题目文本文件到题库内，但文件需按特定格式进行编辑。如图 10－67 所示，教师选择“上载问题”，点击浏览按钮选择要上传的题目文件，上传成功后，题目便可以显示在题库内。

(2) 超星中的题库

与 Blackboard 相似，超星中的题库建设也只有教师具备操作权限。教师可以在“资源”页面找到题库建设模块，按需选择“添加题目”或者“批量导入题目”方式创建新的题目，已建设好的题目则展示在页面下方(图 10－68)。题目还可用不同目录进一步加以管理。每道题目的管理菜单紧跟其基本信息之后，方便用户快速切入对题目的移动、编辑、复制、删除、排序等操作。用户也可勾选题目前面的选项框进行批量操作。对于误删的题目，用户还可以通过页面底部的“回收站”找回。

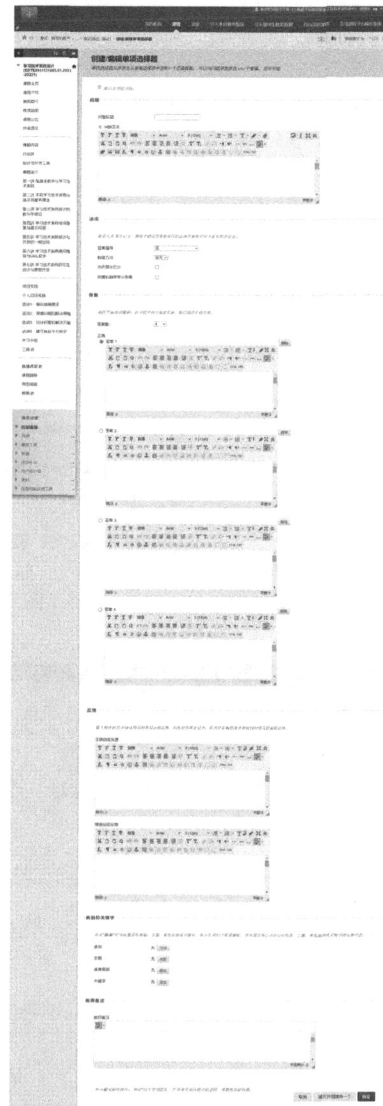

图 10－66 Blackboard 中的新建题目界面

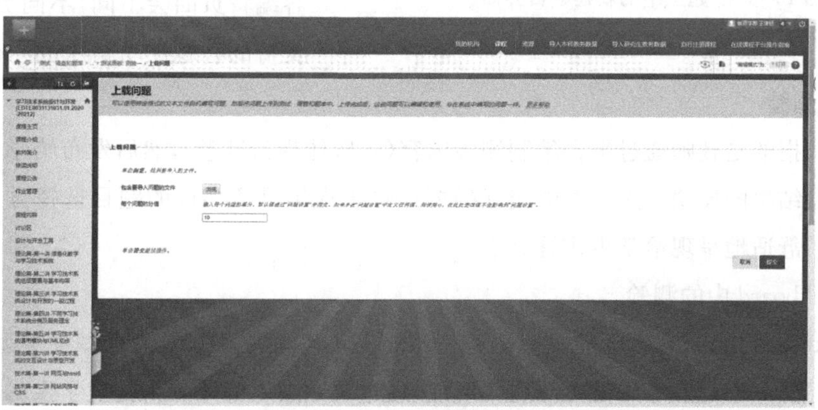

图 10－67 Blackboard 中的题目文件上传界面

图 10－68　超星中的题库主界面

图 10－69　超星中的新建题目界面

超星平台中题库支持创建的题型比较丰富，除了常见的选择题和填空题，还包括名词解释、计算题、排序题、完形填空等类型，用来支持不同学科的题型要求。教师在选择题型后，平台呈现不同的出题模板，教师根据指示输入题目所需的内容和信息。以单选题为例，教师需要输入题目的题干、选项、正确答案、答案解析、题目的难易程度以及关联的知识点（图 10－69）。除了内容编辑页面会不同，不同类型的题目可支持的答题互动属性也会有所差异。

2. 发布测验

发布测验指的是教师通过平台编制测验内容（一般体现为试卷），然后发布给学生完成，通常异步实现测验结果的反馈。这一功能交互的要点在于提供灵活多样的题目选择方式，以及最后如何将“试卷”舒适地呈现给学生作答。

(1) Blackboard 中的测验

在 Blackboard 中，只有教师能发布测验。Blackboard 开展教学测验有多种类型，包括测试、调查、自评与互评等。其中，测试由问题集组成，通过问题结果的评分来衡量学生的学习表现，学生可在 Blackboard 的成绩中心查看测试结果。在“创建测试”界面，教师可以选择创建新的测试或添加现有测试。创建好的测试都放在测试库中，可供多次使用。创建新的测试的逻辑为先填写测试信息，然后再编制题目。在测试信息编辑页面，教师需要输入测试名称、测试描述以及测试说明，使学生对即将参与的测试有所了解(图 10－70)。为此，Blackboard 提供了丰富的文字编辑工具。接下来进入题目编辑区，此时教师可以选择新建题目或从题库中导入题目。

图 10－70　Blackboard 中的测试创建界面

试卷编辑好后教师需要发布测试。教师选择已编辑完成的测试，将其“可用性”设为“是”，设置开始时间、截止时间以及发布对象等测试信息(图 10－71)，点击提交按钮便可发布成功。

图 10－72 所展示的是学生端接收到的测试页面。Blackboard 提供了一页一卷、一页一题等多种测试呈现方式。学生点击开始便可作答，作答完成后需保存并提交。

(2) 猿题库中的测验

猿题库的发布测验只授权教师使用。在 APP 主页面右下角以蓝色按钮的标识提示用户可点击此处布置作业，这样的设计可帮助新教师用户在首次使用时就能快速上手。而用户曾布置过的作业，也会按照时间顺序呈现在界面上(图 10－73)。

图 10－71　Blackboard 中的测试发布界面

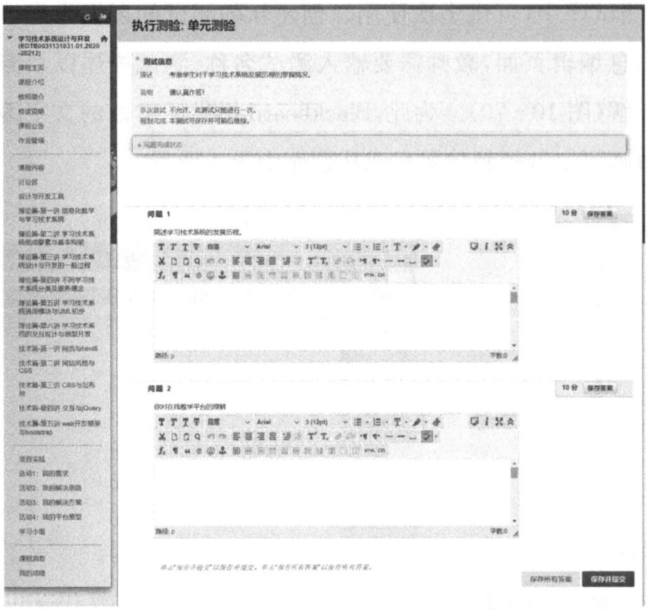

图 10－72　Blackboard 中的学生测试界面

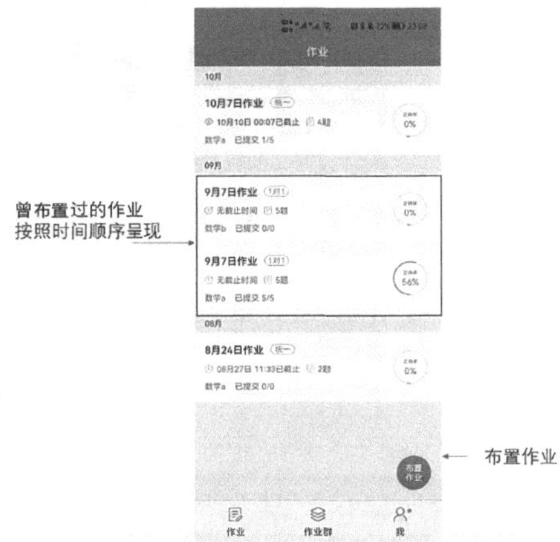

图 10－73　猿题库的作业主界面

如图 10－74 所示，点击布置作业按钮后，教师需先选择统一出题或者一对一出题的方式。确定出题方式后，平台提供丰富的题目资源供教师选择。在界面上，题目按教材版本、知识点提纲依次加以组织。这样的编排顺序符合教师出卷的逻辑，使得用户的使用更加流畅。选择对应知识点后，界面会呈现该知识点所对应的题目。题与题的区域之间留有一定空隙以便于区分。

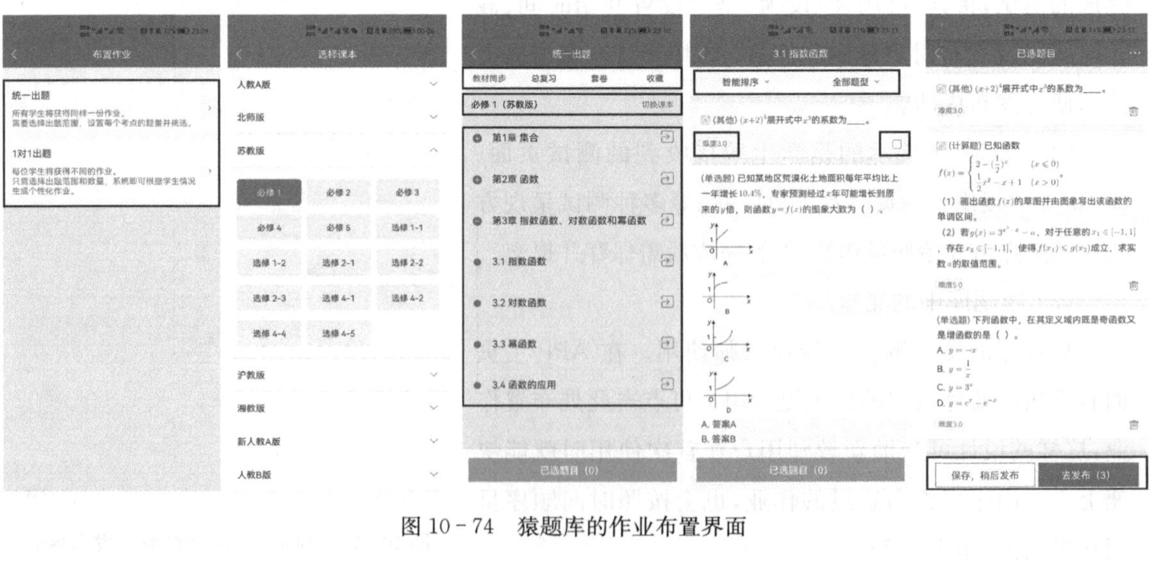

图 10－74　猿题库的作业布置界面

为了使用户能快速选择出所需的题目，界面还提供了按排序和按题型两种不同的呈现方式。整个界面设计没有复杂的操作要求，视觉上也较为简洁美观。在题目选择完毕后，教师可选择保存题目或立即发布测验。

图 10－75 展示的是学生端所接收到的测验的界面，为一题一页的呈现形式。

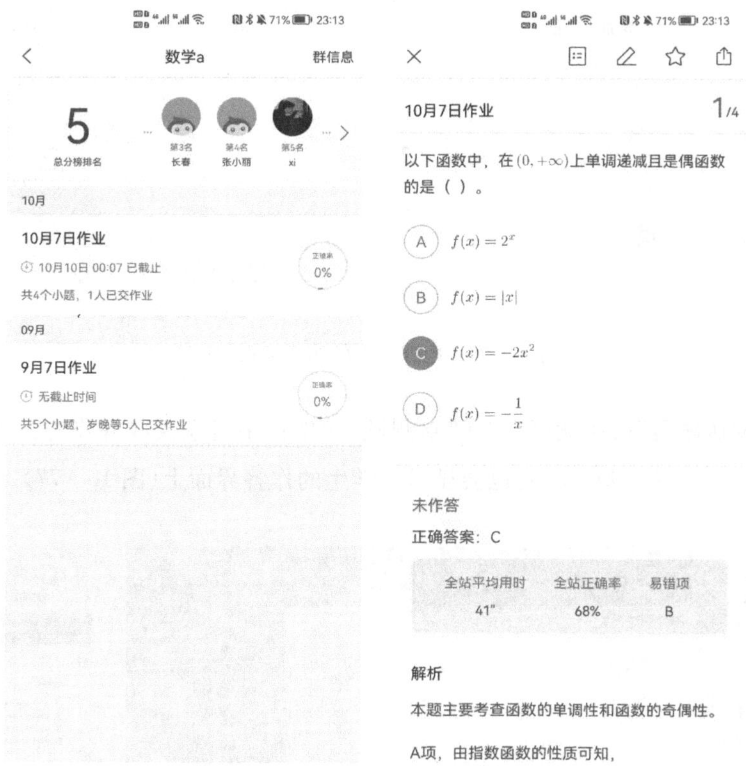

图 10－75　猿题库中的学生测验界面

3. 随堂测试

随堂测试是指教师在课堂上发布测试内容让学生实时完成，并强调同步实现测试结果的发布与反馈。随堂测试开展的时间一般不会很长，因此交互设计必须在界面和逻辑上都实现简单聚焦。

(1) 雨课堂的随堂测试

教师可以事先通过雨课堂在 PPT 内添加测试题目（图 10－76），然后在课堂上使用微信小程序发送给学生作答，并及时提供反馈结果。雨课堂的 PPT 插件为用户提供了多种可选择的题目类型，包括单选题、多选题、投票题、填空题和主观题等，同时还支持批量导入试题。教师点击“附答案解析”按钮可以为题目附上答案解析，答案解析允许以文本、图片、公式等多种形式展示，帮助学生更好地理解题目。

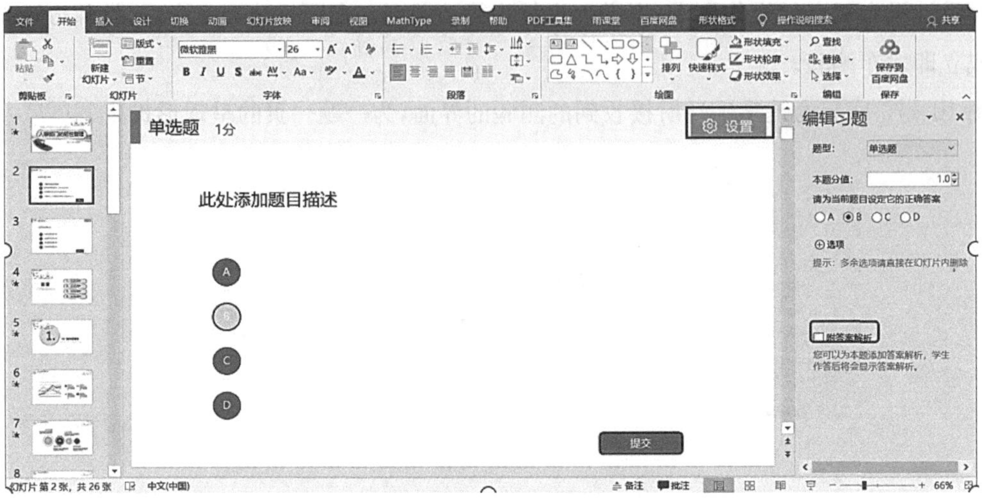

图 10－76　雨课堂中的题目编辑界面

教师点击“发送题目”按钮就可发布随堂测试，学生在手机端接收并作答。雨课堂还支持对作答时间的设置，同时答题剩余时间也会显示在学生的作答界面上（图 10－77）。

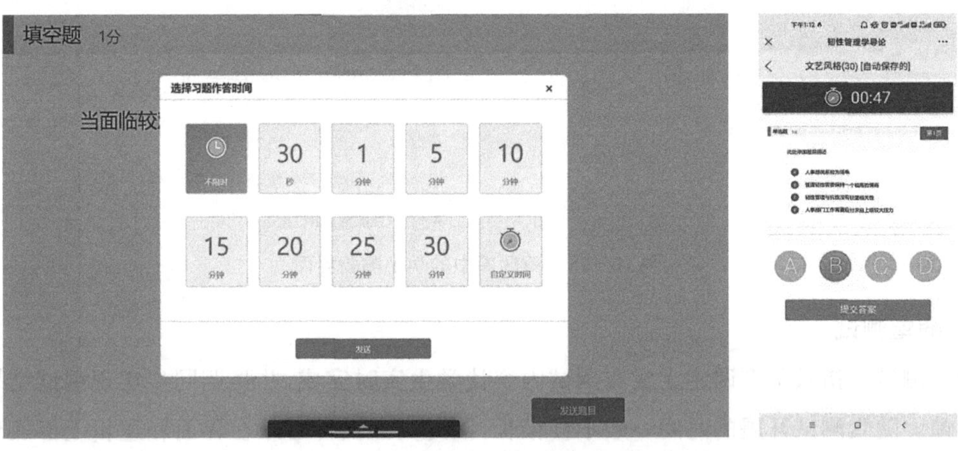

图 10－77　雨课堂中的题目作答计时

（2）腾讯会议的实时投票

腾讯会议支持在同步授课过程中，以在线投票的方式完成测试互动。用户点击主窗口底部导航栏中的“应用”按钮，选择“投票”将弹出投票窗口。用户可以新建投票，也可重复使用已经创建好的投票。如图 10－78 所示，在创建投票界面中，用户需根据界面提示信息设置投票的内容。完成设置后发起投票，参会者们便可进行投票。会议主持人可实时查看投票统计的结果。

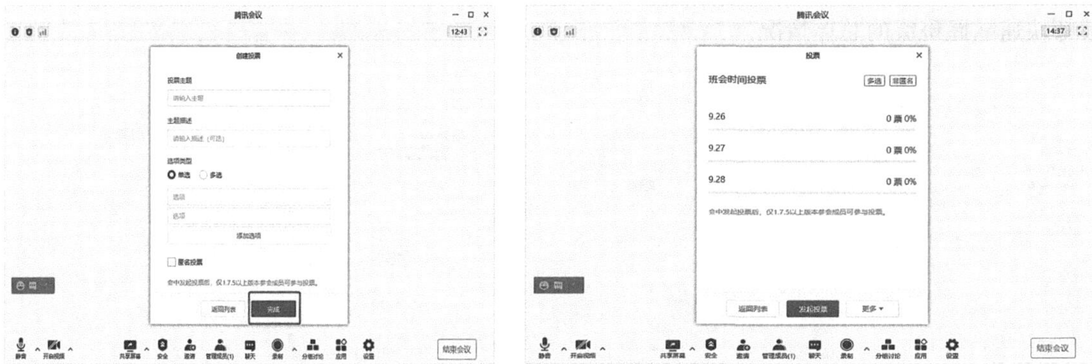

图 10－78　腾讯会议的投票界面

4. 查看测验报告

查看测验报告是指支持用户在平台中查看测验结果的详细情况和分析报告。测验报告需支持不同的检索和呈现需求，体现较强的灵活性。而各种数据和信息在界面上的呈现应具有较好的可读性。

（1）Edmodo 的测验报告

Edmodo 支持不同身份的用户查看测试报告，但可查看的内容有所差异。如图 10－79 所示，点击“学习进展”按钮即可进入成绩查看界面，教师所教授的班级和小组以层级列表的形式呈现，以方便教师进行选择。教师选择目标班级或小组后，每名学生每次测试、作业的成绩信息就以表格形式加以呈现，清楚且明了。界面右上角还提供有相关的操作按钮，以方便教师随时进行分数的添加、删除和导出。

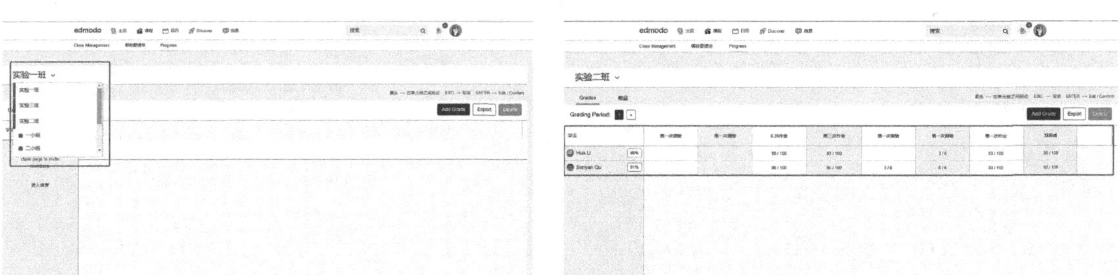

图 10－79　Edmodo 的成绩查看界面

如图 10－80 所示，点击某次测验或作业的名称后，在其下方将会出现会话框式弹窗。用户点击弹窗底部的“查看详情”字样可进入详细报告界面，该字样由于标蓝而更加突出显眼。详细报告界面由上至下依次呈现出各类数据的报告。不同的数据分别以百分比、统计图、圆饼图以及曲线图等方式呈现，恰当的数据统计方式使得各项数据更加直观、形象地呈现在用户眼前，便于教师快速掌握班级的总体情况。

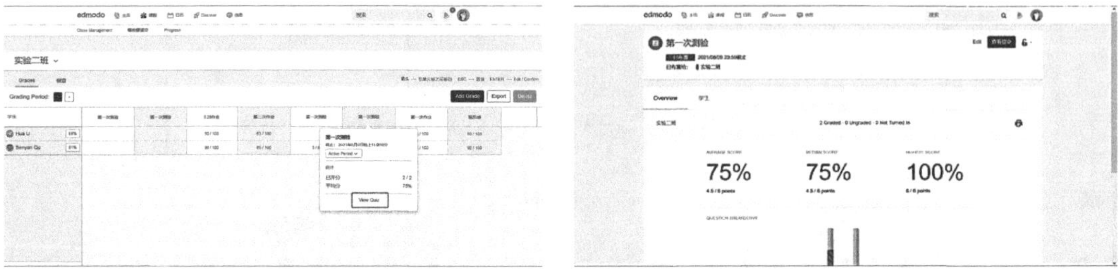

图 10－80　Edmodo 中的报告界面

当然，教师还可单独查看该次测试或作业中各个学生的成绩报告（图 10－81）。班级整体和单个学生的视角以标签页的方式进行切换。在学生报告界面，各个学生的成绩信息按行排列，每行信息从左至右分别为学生姓名、评分状态、提交日期以及分数。点击学生头像，页面将跳转至该学生的成绩报告页面，教师可了解学生具体的作答情况。为了快速实现学生间的切换，教师可以点击学生姓名旁的箭头，界面下方将出现学生列表，教师可在该列表中选择学生来查看其成绩报告。教师还可通过底部“切换学生”的选择栏，通过点击左侧或右侧的箭头图标，快速切换到上一名或下一名学生的成绩界面，从而提高查阅效率。教师还可对学生的作答情况进行评论。学生作答的情况一方面可通过左下方题目列表的绿色或红色小方框所代表的“正”或“误”反馈，另一方面也可以用比较突出的颜色标识在正式题目中加以呈现。如需切换题目，教师可点击右上方的“上一个”“下一个”按钮，或直接在题目列表中选择，提升了教师操作的便利性。

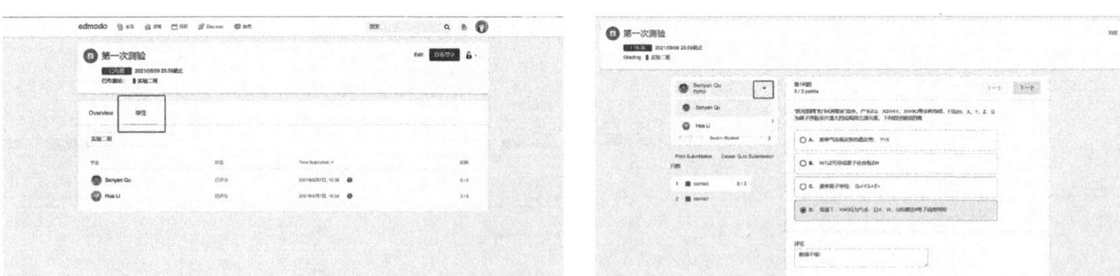

图 10－81　Edmodo 中查看成绩的不同切换方式

由于学生的查看权限不同，与教师的界面设计存在较大区别（图 10－82）。点击“学习进展”按钮后，学生先选择自己所在班级，然后可以查看自己在该班级中每次测验、作业的完成情况。打开学生的测验报告，界面与教师相似，但设计更加简单。对于教师的评论，学生只能查看，无法进行其他操作。

图 10－82　Edmodo 中学生查看成绩的界面

（2）雨课堂中的测验报告

雨课堂的测验结束后，不同身份的用户均可以自主查看测验报告。对于教师用户，点击具体考试名称即可查看整个班级的测验报告（图 10－83）。报告包含了本次测验的完成情况、试卷的正确率与完成率、学生的正确率以及学生的分数等详细信息。教师还可点击具体题目，了解每个学生的作答情况（图 10－84）。对于客观题，教师可以查看题目每个选项的选择情况；对于主观题，教师除了进行评分，还可以对学生作答的内容进行批注，以方便学生及时修改订正。

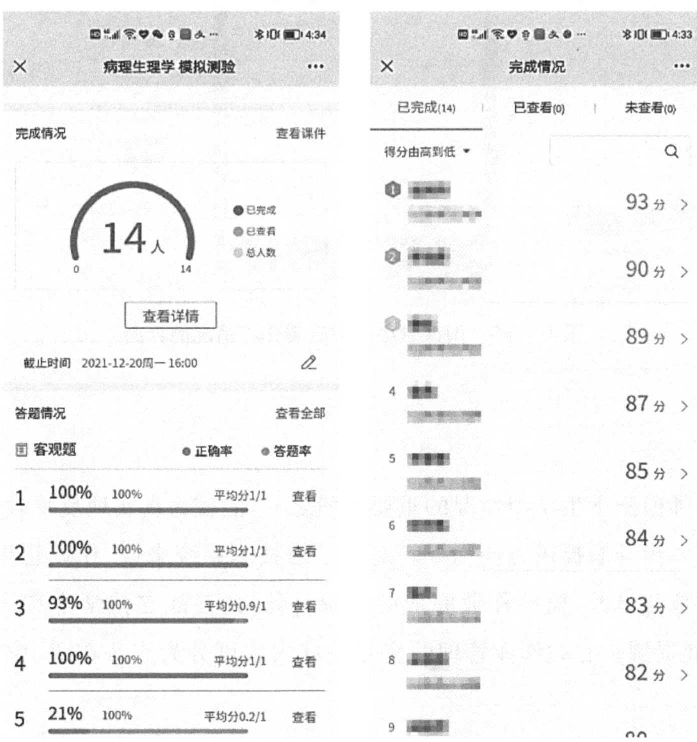

图 10－83　雨课堂中的测验报告

图 10－84　雨课堂中具体题目的作答情况

学生完成试卷之后，点击“查看试卷”按钮即可查看教师设置的答案解析以及针对自己作答情况的教师评语批注(图 10－85)。

图 10－85　雨课堂中学生查看作答情况的界面

(五) 作业管理

作业是辅助教师检测学生学习情况的重要手段之一，能较为真实地反映教学活动的成果，也能为教学活动的下一步开展提供方向指导。对于学习技术系统来说，作业管理要能支持教师便捷地进行作业的发放与批改，监控作业完成的情况，同时还要能支持学生有效地进行作业的提交，并给予学生作业提醒。有关作业管理的交互设计大致可分为作业布置、作业提交、作业查看与批改。

1. 作业布置

作业布置一般由教师发起，教师设定好作业的内容和要求后，平台按设定的条件发送给学生完成。因此交互设计的要点在于分区划分不同类型的信息，以便用户识别和编辑，同时避免遗漏。

（1）Blackboard 中的作业布置

在 Blackboard 中，作业一般设置在章节学习之后，因此教师可在每个章节的学习结束后在内容区将作业布置给学生。点击测验模块下的作业按钮，教师便可进入布置作业的界面。作业的布置是分区块完成的：首先是作业的基本信息设置，包括作业标题、作业内容、附件等；之后是作业发布的条件设置，包括作业的截止日期、评分量规以及可用性。教师可按照提示输入作业名称和具体描述、上传相关文件，点击红色的提交按钮即可完成作业的创建，发布完成后便可在课程内容区看到已发布的作业（图 10－86）。

图 10－86　Blackboard 中的作业创建界面

（2）超星中的作业布置

在超星中，布置的作业会被收录到作业库中，因此教师可以在每个章节的学习结束后从作业库中将作业发布给学生。新建作业按钮下包括两个选项，分别是手动创建和教学资源库（图 10－87）。

图 10－87　超星中的作业库

选择手动创建按钮，教师即可进入作业编辑界面(图 10－88(左))。作业编辑页面包括四块区域：顶部的基本信息模块包括作业标题、类型、评分机制以及题型设置；下方左侧为题目列表，该区域会显示已经设置完的题目，包括题量、总分、题型以及题目编号，在该区域教师可以直接进行题目的拖动和删除；在添加题目模块，教师可以进行题目的添加和题型的选择，包括单选题、多选题、填空题、判断题、简答题等各种题型，此外该模块还支持智能导入 Word 文档，或者从题库和云盘中选择题目；下方区域为题目详情模块，教师可以在此设置作业内容、附件、答案解析、难易程度，也可以将题目和知识点相关联。教师点击完成按钮即可完成作业的创建。

在新建作业按钮下选择教学资源库按钮，教师便可从超星自带的教学资源库中搜索相关主题，选择需要的题目后即可将公开的教学资源收录进课程的作业库中，后续再将其发布给学生(图 10－88(右))。

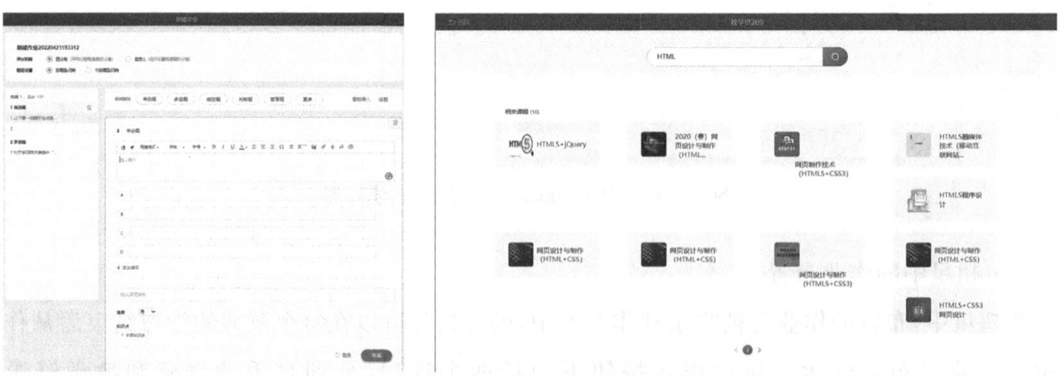

图 10－88　超星中两种布置作业的方式

2. 作业提交

根据作业类型的不同，学生可通过不同的形式将完成的作业提交到系统平台上，比如在平台上直接作答，或者以作业文档的形式提交。如果是直接作答，那么平台界面需要提供对应作业类型的编辑工具。

(1) Blackboard 中的作业提交

在 Blackboard 中，学生可在具体的课程内容页面下查看教师所发布的作业要求以及相应的作业附件，小组则可在小组内部查看教师所发布的小组作业。但为了统一作业的提交和管理，教师还可设置专门的作业模块(图 10－89)。

图 10－89 Blackboard 中用户设置的作业模块

点击作业名称，系统就进入作业提交页面(图 10－90)。学生在此可以查看截止日期、作业分数等详细信息，可以通过文本写入或上传本地文件来提交作业。若选择上传本地文件，学生则需要在浏览本地电脑后以文档的形式提交作业，最后还可以为作业添加备注说明。提交成功后，学生可以看到自己提交作业的历史记录(图 10－91)。若想对作业进行更改，可选择“开始新的”，便可以在截止日期前上传新的作业版本。

(2) Edmodo 中的作业提交

在 Edmodo 中，学生可通过主页、日程、班级讨论区等多种途经查看教师所发布的作业信息。例如，在学生主页面的中间区域可看到相关的作业通知，学生点击蓝色的“打开”按钮便可进入作业提交的具体操作页面(图 10－92)。

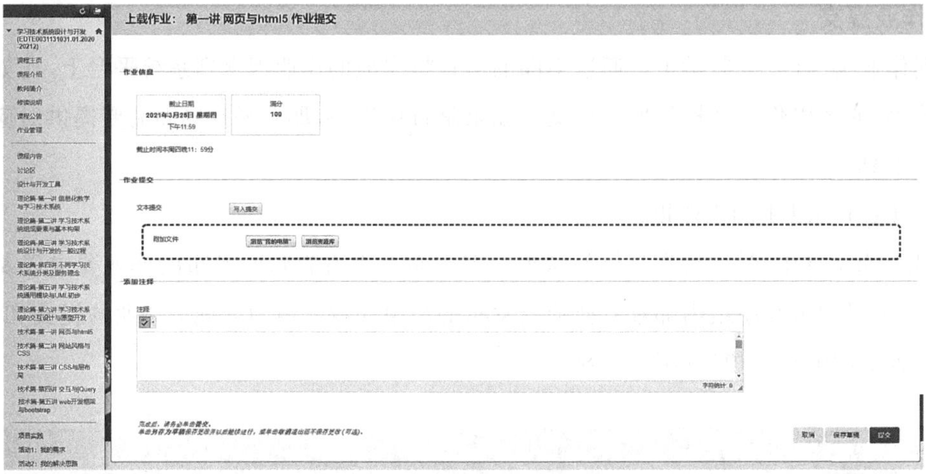

图 10－90 Blackboard 中的作业提交界面

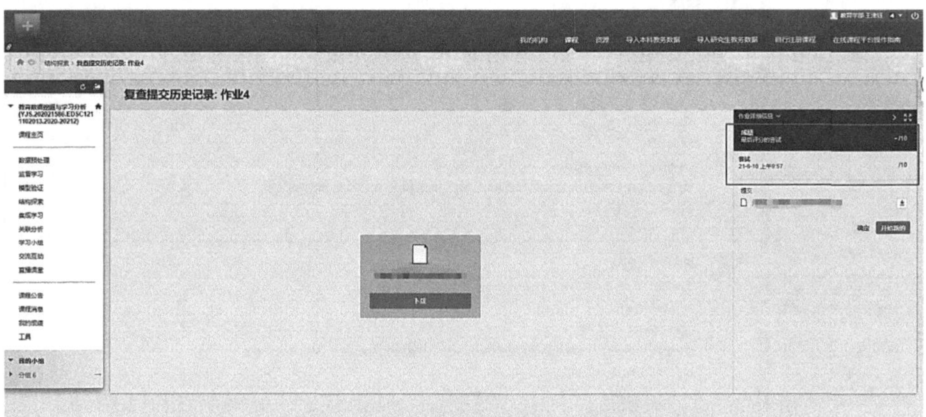

图 10－91 Blackboard 中的学生作业记录

图 10－92 Edmodo 中的作业提交入口

如图 10－93 所示，作业提交界面的布局比较简洁，中间的虚线框内提供了操作提示。学生如果要在平台中创建新的作业，就单击左侧的“创建”按钮。在下拉菜单中，学生可选择多种作业格式，如“文字回复”“Word 文件”等。学生也可以点击右侧的“附件”按钮，从电脑中上传文件或者链接。完成上传后，页面出现文本框，可用于添加文本回复。文本框下方显示学生上传好的作业文档，右下角有灰色字样提示“已保存草稿”，便于学生进行确认以防止丢失。点击右下角深蓝色的“提交作业”按钮，页面将弹出确认提交的提示窗口，学生点击“提交”按钮后弹窗消失，且页面将显示提交成功的信息。

图 10－93　Edmodo 中的作业提交界面

3. 作业查看与批改

作业批改是指平台为教师用户提供的评价作业的途径，按照形式的不同可分为平台自动评价和教师用户手动评价。系统自动评价主要针对客观题，过程不用展示就能直接呈现评价结果。教师手动评价需要系统提供便利、简洁的交互界面，支持快速批改并能进行批量操作。

（1）猿题库中的作业批改

猿题库以平台自动批改作业为主，教师语音批注为辅。学生提交作业后便能立刻得到平台批改结果的反馈，教师也可查看学生作业完成的情况（图 10－94）。

学生可在作业群中查看老师布置的作业，作业按照发布时间排序（图 10－95）。当作业截止日期临近时，系统会发送消息到手机，提醒学生及时进行作答。

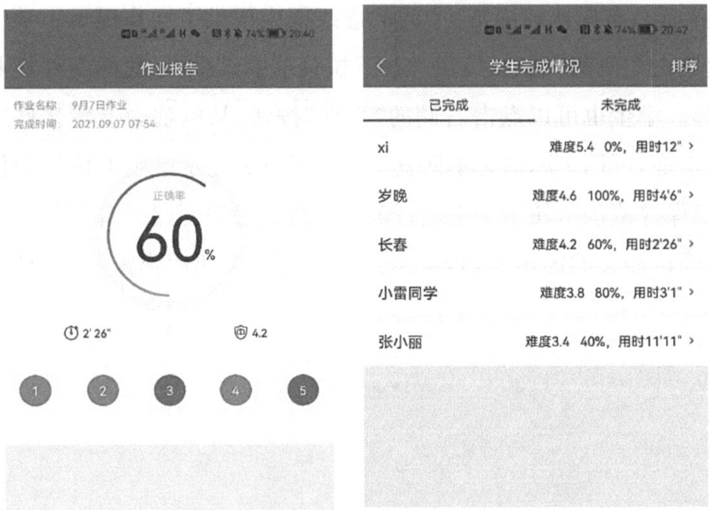

图 10－94　猿题库中自动批改的结果反馈界面

图 10－95　猿题库中学生查看作业界面

（2）Blackboard 中的作业批改

Blackboard 平台设有专门的评分中心，在此教师可对所收集到的作业进行评分。如图 10－96 所示，未评分的作业会显示在“需要评分”模块。教师在此可以查看需要评分的作业情况，还可以查看学生提交作业的尝试情况以及逾期提交作业的情况。这些作业以列表形式呈现，一目了然。界面设有筛选功能，教师可按照类别、项目、提交日期等进行筛选，以便快速找到所要批改的作业。教师点选某一作业项目右侧的下拉箭头，即可为提交该作业项目的学生进行评分，或者选择在隐藏学生名的情况下进行评分。后者即盲评，以避免教师的主观偏见。

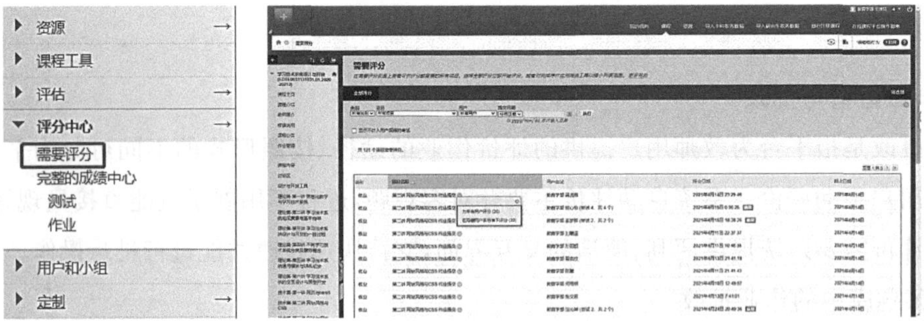

图 10－96　Blackboard 中的作业评分模块

进入具体的作业评分界面后（图 10－97），界面中间上方显示学生名，下方显示该学生所提交的作业，作业允许教师下载查看。界面右侧是作业评分区，教师除了在此给出分数成绩外，还可添加批语。通过单击学生名字左右两侧的跳转箭头，教师可直接切换不同学生的作业，从而加快作业批改的速度。

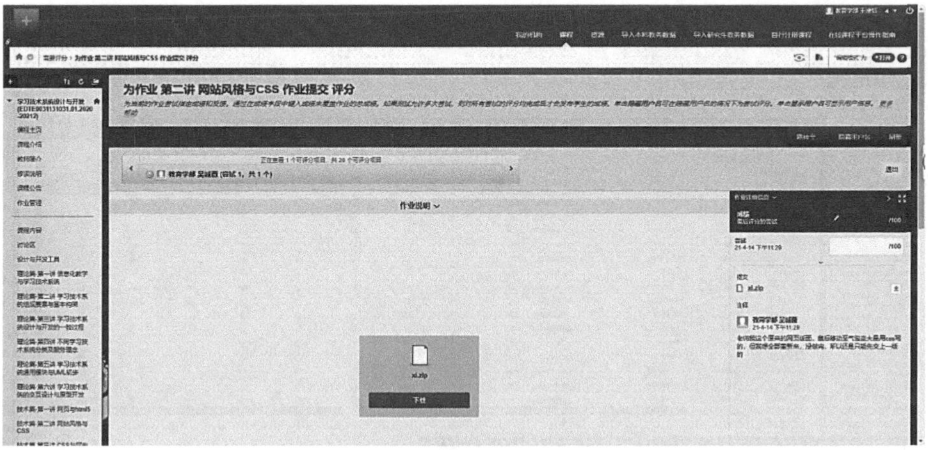

图 10 - 97 Blackboard 中的作业评分界面

在完整的成绩中心，教师可以查看所有作业的成绩（包括已评分的与未评分的）。点选下属的“作业”菜单，页面会展示所有学生所有作业成绩的详细列表（图 10 - 98）。黄色的感叹号代表学生的此项作业还未评分，点击则会呈现成绩输入框。

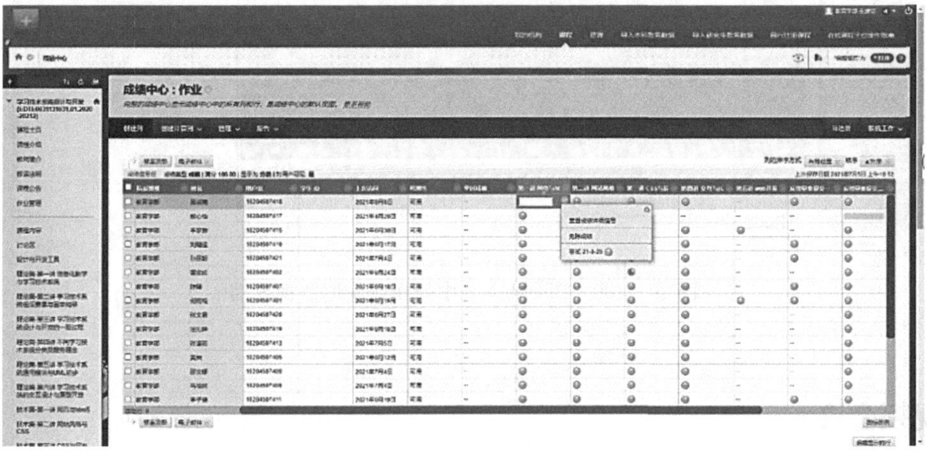

图 10 - 98 Blackboard 中的成绩中心

在功能栏，Blackboard 还提供了一些简单的数据处理工具。如图 10 - 99 所示，点击“创建计算列”按钮，系统将计算每个学生所有作业成绩的平均值或最大值、最小值，创建成功后便会在现有作业成绩列表中生成新的一列。教师还可以点击右侧的“脱机工作”按钮，选择下载当前的成绩表单，以便对成绩做进一步处理。

在学习行为管理中心，Blackboard 依据一定的行为监测规则对学生的学习活动进行诊断，然后给出预警。如图 10 - 100 所示，教师可以在此查看有作业逾期提交行为的学生，并选择对其进行跟踪监视，或发送通知给该学生以督促其尽快完成作业。通知主要以电子邮件的形式发送。

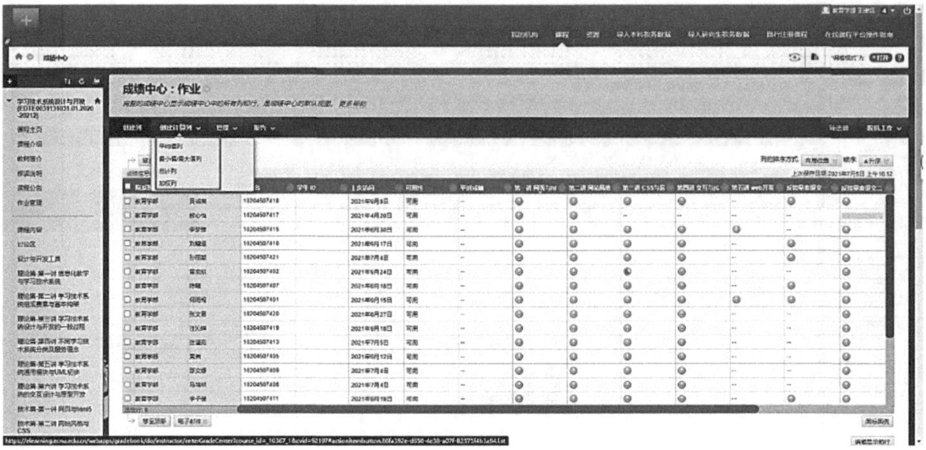

图 10－99　Blackboard 中对成绩数据的处理

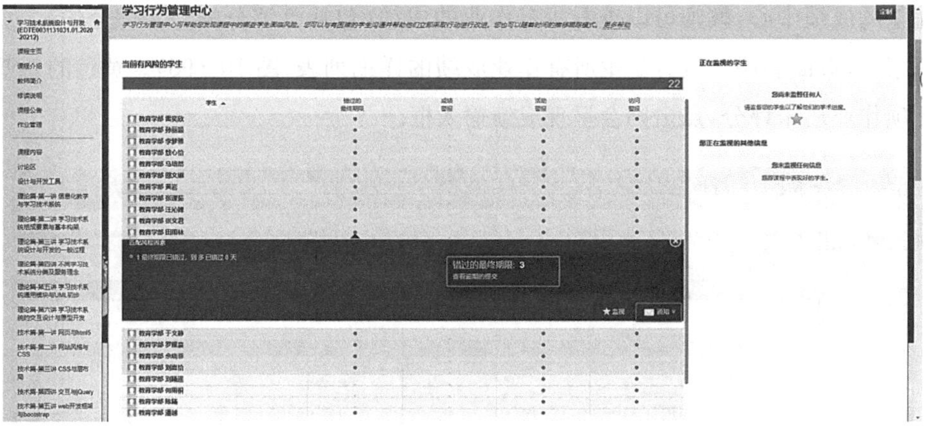

图 10－100　Blackboard 中的作业逾期监视界面

（六）视频会议

随着移动终端设备的普及以及网络带宽的不断提升，视频会议已然成为现代教学中常用的辅助手段，可实现师生远程在线的实时沟通。除了支持师生通过视频和语音的形式进行实时交流与互动外，视频会议还可模拟现实课堂的授课情境，实现书写板书、举手等功能。通常而言，视频会议的交互内容大致可分为发起会议、参与会议、成员管理和查看会议情况报告四种。

1. 发起会议

在教学中，视频会议活动的发起者通常为教师。会议的发起一般需要教师先设置会议主题并预约会议时间，然后以超链接、二维码等方式主动通知或由系统通知学生按时参会。

(1) 腾讯会议中的发起会议

腾讯会议中发起会议可以有两种形式，一种是通过预定，另一种是即时发起。用户在完成登录后，就可在界面上非常直观地看见这两项操作菜单。点击“预定会议”按钮，界面将弹出“预定会议”的界面窗口，如图 10－101(左)。界面由上至下包含会议主题、开始时间、结束时间等会议参数的设置栏。会议发起人可通过输入、点击、勾选等形式设置会议参数，多种输入方式的合理设置使用户的操作更加简便。在参数设置完成后，用户点击界面底部蓝色的“预定”按钮即完成会议的预定。预定完成后界面将弹出显示有会议基本信息的窗口，用户可以在此通过复制会议信息或会议链接等操作，主动地将会议信息分享给参会者。用户点击“快速会议”按钮，界面将直接跳转至会议主界面，同时弹出窗口显示当前会议的相关信息，可以很好地满足用户的紧急需要，如图 10－101(右)所示。

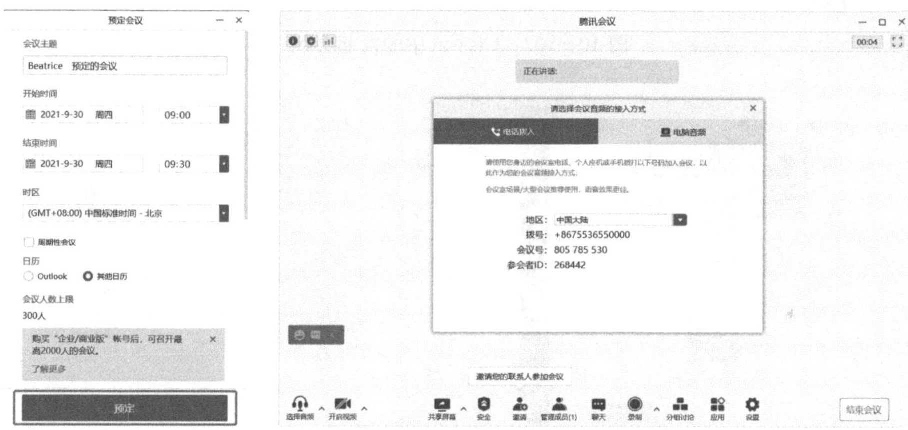

图 10－101　腾讯会议中的发起会议

(2) Classin 中的会议发起

进入 Classin 首页，用户可以通过创建公开课的方式来发起直播(图 10－102)。“创建公开课”按钮位于搜索栏下方，非常醒目。用户点击后，界面将会弹出创建公开课的窗口。用户需要输入会议的相关信息，包括封面、名称、开课时间、教学模式、录课形式等信息，设置完成后点击右下角绿色的“创建”按钮便可成功发起公开课。其中，在线教室模式更贴近于腾讯会议的视频会议，而智慧教室模式更适合线下结合线上互动的混合教学。

如图 10－103 所示，公开课创建成功后，Classin 会提供课程链接和二维码供别的用户加入课程参加学习，同时公开课的授课信息将自动添加到用户的日历中。

除了直接创建公开课外，教师还可以在班级的课程菜单中通过添加课节，创建针对特定班级的视频会议课程。如图 10－104 所示，进入班级空间后，将界面上方菜单切换为“课程”进入课节列表页，点击右上角的“＋”按钮或下方中央绿色的“添加课节”按钮，便会弹出添加课节窗口。课

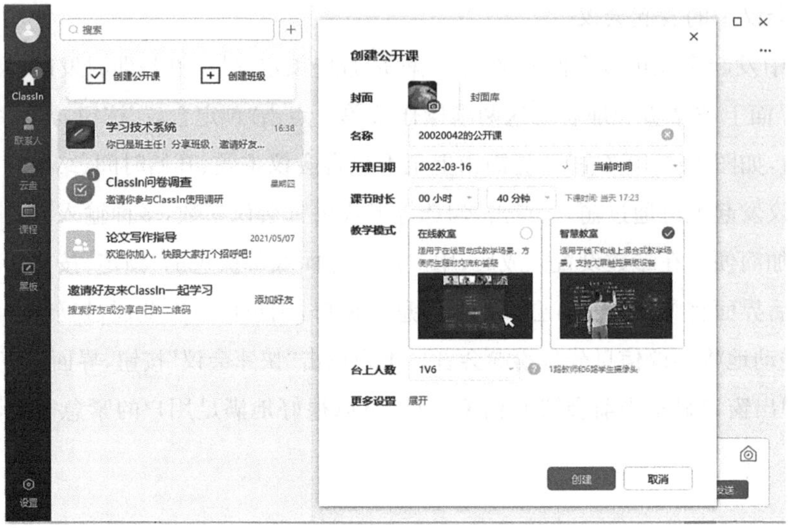

图 10－102　Classin 中的发起会议

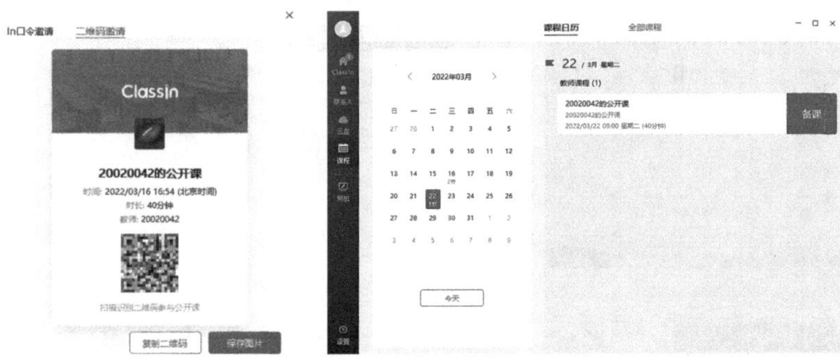

图 10－103　Classin 中会议发起成功

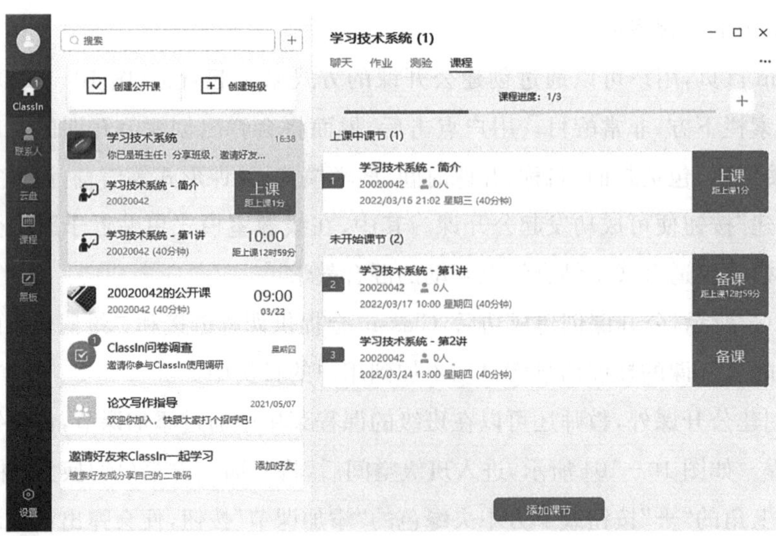

图 10－104　在 Classin 班级中发起会议

节添加界面与公开课的创建界面相似，需要设置开课时间、课节时长、教学模式等信息。创建成功后，便可在主页面的左侧消息列表中看到已经预定好的课程。用户所有近期预定的视频会议课程均会在此显示。即将开始或已开始的课程会在聊天列表中显示绿色的“上课”按钮，用户点击便可进入在线教室；未开始且在 24 小时内会开课的课程会显示“距上课 XX 时间”，起到提醒的作用。

2. 参与会议

在参与视频会议的过程中，参会者之间可以通过音视频进行交流，也可以通过屏幕共享等其他方式开展教学互动。界面设计的关键在于通过有效的布局将不同信息窗口同时加以呈现，重点突出又便于灵活切换。

（1）腾讯会议中的会议空间

进入腾讯会议的会议界面，可在界面左下角看到麦克风和摄像头图标的按钮，用户可以在这里对自己的音视频选项进行切换控制。开启视频后，在主界面的右上角会提供更改界面布局的功能菜单（图 10－105）。最右边的是全屏模式，中间的是各种布局类型的选择。点击中间按钮，其下方弹出所有可供选择的布局视图。不同的布局不仅以文字说明，还配有示例图片，方便用户做出选择。

图 10－105　腾讯会议中的视频布局

参会者在音视频交流的同时，还可以进行屏幕的共享。“共享屏幕”选项在页面底部菜单栏最靠前的位置，点击该选项后页面将出现后续步骤设置的弹窗（图 10－106）。弹窗页面上部区域为共享内容的选择，用户可选择共享桌面，也可选择共享白板或仅共享电脑声音。在下部区域中，用户可从当前打开的所有应用程序中选择指定的应用界面进行共享。整个窗口界面图文并茂、整齐排列、一目了然。用户设置完成后，点击右下角蓝色的“确认共享”按钮即可进行屏幕共享。

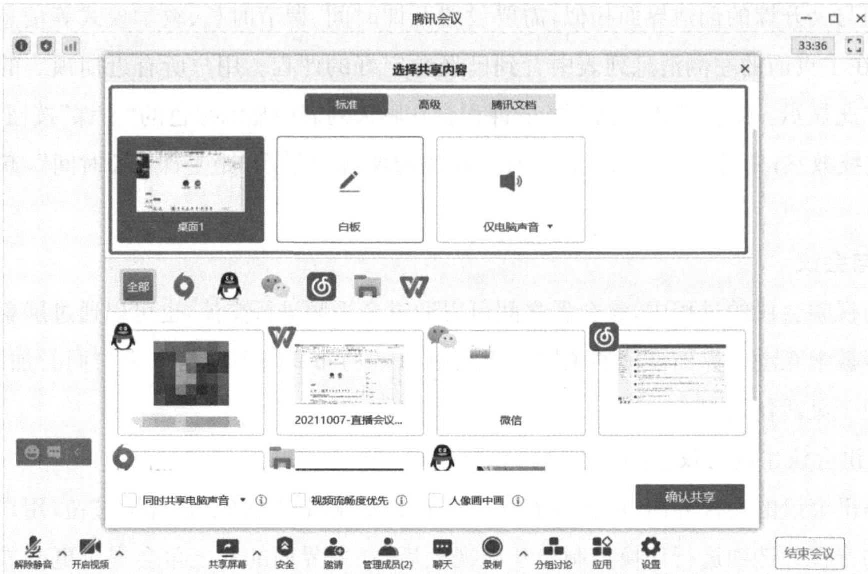

图 10－106　腾讯会议中的屏幕共享设置界面

（2）Classin 中的视频会议教室

在 Classin 的教室界面(图 10－107)，上方座位席区显示的是教师和学生的视频框，右侧是工具栏，中间较大的区域是师生互动的大黑板区，在这里不仅可以播放课件，还可以书写板书、进行文档共笔等。师生可以通过右上角的音视频按钮进行音视频使用的控制。教师的视频框排在座位席区第一位，助教视频框排在第二位，再后面是授权上台的学生，未上台的学生不被显示。Classin 支持教师或助教将视频框拖动到大黑板区，还允许以任意比例拉伸缩放。视频框以鼠标悬停的方式显示隐藏的菜单，可支持静音、奖励和下台等操作。借助右侧工具栏中的大黑板工具，教师、助教以及被授权的学生可以在大黑板区进行绘画、文本输入、截图以及选择、移动、删除黑板区的内容等操作。除此之外，教学工具箱还提供了多种个性化工具，如加载图片、定时器、抢

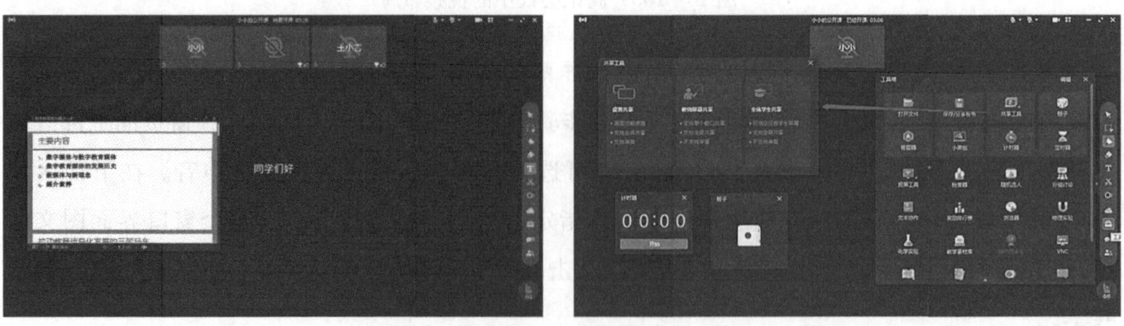

图 10－107　Classin 中的直播教室界面

答器、桌面共享、计时器等。每种工具以一个独立的窗口在大黑板区呈现，并支持随意拖放，教师与助教可按需发起相应的教学互动。教师还可以使用云盘打开课件，课件将显示在大黑板区。Classin 支持同时打开多个课件，课件的类型包含了 PPT、Word、PDF 等多种文件类型。利用教学工具可以对课件进行翻页、标注等操作。

学生端视频会议教室的界面布局与教师端相似，但学生可使用的工具种类与其被授权状态有关。学生通过长按右下角的“举手”按钮示意教师后，教师便可将该学生的状态设为“上台”(图 10－108)。

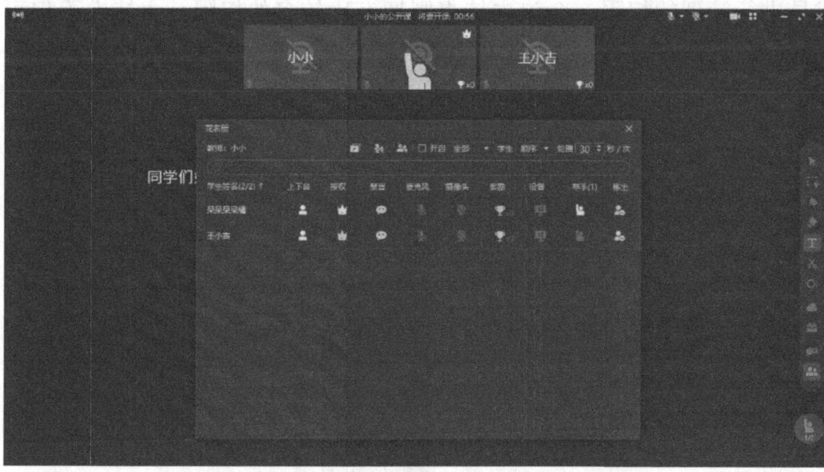

图 10－108　Classin 中学生“上台”授权的设置

在被授权的状态下，学生有权限使用工具对大黑板区的内容以及课件进行操作，如点击、绘画、文本输入等(图 10－109)。

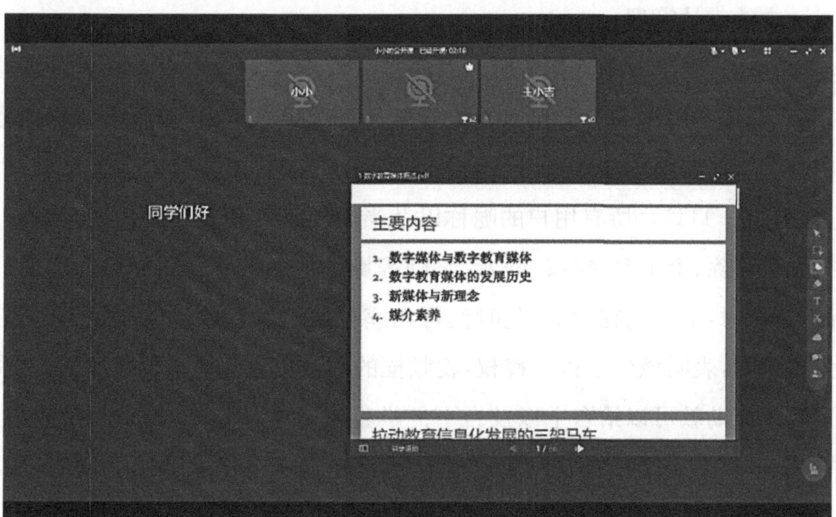

图 10－109　Classin 中被授权学生的界面

3. 成员管理

在视频会议中，会议成员通常分为会议主持人和普通参会者，不同身份的用户拥有不同的权限。由于视频会议都是实时的，因此界面呈现应简洁明了，能支持使用便捷、快速反馈的管理操作。

(1) 腾讯会议中的成员管理

在腾讯会议中，点击界面底部的“成员”按钮，界面右侧将出现参会成员列表(图 10－110)。普通参会者点击成员自己，将在右侧出现静音(或解除静音)和改名操作的选项。但普通参会者没有对其他成员进行管理的权限。会议主持人则拥有比较多的权限。主持人不仅可以对参会成员进行“静音”或“解除静音”的操作，还可点击“更多”按钮，设置参会成员为主持人、将参会成员移出会议等。

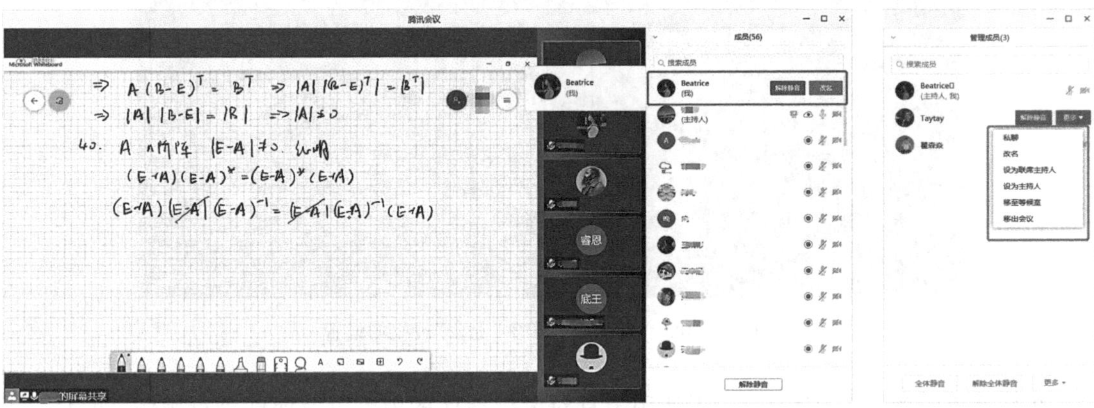

图 10－110　腾讯会议中的成员管理

(2) Classin 中的成员管理

在 Classin 课堂内，用户可通过花名册以及座位席区两种方式来查看和管理课堂内的成员。Classin 中共有四种用户身份，包括教师、助教、学生和旁听生。其中，教师为课程的授课者，拥有对教室成员的所有管理权限。教师点击右侧工具栏最下方的“花名册”，会弹出窗口显示参与课程的全部成员(图 10－111)。所有用户的昵称以及当前状态以列表形式加以呈现。教师与助教都可在此进行成员移除、上下台、授权、静音、奖励等操作。当上下台图标为白色时，表明学生在台下；当图标为黄色时，学生则在台上，此时便可在座位席区看到该生的视频框。当授权下方的“皇冠”图标为黄色时，表明该生获得了授权，视频框的右上角也会显示黄色皇冠。“奖励”下方的奖杯图标代表教师或助教可以给台上以及台下的学生发送奖杯，并支持查看学生已获得的奖杯数。当学生被禁言时，相应图标会显示为红色。当鼠标悬停在移除图标上面时，图标会变为红色，教师通过点击便可将该生移出教室。

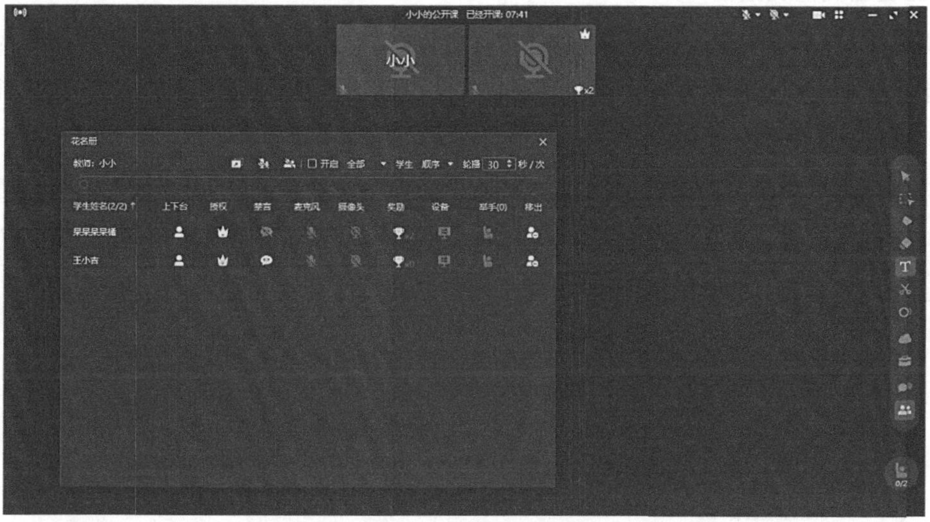

图 10－111 Classin 花名册中的成员管理

教师、助教以及已上台的学生会显示在教室上方的座位席区。这里会展示上台成员的视频框,包含用户摄像头画面、昵称、麦克风状态、获得奖杯数量、学生授权、举手状态等详细信息。如图 10－112 所示,当教师将鼠标悬停在自己摄像头的位置,下方会弹出功能按键,此处可以进行全体静音、开启学生上台自动授权等操作。而鼠标悬停在学生的视频框下方时,教师可以单独进行授权、发放奖杯等操作。对应功能开启后,图标会同步显示为黄色。

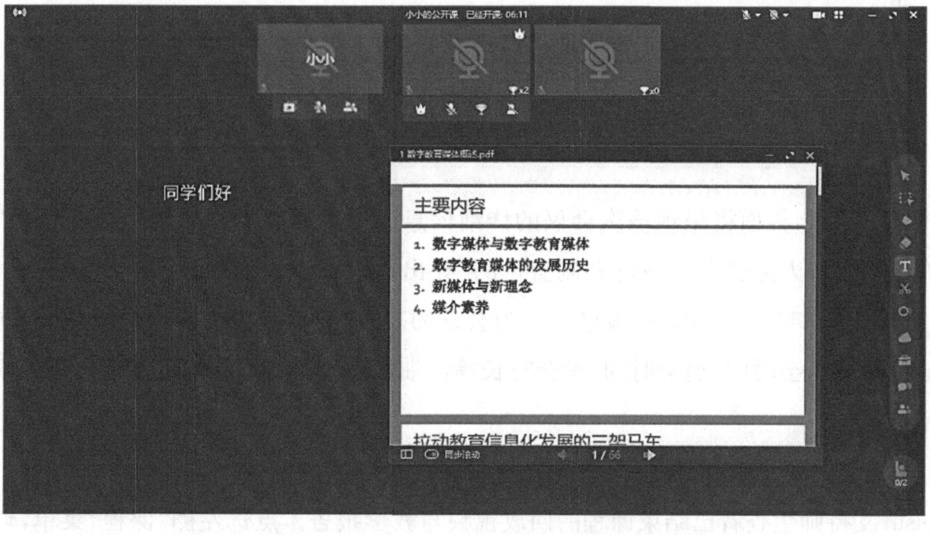

图 10－112 Classin 中座位席区的成员管理

4. 查看会议情况报告

会议结束后，系统一般会提供一个会议情况报告，记录参会人员、参会时长、会议聊天等重要信息。报告界面上对这些信息的呈现应具有较好的可读性，并提供进一步加工处理的途径。

（1）腾讯会议中的会议报告

用户进入腾讯会议主界面后，在主菜单的右下方点击浅蓝色的“历史会议”按钮，就可查看用户已参与过的所有会议的会议报告（图 10－113）。每次会议为一个信息块，展示简要的会议资料，不仅清晰规整，而且按时间倒序排列，便于用户追溯过往会议内容。

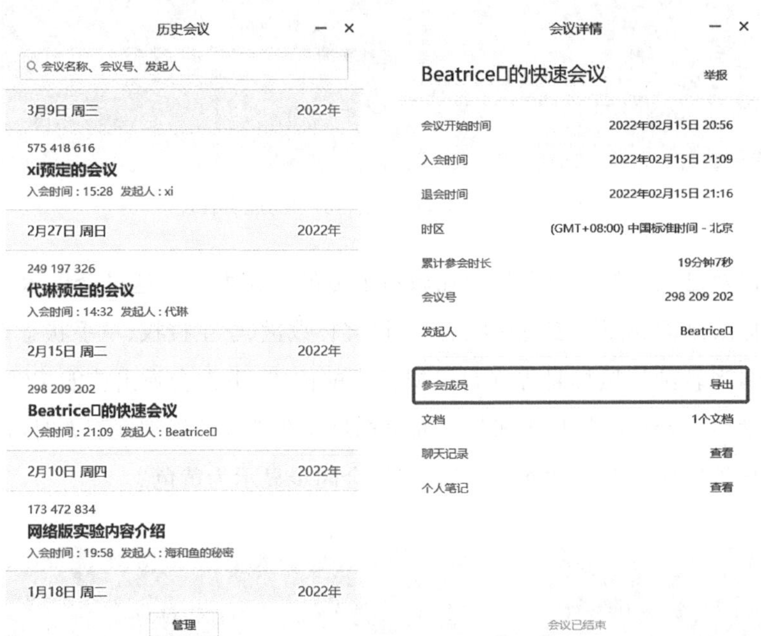

图 10－113　腾讯会议中的会议报告

点击某一会议，界面将呈现该次会议的详细信息。信息列表下方区域的第一行是“参会成员”，只有会议主持人能够点击该行右侧蓝色的“导出”选项下载会议报告的文件（格式为 Excel 表格）。如图 10－114 所示，Excel 表格上方为会议的基本信息，下方为参会成员列表，同时还记录了参会成员的入会时间、退会时间、参会时长等详细信息。所有用户均可查看会议的聊天记录与个人笔记。

（2）Classin 中的课程报告

Classin 支持师生查看已结束课程的回放视频与教学报告。点选左侧“课程”菜单，切换选择全部课程。学习中的课程清单和已结束的课程清单分上下两块排列。点选需要查看教学报告的课程，右侧则会呈现该课程的基本信息，包括开课时间、教学模式、学生情况等（图 10－115）。教

会议主题:	Beatrice　的快速会议				
会议号:	298209202				
会议创建者:	Beatrice				
预定开始时间:	2022-02-15 20:56:27				
预定结束时间:	2022-02-15 21:56:27				
累计会议时长:	0:19:52				
参会用户总数:	3				
用户昵称（入会昵称）	首次入会时间	最后退会时间	入会次数	累计参会时长	身份
瞿森焱(瞿森焱)	2022-02-15 21:00:32	2022-02-15 21:16:36	1	0:16:04	普通参会者
Taytay(Taytay)	2022-02-15 20:59:02	2022-02-15 21:17:01	1	0:17:59	普通参会者
Beatrice　(Beatrice　)	2022-02-15 20:57:09	2022-02-15 21:16:31	2	0:19:11	联席主持人/主持人

图 10－114　腾讯会议中导出的会议信息

图 10－115　Classin 中的课程记录

学报告用统计按钮标识，非常形象。对于支持回放的课程，其课程信息下方还会有回放视频的按钮，点击即可回看录好的课堂视频，视频支持倍速播放、切换播放视角和选段观看。

点击统计按钮，Classin 为教师和学生提供了不同的教学报告。教师课程报告记录了学生考勤情况、课堂互动情况、课堂板书、精彩瞬间以及每名学生具体的学习报告(图 10－116)。教师点击每名学生右侧的"学习报告"按钮，便可得到关于该生课堂表现的报告。教师还可在每个学生报告下方的评价区进一步对该生进行点评，点击右侧黄色的编辑按钮即可弹出评价窗口，其中 Classin 提供了评星和文字点评两种服务。

图 10－116　Classin 中的课程教学报告

学生同样可以在课程页面查看本门课程的学习报告以及教师对自己的评价。进入学习报告后(图 10－117)，学生首先可以十分醒目地看到教师对自己的星级评价。此外，报告内还包含了教师评语、活跃度、考勤统计等项目，因此通过查看学习报告，学生能够清楚地了解自己本次课程的学习成效和参与情况。

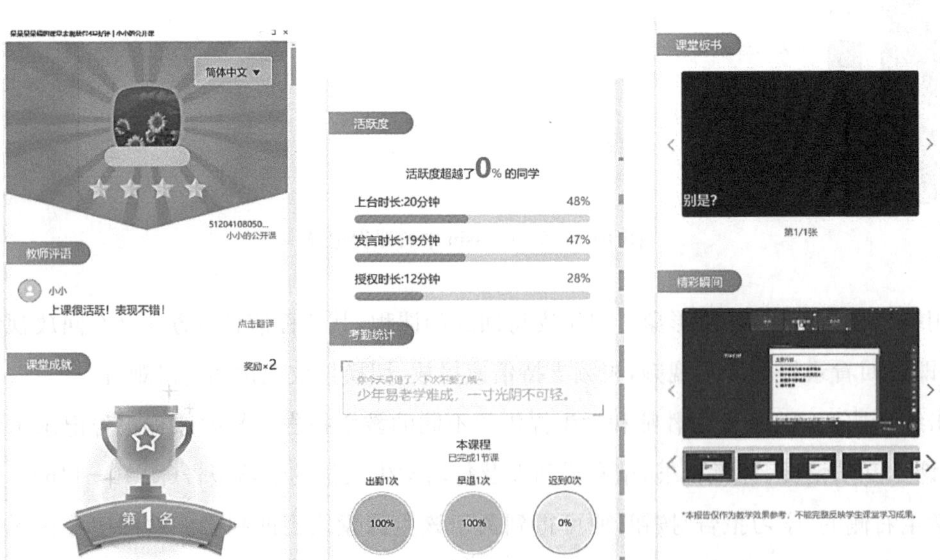

图 10－117　Classin 中的学生学习报告

（七）小结

本章讨论了分组管理、资源建设、讨论互动、测试评价、作业管理和直播会议模块中常见的界面交互设计。不难看出，当前主流学习技术系统中的分组交互仍以教师主导为主，学生只是一种被动的参与。界面设计侧重为教师提供友好、便捷的小组设置和成员管理窗口，对于学生参与的小组空间则主要提供基本信息的呈现。随着混合教学走向常态化，如何支持学生在线开展探究式、项目式以及协作式学习成为了当前学习技术系统不可忽视的问题。今后应加强以学生为主体的分组交互设计，并在小组空间的存在感和归属感方面给予更多的设计思考。

对于资源的创建、检索和使用的交互操作，当前的学习技术系统已形成一套非常成熟且便捷的运作范式。正式的资源组织和管理大多围绕课程或班级展开，而非正式的组织和管理则基于文件夹开展。随着在线学习的日益深入，资源的共建共享将是支持大多数学习技术系统持续发展的关键。但目前资源建设的主导者仍以教师为主，学生主要是扮演使用者的角色，参与建设的力度有限。在后续的发展中，学习技术系统应向学生开放更多资源建设和管理方面的权限，同时还要能提供更为丰富、简便的在线资源创建工具，并要能支持用户之间的在线协同创作。

关于教学中的沟通互动，无论是论坛形式、社交圈形式，还是实时互动的形式，发言的呈现设计都非常关注时间流的排序和互动对象的指向，但前两种形式实际上还非常关注交互层级的体现。发言的交互层级在当前主流学习技术系统中主要采用逐层展开的方式，这一方式虽然层次清晰，但操作稍显拖沓，而 Edmodo 的卡片式显示则提供了一种比较友好、简明的方式。此外，交流语言的多模态和符号化表征也是增强用户互动体验的重要因素。总的来讲，讨论互动是很多在线教学活动开展的重要构成环节，未来需要更好地支持多样化讨论互动的开展，并不断提升师生互动反馈的即时性和交流体验的趣味性。

不难看出，对于编制题目、发布测验，交互设计的重点是划分区块以明示用户操作和避免遗漏。对于学生的做题界面，交互设计要聚焦题目的显示与作答，不仅要求操作便捷，能缓存用户的作答情况，还要能够在关键环节提供必要的确认界面（比如提交作答时）。测试报告的交互设计要体现多视角查阅的灵活切换，关注数据结果的可视化呈现效果。作为检验教师教学成效和学生学习效果的重要手段，便捷、灵活的在线测试以及即时、多维的测试报告是今后学习技术系统都必须具备的服务功能。但随着混合学习的常态化发展，未来应着重关注随堂测的创新开展形式以及结果分析的及时支持服务。

作业布置的交互要点与测验发布相似，也是信息编辑的分区显示，以便于用户识别和减少遗漏。一方面媒体手段正在不断丰富，另一方面不同学科有着不同的作业特点，因此作业的展现形式也变得非常多元化。除了文档类外，作业也包含视频类、程序类、模型类等，所以作业提交需要能支持多种类型文件的上传，抑或是统一为压缩包文件。对于在线作业，则应当能支持富媒体编辑。对于作业批改，交互设计上要提供多种视角的查阅，比如基于班级的、基于作业项目的、基于学生个体的等等，能以简洁醒目的方式呈现作业的各种信息状态，可支持教师对不同类型作业的在线浏览，并允许进行批量操作。作业作为教师检测学生学习情况的主要手段之一，在正式的教学活动中必不可少。随着人工智能技术的发展，线下作业的拍照上传或者线上作业的手写输入开始流行，自动化批阅的技术也日趋成熟，未来交互将更加自然和人性化。

视频会议打破了空间的限制，使教师和学生可以远程同步开展课堂教学，通过音视频进行实时的沟通互动。因此会议界面设计需要营造一种临场感，以屏幕中心区域为聚焦点，集中所有参会者的注意力，呈现当前教学的主题内容（可以是主讲人的视频画面或者他们共享的屏幕画面），同时画面切换需灵活便捷。会议中的互动和管理不宜太过复杂、步骤过多，也不能干扰主画面或影响主时间轴，相关操作要能产生实时响应反馈。虽然现在视频会议系统被大量用于混合式或远程教学中，但学生的学习投入度仍然是一个比较大的问题。但随着 5G、虚拟现实等技术的发展成熟，沉浸式交互体验的引入可有效改善这一问题。

附录 1：学习技术系统新素养之应用能力

案例 1：基于超星的一堂课外素质拓展课

一、教学活动主题

教学活动选取了小学生纸艺课外素质拓展课中的“银饰之美”一课。结合“双减”的主题背景，纸艺素质拓展课旨在充分利用课后时间提高学生的美术素养，进一步加深学生对纸艺的热爱，培养其对优秀传统文化的浓厚兴趣，继承并发扬优秀传统文化，从而增强文化自觉、坚定文化自信。

二、教学活动的对象和目标

1. 教学对象分析

本次教学活动主要面向小学四年级学生。与课内美术课不同的是，课外素质课可以让学生根据自己的兴趣和特长选择不同的课程。因此，选修本门课程的是对纸艺学习动机较强或者具有一定手工基础的学生。此外，他们还具有以下学习特征：

- 比起自己单独完成一项任务，这个年龄阶段的学生更喜欢小组合作的方式；
- 学生的自主意识在不断地增强，并且他们具有较充足的美术经验，因此比起教师的讲授式教学，他们更喜欢自主探究的学习方式；
- 比起低年级学生，他们的注意力集中时间更长，也具有一定的信息技术素养，并且通过一段时间的线上学习，大多数学生对相关软件或平台较为熟悉，因此在混合式教学中能较流畅地进行操作。

2. 教学内容与目标

本次教学活动的主要内容是让学生利用锡纸做出一个银簪作品，重点在于对银簪的创新以及在此过程中感受银饰之美。因此，教学目标的设计如下：

(1) 课前学生通过平台查看银饰图片和视频资料，思考用锡纸做出银饰效果的方法；

(2) 在小组合作学习中，学生通过对银簪的观察和了解，讨论、推测出制作方法和步骤，并且通过合作探索的方式进行信息筛选，从而获得自主学习的能力；

(3) 经过银簪作品的创作，学生的动手能力、合作能力得到锻炼，并能很好地享受作品完成带来的成功和快乐。

三、教学活动的过程设计及平台功能支持

时间	教学环节	活动内容	教师行为	期望的学生行为	使用到的平台功能
课前	课前准备	1. 督促学生准备好制作材料和工具。 2. 学生通过动手玩一玩掌握锡纸的特性，从而学生自主学习能力得到提升和养成。 3. 教师通过学生提交的自主学习单了解学生作业情况，调整课堂教学。	在超星中上传图片资料并布置自学单，如下： 美术课准备好锡纸、双面胶、剪刀、一支筷子。 请预习以下内容： 1. 玩一玩锡纸，看看锡纸有什么特性，与普通的作业纸或者餐巾纸相比有什么不同？哪一种纸更适合用来模仿银饰？为什么？ 2. 观察以下图片，用锡纸尝试如何做出图片上的银饰效果。请提交你的预习结果。	1. 学生准备材料。 2. 利用教师上传的图片资料完成并提交预习作业。	1. 课程通知（教师发布通知，学生可以回复、评论、点赞） 2. 教师上传课件、视频等资料
课中	创设情景，激发兴趣	1. 引出用锡纸做银簪的主题，利用教具激发学生学习兴趣。 2. 解决学生在课前预习时出现的普遍问题，帮助学生理解知识点。	1. 展示图片并简单介绍少数民族的银饰。 2. 教师头戴锡纸所做的簪子并展示给学生看；引出自主学习单上出现的普遍问题加以解决。	1. 欣赏银饰，说一说对少数民族银饰的感受。 2. 学生重新思考自主学习单上的问题。	1. 课程通知（师生共同查看） 2. 课堂活动-签到
	分解问题，逐个突破	1. 用微课视频呈现簪身的制作技法，直接说明制作的注意事项和难度，学生可以更直观地学习技法。 2. 让学生提问，激发学生的创新思维，有助于学生质疑和反思能力的养成。	1. 展示银簪图片，提问银簪是由哪些部分组成的。 2. 教师上传图片、微课视频发至班级群，组织学生小组讨论学习以下问题： ① 学习簪身、吊穗的制作方法。 ② 簪花的制作方法有哪些？	1. 回答银簪是由簪花、簪身、吊穗组成。 2. 汇报学习成果（簪花的制作方法：叠绕、卷裹、刻画、捏），提出小组讨论中未解决的问题。 3. 讨论过程中在课堂记录单上记录问题并上传平台。	讨论区（教师发布资源并创建话题，学生展开讨论并回复话题）

续表

时间	教学环节	活动内容	教师行为	期望的学生行为	使用到的平台功能
课中	综合资料,创意构思	1. 学生对教师提供的资料进行讨论、归纳、总结,提高小组合作和归纳总结的能力。 2. 提供作品个性化设计的途径。	1. 教师上传资料至平台,组织学生线上小组讨论学习:可以从哪些方面对银簪进行创新? 2. 发起投票,让学生选出自己喜欢的小组设计图。	1. 学生下载资料进行学习,并回答: ① 同一题材,不同造型。 ② 加入自己喜欢的元素。 ③ 吊穗的多样化。 2. 根据线上图片资料,构思银簪的制作,将设计图上传至平台。 3. 给自己喜欢的小组设计图投票。	1. 分组任务(教师发布,学生自选分组完成) 2. 课堂活动-投票(教师发布,学生选择)
	作品创作,动手实践	让学生在自主实践中锻炼动手能力和创新能力。	教师巡查提供帮助,发现问题并及时干预。	学生个人创作银簪。	学生查看相关资源以辅助创作
	作品互评,学习反思	1. 由于银簪过于小,用照片的方式可以让学生清晰地看到作品。 2. 欣赏学习他人作品的优秀之处。 3. 多样的评价方式激起学生的兴趣;通过点赞数可以直观地看到作品的受欢迎程度,使学生获得学习满足感。	教师组织学生开展互评活动,可以随机抽取学生来评价指定的作品(可以对一部分作品进行线下评价并用于展示,其余的作品进行线上评价)。	1. 学生将作品上传至平台。 2. 学生互评,可从造型、美观度、创新度等方面来评价。	作业(教师进行设置,学生上传、评价作品)
课后	课后延伸,线上交流	1. 延伸在课后对学生进行个别指导。 2. 鼓励学生完成或进一步优化作品,获得成就感。	教师督促未完成作业的学生提交作业并进行个别指导。	1. 学生针对没有掌握的内容,通过微课视频进行自主补习。 2. 完成或完善作品之后线上提交,得到教师的建议和鼓励。	作业(教师查看完成情况并进行评价,学生查看评价并完善作品)

四、教学活动的评价设计

本次教学活动的评价设计分为过程性评价和总结性评价。过程性评价主要考查学生的课堂参与程度、与平台的交互程度和创新能力等，总结性评价主要是对学生作品成果的评价。具体设计如下表所示。

评价内容		评价细则	评价手段	参评对象	使用到的平台数据
学习过程	参与程度	讨论发言次数	课堂记录表、小组评价表、平台数据	教师	学生数据、课程学习数据
	交互程度	自主学习任务的提交情况、资料下载情况		教师	
	创新能力	交流过程中的创意思维或想法		教师、学生	
	纪律性	小组成员的纪律情况	课堂记录表	教师、学生	
学习成果	作品成果	作品完成情况	平台数据、小组评价表、调查访谈法	教师、学生	作业成绩、作业情况统计
		课前预习作业完成情况	自主学习单、平台数据	教师、学生	
		课堂练习完成情况	平台数据	教师、学生	

其中，小组评价表的设计如下。

评价内容	评价细则	自评（10%）	组内互评（15%）	组间互评（15%）	教师评价（60%）
《银饰之美》作品	簪花：造型优美、清晰，主题突出（15分）				
	吊穗：造型优美、清晰，有灵动感（15分）				
	簪身：包裹均匀（5分）				
	创新性：簪身或吊穗采用了与众不同的形象或表现方式，有新意（15分）				
《银饰之美》展示	作品介绍：语言、思路清晰，从制作技法、表现方式、创新点展开全方位阐释（15分）				
请写一写你学习《银饰之美》后的感受（15分）					

续表

评价内容	评价细则	自评（10%）	组内互评（15%）	组间互评（15%）	教师评价（60%）
小组讨论学习	纪律性:遵守纪律,认真参与课堂任务(5分)				
	参与度:每个成员积极提出自己的想法和参与讨论(10分)				
课堂回答问题情况	积极回答问题,并经过认真思考提出自己的想法(5分)				

课堂记录表由组长负责填写,具体如下表。

第　小组	组长:	组员:
回答问题情况:		
小组讨论情况:		
纪律情况:		
小组讨论问题记录:		

五、平台建设情况

	教学环节	平台建设截图
课前	教师通过平台发布课程通知,并布置课前作业。	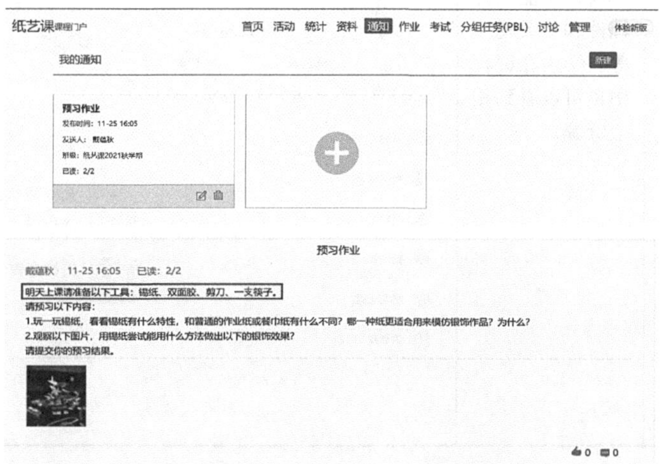

续表

<table>
<tr><th></th><th>教学环节</th><th>平台建设截图</th></tr>
<tr><td rowspan="2">课前</td><td>学生在平台上查看通知，并根据要求完成预习作业。学生互相回帖、点赞等。</td><td>
</td></tr>
<tr><td>教师通过平台的“资料”功能上传课件和相关视频等。学生在课程中也可以看到相应资源。</td><td>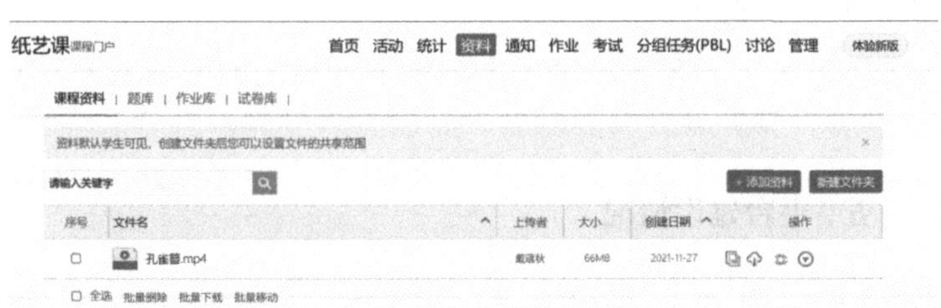

</td></tr>
</table>

续表

	教学环节	平台建设截图
课中	(1) 签到 教师利用平台的“活动”功能发布签到并查看签到的人数。	
	(2) 讨论 教师利用平台的“讨论”功能发布小组讨论话题，查看学生的回复情况。学生线下组成小组讨论，线上各抒己见，回复教师的话题。	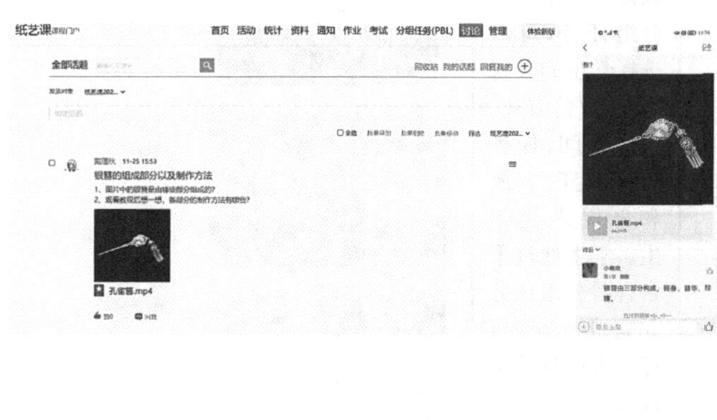

续表

<table>
<tr><th></th><th>教学环节</th><th>平台建设截图</th></tr>
<tr><td rowspan="2">课中</td><td>(3) 投票
教师发起投票，让学生选择自己最喜欢的小组设计图。学生参与投票，选择自己最喜欢的设计图。</td><td>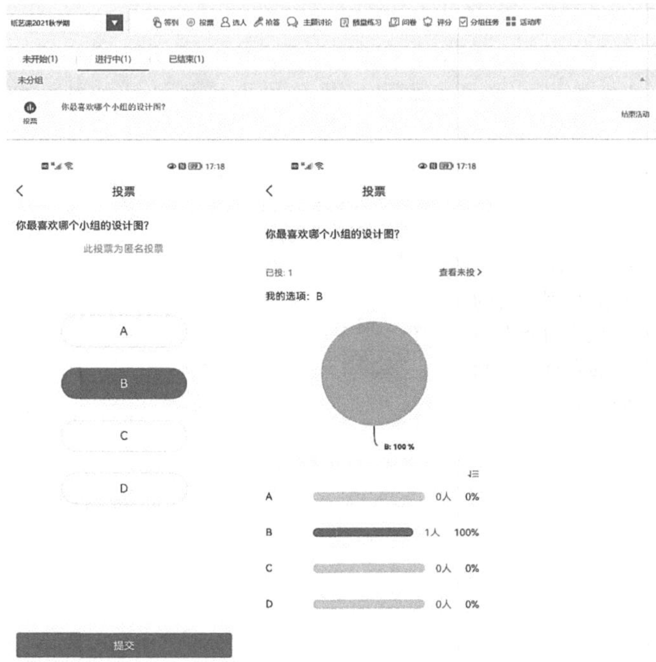
</td></tr>
<tr><td>(4) 分组任务
教师在课中发布分组任务，可以选择学生的分组方式、评价方式、评价时间、任务时长、定时发放和督促未交学生。学生通过平台查看分组任务并完成提交，自评后可以自动生成分数。</td><td>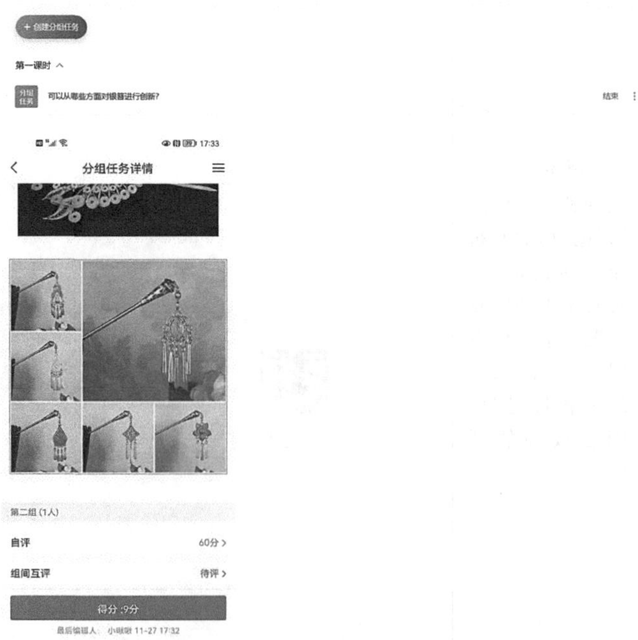
</td></tr>
</table>

续表

	教学环节	平台建设截图
课中	(5) 作业 教师通过平台编辑作业,设置作业的题型、分值、标准答案等。发布作业后,教师可以在页面中进行查看或者重新设置发放,点击"作业"按钮可以看到作业的完成情况以及未完成学生的名单。	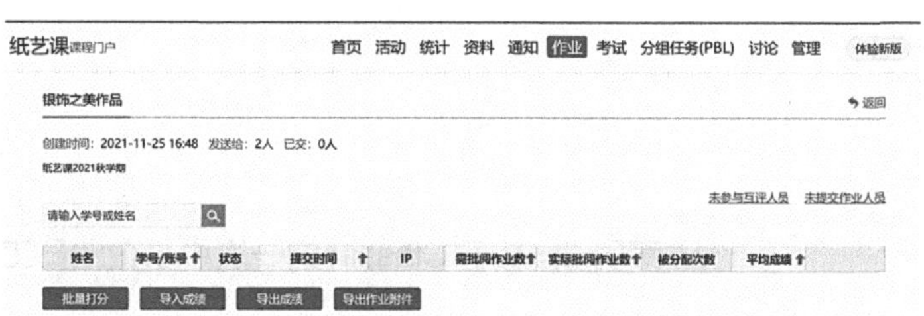

续表

	教学环节	平台建设截图
课中	学生可以查看作业,编辑、提交作品。学生提交作品后,教师可以在平台上查看并批改。学生可以看到教师的评分和评语。	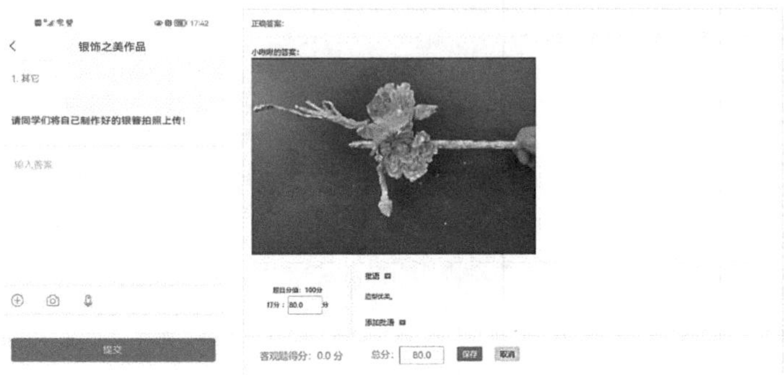
课后	教师利用平台的数据查看学生课堂活动的参与情况,包括签到和分组任务的完成情况。教师还可以通过平台统计学生的讨论数据以及学生学习的整体情况。	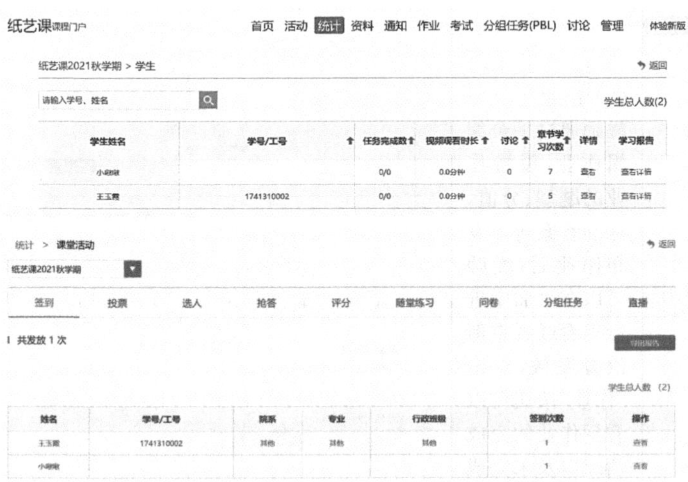

(撰写者:戴蕴秋)

案例 2:基于 Classin 的一次中小企业员工培训

一、培训活动主题

本次活动的主题是中小企业的企业文化培训。企业文化体现了一个企业的核心价值和发展目标,是增强企业员工凝聚力的重要载体。了解企业文化的内涵,有利于员工今后的工作发展和目标实现。

二、培训活动的目标和内容

1. 培训活动目标

企业文化培训的目的就是增进员工对所在企业内部文化的认识,理解所在企业的价值定位和企业精神。培训目标如下:

- 使得企业全体员工明白企业文化建设的意义,懂得为什么要建设企业文化,企业文化的作用是什么,企业文化的特性是什么;
- 使得企业全体员工懂得企业文化与企业生产经营以及企业效益的密切关系,提高全员参与企业文化建设的自觉性;
- 使得全体员工知道本企业所倡导的价值规范体系,理解它的深刻含义,领会它的精神实质,并有所感受与体验,从而强化全体员工对企业文化的接受与理解、传播与实践;
- 通过培训扩大培训者的交往范围,促进他们之间的相识、沟通与理解,从而建立友谊,增强企业的凝聚力。

2. 培训活动内容

培训以培训人员讲解、员工听讲为主。为了提高员工的培训参与度和保证培训效果,在培训过程中将设置随堂提问、互动答疑等活动,在培训完成后还会设置培训测试的活动。

培训活动前:培训人员创设培训班级、邀请员工加入培训班级、上传好培训的资料与测试题。

培训活动中:培训人员采取线上的形式对培训活动进行讲解,包括企业环境、企业介绍、企业发展史以及重要人物、制度文化、经营理念、企业发展战略等,并与员工互动,要求员工完成测试。

培训活动后:培训人员整理员工在培训中生成的数据,完成对每位员工的培训评分。

三、培训活动的过程设计及平台功能支持

活动环节		活动内容	培训人员行为	期望的员工行为	使用到的 平台功能
1	点名签到	对参与培训的员工进行人数统计和点名签到,保证所有员工能及时、真实地参加培训。	1. 课前创建班级,添加员工为班级成员。 2. 培训开始时核对培训人数,并组织每位员工通过举手发言的形式来进行签到核实。	培训人员允许员工上台,员工举手以表示做好参会准备,完成签到。	让员工轮流上台、举手进行签到。

续表

活动环节		活动内容	培训人员行为	期望的员工行为	使用到的平台功能
2	讲授	讲授企业环境、企业介绍、企业发展史以及重要人物、制度文化、经营理念、企业发展战略等。为了提高员工的参与度，设置答题器进行随机提问，给回答正确的员工发放奖励。	上传课件、共享屏幕、进行板书、设置答题器进行随机提问。	认真参与培训，回答随机提问的问题，记录疑难问题，在下一个互动环节进行提问。	1. 利用打开文件、分享工具等功能上传教学课件与图片/屏幕共享。 2. 利用右侧工具栏中的画笔、橡皮擦、键入文字等功能进行板书与注解。 3. 设置答题器要求员工回答问题，并给答对的员工一键发放奖励。
3	互动	询问员工对于培训内容是否有疑问，进行现场答疑互动。	根据员工的举手情况让员工上台提问；切换共享屏幕让员工进行心得分享。	员工若有疑问，通过举手或聊天框中的问题栏进行提问，也可以通过学生屏幕共享来分享心得体会并进行互动。	1. 员工举手，培训人员允许其上台进行提问。 2. 使用问题栏进行提问。 3. 共享学生屏幕。 4. 培训人员根据发言情况给予员工奖励。
4	总结	总结本节课的培训内容和上一环节中员工的疑问，对员工在企业文化方面的学习提出建议。	对本节课内容以及员工的疑问进行简单回顾以及板书总结。	认真听取总结，为下一个测试环节做准备。	1. 利用屏幕共享进行总结。 2. 利用画笔、橡皮擦、键入文字等功能进行板书总结。
5	评价	采用量化评价，现场发布提前制定好的测试题让员工进行作答，并规定时间限制。	上传测试题、发布测试。	完成测试。	创建测试、发布测试、自动批阅测试题生成得分。
6	课后	保存培训时的板书，分享至培训班级的资源。	保存整个培训过程中的板书并分享至培训班级，同时保存至本地生成完整的培训记录。	结合课件内容和板书内容进行复习与巩固。	保存、分享板书。

四、教学活动的评价设计

当前在企业培训中常用的评价量规主要有核查表和分值系统。其中核查表的优点如下：

1. 当评价简单的表现时，如同伴行为观察或员工自我行为反思，核查表是很有用的。核查表也可以用于评价员工日志，不要求培训人员对日志内容的质量作出判断，而只要看员工是否按照培训人员提供的写作提示表达了真情实感。

2. 核查表比较容易编制，也比较容易管理，通常用“是”或者“否”进行判断。核查表也很容易被理解（表上呈现了评价内容的几个特征），又因为核查表常用于及时评价，所以也要求简洁紧凑。核查表对过程或表现质量（如关键要素）的评价是非常有用的。

分值系统的优点如下：

1. 每一条评分指标都分配了具体的分值，并不只是单纯回答“是”与“否”的问题。

2. 每一条评价细目都有分值，所以分值系统量规能用来评定分数等级。如果想强调哪一条评分指标更重要，只需要相应赋予更多的分值。

本次活动的评价设计结合了核查表和分值系统各自的优点，将核查表中的“是”与“否”问题赋予不同的分值，开发出如下的评价表。

考核要素	考察结果	得分情况	总分
是否参会	（填是或否）	（参会得 20 分，不参会得 0 分）	
发言次数		（每发言一次得 5 分）	
获得奖励		（每获得一次奖励得 5 分）	
测试分数			

评分表中需要用到的平台数据包括：

1. 每位员工是否签到；

2. 培训过程中员工的发言次数以及获得奖励的次数；

3. 最终测试的试题得分。

五、平台建设情况

<table>
<tr><th>平台建设步骤</th><th>功能界面截图</th><th>文字说明</th></tr>
<tr><td>创建班级与会议</td><td>
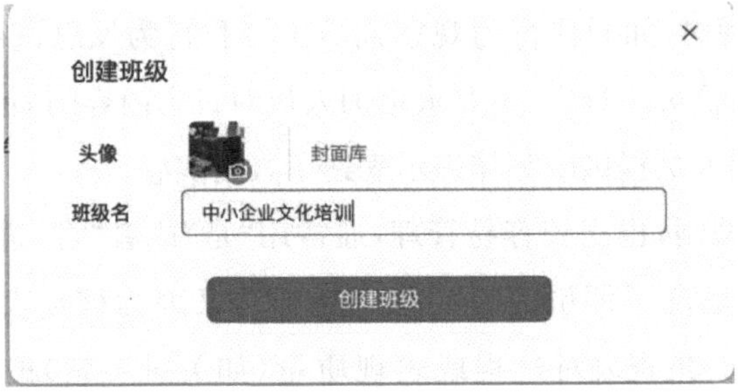

</td><td>培训人员创建班级、培训会议室，可以自行设定培训的时间。</td></tr>
<tr><td>签到环节</td><td>
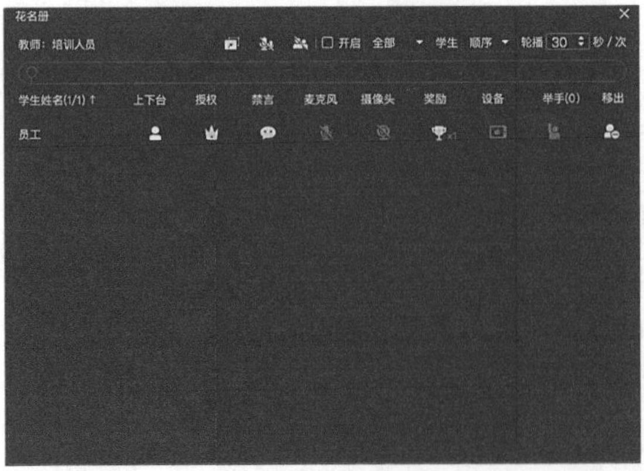

</td><td>通过花名册可以看到员工实际参会情况，并让每位员工上台举手来完成签到。</td></tr>
</table>

续表

<table>
<tr><th>平台建设步骤</th><th>功能界面截图</th><th>文字说明</th></tr>
<tr><td>讲授环节</td><td>
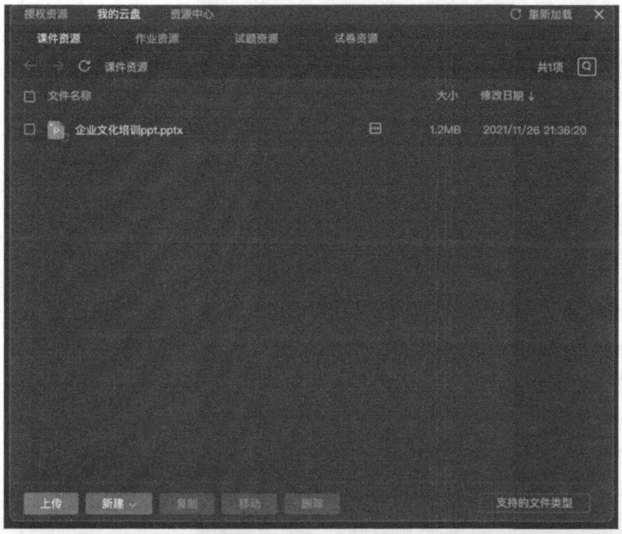

</td><td>1. 打开提前上传至“我的云盘”里的培训文件进行讲解,在讲解过程中可以利用右侧的画笔等工具进行板书。
2. 设置题目的正确答案并要求员工作答,及时看到所有员工的答题情况。</td></tr>
</table>

续表

平台建设步骤	功能界面截图	文字说明
讲授环节	 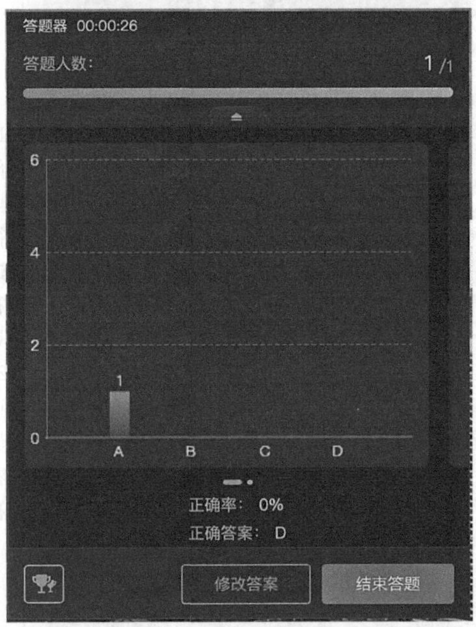 	
互动环节	 	1. 如果有员工举手，则允许该员工上台进行提问。 2. 如果问题数量较多，可通过聊天框中的问题栏进行提问，培训人员现场给予解答。 3. 通过学生屏幕共享让员工进行心得分享。

续表

<table>
<tr><th>平台建设步骤</th><th>功能界面截图</th><th>文字说明</th></tr>
<tr><td>互动环节</td><td>
</td><td></td></tr>
<tr><td>总结环节</td><td>
</td><td>与讲授环节相似，包括共享屏幕、板书功能等。</td></tr>
<tr><td>评价环节</td><td>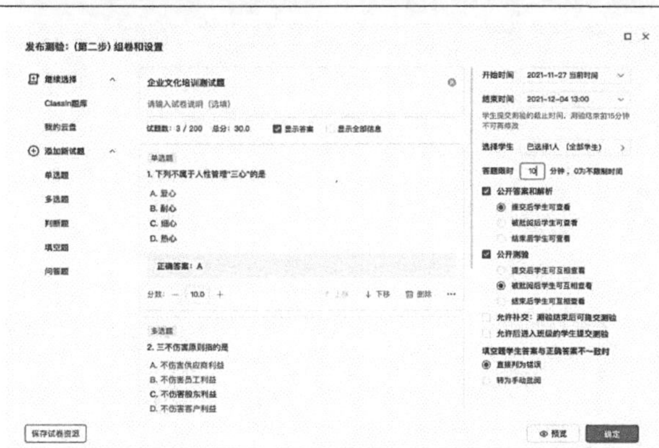
</td><td>1. 设置并发布测试，可在发布测试的过程中设置答题时间和是否公开答案、是否公开测验结果等。
2. 员工完成测试后，平台自动批阅生成每位员工的测试分数。</td></tr>
</table>

续表

平台建设步骤	功能界面截图	文字说明
评价环节	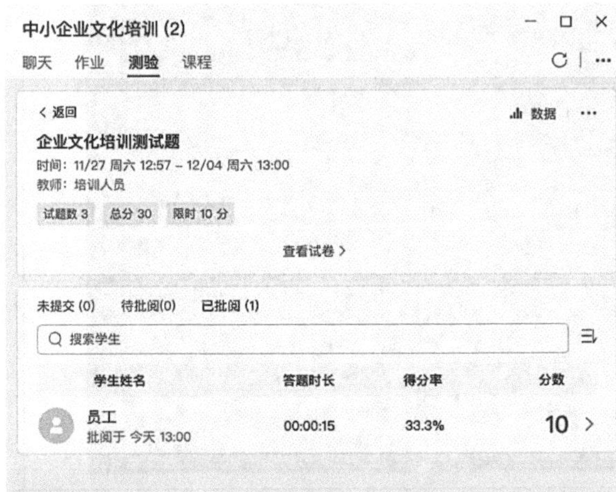	
课后环节		保存培训时的板书内容，并分享至培训班级或本地。

（撰写者：周泽坤）

附录 2：学习技术系统新素养之建构能力

案例：全民科普系统

一、需求分析

1．主题情境剖析

全民科普中的“全民”，意味着受众广泛、包含不同年龄阶段和文化水平的人，因此与一般的学习技术系统相比，全民科普系统的学习内容需要更为浅显易懂，要能够持续激发用户的学习兴趣。基于这一判断，就有以下几个亟待解决的问题：一、如何同时保证科普资源的趣味性和知识严谨性？二、系统资源的来源都有哪些？三、如何持续吸引用户访问和使用？四、如何保障系统内容的可持续发展？五、如何实现针对用户的个性化服务？

2．竞品分析

为了寻找上述问题的解决方案，需要调研已有系统产品的解决策略。通过百度和知乎的搜索，找到了两个类似的系统：格致论道和科普中国。接下来，分析借鉴它们的做法以更好地确定全民科普主题的用户需求，寻找可能的创新点。

格致论道，原称“SELF 格致论道”，是中国科学院计算机网络信息中心和中国科学院科学传播局联合主办的科学文化讲坛。每月会举办一期演讲活动，邀请来自科技、教育、文化、艺术等领域的嘉宾分享观点和思想。图 1 展示了该系统的主要功能界面。

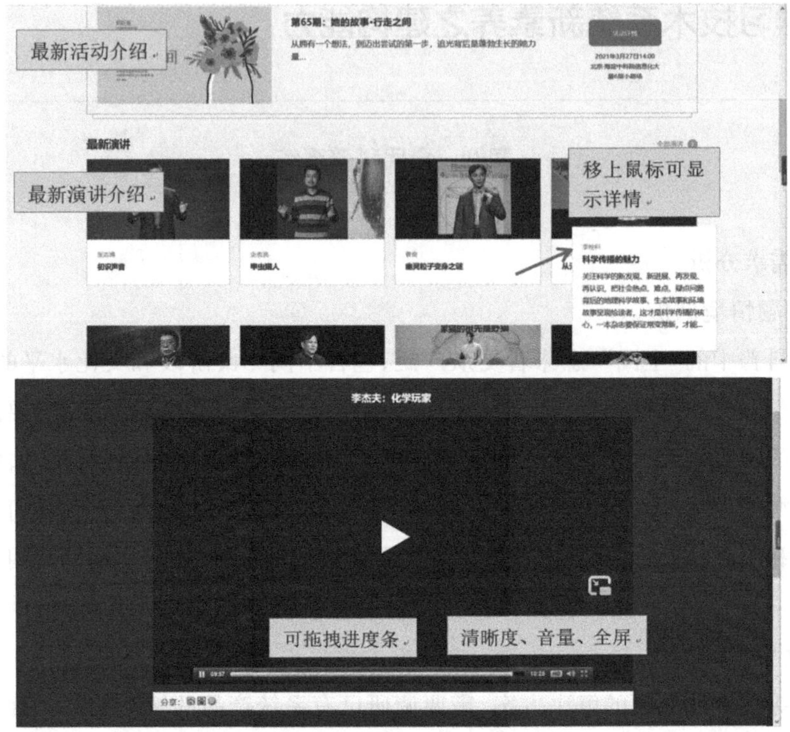

图 1　格致论道的主要功能界面

科普中国则是一款面向全民的科普系统，其服务理念是提供科学、权威、准确的科普信息内容和相关资讯，让科技知识在网上和生活中流行。

从娱乐性的角度出发，还可借鉴知乎、B 站、抖音等平台，从中汲取其较为成熟的运作经验，比如，B 站特色的 UP 主角色的设置，知乎的问题发布和邀请回答的功能设置，以及抖音短视频推荐浏览的机制。

通过与类似系统的对比分析，发掘出如下值得借鉴之处(图 2)。

- 从专业性角度，可以借鉴格致论道，将线上线下相结合，满足用户线下活动的需求，如举行科普讲座和演讲，鼓励青少年群体报名参与等。此外还可以借鉴科普中国，在科普内容中加入对科研人物的介绍，并提供科学辟谣的服务。同时，系统模块的分类需要做到扁平化。
- 从娱乐性角度，可以借鉴 B 站，设立积分等级制度，提高用户的使用兴趣，也可以借鉴 B 站的资源上传模式，设置区别于普通用户的 UP 主角色。此外，可借鉴知乎的问答模式，满足用户对问题解答的需求，以及借鉴抖音的短视频浏览模式。

在完成竞品分析后，对拟开发的全民科普系统初步形成了如下设计概念：系统的总体风格是类似 B 站的年轻化风格；在保证科普内容严谨权威的基础上，还要突出其内容和形式上的趣味性，并且顺应时下流行的短视频热潮，重视短视频在科普内容制作方面的应用；系统的学习理念将以资源为中心，学习形式将以短视频和文章推送为主。最后，由于系统肩负科普的任务，除了进行科普内容的输出之外，还需要向用户提供答疑解惑的服务，二者合力才能真正起到科普的作用。

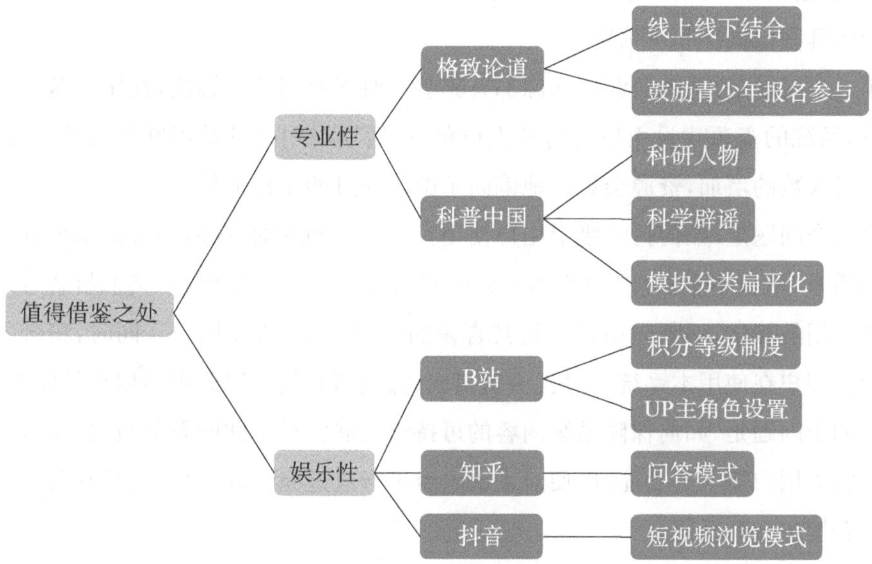

图 2　竞品分析中值得借鉴之处

3. 对策鱼骨图

了解了系统竞品的一些做法后，接下来可以借助对策鱼骨图（图 3），进一步整理和思考之前在主题情境剖析中所提出的需求问题。

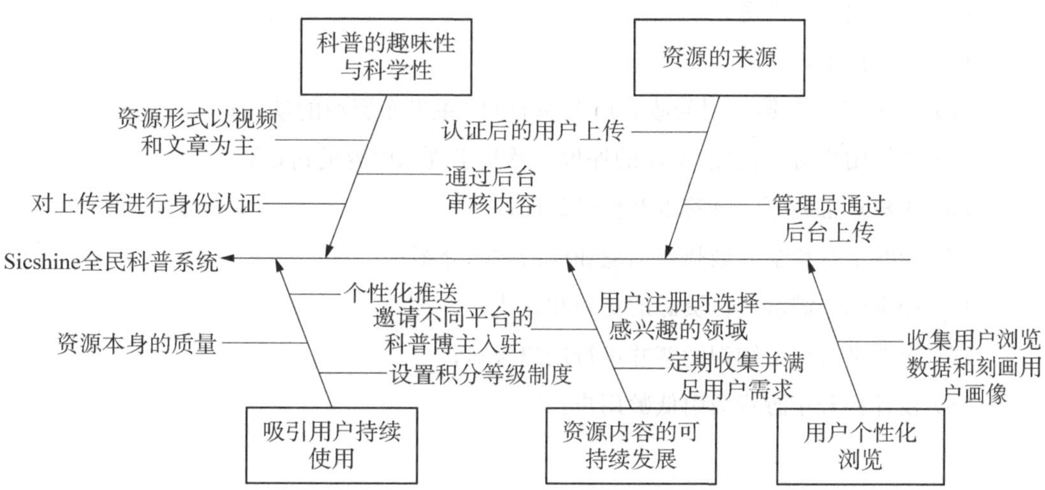

图 3　借助对策鱼骨图理清需求问题

第一个问题是，如何同时保证科普资源的趣味性和科学性？在趣味性上，如果资源向用户呈现的形式是短视频和文章，则既满足了用户碎片化学习的需要，又符合当下时代的潮流。同时，资源的内容本身要有趣味性，要有别于课堂教学视频。在科学性和权威性上可以通过两手准备加以保障，一是通过后台审核初步保证其科学性，后期再引入举报机制，邀请用户共同监管；二是在注册时对资源上传者进行身份认证，确保其在相关领域中具有权威性和可信度。

第二个问题是，系统资源的来源都有哪些？对于此问题的解决，在用户基数较少的情况下，系统的资源建设由后台管理人员负责；后期在用户基数不断扩大的情况下，随着上传者人数的增加，资源会更多地偏向于由认证过的用户上传。

第三个问题是，如何持续吸引用户使用？对于此问题的解决，一方面需要提高资源本身的质量，从根本上留住用户，另一方面则需要通过个性化推荐，类似抖音等短视频平台所采用的算法，不断向用户推送其喜爱的内容，以此留住用户。同时，积分等级制度也会让用户在使用本系统的过程中获得成就感和归属感，以此吸引用户的使用。

第四个问题是，如何保障系统内容的可持续发展？对于此问题的解决，可以提供类似定期收集用户需求的功能，以便对系统内容进行改进完善，同时可邀请在各大平台的优质科普博主入驻系统。

最后一个问题是，如何实现用户的个性化浏览？对于此问题的解决，可以在用户注册时就收集其兴趣爱好；后续随着用户的使用和浏览，系统不断记录其行为信息，收集其浏览历史、搜索记录等方面的数据，刻画用户画像并据此进行个性化推送，从而满足用户的个性化浏览需求。

这样一来，初步拟定全民科普系统要满足的用户需求主要如下：

(1) 个性化资源推送；

(2) 资源搜索；

(3) 关注 UP 主，第一时间收到所关注的 UP 主发布资源的动态；

(4) 支持用户对于视频、文章的评价以及基于资源内容的讨论；

(5) 用户日常问题的解答以及科学辟谣；

(6) 及时了解科学领域热点话题和前沿技术介绍；

(7) 根据用户需求进行资源的更新和迭代；

(8) 定期进行线上知识竞赛并进行用户排名；

(9) 设计科普小游戏吸引低龄用户。

二、功能设计

1. 要素分析

基于学习技术系统的组成要素进行的分析与思考(见图 4)，有助于比较有序和系统地开展从用户需求到系统功能的转化设计，有效把握所要开发系统的全局。

从人这个要素分析，系统中的角色主要有三个：普通用户、UP 主(资源上传者)、管理员。普通用户拥有进行资源浏览、评价等一般权限；UP 主除一般权限外，增设了资源上传、管理等额外权限；管理员则拥有最高权限，负责平台的维护以及内容审核。

从资源这个要素分析，资源形式主要为趣味性科普的短视频和文章，资源来源有两个，分别是 UP 主投稿和管理员上传。

从活动这个要素分析，为了提高用户的使用兴趣，起初有考虑设置趣味小游戏以及科普知识比赛。但是考虑到需要进行游戏设计以及比赛题库的建立，这方面缺乏指导，操作难度过大，因此最后放弃了这两个想法，转而设置问答区对用户的问题进行解答。

从数据这个要素分析，数据部分包括两大块：一块是用户数据，包括用户兴趣、年龄、浏览记录等，系统根据用户数据刻画用户画像，用于向用户推送个性化资源；另一块是资源数据，包括资源的浏览量、点赞数、收藏量、评论等。

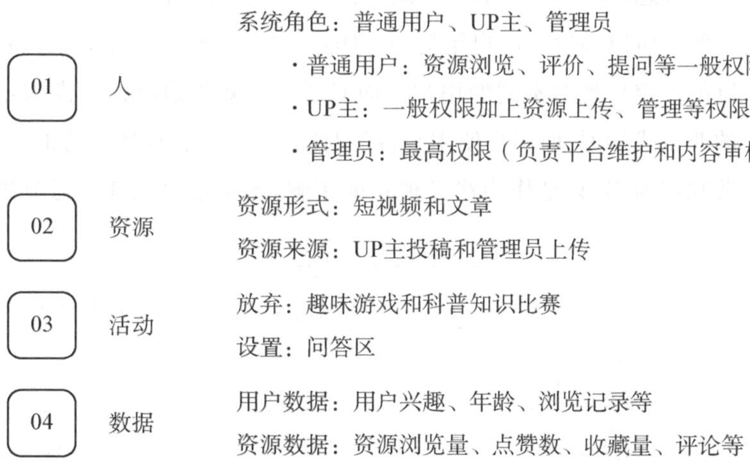

图 4　全民科普系统的组成要素分析

2. 不同需求转换为功能方案的发散与收敛

通过要素分析对系统各需求的归属有所了解后，接下来就是思考如何将需求转换为功能方案，需要确定最终支持各需求实现的具体功能内容。

首先，对实现各需求的服务功能先进行发散式思考：

- 对于个性化推送这一需求，可以设置用户认证和个性化推送的功能；
- 对于资源搜索这一需求，可以设置资源分类标签和搜索功能；
- 对于用户评价和讨论视频、文章内容这一需求，可以设置点赞、转发、收藏等功能以及资源评论机制；
- 对于问题解答和科学辟谣这一需求，可以设立问答区模块并开设科学辟谣专栏；
- 对于及时了解科学领域热点话题和前沿技术这一需求，可以设置新闻消息专栏；
- 对于根据用户需求进行资源更新和迭代这一需要，可以设立需求墙。

除此之外，考虑到受众的广泛性，可对不同年龄阶段的用户进行划分，以提供不同的界面以及资源内容推送。比如，对于儿童、青少年，系统可推荐一些比较容易理解，贴合课堂所学内容的资源；对于老年人，系统则可推荐一些关于养生、防诈骗、辟谣等主题的资源。系统也可考虑对学习效果的关注和检测。比如，开放权限给资源上传者，允许他们给上传的资源设置几个相关问题穿插在资源内容的学习中，或者设置在末尾，用来巩固用户的学习成果。

发散后就需要收敛，在进一步的思考下对部分功能进行了取舍和修订(见图5)。针对不同用户，原来希望能提供不同的用户界面以及推送不同的资源内容。但后面出于打破“信息茧房”的理念，希望打破用户类型的限制，帮助用户跳出“舒适圈”，鼓励用户对未知领域的了解。所以最后对用户年龄不再作过多的划分，用户界面也做到统一，尽可能把更加丰富的内容呈现给不同的用户。而对于学习效果检测这一需求，鉴于系统支持的是用户的非正式学习，而用户使用平台的时间是碎片化的，其目的也并不是真正系统地学习科普知识内容，只是作为浅尝辄止的了解，不是很关注其学习成果。所以，

图5 全民科普系统的功能收敛过程

最终确定不再给用户施加过多的学习负担,取消了对小问题的设置。最后是关于科学辟谣专栏的设置,由于性质相似不再单独设置,而是将其和问答区进行融合——即事先搜集谣言,然后以管理员的身份在问答区提问,邀请专家进行辟谣并进行置顶推荐。

这样一来,为满足用户需求所设计的系统功能最终如下。

(1) 用户认证:用户在注册时选择若干感兴趣的领域,如果想成为 UP 主,则需要提供身份信息供后台认证。

(2) 资源推送:系统根据用户感兴趣的领域,结合用户的浏览记录、提问记录、搜索记录等数据以及点赞、评论、转发等行为,借助推荐算法和资源数据库向用户进行个性化推荐。

(3) 资源分类标签和资源搜索:UP 主在上传资源时会选择资源对应的标签,如物理、天文、文学等。用户在搜索资源时,可根据标签搜索,进入对应的资源区,如物理区、天文区、文学区等;用户也可进行关键词搜索、UP 主搜索等。

(4) 点赞、转发、收藏等功能+资源评论机制:参考 B 站在每个资源下方设置点赞、收藏、转发的按钮。同时在每个资源下方设置讨论区,用户可在此进行评论、回复的添加和删除等操作。UP 主还可进行评论置顶、删除评论等操作。

(5) 设立问答区模块:参考知乎开辟问答区模块,用户可在此提出问题,问题经审核后将呈现到问题区。提问者可邀请 UP 主进行问题解答。用户还可浏览其他用户的问题简介或者举报违规问题,点击对应问题会进入问题的详情界面。

(6) 设置新闻消息专栏:在首页以轮播图的形式呈现前沿技术的新闻简介,点击可进入详细介绍界面,内容形式以视频或文章为主。

(7) 设立需求墙:需求墙与问答区的结构类似,呈现已满足和未满足的需求。用户可在此提出需求,系统后台定期收集并作出反馈。

3. 功能结构提炼

确定了需求转换为功能的具体方案后,采用自底而上的划分方法,进一步对设计的系统功能进行归类和提炼,从而得出系统的功能架构图,如图 6 所示。

Scishine 全民科普系统由四个模块组成:用户管理模块、资源学习模块、问答交互模块以及数据中心模块。用户管理模块主要包括基础的用户登录、用户注册功能,用户在注册时将选择自身的兴趣爱好。除此之外,该模块还包含积分累计与等级制度,即每个用户在浏览资源、参与问答的过程中会累计积分进行升级。资源学习模块涉及对资源的呈现、编辑、使用等操作,主要包括短视频和文章的浏览推送,信息专栏的开设以及对资源内容展开评论。其中信息专栏的内容包括两个部分,线下讲座的报名等信息以及

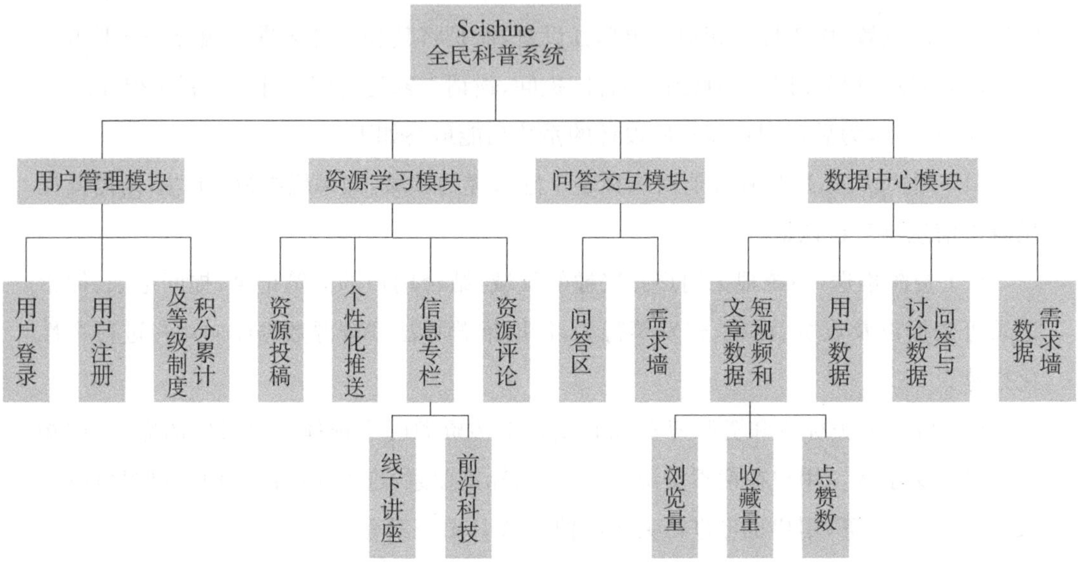

图 6　Scishine 全民科普系统的功能架构图

前沿科技热点介绍。问答交互模块涉及用户与用户之间、用户与系统之间的交互，其功能包括问答区和需求墙。数据中心模块涉及汇总并利用在各个功能模块中产生的数据，数据来源主要有用户数据，短视频与文章的浏览量、收藏量、点赞数和用户评论等，还有来自问答区和需求墙的数据。

4. 核心业务流程

接下来，借助 UML 工具对 Scishine 全民科普系统中最重要的问答交互模块和资源学习模块的功能设计和业务流程加以细化。

(1) 问答交互模块

问答区的用例图如图 7 所示。用户功能主要有搜索问题，提出问题和对问题进行反馈。用户搜索问题的过程将被记录，用于进行用户画像的刻画。同时，用户可通过提问获取积分。用户的反馈主要有点赞或点踩，进行问题举报。管理员则主要对问题进行审核，处理被举报的问题，并邀请专家对合理的问题进行解答。专家继承于用户，只有专家才能对已提出的问题进行回答。

需求墙的活动图则如图 8 所示。用户可以创建需求、查看和评价他人需求以及管理自身需求。用户创建需求后，编辑需求信息(标题、内容等)并提交需求，审核成功后即可发布在需求墙上。用户也可查看其他用户的需求，对其进行点赞等评价，或者进行讨论以进一步补充说明。用户也可管理自己提出的需求，如查看需求完成进度，删除已上传的需求。

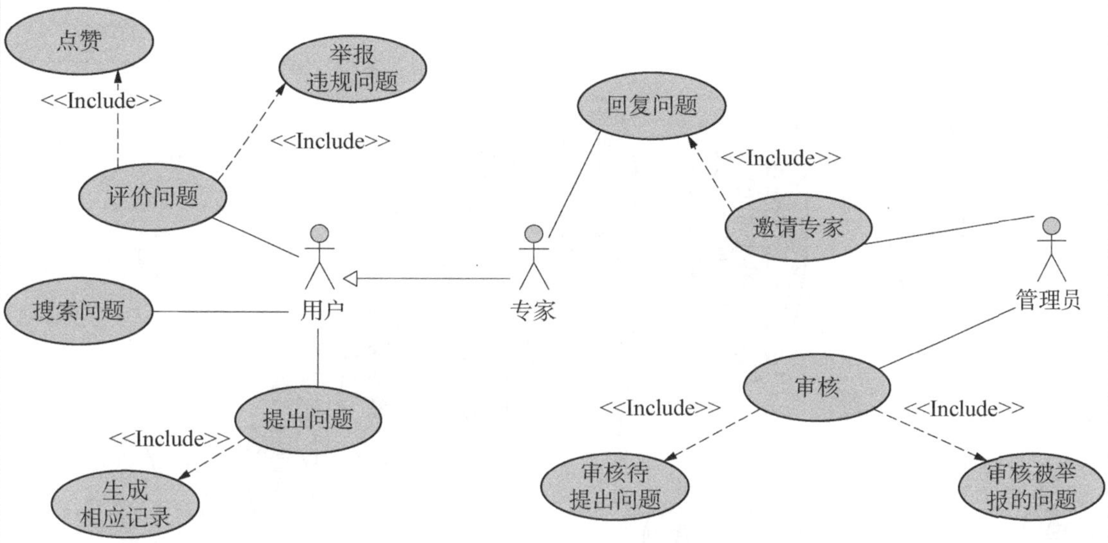

图 7　问答区的用例图

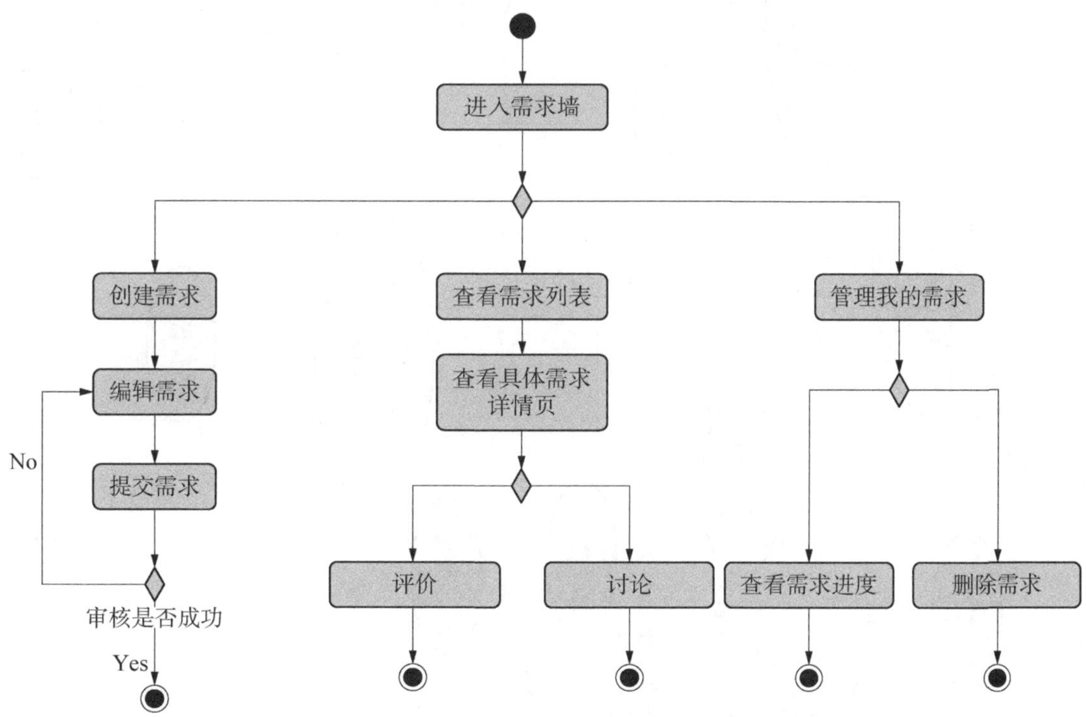

图 8　需求墙的活动图

（2）资源学习模块

资源学习模块的用例图如图 9 所示。该模块涉及到两类参与者:用户和 UP 主,UP

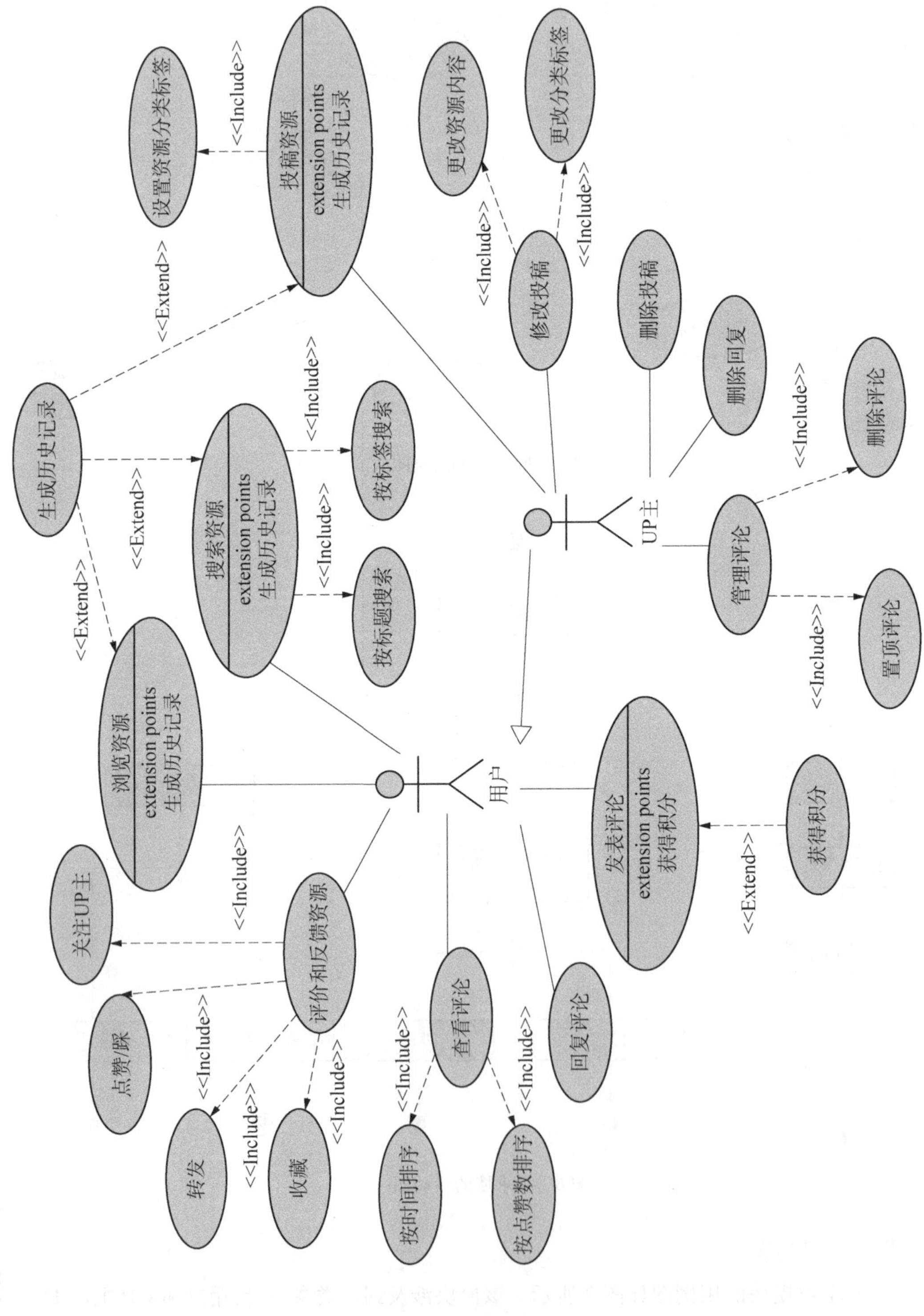

图 9 资源学习模块的用例图

主继承了用户的所有功能。用户的功能有浏览资源,并对相应资源进行评价和反馈,反馈可以是点赞、转发、收藏和关注 UP 主;搜索资源,可按标题或按分类标签进行搜索。用户对于资源的浏览和搜索都会被系统记录,这部分数据用于刻画用户画像以进行后续的个性化推荐。UP 主除了拥有普通用户的这些功能外,还可投稿视频和文章资源。在投稿的过程中,UP 主可对资源设置分类标签以便于分类和个性化推送。用户在浏览资源时还可对资源展开交流和讨论。因此,用户功能还有发表评论,对评论进行评价和回复;UP 主则还可对评论和回复进行管理,如置顶评论、删除评论和回复。用户在发表评论后可获得积分用于升级,用户可以按时间排序或点赞数排序查看评论。

资源学习模块中最重要的两个功能是对 UP 主的投稿审核和对用户的个性化推荐。如图 10 所示,在资源投稿中,UP 主首先需要选择资源的分类标签以及投稿形式(视频或文章),然后进行资源内容的上传。上传的资源进入数据库,分配给后台的审核员进行审核,审核不通过则通知 UP 主并反馈不合格原因和修改意见,审核通过即可发

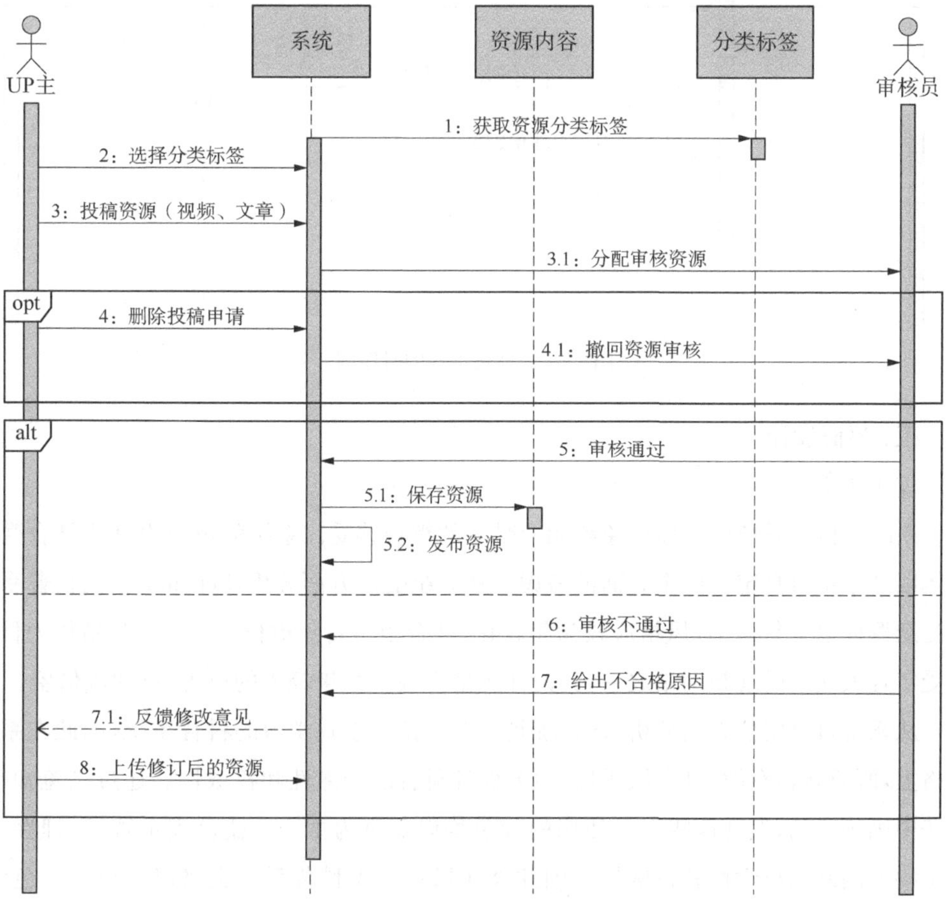

图 10　资源投稿的时序图

布资源。UP 主也可在审核过程中选择删除投稿申请。

如图 11 所示，在个性化推送中，UP 主上传资源后，系统保存资源到推送资源数据库，并将创作者信息保存到 UP 主的个人数据库。当普通用户查看推送时，系统向用户数据库查询个性化数据，并处理分析返回后的个性化数据，由此查找对应的资源。最后，系统将资源反馈给用户。

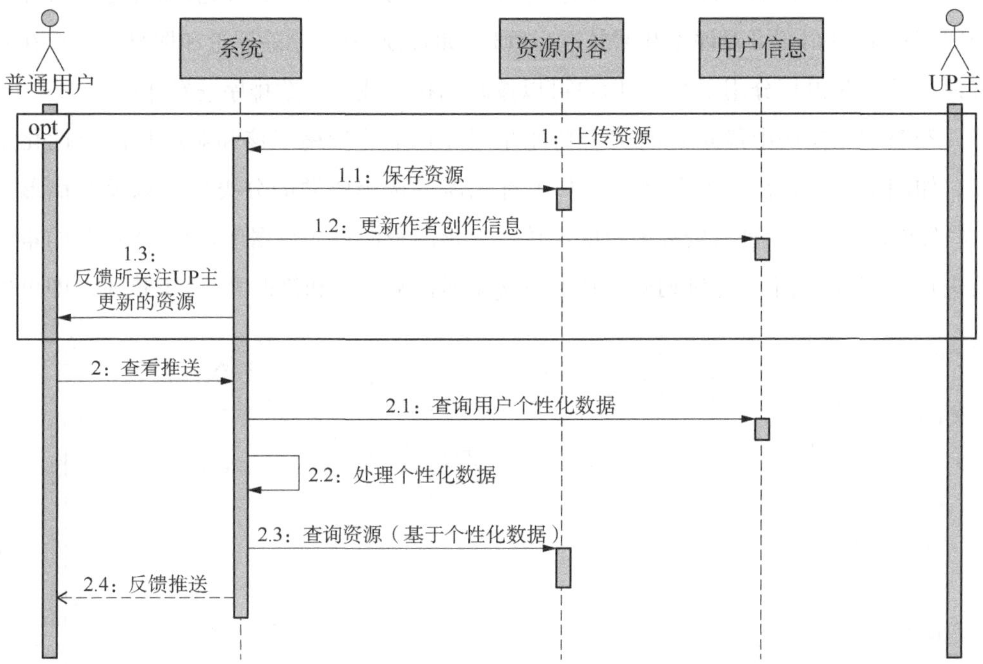

图 11　个性化推送的时序图

三、界面设计

1. 风格思考

系统风格是系统的整体形象给用户带来的综合感受。系统的风格设计应结合受众群体以及系统自身定位两个方面的考虑。从系统受众方面分析，Scishine 全民科普系统的受众群体以青年居多，风格应较为年轻化，迎合当下青年群体的审美。B 站作为目前最受年轻人欢迎的视频网站之一，其设计风格无疑契合年轻人的审美，可加以借鉴。

从系统自身定位方面分析，该系统是一个支持非正式学习的科普系统，因此在系统风格上，既要新颖有趣、具有娱乐性，也要保证科普的严谨性和权威性。通过浏览知乎、科普中国等竞品，发现这些竞品使用的颜色均以蓝色为主——蓝色表示智慧、理性，体现了科普网站的科学性和权威性。因此，Scishine 全民科普系统也将以蓝色为主色调，背景为淡蓝色，其他部件均为蓝色色系的相关颜色，力求简洁大方。

01	受众群体	系统受众：以青年为主 系统风格：年轻化
02	自身定位	系统定位：支持非正式学习的科普系统 既要新颖有趣，也要保证科普的严谨性和权威性
03	其他系统	风格借鉴：B站、知乎、科普中国 颜色：以蓝色为主，代表智慧、理性

图 12　Scishine 全民科普系统的风格思考

2. 关键界面的布局设计

(1) 首页

Scishine 全民科普系统由四个模块组成:用户管理模块、资源管理模块、问答交互模块以及数据管理模块。其中最吸引用户的是需求墙、搜索和问答区功能,这些功能的进入链接必须设计出现在首页的导航栏中。另外轮播画面可以将一些最新的科学热点和科技应用加以反复呈现,为用户提供优秀的视觉冲击体验,是当前比较流行的首页信息展现方式。因此,系统首页设计主要由三部分组成:导航栏、轮播页面以及下方的资源推荐和概览(图 13)。

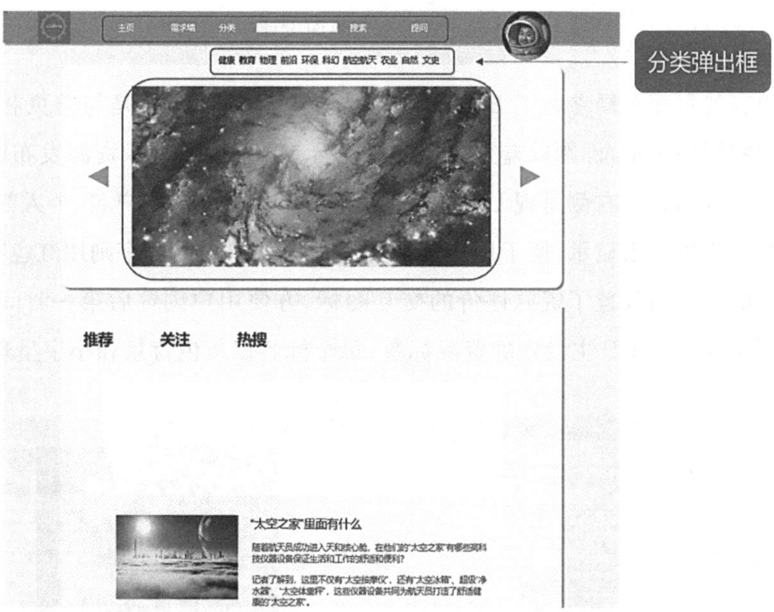

图 13　系统首页界面设计

(2) 资源内容界面

用户鼠标悬停在首页的分类栏菜单上时,下方会弹出分区名称,点击名称即可进入相应的资源列表界面。资源列表界面由许多资源单元组成，每个资源单元主要包括标题、资源标签、资源内容概览、浏览量、点赞数、发布日期以及 UP 主等信息，并附有 UP 主上传的资源封面。左侧的蓝色图标用来区分资源类型。根据用户的访问习惯，界面上视频封面位于左侧，并加粗了视频标题，这样在方便了用户浏览的同时，也提高了用户的使用兴趣。蓝色的排序方式按钮置于右上角，用户可根据需要选择不同的资源排序方式。

图 14　资源列表界面设计

资源内容的页面布局参考了 B 站的设计(图 15)。顶部依然是与首页相同的导航栏。资源内容居中显示，标题以蓝色加粗字体显示，下方小字显示资源发布时间、浏览量以及点赞数等信息。右侧呈现 UP 主信息，如 UP 主的头像、用户名、个人简介等。其中关注按钮用蓝色突出显示，便于用户进行关注操作；UP 主的名字则用红色突出显示。在资源内容的右下角放置了资源评价的交互图标，方便用户浏览后第一时间进行评价反馈。左下角则显示 UP 主设置的资源标签，每个标签以灰色背景和小字呈现。

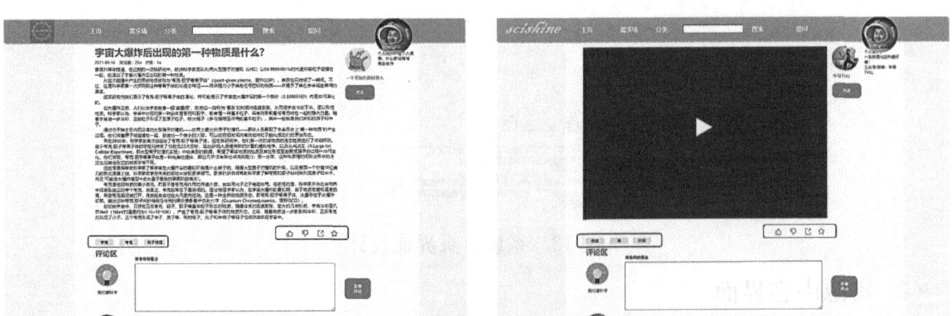

图 15　资源内容的界面设计(左：文章类；右：视频类)

用户在浏览资源内容后一般会进行评论，因此评论区被设置在资源内容下方（图16），并且评论输入栏位于最前面，输入栏右侧是蓝色的“发表评论”按钮，便于用户操作。在每个评论单元中，左侧显示评论用户的头像和用户名，右侧显示评论内容，下方是评论交互图标，用户可进行点赞、回复等操作。

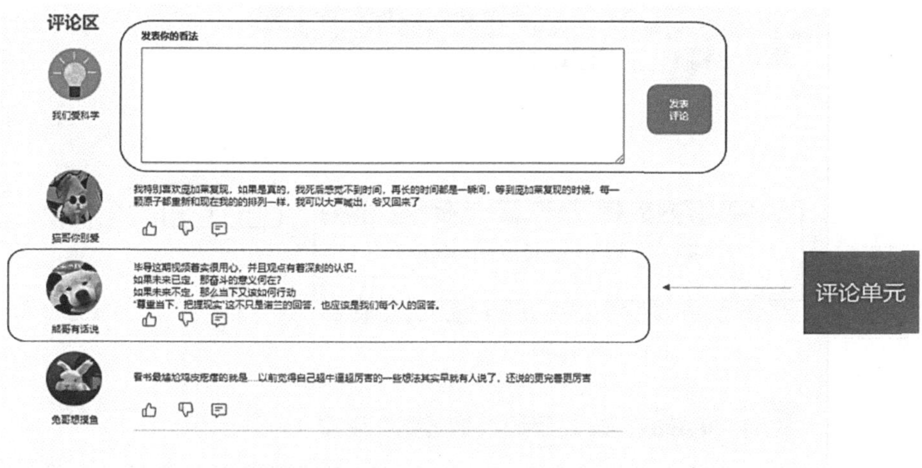

图 16　评论区的界面设计

（3）需求墙界面

需求墙的布局设计与资源内容下方的评论区大致相同。二者的区别主要在于，需求墙在右侧设置了“已满足”和“未满足”两个按钮，用户可选择查看已满足和未满足的需求（图 17）。除此之外，已满足的需求单元右侧会突出显示以红色为背景的对勾图标，此时红色与蓝色形成反差，有突出强调的作用。

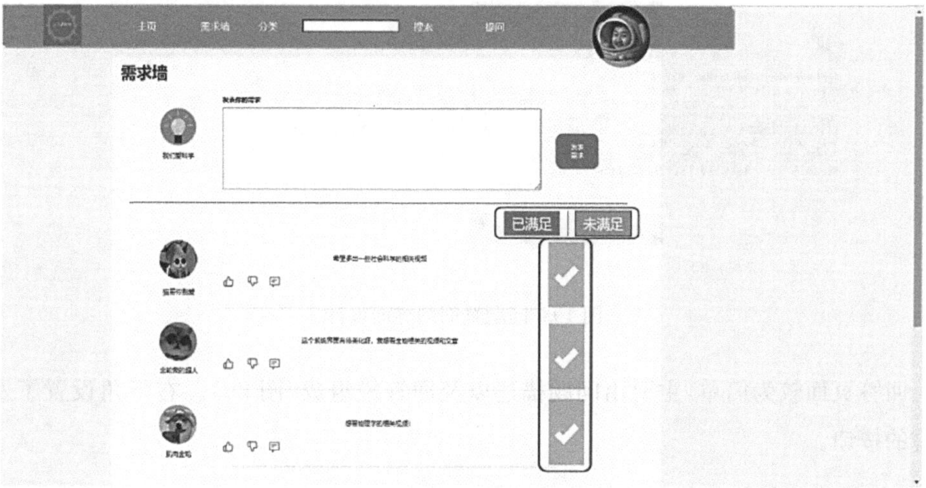

图 17　需求墙的界面设计

(4) 问答区界面

问答区主页参考了知乎的界面布局，每个问题单元由标题、问题概述以及问题评价图标组成(图 18)。问题编辑区域仍位于页面最明显的上方，方便和鼓励用户进行提问。问题标题以蓝底白字显示，更容易吸引用户眼球。

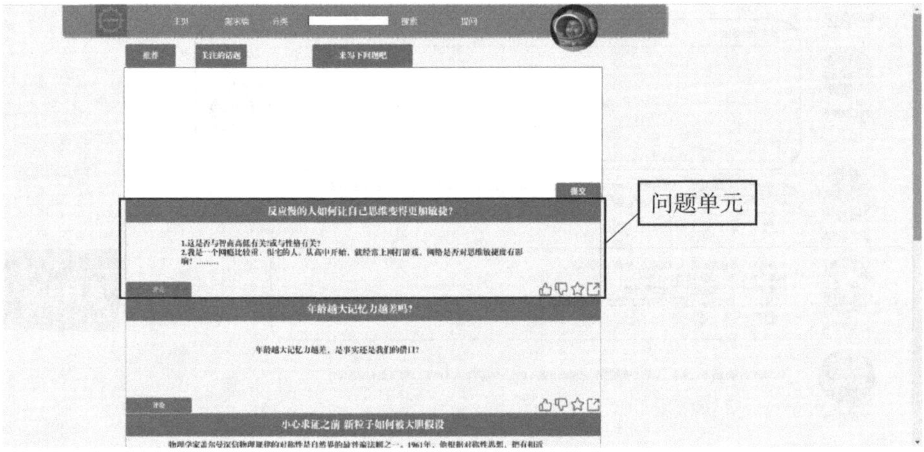

图 18　问答区主页的界面设计

问题页面的上方显示问题的具体内容，下方显示问题的专家解答(图 19)。专家的头像和用户名在回答内容的左上角显示。

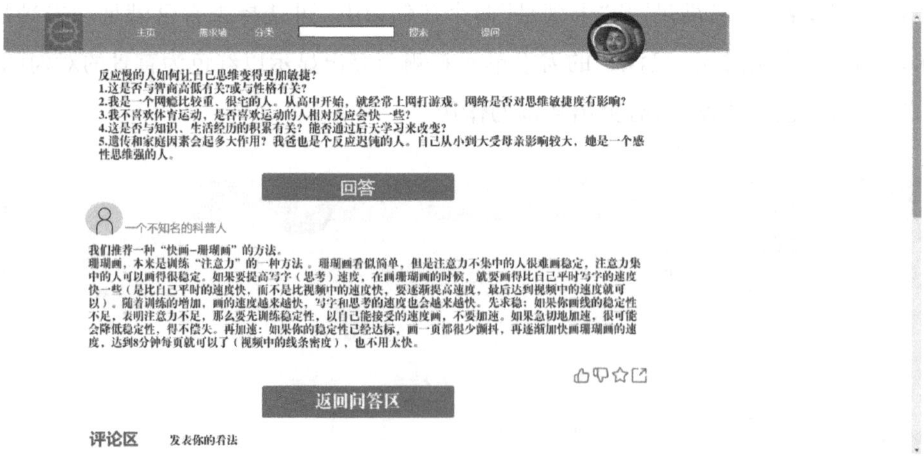

图 19　问题页面的界面设计

回答页面较为简单，主要由问题描述以及回答栏组成(图 20)。右下角设置了发布回答的按钮。

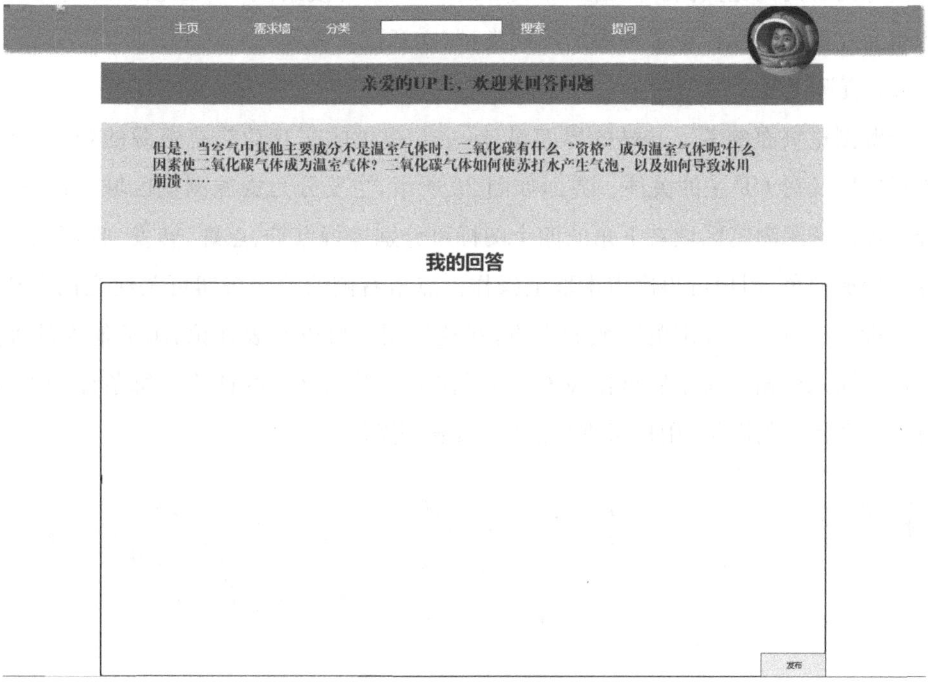

图 20　回答页面的界面设计

3. 关键界面的交互设计

(1) 资源检索

Scishine 全民科普系统的顶部横幅(banner)是一直存在的，允许用户根据需要进行各个功能模块间的跳转访问。此外，顶部横幅还提供有搜索栏，便于用户随时输入分区名称，跳转进入相应的搜索分区。

搜索分区借鉴了 B 站的搜索界面设计，主要实现的功能是资源的推荐、分类、排序以及概览。以图 21 所示的物理区为例，系统综合考虑了资源的发布时间、点赞数、浏览量、标签等数据，通过推荐算法向用户呈现最适合的资源。点击右上角的“浏览最多”“点赞最多”按钮可对系统推荐的资源进行排序。点击每个资源单元的封面或标题即可

图 21　资源检索的交互设计

进入资源内容的浏览页面。点击发布资源的 UP 主，可搜索该 UP 主投稿的所有资源。资源单元左侧的图标标识了资源的不同类型(文章或者视频)。

(2) 资源浏览

资源浏览页面参考了 B 站的界面设计，主要提供的交互功能有资源的观看、评论、评价反馈以及对 UP 主的关注。界面如图 22 所示，主要分为资源浏览区域和评论区两部分。点击资源浏览区域右下角的四个图标可分别进行点赞、点踩、转发、收藏，点击后图标将变成蓝色，用户可再次点击取消操作。点击右侧的关注按钮可关注当前 UP 主。评论区设置在每个资源浏览区域的下方，在这里用户可以发表评论、浏览他人的评论。在评论区输入框输入文字后点击发布，即可在下方看到自己的评论。每条评论下方都会有评价和操作的图标，用户可进行点赞、回复等操作。

图 22　资源浏览的交互设计

(3) 提问和回答

用户可通过点击导航栏中的提问按钮进入问答区，其主要实现的功能是问题的提出、回答以及相关评论反馈，因此围绕问题的问和答分别提供了问题页面和回答页面(图 23)。进入问答区后，用户可在上方的问题输入框中输入问题内容，点击提交按钮进行问题的提交。用户还可以浏览下方其他用户所提出问题的概览，并点击每个问题右下角的图标对自己感兴趣的问题进行评价。点击问题标题后可进入单独的、完整的问题界面，进一步浏览问题的具体内容，但只有专家用户可对问题进行回答。

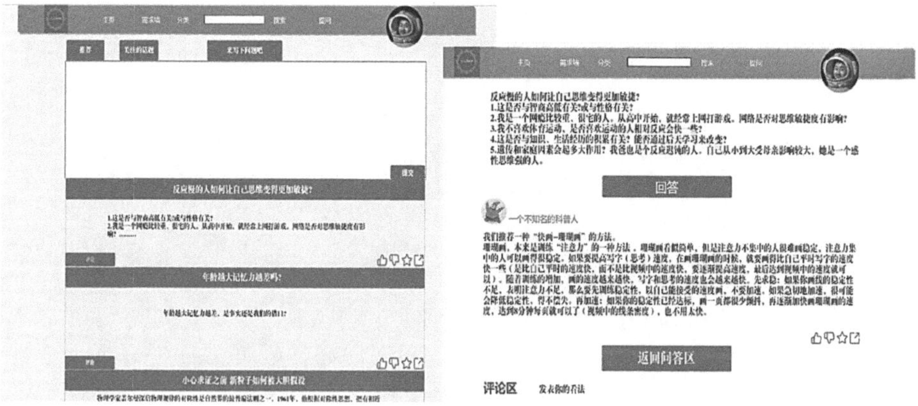

图 23　提问和回答的交互设计

（4）需求与反馈

用户可通过页面顶部的导航栏进入需求墙。需求墙主要实现的功能是需求的提出、呈现以及是否已满足的反馈(图 24)。用户可在上方的需求输入栏中输入需求内容，点击右侧的“发布需求”按钮进行发布。同时，用户可以点击每条需求左下角的图标对他人的需求进行点赞、点踩、补充评论。此外，点击右上角“已满足”和“未满足”按钮即可切换查看已满足和未满足的需求，从而明确自身需求的反馈情况。

图 24　需求与反馈的交互设计

（撰写者：李子健）